广东省高水平大学建设经费资助

中国语言资源保护工程濒危汉语方言调查·海南东方付马话项目（课题编号：YB1618A009）

2022年度国家社会科学基金重点项目"广东粤闽客三大方言语音特征的系统分层实验研究"（课题编号：22AYY010）

广东省社科规划2021年度潮州文化研究重点项目"潮州话代表点方言基础词汇集成研究"（课题编号：GD21TW04-01）

暨南大学一流研究生课程"语音学与音系学"（课题编号：82622117）

海南东方付马话

刘新中 ◎ 著

中国社会科学出版社

图书在版编目（CIP）数据

海南东方付马话/刘新中著．—北京：中国社会科学出版社，2023.5
ISBN 978-7-5227-2024-1

Ⅰ.①海… Ⅱ.①刘… Ⅲ.①汉语方言—方言研究—海南 Ⅳ.①H17

中国国家版本馆 CIP 数据核字（2023）第 108031 号

出 版 人	赵剑英
责任编辑	张　林
责任校对	王　龙
责任印制	戴　宽

出　　版	中国社会科学出版社
社　　址	北京鼓楼西大街甲 158 号
邮　　编	100720
网　　址	http://www.csspw.cn
发 行 部	010-84083685
门 市 部	010-84029450
经　　销	新华书店及其他书店

印刷装订	三河市华骏印务包装有限公司
版　　次	2023 年 5 月第 1 版
印　　次	2023 年 5 月第 1 次印刷

开　　本	710×1000　1/16
印　　张	28.5
字　　数	454 千字
定　　价	156.00 元

凡购买中国社会科学出版社图书，如有质量问题请与本社营销中心联系调换
电话：010-84083683
版权所有　侵权必究

目 录

第一章 导论 ·· (1)
    第一节 付马话所处地方的史地人文概况 ································· (1)
    第二节 方言概况 ··· (12)
    第三节 付马话的使用现状 ··· (27)
    第四节 付马话的研究现状 ··· (29)
    第五节 调查说明 ··· (30)

第二章 付马话语音系统 ··· (37)
    第一节 付马话声韵调 ··· (37)
    第二节 语音特点 ··· (47)
    第三节 两个音节连读时的辅音丛现象 ································· (84)
    第四节 付马话的连读调 ··· (95)
    第五节 文白异读 ··· (141)

第三章 付马话同音字汇 ··· (163)

第四章 付马话词语特点 ··· (202)
    第一节 自成系统的方言词 ··· (202)
    第二节 付马话的亲属称谓词 ·· (211)
    第三节 反映当地社会生活的词语 ····································· (222)

第五章　付马话词语分类表 ······················· （241）

第六章　付马话语法 ···························· （329）
第一节　词法 ······························· （329）
第二节　句法 ······························· （357）

第七章　付马话语法例句 ························· （367）

第八章　付马话话语材料 ························· （401）
第一节　歌谣 ······························· （401）
第二节　故事 ······························· （406）

参考文献 ··································· （447）

后　记 ···································· （449）

第 一 章

导　　论

第一节　付马话所处地方的史地人文概况

一　东方市的地理位置、地形地貌

根据《东方市志》的记录，我们将地理概貌简介如下①。

东方市位于海南省西南部，位置在海南岛的最西部，具体是东经108°37′至109°07′，北纬18°43′至19°18′，南北长65.4千米，东西宽53.6千米，面积2256平方千米。地势东高西低，由东南部向西北部倾斜，东南部为山地和丘陵，西北部为平原和台地。东方境内主要有4条山脉：一是和乐东县尖峰岭山脉相连的后山岭山脉，最高峰海拔1262米；二是和昌江王下山山脉相连的俄贤岭山脉，最高峰海拔1162米；三是和昌江燕窝岭相连的旧村岭山脉，最高峰海拔622米；四是和玉龙岭相连的观音岭山脉，最高峰海拔846米。

东方属于热带季风气候，日照长，气温高，年平均气温为摄氏23.5—24.5度，全年降雨量950—1100毫米，但蒸发量为2300—2500毫米，除东南部山区外，其余地区蒸发量大于降雨量，是海南全省蒸发量最大的地区之一。

付马村在海南东方的位置见下图②。

二　历史沿革、人文掌故

从语言使用者角度，没有大规模的移民，语言不会发生太多的变化。

---

① 东方市史志办：《东方市志·第二编·地理资源》，1994。
② 周北燕主编：《海南省地图册》，中国地图出版社，2006年9月。

而中国大量移民的时期往往是两代鼎革之间，海南每一次的移民都会涉及海南西部的广大地区，因此海南西部的语言自宋以后不断被叠加，成为语言极为复杂、丰富的地区。就现在的语言分布来看，东部山区丘陵地带主要是黎族苗族，西部沿海从北往南有海南话、哥隆话（村话）、军话、付马话等数种方言和语言。

我们观察一个地方的建制沿革，尤其是具备了稳定的建置沿革并且有相对稳定的族群社区，这对于一个地方的语言使用有很重要的参考意义。就海南而言，隋代以后沿海地区主要是汉族或者是汉化了的黎族，海南西部是上岛的必经之地，因此，这里就是各个族群和言语集团交互、叠加程度较高的地区。

一旦有了相对稳定的建置和社会环境，每个县市一级的行政区都有或新或旧、或古老或年轻的地方志。"国有史，方有志"是中国文化的一个特点，这些方志，主要是记录一方之建置、沿革、山川、民生、艺文等。笔者所见最早的关于东方系统的记录见于康熙十一年（1672年）的《感恩县志》，该书康熙十一年创修，历经康熙四十四年、民国十八年（1929年）、民国二十年重修，具有很重要的参考意义。

民国二十年当时候任县长王晓章在《感恩县志·重修感恩县志序》中说，广东省政府要求"各县一律呈缴志乘，无者设局采访，刻日成书"，因此才有了中断200多年的县志编纂工作。他说这个重修的《感恩县志》，"遂使二百余载之感恩，凡陵谷之变迁，儒林文苑之传，防海之条陈，抚黎之政策，其有关于惩劝，有裨于措施者，罔不备载，俾后人得以观鉴"①。

根据海口海南书局承印的《感恩县志》（民国十八年，1929年）记载，我们把民国初年之前的历代沿革整理如下。

表1-1　　　　　　　　　　感恩县历代沿革表

朝代	时间	建置兴废情况
唐虞	不详	属南交地

---

① 麦济熙等：《感恩县志》，海口海南书局承印，1929—1931年。

续表

朝代	时间	建置兴废情况
三代	公元前21世纪—公元前220年	杨越南裔
秦	公元前221年—公元前207年	象郡之外徼
汉	公元前110年	儋耳郡之九龙县，元封元年置
	公元前82年	始元五年省并珠崖郡
	公元前46年	初元三年弃罢珠崖。改为朱卢县，九龙县属之
	公元43年	建武十九年
三国	公元242年	吴赤乌五年置儋耳太守，复置珠崖郡
晋	公元280年	太康元年，省入合浦郡
宋齐	公元431年	元嘉八年复置珠崖郡，寻省入合浦郡，属越州
梁陈	公元534—546年	大同中置崖州于儋耳之地，属崖州
隋	公元607年	大业三年改崖州为珠崖郡，即汉九龙县故墟析置感恩县
唐	公元622年	武德五年，置儋州，以感恩县属儋州
五代	公元907—960年	属儋州
宋	公元971年	开宝四年属儋州
	公元1071年	熙宁六年省为镇，入宜伦县
	公元1081年	元丰四年复置属昌北军
	公元1106年	崇宁五年复置延德
元	公元1271—1368年	属南宁军于琼州路
明	公元1368年	洪武元年废南宁军，属儋州
	公元1386年	洪武十九年以知州李茂精改属崖州，仍隶琼州府
清	公元1644—1911年	仍明制，隶琼州府
	公元1905年	光绪三十一年升崖州为直隶州，以县属之，寻复原隶琼州。
民国	公元1911年	民初仍隶琼崖道
	公元1921年	民国十年直接省垣
	公元1929年	十八年属十四巡察区。

根据这些记载，我们将海南东方的建置沿革特点总结如下：（1）东方市历史可以追述的稳定建置时间还是相对悠久，但是期间的行政区划多有变化。（2）就县一级单位而言，最早于西汉武帝元封元年（公元前

110年）始置九龙县，但这是一个不太稳定的时期。（3）东方有了稳定的建置始于隋。隋大业三年（607年）设立了感恩县，因为在这之前，海南的州县时置时废，有很多时候还是由大陆的某个州郡"遥领"，隋之后就是相对稳定的时间，从隋开始算，感恩县存在了1342年，感恩县的旧址位于现在八所南部的感城镇。感恩是东方使用时间最长的县级名称。（4）宋、明、清这三个朝代的建置相对稳定，海南西部广泛分布的军话就与宋、明两代密切相关。（5）元明交接时期有明确的记载，洪武元年征南将军廖永忠克广州后，七月元守臣陈乾富等纳降表①。下面是民国初年的感恩县地图：

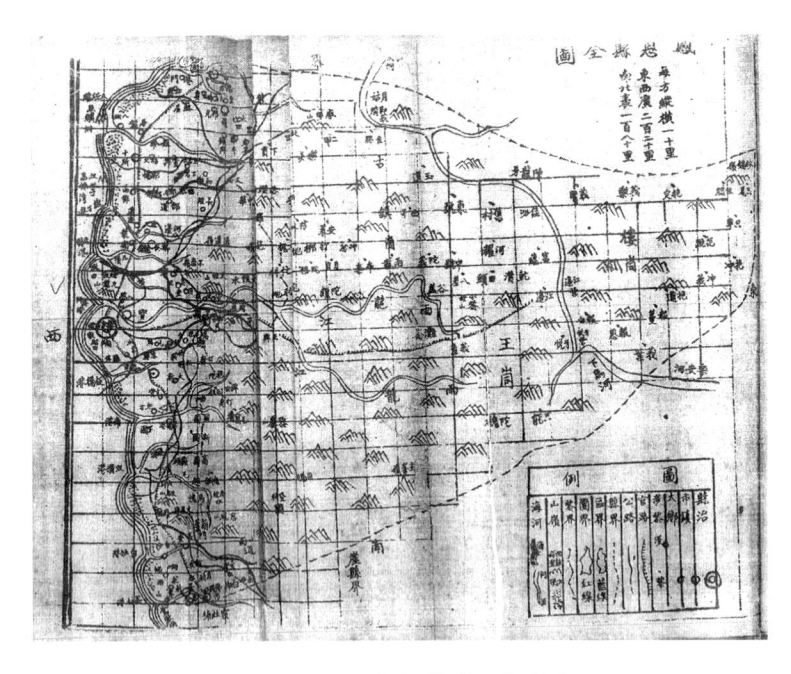

图1-1 民国初年的感恩县地图

按照民国初年感恩县的地图，现在的东方市所辖面积大于当时的感恩县，现在包括了东部的很多山地，当时主要管辖范围是西部沿海，整个县域像一个飘扬的三角旗帜。

---

① 见民国十八年《感恩县志》卷一，第11页。

本书所讨论的付马话的使用者之一的文氏后代，族谱说是南宋灭亡后隐居到昌化江南岸的文天祥的后代，他们的详细情况见后文。

1949年12月设立昌感县，由昌江、感恩两县合并而成。1952年4月设东方（小）县，昌感县仍存在。1958年12月东方（小）县、昌感县、白沙县合并为东方（大）县。1961年5月东方（大）县又分为东方、昌江、白沙三县。1987年12月东方县改名为东方黎族自治县。1997年3月撤县设市，东方黎族自治县改称东方市。

三 付马村的概况

根据付马小学退休教师吉呈明的介绍，付马村1953年以前叫"副马"，1958年以后才叫"付马"。

付马村在海南省西部的东方市四更镇，位于昌化江下游的南岸，离南面的八所镇约16千米，西面6千米处便是北部湾。20世纪60年代人口有600多，2007年约1700，2017年时全村人口约2158。村名由"英德"而来，"英德"是早期讲哥隆话的人对老付马村称呼的音译。"付马"与皇帝的女婿"驸马"没有关系，虽然清光绪二十三年（1896年）编撰的《昌化县志》有"附马村"的记载。

笔者2008年在付马村调查时，付马村有文、吉、符等12个姓氏1600多人，其中文姓为南宋名臣文天祥的后裔。"付马"由"附马"演变而来。"附马"原义是"以马代步"。据说，自隋代以来，昌化江流域为屯兵驻地，军人在当时具有双重身份，同时拥有军籍和地方籍，战时披盔戴甲，平时弃甲归田，战马也随之变成代步工具；另外，附马村毗邻屯兵驻地，村民多为屯军养马，"附马村"正是由此得名。该村原先在今四更镇英显村西边，由于靠近海边，经常有海盗骚扰，故而于一百年前迁徙至此。

根据《东方县文物志》的记载，"大元军马到此"的石刻，位于古镇州城旧址东南约1.5千米的东方河虞山河段。石刻耸立于河东岸的大石上，高66厘米，宽87厘米，字大20厘米，直书行楷阳刻。与此记录相关，元代对于海南黎族的征剿有十多次，最大的一次是至元二十二年到至元三十一年（1285—1294年），根据原琼州学政张应翁的《平黎建县颂》的描述，元帅陈仲达帅蒙古军、汉军、顺化新军7300余人加上当地兵民共计14000余人，于至元二十八年渡海来海南，陈仲达未及剿平海南就去世了，由他的儿子陈谦亨克述父事，经过近三年的反复征战，平息了海南山区的盗匪①。这些史实还有其他两处"大元军马下营"的遗迹相互印证，说明"付马"与战马有一定的关系。

四 口传文化

（一）关于姓氏的传说

汉族的姓氏各有所承，大都是从大陆移民的原宗族承继而来，但是黎族的姓氏则多为借用汉族的姓氏，只是这种借用要有一定的由头，下面我们摘录东方民间文学三套集成编委会编的《东方民间故事》中的一则，"我们都姓符"②。

这个故事是符朝旺讲述，文永海、唐道永、符良卫、邢力新整理记录的，我们在转述时对个别字句做了调整。

我们大家都姓符

以前居住在陀尔岭的黎族，有一户人家种了很多山兰，山兰快熟了，父亲叫儿子到山上去看守山兰地。有一天，父亲送粮上山，发现好几片山兰都被山猪糟蹋了。他四下寻找儿子，在一株榕树下，看见一个妖艳女子正缠着儿子嬉戏。父亲心里发火了，他愤然转回家去。第二天，父亲就带领全家青年到山兰地埋伏好，不一会，那个妖艳女子又来了，她一把拉起他跑向大榕树下。说时迟，那时快，父亲大喝一声："上，砍死她。"众人立即一拥而上，把那个妖艳女子打死了。

原来，村里人打死不是别人，正是天皇爱女，过了几天，这件事被天皇知道了，就怒气冲冲派了天兵天将下来，围剿陀尔岭的黎民，黎民四处逃生，各奔一方。有一条大猎狗带着一部分人跑到牙

---

① 郑瑶新等编：《东方县文物志》，"第五章：石刻"，油印本，东方县文物局1987年。
② 东方民间文学三套集成编委会编：《东方民间故事·我们大家都姓符》，东方县文物局1987年。

龙山下居住，才躲过这场灾难。有一天，这条大猎狗得了病，大家都围过来探望，看见大猎狗躺在床底下"噗噗"喘着粗气，这些人就揣摩说："啊，狗说我们大家都姓符！"从此居住在那里的黎民都姓符了。

这个故事具有海南一般民间传说的特点，透露出的信息有很多，但是可以概括出两点：第一，海南黎族的姓氏大都承接了汉族姓氏，符是黎族姓氏中较大的一支；第二，姓符的"符"与"噗"的声音近似，说明黎族黎语中与"符"对应的是重唇音 ph。

(二) 有关的谚语

谚语是当地人民长期生产、生活的总结，它们言简意赅，能够很好地反映当地的天时、地利、人文等方方面面，我们可以通过谚语大体上了解当地的自然及风土状况。下面我们选取一些反映自然、生产状况的谚语。

1. 自然类谚语

自然类的谚语大打都能够准确地反映当地的季节变化、重要的天气情况。首先关心的是雨水，因为过去的农业社会，雨水关乎生计，因此雨水是不是适时适量都会影响当地的收成。下面就是关于下雨的谚语。

春寒多雨水
春雨贵如油，多了使人愁
节到惊蛰，春雨满地
黄梅时节家家雨
小满无雨天大旱
夏至无云三伏热，重阳无雨一冬晴
夏至过后雨如金
春雨打得早，秋收一定好
立夏打雷多雨下
夏季虹现西，此刻就下雨

上面的这些谚语讲的是雨的重要以及下雨的一些天象征兆，此外当地人民会把下雨这个重要的事情与身边的各种动物联系起来，通过观察这些动物的反映来判断雨水的情形。比如：

  牛羊叫，鸭子吵，鱼儿跳，大雨将要到
  蛙声密来雨滴滴，犹朝天睡雨绵绵
  虾子水面游，大雨在后头
  蚂蚁搬家，蚯蚓滚沙，大雨哗啦
  啄木鸟叫大雨到
  乌鸦猛叫有风，燕子低飞有雨
  雨后猪乱跑，天气要转好
  蚂蟥沉，晴天气，蚂蟥浮，天下雨
  蝉儿叫，暗天到
  蜜蜂出窝天放晴

谚语中有相当一部分反映季节的变化，反映的是自然地冷热变化以及对人们生活的影响，比如：

  冬天刮南风，一定有霜冻
  端阳过后，扇子不离手
  六月六日，晒得鸡蛋熟
  不过夏至不热，不过冬至不冷
  过了白露节，夜寒白天热
  雁不过南不寒，雁不过北不暖

谚语中有相当一部分反映各种自然现象的相互关联，人们就是抓住这些相关性来适应调整生产生活的，比如：

  先雷后雨下不久，先雨后雷雨不停
  久雨雷鸣，不久天晴
  云像鲤鱼斑，晒谷不用翻！

东虹日出西虹雨，短虹收起就下雨
短虹傍晚天上挂，不出三天有雨下
雨中见虹，一定晴空
早雾晴，晚雾阴，夜雾雨
雾上升天晴，雾下沉天阴
日出东南红，无雨必有风
日落胭脂红，无雨也有风
日晕三更雨，月晕午时风
星儿密，热人死
星稀天凉，星密天热

2. 生产类谚语

生产类的谚语是当地人民在长期的生产劳动中积累起来的经验总结，有很重要的指导意义。

首先是不误农时，凡是农业生产，都要依照季节的变化、作物的生长规律，二十四节气虽然大都是基于黄河、长江流域的季节、农事的总结，但是它对于海南这样的热带地区也有参考意义。因此海南的农事活动也大都受到不同节气的影响，下面这些生产谚语就是很好的例证。

人懂二十四节气，有种有收不误地
谷雨前后，种瓜点豆
谷雨栽秧，节气相当
芒种芒种，样样要种
小暑小割，大暑大割
寒露到立冬，翻地冻死虫
大暑不割禾，一天丢一箩
惊蛰不放蜂，十箱九个空
春不忙，秋无粮
清明发芽，谷雨采茶
谷雨种蔗好，豆枯做肥料

种田过白露，生子做人奴
种田过立秋，有种无收
立夏忙种烟，早晨不摘烟
立秋种芝麻不开花，伏里种芝麻不结籽

选种等是农业生产的重要工作，下面这些谚语就是提醒人们更好地选种、育种。

种田要选种，不选增产要落空
穗选好种产量高
栽秧三十天，除草要三遍
三十五天晚稻秧不老
二十五天早稻老了秧

很多谚语是强调农业生产要依照季节的变化、作物的生长规律加强田间管理，下面这些谚语就是对农作物管理的总结：

人养地，地养人，锄头底下出黄金
三分在于种，七分在于管
只种不管，打破饭碗
有收无收在于种，多收少收在于管
菜无移，栽不发
精打细收，颗粒不丢

积肥、施肥是农业生产必不可少的工作，对于提高粮食产量非常重要，下面这些谚语就是强调肥料工作的重要性：

粪是地里宝，粪是庄稼宝
要想庄稼好，底肥要上饱
山田冷，下石灰
粪是田的爹，水是地的娘

还要针对不同的作物、家畜进行管理，下面这些谚语就是对不同农作物管理、家畜饲养的总结：

> 黄瓜爱涝葱爱旱
> 八月半，种旱蒜
> 八月中，种大葱
> 萝卜白菜葱，多用大粪攻
> 猪是农家宝
> 牛是半个家，人勤无牛没办法
> 百日鸡正好吃，百日鸭正好杀
> 鸡喂虫子多下蛋
> 树木成林，风调雨顺
> 植树造林，抗旱防涝
> 人种树，树养人，利国又利民
> 栽竹无定时，雨过便可移
> 鸡屎野草当饲料，鱼虾吃了肯长膘
> 高山多雾出名茶，山高土黄好栽茶
> 沙土栽种花生好，磷肥钾肥不可少
> 高粱开花连天旱，一定会高产

五　居民人口概况

东方市地处海南省西南部，土地面积 2256 平方千米，市政府所在地为八所镇，根据 2009 年底统计数据，全市人口 43.5 万，汉、黎、苗、回等民族共同居住，其中汉族 34.5 万，黎族 8.8 万，苗族等其他民族 0.2 万。下辖 10 个乡镇及 2 个农场、192 个村委会和 11 个社区居委会[①]。

[①] 东方概况，东方市人民政府网，http://dongfang.hainan.gov.cn/zjdf/。

第二节　方言概况

一　东方市语言、方言分布情况

付马话从族谱和语言特征上来说，都是源于江西赣语区。

付马话所处的东方市，位于海南西部，这里语言和方言都非常复杂，各种语言和方言既各自成长，又相互影响借鉴，每个时代都是一种语言主导，多种语言、方言共存，这种语言生活状态，形成了一种特殊的语言生态。

民国初年《感恩县志》有关语言的记录如下：

> 感语有三种：曰军语、客语、黎语。军语与正音相通，客语似闽音，琼属最多此语，惟人殊地异，腔口互有不同耳。黎语与黎峒相似而稍别。按，十所、罗带、居龙、八所、小岭、福玖、那悦、苏屋、白奥、雍兴以及上下名山等村均说军语。城厢及南北各村皆说客语。黎语惟那斗、那杰、福临、抱穴、陀乍、生旺、浩壁、陀兴诸村而已。清季，有儋州人迁居白井、文质等村，其人皆说儋语，故又有儋州语一种。①

东方市现在的语言大的格局与清季、民国时期类似，其中的"客语"在粤西、海南的很多地方都指的都是闽语。东方市的海南话（闽语）是强势方言，分布在"城厢及南北各村"，是多数人的第二语言。但是海南建省以及文化教育水平的提高，普通话的推广使用比以往任何时候都更为突出，语言的使用最大的变化是几乎每个人都是双语人，这个双语，大都是除了自己的方言母语之外会讲普通话或海南话。本书所讨论的付马话以及四更镇及其附近的哥隆话（村话）都未被提及，可能是没有清楚的认识和分类的缘故。

我们根据《中国行政区划编码表》（2013）的村镇分布情况，将东方市各个村落现今的语言使用情况调查如下表：

---

① 《感恩县志·卷一·舆地志》，海口海南书局承印，民国十八年（1929）。

表1-2　　　　　东方市村镇语言使用分布表

[村镇分布、名称按照《中国行政区划编码表》(2013) 排列]

乡镇	村委会	使用的语言	村序号
01.	三家镇	哥隆话、军话	
三家镇	三家村委会	哥隆话	1
三家镇	乐安村委会	军话	2
三家镇	代鸠村委会	哥隆话	3
三家镇	官田村委会	军话	4
三家镇	小酸梅村委会	哥隆话	5
三家镇	居候村委会	哥隆话	6
三家镇	岭村村委会	军话	7
三家镇	旺老村委会	哥隆话	8
三家镇	水东村委会	哥隆话	9
三家镇	玉雄村委会	哥隆话	10
三家镇	窑上村委会	哥隆话	11
三家镇	红草村委会	哥隆话	12
三家镇	老乡村委会	军话	13
三家镇	酸梅村委会	哥隆话	14
02.	东河镇	黎话、苗话	
东河镇	万丁村委会	黎话	15
东河镇	东新村委会	黎话	16
东河镇	东方村委会	黎话	17
东河镇	东风村委会	黎话	18
东河镇	中方村委会	黎话	19
东河镇	亚要村委会	黎话	20
东河镇	佳头村委会	黎话	21
东河镇	佳西村委会	黎话	22
东河镇	俄贤村委会	黎话	23
东河镇	冲南村委会	黎话	24
东河镇	南浪村委会	黎话	25
东河镇	土新村委会	黎话	26
东河镇	土蛮村委会	黎话	27

续表

乡镇	村委会	使用的语言	村序号
东河镇	广坝村委会	黎话	28
东河镇	旧村村委会	黎话	29
东河镇	玉龙村委会	黎话	30
东河镇	苗村村委会	苗话	31
东河镇	西方村委会	黎话	32
东河镇	金炳村委会	黎话	33
03.	八所镇	海南话、军话、哥隆话	
八所镇	上名山村委会	军话	34
八所镇	上红兴村委会	军话	35
八所镇	下名山村委会	军话	36
八所镇	下红兴村委会	军话	37
八所镇	东海社区居委会	海南话	38
八所镇	八所村委会	军话	39
八所镇	剪半园村委会	海南话	40
八所镇	北黎村委会	海南话	41
八所镇	十所村委会	军话	42
八所镇	友谊社区居委会	海南话	43
八所镇	唐马园村委会	哥隆话、海南话	44
八所镇	墩头居委会	海南话	45
八所镇	大占坡村委会	军话	46
八所镇	大坡田村委会	军话	47
八所镇	小岭村委会	军话	48
八所镇	居龙村委会	军话	49
八所镇	平岭村委会	哥隆话	50
八所镇	报坡村委会	哥隆话	51
八所镇	文通村委会	哥隆话	52
八所镇	斯文村委会	哥隆话、海南话	53
八所镇	新农村委会	海南话	54
八所镇	新北居委会	海南话	55
八所镇	新街居委会	海南话	56
八所镇	昌义村委会	海南话	57

续表

乡镇	村委会	使用的语言	村序号
八所镇	月村村委会	月村话	58
八所镇	永安社区居委会	海南话	59
八所镇	港门居委会	海南话	60
八所镇	滨海社区居委会	海南话	61
八所镇	玉章村委会	哥隆话	62
八所镇	琼西社区居委会	海南话	63
八所镇	田庄村委会	哥隆话	64
八所镇	皇宁村委会	军话	65
八所镇	益兴村委会	哥隆话	66
八所镇	福久村委会	军话	67
八所镇	福民社区居委会	海南话	68
八所镇	福耀村委会	军话	69
八所镇	罗带村委会	军话	70
八所镇	老官村委会	哥隆话	71
八所镇	老欧村委会	海南话	72
八所镇	蒲草村委会	军话	73
八所镇	解放社区居委会	海南话	74
八所镇	那悦村委会	军话	75
八所镇	那等村委会	哥隆话	76
八所镇	青山村委会	军话	77
八所镇	高排村委会	海南话	78
04.	四更镇	海南话、哥隆话、付马话	
四更	上荣村委会	哥隆话	79
四更	下荣村委会	哥隆话	80
四更	付马村委会	付马话	81
四更	四中村委会	四更话【海南话】	82
四更	四北村委会	四更话【海南话】	83
四更	四南村委会	四更话【海南话】	84
四更	四必村委会	四更话【海南话】	85
四更	四更村委会	四更话【海南话】	86
四更	四而村委会	四更话【海南话】	87

续表

乡镇	村委会	使用的语言	村序号
四更	土地村委会	哥隆话	88
四更	大新村委会	哥隆话	89
四更	居多村委会	哥隆话	90
四更	日新村委会	哥隆话	91
四更	旦场园村委会	哥隆话	92
四更	旦场村委会	哥隆话	93
四更	来南村委会	哥隆话	94
四更	沙村村委会	哥隆话	95
四更	英显村委会	哥隆话	96
四更	赤坎村委会	哥隆话	97
四更	长山村委会	哥隆话	98
05.	大田镇	黎话	
大田镇	万达村委会	黎话	99
大田镇	乐妹村委会	黎话	100
大田镇	二甲村委会	黎话	101
大田镇	俄乐村委会	黎话	102
大田镇	俄龙村委会	黎话	103
大田镇	保丁村委会	黎话	104
大田镇	冲报村委会	黎话	105
大田镇	南尧村委会	黎话	106
大田镇	大田村委会	黎话	107
大田镇	居便村委会	黎话	108
大田镇	戈枕村委会	黎话	109
大田镇	报白村委会	黎话	110
大田镇	报英村委会	黎话	111
大田镇	抱板村委会	黎话	112
大田镇	新宁坡村委会	黎话	113
大田镇	月大村委会	黎话	114
大田镇	牙炮村委会	黎话	115
大田镇	玉道村委会	黎话	116
大田镇	短草村委会	黎话	117

续表

乡镇	村委会	使用的语言	村序号
大田镇	罗旺村委会	黎话	118
大田镇	老马村委会	黎话	119
大田镇	那都村委会	黎话	120
大田镇	长安村委会	黎话	121
大田镇	马龙村委会	黎话	122
06.	天安乡	黎话	
天安乡	光益村委会	黎话	123
天安乡	公爱村委会	黎话	124
天安乡	天村村委会	黎话	125
天安乡	安都村委会	黎话	126
天安乡	布套村委会	黎话	127
天安乡	抱由村委会	黎话	128
天安乡	温村村委会	黎话	129
天安乡	王沟村委会	黎话	130
天安乡	益公村委会	黎话	131
天安乡	芭蕉村委会	黎话	132
天安乡	赤好村委会	黎话	133
天安乡	长田村委会	黎话	134
天安乡	陀牙村委会	黎话	135
天安乡	陀类村委会	黎话	136
天安乡	陈龙村委会	黎话	137
07.	感城镇	海南话、黎话	
感城镇	不磨村委会	海南话	138
感城镇	入学村委会	海南话	139
感城镇	凤亭村委会	海南话	140
感城镇	加富村委会	海南话	141
感城镇	宝东村委会	海南话	142
感城镇	宝西村委会	海南话	143
感城镇	尧文村委会	海南话	144
感城镇	感北村委会	海南话	145
感城镇	感南村委会	海南话	146

续表

乡镇	村委会	使用的语言	村序号
感城镇	感城村委会	海南话	147
感城镇	扶室村委会	海南话	148
感城镇	民兴村委会	海南话	149
感城镇	生旺村委会	海南话	150
感城镇	陀头村委会	黎话	151
感城镇	陀烈村委会	黎话	152
08.	新龙镇	海南话、那斗话	
新龙镇	上通天村委会	海南话	153
新龙镇	下通天村委会	海南话	154
新龙镇	新村村委会	海南话	155
新龙镇	道达村委会	海南话	156
新龙镇	那斗村委会	那斗话	157
新龙镇	部道村委会	海南话	158
新龙镇	龙佑村委会	海南话	159
新龙镇	龙北村委会	海南话	160
新龙镇	龙卧村委会	海南话	161
09.	板桥镇	海南话、黎话、儋州话	
板桥镇	三间村委会	黎话	162
板桥镇	下园村委会	海南话	163
板桥镇	中沙村委会	黎话	164
板桥镇	元兴村委会	海南话	165
板桥镇	利章村委会	海南话	166
板桥镇	加力村委会	黎话	167
板桥镇	南港村委会	海南话	168
板桥镇	后壁村委会	黎话	169
板桥镇	好瑞村委会	海南话	170
板桥镇	抱利村委会	海南话	171
板桥镇	文质村委会	儋州话、海南话	172
板桥镇	新园村委会	黎话	173
板桥镇	本廉村委会	海南话	174
板桥镇	板桥村委会	海南话	175

续表

乡镇	村委会	使用的语言	村序号
板桥镇	桥北村委会	海南话	176
板桥镇	桥南村委会	海南话	177
板桥镇	田中村委会	黎话	178
板桥镇	田头村委会	黎话	179
板桥镇	白穴村委会	海南话	180
板桥镇	老方村委会	海南话	181
板桥镇	高园村委会	黎话	182
10.	江边乡	黎话、苗话	
江边乡	俄查村委会	黎话	183
江边乡	冲俄村委会	苗话	184
江边乡	土眉村委会	苗话	185
江边乡	布温村委会	黎话	186
江边乡	新明村委会	黎话	187
江边乡	江边村委会	黎话	188
江边乡	江边营村委会	黎话	189
江边乡	白查村委会	黎话	190
江边乡	老村村委会	黎话	191
江边乡	那文村委会	黎话	192

表1-2中的语言、方言共有7种：哥隆话（村话）、军话、黎话、苗话、海南话（包括四更话）、月村话、那斗话。这些语言和方言的使用者大都会讲普通话，很多还会讲海南话。

二 付马话的来源

1. 付马话的名称与创话传说

付马话的名称是用他们村的名字来称呼的，付马村的人自己说叫"俺村话"，对外就叫"付马话"。其他地方未见有讲付马话的人群。

与多数方言不同，付马话还有一个关于方言产生的故事传说。

据说，讲付马话的人是最晚到达昌化江南岸的，到达时所有的话都已经被天神分配完毕，没有一个话留给付马人了，这时天神灵机一动，就用已经分配给各个族群的话,每种选一些放在一起,组成了一个新的"话",这个话就是后来的"付马话"。

我们都知道创世神话,但很少有"创话"神话,这个传说多少有穿凿附会的特点,但是从付马话的使用者当中,有完整清晰来源和脉络的语言成分的角度观察,这个方言是一个大量接受周围方言和语言成分的方言。这也是把付马话定义为混合型方言的现实依据之一。

2. 付马话的使用者的来源

付马话的使用者主要聚居在付马村,这也为保存一个古老方言提供了必要的地理上的居所。不管是谁,在付马村生活,一定要使用或学会使用付马话,外村嫁来的女子,也都会学会付马话,当然哥隆话也是村里的主要语言。

从族源的角度考察,文氏族谱可以很好地说明付马话的出发地,我们也可以由此探讨付马话的历史源流。

笔者在 2003 年探访付马村时,由学生符晓智帮忙借了文氏族谱,征得主人同意,复印了族谱,这是一整张红布写的,因此分几个部分才复印完毕。

图 1-2 文氏族谱局部

族谱记载的源头是从文普镳开始的,来自江西省吉安府庐陵县罗茁村里。笔者参照《东方县文物志》第七章第二节"家(族)谱"所载的文永传家所藏的《高曾祖父宗谱》,补上文普镳之前的四代祖先,就有了一个付马村文氏传承的一个支脉的谱系。

《文氏高曾祖父宗谱》准确记录了文天祥的第三个儿子举人文环生在

南宋末年，为了躲避元兵追捕，逃难到当时琼州昌化军昌化县，隐居下来。下面是族谱的脉络：

付马村文永传一支谱系图①

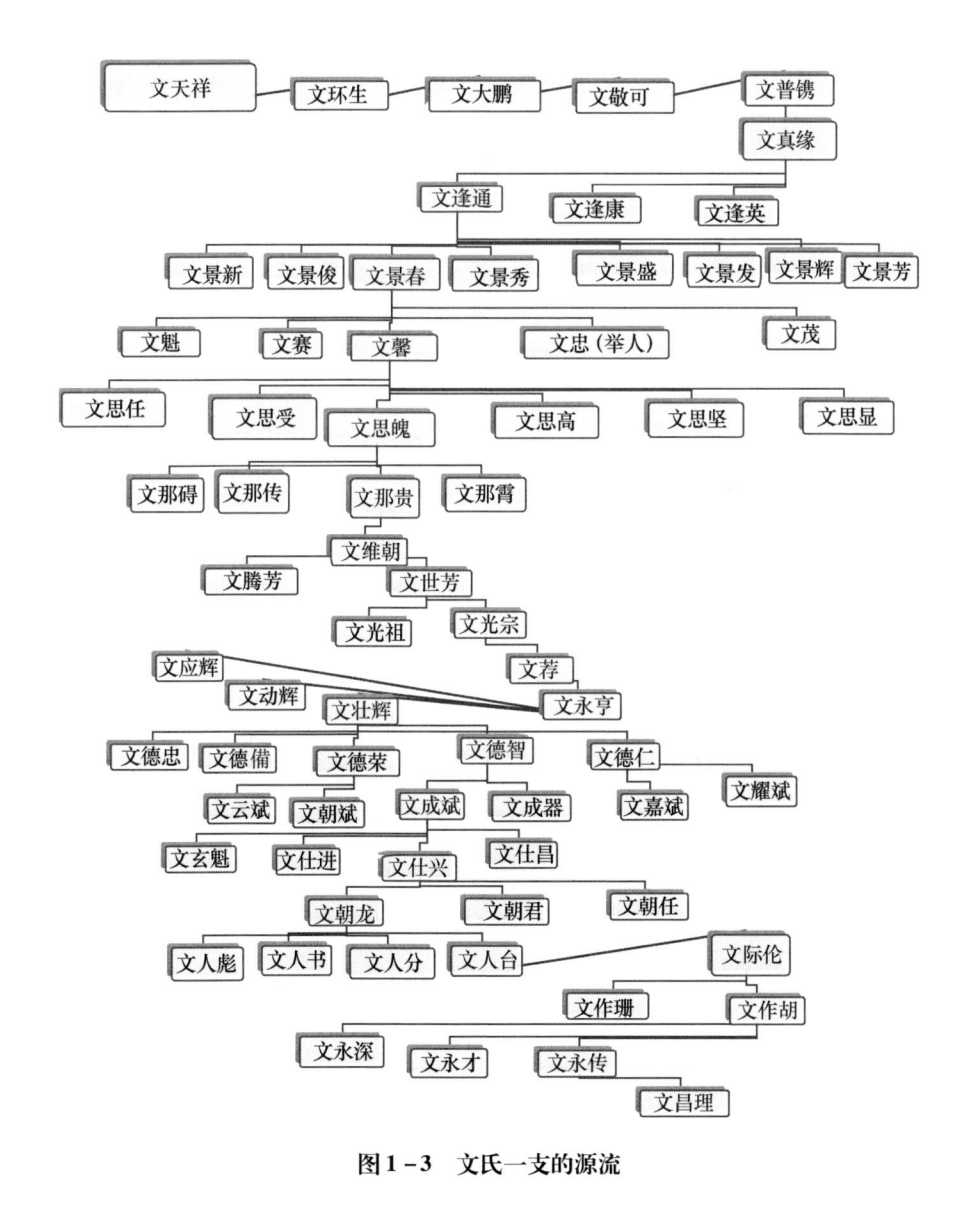

```
文天祥 → 文环生 → 文大鹏 → 文敬可 → 文普镌
                                      → 文真缘
                              → 文逢通 → 文逢康 → 文逢英
文景新  文景俊  文景春  文景秀    文景盛  文景发  文景辉  文景芳
文魁    文赛    文馨           文忠(举人)        文茂
文思任  文思受  文思魄         文思高    文思坚    文思显
文那碍  文那传  文那贵  文那霄
              文维朝
        文腾芳  文世芳
              文光祖  文光宗
文应辉                文荐
  文动辉  文壮辉      文永亨
文德忠 文德備 文德荣  文德智  文德仁      文耀斌
      文云斌 文朝斌  文成斌 文成器 文嘉斌
文玄魁 文仕进         文仕兴 文仕昌
              文朝龙  文朝君  文朝任
文人彪 文人书 文人分 文人台         文际伦
                          文作珊 文作胡
              文永深 文永才 文永传
                          文昌理
```

图 1-3 文氏一支的源流

---

① 除了本人的调查，还参照的文献是：东方县文化局编，《东方县文物志》（油印版），第七章第二节"家（族）谱"，1987年5月。

文氏流派已经有好几支，现在看到的这个谱系图是根据笔者了解以及郑瑶新编《东方县文物志·第七章·第二节·家（族）谱》（油印本）绘制的支脉图。这个族谱支脉主要记录的是文永传一家的脉络，文氏的"永"字辈不少于10家，这只是其中一脉，但是他们的脉络很清楚，我们看到的文氏族谱"历代宗支源流万派"要比文永传一脉所记录的复杂很多，但是要看清楚主要的脉络，还是要一脉一支地进行观察，因此文永传一脉的族谱是一个很好的样板。

按照一家至少有两名后代，那22代的繁衍会产生可能的数量已经不少了，但是他们总是在曲折中不断繁衍生息，现在付马村文姓有四个支脉，人口约有600多人。随着时间的推移，付马村还接纳了不同姓氏的村民。这些不同姓氏的村民，到了付马村，自然在语言上融入付马话，成了付马话言语社区的一员。

三 付马话与源方言的关系和异同

付马话的骨架，从基础音系到语法，还是客赣的底子，中间浸染了来自周围语言的很多成分，至于它跟现代的哪个方言接近，没有扣合恰当的，我们下面列举一些方言特点，与7大方言做一个大致的比较，从中观察付马话与哪个方言较为接近。

詹伯慧（2001）列出12条客家话的语音特征，黄雪贞（1998）举出10条：声母3条，韵母3条，声调4条，来讨论梅县客家话的语音特点，刘纶鑫等（1999）也举出了一些条目，将客赣方言与汉语其他方言的比较，我们以他们的条目为参照，列出声调、声母、韵母的一些条目，各大方言是以其代表点的语音为依据的。

1. 声调方面

将付马话与其他汉语方言进行比较，先看声调。付马话声调有明显的文白分野。白读层的声调相对整齐，主要的规律是，平分阴阳，分化条件是古声母的清浊。古上声和古去声中古清声母分化较乱，浊声母的演变相对整齐。虽然表面上部分全浊上与上声的文读相同，读为31，但是全浊上实际上是去声的白读，这既符合"浊上归去"的大方向，同时可以用去声的文读来印证，具体表现是全浊上的文读与去声的文读调值相同。入声的内部读音较为复杂，大体的规律是清入是一个半高促调，是白读的阴入，阳入读为一个半低促调的是白读的阳入。阴入、阳入的文读不分阴阳，是一个促声高调。古去声清声母的字主要归入上声，浊声母的字主要归入去声，还有一部分字分别归入阴平、阳平和上声。从声调的演变情况来看，付马话与客赣方言的关系比较密切。从下面的几个对比项中也能清楚地反映出付马话与客赣方言较为紧密的关系。

表1-3　　　　付马话与几个方言声调演变的比较

序号	比较内容	赣	客	付马话	吴	湘	闽	粤	北京
1	浊上部分归阴平	*+	*+	-	-	-	-	-	
2	去声清浊分流	*+	*+	*+	+	+	+	+	
3	阴入低、阳入高	*+	*+	-	-	-	+	-	
4	次浊部分随清流	*-	+	+	-	-	-	-	
5	声母送气与否不影响调类分化	*+	-	+	-	-	-	-	

注：表中"*+"有条件相同，"+"表示具有这种特点，"-"表示没有这种特点，空白表示不涉及此类特征。下同。

表中所反映的特点多数都与客赣方言相似，从声调的演变和特点来看，付马话与客赣方言有相当的一致性。

2. 声母方面

古全浊塞音声母与同组的次清声母合流，多数读为送气音。非、敷、奉不读重唇。明母、微母合流读为 m。浊音 b、d 分别来源于古帮母和端母。f 来源于非组，h 主要来源于晓匣母和溪母，这两个音无论开合都不混。v 主要来源于古微母、疑母、匣母、云母。古知庄章三母今读 ts，彻澄初昌四母今主要读为 tsʻ，s 主要来源于崇、船、禅、书、生等母的字。z 主要来源于日母、云母、疑母。tɕ 主要来源于古精组字，还有一部分来源于初、生、禅等母。k 主要来源于见母和群母，kʻ 主要来源于溪、群两母，ŋ 主要来源于疑母、影母、日母。零声母主要来源于疑母、匣母、影母、云母、以母。我们选取一些项目将付马话的声母演变与几大汉语方言典型特点作一些比较，如表1-4。

表 1-4　　付马话与几个方言声母演变的比较

序号	比较内容		赣	客	付马话	吴	湘	闽	粤	北京
1	古全浊、次清声母平论平仄与次请声母合流		+	+	+	−	−	−	−	−
2	部分轻唇音字读重唇		+	+	−	−	*+	+	+	−
3	古精、庄逢今洪音韵混同为 [ts \ tsʰ \ s]		+	+	*+	+	+	+	+	+
	日母读 ȵ 或有白读 ȵ，同于泥母在细音前的今读									
4	牙喉音声母开口二等字未颚化		+	+	+	+	+	+	−	
	见系开口三四等全部腭化									
5	疑母洪音韵字读 [ŋ]		+	+	+	+	+	+	+	−
6	"五"字的读音为 [ŋ]		+	+	ŋu	+	−	−	+	−
7	晓、匣母合口字和非组读 [f]		*+	*+	−	−	−	−	+	−
8	精、庄、知、章四组声母合流		*+	*+	+[除精]	−	−	+	+	−
9	泥、来不混		*+	*+	+	−	−	−	−	−
10	来母细音字读 [t] [d]		*+	*+	−	−	−	−	−	−
11	影母洪音韵字读 [ŋ]		*+	*−	*+	−	−	−	−	−
12	透、定母读 [h]		*+	−	−	−	−	−	−	−
13	精、庄两组声母读 [t \ tʰ]		*+	−	*+	−	−	−	−	−
14	知三、章读 [t \ tʰ]		*+	*−	*−	*−	+	*−	−	−
	知三章组合流，精庄逢今洪音韵合流									
15	溪母字部分读 [h] [f]		−	*+	+无 f	−	−	−	+	−
	匣母合口一二等白读零声母									

从上述的对比可以看出与客家话相同的有 8 项，与赣方言相同的有 8 项，此外还有一些交叉的项目。就系统特征而言付马话与客赣方言有很大的相似性，与其他方言则距离较远。同时我们也注意到，中古的精母、从母的部分字在付马话中读 t，这显然是受海南闽语的影响，tθ 声母可能是受包围着付马话的村话影响的结果。付马话中有 ȵ 声母，由于是互补分布，就并入 n 中。

3. 韵母方面

古咸、山、蟹、效四摄的主要元音多数相同；鱼、虞两韵的韵母不同；歌、豪两韵的字韵母不同；ɯ 来源于遇摄和止摄。咸摄主要是收 -m、-p 尾，三四等也有 -n 尾，-t 尾出现在合口三等；深摄阳声韵只有 -n 尾，入声韵则有 -p 尾和 -t 尾；山、臻两摄收 -n 尾和 -t 尾；宕、梗、通三摄主要收 -ŋ 和 -k 尾；江、曾两摄收 -ŋ 尾和 -k 尾，也有一些收 -n 尾和 -t 尾。从付马话的韵母与中古音比较来看，也能反映出它与客赣方言的关系较为密切，与赣语比较而言付马话更接近中古音。我们根据以上内容选取 11 条与几大方言典型特点进行比较，具体如表 1–5。

表 1–5　　　　　付马话与几个方言韵母演变的比较

序号	比较内容	赣	客	付马话	吴	湘	闽	粤	北京
1	四呼齐全	*+	*+	−	+	+	−	+	−
2	果摄部分字韵母为 ai（或 æ）	−	+	+	−	−	−	−	−
3	果假二摄主要元音 [ɔ] 和 [o]、[a] 和 [ɑ] 有区别	+	+	+	−	−	−	+	−
4	果、宕二摄无合口	*−	+	*+	−	−	+	+	−
5	宕、江二摄合流为 [ɒŋ]	+	+	*+	+	−	+	+	−
6	梗摄字有主要元音为 [a] 的白读音	+	+	−	+	−	+	−	−
7	流摄字的韵母一等为 ɛu，三等为 iɛu；或相近的复合元音、复合音韵母	+	+	−	−	−	−	−	−
8	[m、n、ŋ] 尾齐全	*+	*+	+	−	−	+	+	−
9	[p、t、k、ʔ] 尾齐全	*+	*+	*+	−	−	+	+	−
10	"二"字的读音	θ	ŋi	ɯ	ŋi	ɣ	li	ji	ɚ

这虽然是一个抽样性的比较，但还是能说明一定的问题。与客家话相同的有 6 项，与赣方言相同的有 4 项，进一步说明付马话与客赣有很大的相似性。"二"的读音南昌话和付马话还是有很大的相关性，从数据上看一致性很强。

表1-6　　　　　　　　付马话与南昌话元音比较

	元音	F1	F2	F3	时长 ms
南昌	ɵ	478	1235	2493	502
付马	ɯ*	428	1230	2299	101

上表的数据说明它们都是半高偏后的一个元音。

《中国语言地图集》把客赣两种方言分开的主要依据：部分古浊音声母上声字客家话今读阴平，如梅县"柱在弟咬尾"，赣方言多数方言（尤其是中心地区地方言）无此特点；在付马话中"柱"属于阴平，"在咬尾"则是上声。一些常用的古全浊声母字客家话读不送气音，赣语仍读送气清音，如"渠笨"；付马话也是如此。一些口语常用词客赣方言也不一样，如梅县说"食饭、食茶、偓、偓个、係"，南昌说"吃饭、吃茶、我、我个、是"。付马话的"吃饭、吃茶、我、我的、是"与赣语相类似。

付马话的"吃"读为"hik⁴"，这又与粤方言中的一些地方的吃的读音相似，我们将"吃、食"在粤方言一些点中的读音，与付马话作比较，发现也有一些相关之处。

表1-7　　　　　　付马话的"吃"与粤方言几个点的比较

	广州	顺德	中山	东莞	斗门	台山	开平	信宜	廉江	付马
吃	hɛk³³	het³³	iak³³/hek³³	ŋet⁴⁴	hiak³³	hiak³³	hiak³³	hɐt⁵⁵	hɐt⁵⁵	hik⁴
食	sek²²	set²¹	sek³³	sək²²	sek²¹	set²¹	set²¹	sek²¹	sek¹¹	sik²

这些相关的词语说明付马话的表示"吃"的意义的词不是"食"，这种情况接近赣语，与海南闽语、客家话不同。

综上所述，我们认为**付马话是一种以古客赣方言为底层的非官话混合型方言**。它的语言成分既保留了客赣方言的因素，也吸收了大量村话和海南闽语的成分，形成了独具特色的一种汉语方言。

第三节　付马话的使用现状

1. 使用人口与语言竞争

付马村现有人口约2158人（2017年的数据），全村共有12个姓氏，依次为：文、吉、符、高、郭、王、刘、蒙、张、赵、许、卢。有较为完整清晰的文氏族谱"历代宗支源流万派"，明确记载文氏祖先来自"江西省吉安府庐陵县罗菪村里"。这个姓氏源流与先后格局，奠定了付马话是以客赣方言为根基的方言，后面迁入的人家，都会自觉不自觉地融入这个言语社区。

因为语言复杂，就会涉及语言及方言竞争情况。付马话所处的昌化江南岸语言复杂，有军话、哥隆话、黎话、海南话、付马话、月村话、那月话等多种语言和方言。付马村的人都是双语人，除了付马话还有哥隆话、海南话、普通话，还有一些人会讲当地的黎话、附近的军话。讲付马话的人很容易听懂当地的军话，但是讲军话的人很难听懂付马话。全村大半的人会讲哥隆话，四五十岁以下的人都会讲普通话。因为付马村的每一个人都是双语人，这就为付马话轻松吸收、接纳周围方言、语言的成分提供了方便。

2. 使用人数及代际传承情况

目前至少2158人会讲付马话，老年、中年、青年人多会讲付马话，在外地的小孩则不会讲。在村里付马话和哥隆话是为各个年龄段都使用的语言。

3. 付马话在教育领域使用情况

1961—1973年，付马村的孩子在付长小学读书。1973年付马小学建立，付马村的孩子大都在付马小学上学；2014年由于生源不足，当时大约只有10个左右的在校学生，因此学校被裁撤了。2015年以后，适龄儿童大多去东方市区的八所小学上学，学校通用普通话，孩子只在同乡之间和回家时讲付马话。

付马村有正规学校的历史并不长，前后有40多年，当时学校教学用的语言有普通话，但多用哥隆话，村里的老师多为哥隆话为母语者，这样在村里的学校哥隆话和付马话都是基本的交流语言。

现在，无论在哪里读书，老师讲课都用普通话了。语文课读书（朗读）用普通话。但是很多成年人，数数用付马话、哥隆话，背乘法口诀用文读的付马话和不标准的普通话。

4. 社区政事领域使用情况

村里开会，如果没有上面来人的话，村主任讲话用付马话，如果有上面来人就用普通话，到四更镇办事讲哥隆话和海南话，到市政府办事使用普通话、海南话。

5. 媒体使用域情况

付马话的体量和影响基本上局限在一个村子里，即使在村里也还要说其他的语言和方言，各种因素的原因，付马话没有进入书写系统，但是可以用付马话读书。

在付马村的上一级乡镇四更镇，没有电台、电视台，当地电视台只有东方市广播电视台，用普通话和海南话播音。

村里的广播通知用付马话，发手机短信、微信输入用笔画和普通话拼音，语音传输多为付马话。年轻人的QQ、微信交谈用付马话、哥隆话还有普通话。

6. 民间文艺情况

当地有山歌、对歌等文艺形式，20世纪60年代以前，对歌、山歌用哥隆话来唱，不用付马话唱。现在多是流行歌曲了，多为普通话的歌曲。

借助口头表达的讲故事，多用付马话。

7. 宗教与信仰中的语言使用

付马村没有佛教等大的宗教，在家里是拜祖先，用付马话，在重要日子，道公主持做法拜神、土地，按照一写好的文字来念，串场则是付马话。

8. 经济使用域情况

付马村没有固定市场，有几个小卖部，其中一个门前有较为开阔的小广场，有一棵很大的树，树下有一些石凳石桌，供村民们休闲、交际。这里的交流用付马话，有时候需要哥隆话、海南话甚至普通话。在四更镇、东方市，买菜讨价还价使用海南话、普通话。市场吆喝使用海南话、普通话。整个东方市都没有看到用方言做的广告。

9. 家庭语言使用情况

家里人一般能说两到三种话，付马话、哥隆话或其他。与祖辈、父辈交流多用付马话，与孙辈交流用付马话、海南话，也用普通话。父辈与儿媳之间用哥隆话、付马话、海南话等。夫妻之间用付马话、哥隆话、海南话、普通话等。

10. 个体的语言使用情况

自言自语多用付马话，乘法口诀等自我有声诵读用付马话的文读。

11. 对方言的情感

这里的村民普遍觉得普通话、付马话都好听，哥隆话也可以，这也是语言实际情况与语言使用环境所决定的。

村里的人普遍认为付马话对他们而言还是非常有用的，村里交流主要还是靠付马话。他们当然不希望自己的话消失了。

第四节 付马话的研究现状

最早看到付马话的介绍是一本国外某教会编的中国族群情况的英文书，具体书名不记得了，印象深的是看到付马村的人的照片，是一个男性，带着像蒙古族一样的帽子，我当时觉得有问题，因为海南是热带，怎么会戴这样的帽子呢？这种介绍大概了解这种族群的一般情况，至于语言学上的研究，就谈不上了。

据说符镇南、欧阳觉亚先生对付马话有过记录，笔者见过符镇南写的东方军话的简单音系，但未见过符镇南写的付马话的文字。笔者在2017年底在参加《汉语方言学大词典》首发式时，遇到了欧阳觉亚先生，我问他关于付马话的研究，他说已经不大记得了，至此真正方言学意义上的研究，除了笔者写的几篇文章，几乎很少有人关心了。

本方言以及同类方言研究记录，主要有下面几篇：

首先是发表于2001年第1期《方言》的《海南岛的语言与方言》，介绍了付马话的分布和使用人口。对于付马话语音有系统描写的是发表于2010年第1期《方言》的《海南省东方市四更镇付马话同音字汇》，文章较为系统地展示了付马话的声韵调以及主要的演变规律。对于付马话词汇、语法的研究还基本上是零散的，笔者撰写的《从词汇语法的角度看海南西部客赣方言的一个分支——付马话》，发表于 2012 年《赣方言研究》（第 2 辑）。关于语音演变的有笔者写的《中古韵母在海南东方付马话中的演变》，发表于《中国方言学报》第 4 期（商务印书馆 2015 年版）。

对于付马话的调查研究还有一些学者，但是未见发表，上述这些是见于书刊的研究成果的简单说明。

第五节　调查说明

一说起"fùmǎ"，我们第一个想到的是"驸马"，但是要说不是的话，就会追问下去，就会想进一步的了解，这个"fùmǎ"到底是什么？它是一个方言还是少数民族的语言，凡此种种都会促使我们深挖下去。这就是我们对于付马话调查开始时的一个动机。

对付马话的调查开始于 2003 年 2 月，当时听当地人说，这是一种非常奇怪的话，跟周围所有的话都不同，但是究竟怎么不同却没有一个明确的认识。2003 年春节期间笔者去海南东方市调查海南闽语时，遇到我以前的一位学生，他家在东方市四更镇，他说他们村的旁边就是付马村，我就与他一起去了付马村。起初我以为付马话可能是一种类似村话的民族语言，可是听了几个词之后，就知道它肯定是与客赣方言相关的一种汉语方言。村子里的主要的姓氏是文，族谱记载他们来自江西卢陵（现在吉安），到海南已经有 22 代。当时就用曹志耘老师编的地图集的调查词表做了初步的调查。由笔者的学生符晓智介绍，找到了文业光，让他作为发音人进行了初步的调查。笔者记了 1000 多个单字，1200 多条词，70 多个例句。

首先是通过音系、基本词汇的调查，确定它是由客赣方言打底的汉语方言。比如说，音系中声调有 6 个，平声、入声各分阴阳，上声、去声不分阴阳。词汇中"鸡蛋"叫"鸡春"，人称代词的表达等。这些特点都说明，付马话虽然有很多客赣方言的特点，但是，应该是一个混合型的方言。

调查濒危方言，甄别好的发音人是一个极为重要的工作。

2007 年 1 月我再次前往东方，这次经人介绍找到了当地退休教师吉呈明，吉老师是当地公认的有学问的人。经历也非常丰富，懂的知识相对多。吉老师作为主要发音人，我们完整地记录了《方言调查字表》的调查内容，完成了付马话同音字汇的初步整理。

图 1-4　2009 年 8 月笔者在付马村口

吉老师生于 1942 年 10 月，受过的正规教育是初中，1954 年入长山小学，1962 年入四更中学，1965 年参加工作，在付长大队（就是付马、长山两个村的组合），1973 年开始在付马小学教书。吉老师能够流利地使用付马话、哥隆话、海南话、普通话，方言调查字表以及以此为基础的同音字汇就是主要依据吉老师的发音。吉老师的发音总的来说没有问题，但是有一部分字词有明显的类推、解释性质的发音，其中最有问题的就是有一些疑难字词往往随自己的意思来推理，比如把"拘"读成"扣"，把"殆"读成"thai^{35}"，把"赐"读成"thik^4"（踢）等；有些时候是误读的，比如"侮"读成"悔"、"坏"读成"坏"、"裴"读成"翡翠"的"翡"等明显有问题的读音。当时还询问过吉老师，这些音是不是有问题，但是他肯定地说："我们的话就是这样读的"，我还真以为他们就是这样任性、不讲系统的方言，但是我们参照后来蒙书记等其他 3 人的相关读音后发现，吉老师在单字音的发音中有很多误读，笔者就在对照了蒙叔以及另外两位发音人的材料之后，做了系统的核对，在本书中尽可能避免这些不该出现的问题。这个情况说明对于那些我们了解不多的方言，一定要进行多人、多角度的调查研究，尽量避免不应该出现的误差。

2007年10月调查了文杰、符正良两位在广州打工的付马村来的男生，调查了音系和连读变调。他们两位的读音基本清楚，可作为连读调的实验数据。

2009年8月我们以语音为主对付马话进行了较为系统的调查，发音人是1945年出生的文业光，他的教育程度是高中，在付长中心读的小学，主要交际语言是哥隆话，付马话是本村同学之间的交流工具，文业光的付马话和哥隆话都很流利；初中、高中都在琼西中学，这时候常用的语言是海南话和普通话。1969年开始就一直未离开过付马村，是一个理想的发音人。

图1-5　2009年8月我和学生林冠前往东方调查，这是当时的发音人文业光先生

我们每天早晨从东方市的八所出发，白天都在付马村记录，晚上返回八所。来回都是我的学生当时在东方广播电视台工作的林郁接送。虽然紧张，但是了解了付马话的基本情况。村里的道路当时还是沙土路，2016年时村里的主要道路已经是硬化了的水泥路。

2016年付马话调查项目立项为濒危语言调查项目，就开始了较为全面而系统的调查和整理。2016年10月，按照语保项目的要求我们组织了一个调查组，重要的是分工合作完成摄像、录音、文本记录等工作。而这些如何协调好无疑对我们这些做田野的人是一个新的课题。项目要求我们做田野的人除了完成声音的描写，在实际的摄像、录音同步的操作等方面都有较为统一的规范。我们对声音的采集、处理比较专业，但是加了录像就缺少了一个系统间组合的技术，给我们的调查带来了不少困难和挑战。因此，我们开始做语保项目的时候，涉及的问题多是在技术方面的，尤其在录像上，因为我们通常做的方式与语保的要求不同。比如，对环境、背景的要求，如果只是录音或者录像，可能会简单一些，但是因为要把录音和录像的同步摄录在一起，难度就增加了。如果只是录音，我们可以选择较为安静的场所就可以了；但是这又顾及不了摄像时的光线、发音人的各种录像的环境要求。我们选择在东方市广播电视台的演播厅工作，只能利用他们下班的时间，因此，我们的摄录大都在晚上进行，为此摄录团队的每一个成员几乎都累趴下了。环境、技术、内容三重挤压下的工作，确实是很不容易的。好在我们齐心协力，通过一次摄录、两次补录，终于基本完成了语保要求的摄录的内容。

语保工作对于我们的常规研究也有很多的促进，在我们的实验室建设时，专门做了一个摄录一体的录音室，对于今后做类似的研究提供一个方便的场地。

2016年，我们请到暨南大学戏剧影视文学专业梁凡同学做专职的摄像，加上两位研究生，一位博士，一位硕士，还有一些当地人帮忙，在东方市广播电视台录制，这一次完成了全部的摄录工作，但第一次很多录像、录音不合语保项目的要求，2017年1月又进行了补录，大概到2017年3月经过多次补录，我们才基本完成项目要求。方言志的调查记录还要增加词汇、语法项目的调查。

2017年夏天，我们再一次赴海南东方市，核对词汇，调查语法项目。

图 1-6　2018 年春笔者在东方市调查付马话词汇

从 7 月到 8 月项目组的刘新中、赖琼花、林明康、陈颖文调查了一个月，在原来词汇调查的基础上，做了补充词汇调查，考虑当地一些特殊的语言现象，词汇扩大到了 4500 多条。

当然有很多词，无论是普通话还是方言都会讲，大同小异。而有些词汇，比如亲属称谓，付马话还是有很多特色的，比如男性的大体上能够与客赣方言相匹配，但是女性的亲属称谓系统，明显受周围哥隆话的影响。新近的一些词语，影响最大，应该是从普通话中借来的。

语法调查，除了用语保要求的调查表，还用了刘丹青编的调查表，取自 2016-10-28 的《方言语法调查问卷》，主编是刘丹青，副主编为唐正大，参编的有陈玉洁、盛益民、王芳。

从开始付马话调查到本书完成历时 16 年，由前期的零敲碎打，到后面的系统集成，都是一个历练，一名方言学者应该也必须对一个方言，无论大小，经过系统、全面的考察、研究，才可能对一种方言有清楚的认识，对于方言学的各种现象、规律才会有一个理论上的提炼，否则抓只言片语就大做文章，只能是盲人摸象式的研究。

本书的内容涉及语音、词汇语义、语法、口头艺术等许多方面，而作者只是在一两个方面有研究，一半以上需要现学现用，这个过程本身就是一个提升的过程，田野调查完成后能够提供一些有意义的描写成果，

图 1-7 2018 年夏天笔者在用气流气压计采集付马话的相关数据

就是对于这个方言研究的一点贡献。在调查过程中，得到了超过 10 位不同的发音人的大力协助，列表如下：

表 1-8　　　　　　　　　　发音人一览表

姓名	出生年月	调查时年龄	调查时间	调查内容	备注
文业光	1945	老男	2003—2009	语音、词汇、语法	
吉呈明	1942	老男	2007—2017	口头文化	语保
文杰		中男	2007—10	音系、连调	
符正良		中男	2007—10	音系、连调	
蒙业文	1954	老男	2016—2018	全部	语保
王建敏	1991	青男	2016—2019	语保音系	语保
郭传梅	1959	老女	2017—2019	话语	语保
蒙美芳	1988	青女	2016—2018	话语、地普	语保
吉德成	1952	老男	2017—01	字音	
郭传江	1975	中女	2017—01	地普	语保

对于付马话的调研断断续续超过 16 年，希望能够完成一部基本的方言概况的著作，为今后的研究、保护提供一些方便。

图 1-8　2016 年 10 月语保项目摄录场景

第 二 章

付马话语音系统

第一节 付马话声韵调

一 声母

1. 声母

付马话的声母与海南西部多数的语言、方言的声母系统类似,有19个声母:ɓ、ph、m、f、v、tθ (t)、ɗ、th、n、l、ts、tsh、s、ɹ、k、kh、ŋ、h、∅,我们按照不同类的声母,加例字如表2-1。

表2-1　　　　　　　　付马话的声母表

ɓ	八兵部罢			ph	派爬病铺	m	麻麦味袜	f	飞符饭芳	v	吴王云伟
ɗ	多东度盾	t	丝酸	th	天甜毒读	n	奴南年人			l	路来老蓝
		ts	祖竹争纸	tsh	菜茶抄车			s	馊受山十	ɹ	芽药野油
		tθ	苏清字三								
		k	高姑九家	kh	开轻共犬	ŋ	月安鱼鹅	h	好火虚响		
∅	熬用										

关于声母的说明分述如下。

（1）内爆音

有双唇和舌尖-齿龈的内爆音声母ɓ、ɗ,这两个声母有时也像普通的浊音b、d,但主要还是内爆音。参见图2-1。

图 2-1　付马话 ɓ 和 ɗ 的举例

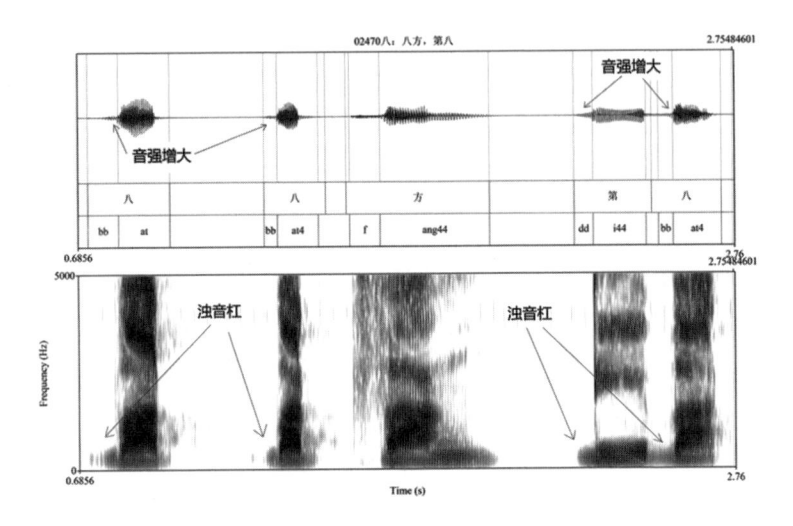

图 2-1 是包含 ɓ 和 ɗ 的音节，用付马话朗读"八、八方、第八"，把内爆音 ɓ 出现的音节在单念、词头、词尾的情况作了综合观察，主要是对 ɓ 进行单字音节、词首、词尾位置的观察，这里看到，ɓ 和 ɗ 都具有明显的内爆音特点：第一，这两个音都是浊塞音，浊音杠、冲直条都很明显，VOT 为负值；第二，内爆音的除阻时的能量会逐渐增强，表现为振幅增大；第三，浊音段时长短于普通浊塞音。

付马话的内爆音与海南闽语的 ɓ、ɗ 基本相同，文昌话有内爆音和普通浊音的区别，下面是文昌话同部位的内爆音和普通浊塞音的声波和浊音杠的比较。

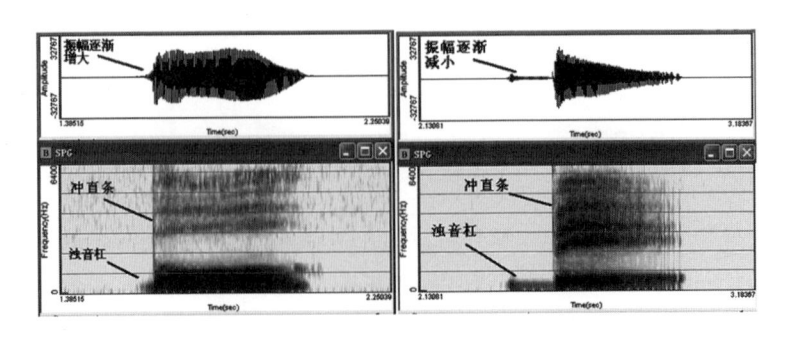

图 2-2　海南闽语文昌话的 ɓ 和 b

图 2-2 的左边是文昌话（文城）"波"［ɓɔ³⁴］的语图，右边是文昌话（文城）"马"［bɛ²¹］的语图，普通浊音的浊音杠比内爆音的浊音杠要长 2 倍多。赖福吉和约翰逊在《语音学教程》中记录、描写了印地语等的内爆音都有类似的现象，喉部向下移动，可以使声门上压力减小，结果可以维持肺气流不断进入声道，因而成阻阶段波形振幅不但不会减小，反而会逐渐增大，于是形成振幅由小变大的特征①。就浊音杠时长和音强变化的情况来看，付马话的和文昌话的内爆音基本相同两者听感上也是一样的。

根据气流气压的数据，付马话内爆音的"八、兵、多、东"等字，口压、口流在除阻前 20—40 毫秒都呈下降趋势。

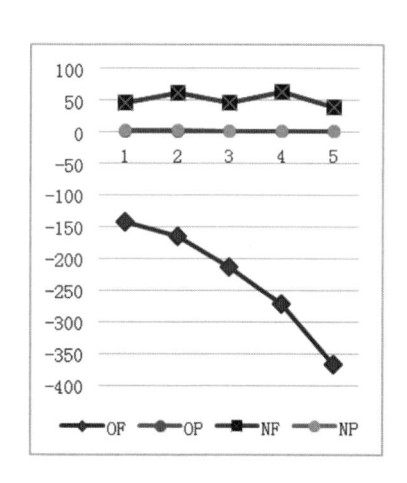

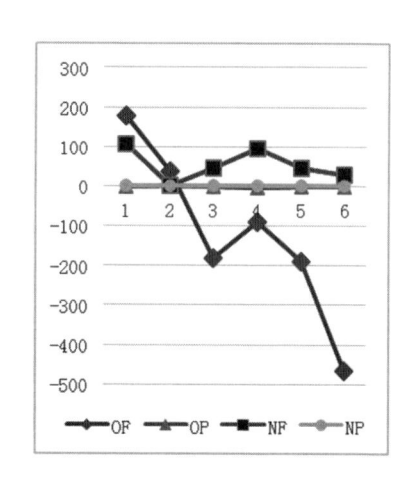

下图是付马话八［ɓiɛ］和兵［ɓiŋ］中声母 ɓ 部分的气流气压变化情况。

图 2-3　a. 付马话 ɓ 在［ɓiɛ］的气流气压变化
**　　　b. 付马话双唇内爆音 ɓ 在［ɓiŋ］的气流气压变化**

图 2-3 的 a 和 b 的具体数值有差异，但是总的特点一样，就是内爆音的口流、口压在声母部分呈现下降的趋势。这是内爆音最重要的特点。

---

① Peter Ladefoged and Keith Johnson, A Course in Phonetics, Chapter 6 Airstream Mechanisms and Phonation Types, Sixth Edition, Wadsworth, Cengage Learning, 2011, pp. 141 – 142.

口压的数据也呈下降趋势，图2-3无法显示，我们列举如下：

表2-2　付马话6在［6iɛ］和［6iŋ］中的气流气压变化数据

6iŋ	Time	6317.052	6317.052	6327.052	6337.052	6347.052
	口流 OF	36.968	-180.509	-91.083	-188.293	-466.252
	口压 OP	0	-1.872	-3.109	-2.805	-2.217
	鼻流 NF	0	45.327	94.976	45.642	30.123
	鼻压 NP	0	2.215	2.177	2.021	1.871
6iɛ	Time	4600.265	4610.265	4620.265	4630.265	4640.265
	口流 OF	-142.457	-165.096	-213.405	-272.389	-367.161
	口压 OP	1.432	0.814	0.717	0.767	0.792
	鼻流 NF	46.796	62.324	46.07	62.889	39
	鼻压 NP	2.499	2.374	2.151	1.86	1.422

（2）舌尖与舌面塞擦音

声母 ts、tsh、s 在齐齿呼前读做 ɕ、tɕh、ɕ，如"纸、车、世"；这里涉及很多问题，把这两组合并为一组，记为 ts、tsh、s 是通常的做法。

（3）齿间音 tθ

有一个齿间音 tθ，这个音在海南西部的语言和方言中比较常见，如海南闽语的板桥、感城、新龙，村话，儋州中和的军话等；它与清塞音 t 互补。tθ 是先塞后带一些摩擦，不同于 s，请看图2-3。

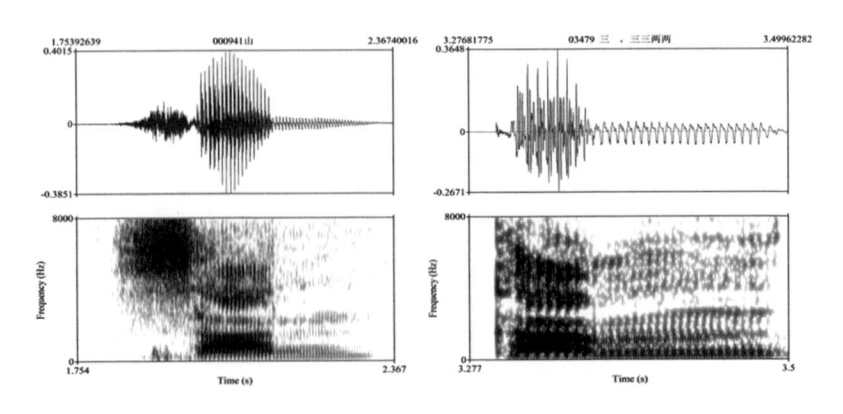

图2-4　付马话的 s（左图）和 tθ（右图）

图 2-4 左边是付马话的"山"[san35]，声母部分擦音反映在能量集中在高频区；图 2-5 右边的是付马话的"三"[tθam35]，有冲直条，除阻后有擦音成分，能量分布范围较广。

(4) ȵ

n 和 ȵ 的区别既有来源上的原因，也有共时组合中的影响。

付马话的 n 和 ȵ 是互补分布的，可以归为一个音位。中古泥娘母的字在付马话多读 n，韵母多为合口、开口，中古日母的字在付马话中读 ȵ，多为齐齿呼韵母。首先，ȵ 和 n 在鼻音的第二共振峰上有区别，其次是波形有区别。下面是付马话这两个鼻音的语图。

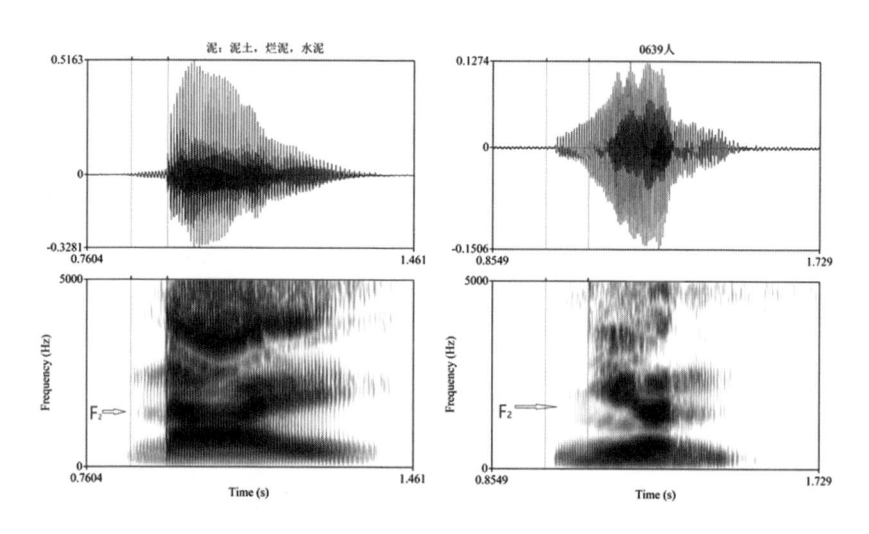

图 2-5 付马话的 n 和 ȵ

图 2-5 左边是泥土的"泥"[nai53]，n 的 F2 相对清晰，大约是 1500Hz 上下，右边是"人"[ȵin53]，F2 较弱，能量的峰值大约是 2000Hz 上下。

(5) 声母 ɹ

声母 ɹ 的语图特点类似于 j 等通音，下面是付马话的"药"和"油"的语图。

通音是还未形成湍流的弱摩擦，有类似元音的共振峰，但相对弱而分散，付马话的 ɹ 几乎都是这个特点，它不同于普通的擦音。

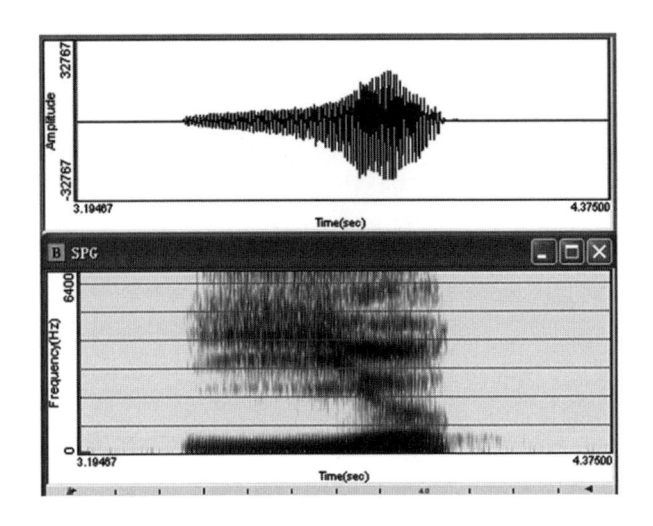

图 2-6　付马话的"药"[ɹiɯk]

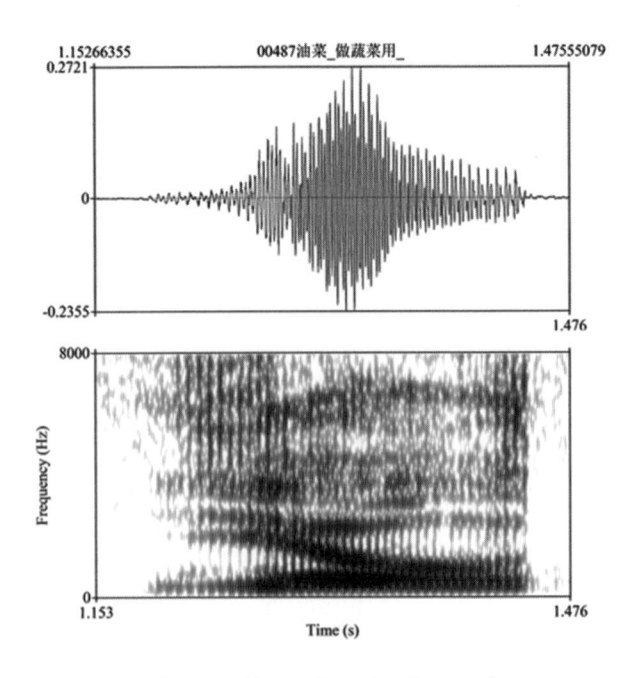

图 2-7　付马话的"油"[ɹiəu53]

声母 ɹ 不记为像广州话的声母 j，是因为它的摩擦成分明显比广州话的 j 要重，但是又没有像典型的 z 这样重的摩擦。

（6）零声母问题

严格说付马话中没有元音起头的音节，齐齿呼起头的音节，多为 ɹ 或 j，合口呼起头多为 v、ʋ 等通音类声母，其他的多为 ʔ-。如果不记录通音类的声母，就可以设一个包含广泛的零声母。

2. 韵母

韵母有62个，比吉安等地的赣语要复杂；ɻ 和 ɯ 是与海南闽语不同的，但在海南西部的军话以及黎语、村话中都较常见；韵尾-m、-n、-ŋ、-p、-t、-k 都齐全。整个的韵母格局与客家和赣语相比较，从四呼、韵尾结构来看，更像客家话，主要是韵尾齐全、缺少撮口呼系列的韵母。

（1）韵母总表

付马话韵母的排列，主要以主要元音作为韵母的核心，其次按照开齐合撮四呼排列，同时考虑韵尾的分类，本书考虑的多为主要元音。

表2-3　　　　　　　　付马话的元音及韵母系统

a	i	u	ɛ	ɔ	ɯ	ɻ
爬麻茶家虾	批迷齿试居	铺徒苦胡雨	爹姐者也	波磨多初歌河	字鼠尔耳二	事雌四文自狮
a–ai	i–iu	u–ui	ɛ–iɛ	ɔ/iɔ	ɯ–iɯ	
排买台财鸡鞋	钓烧秀纠	雷锤水鬼灰	辈妹队醉	开皮四	车蛇遮靴夜	
a–iai					ɯ–uɯ	
皆界介械					座糯过课火	
a–uai						
帅怪快坏						
a–ia						
夏架下下降						
a–ua						
瓜夸花瓦						
a–au				ə–e		ɯ–ɯi
毛刀老草高好				偷树手酒钩喉		赔肥来几气鱼
a–iau						
表飘猫条料桥						
a–am	i–im			ə–mai	ɔ–ɔm	

续表

a	i	u	ɛ	ɔ	ɯ	ɿ
范贪南三感咸	针深琴音盐			甜脸减尖钳	柑	
a – an	i – in	u – un		ɔ – ɔn	ɯ – ɯn	
丹间山伞安	烟心根恨恩	孙顺酸嫩门		半满短	笋墩权分云	
a – uan			ɛ – ian			
端团弯暖钻			莲全铅			
a – aŋ	iŋ	u – uŋ		ɔ – ɔŋ	ɯ – ɯŋ	
帮党糖桑康	冰明清争生景	风冬龙中孔雄		汤疮床糠黄	登腾冷能层恒硬	
a – iaŋ					ɯ – iɯŋ	
梁浆唱强响乡					凉长长短 姜墙香羊	
a – uaŋ				ɔ – uɔŋ		
窗荒簧广旷				光		
a – ap	i – ip		dəi – e	ɔ – ɔp		
塔纳腊插鸭	笠汁十急入		碟贴夹接胁叶	盒合鸽		
a – at	i – it	u – ut	tɛi – e	ɔ – ɔt	ɯ – ɯt	
八发法杀察贼	篾铁日七舌热	突骨核忽	别灭列业蝎	拨脱出阔 活刮割	佛□坐 雪宿月出	
a – uat						
辖挖						
a – ak	i – ik	u – uk	ek	ɔ – ɔk	ɯ – ɯk	
北墨得塞刻黑	碧逆直力食屐	木毒肉或	百拆客	博膜托落 壳学恶凶恶	柏侧色泽革	
				ɔ – uak	ɯ – iɯk	
				脚酌药		

韵母 ɿ 和 ɯ 有互补的现象，分开两个韵母是因为音值上的差别较为明显。对于韵母表的归纳，还是有几个韵母需要合并，这里既有听感上的差别，也有主要元音的音值差别，主要有以下几个：

A. 韵母 un 有时读得像 øn，如"春军闰"。

B. 韵母 uk 很多时候实际是 ok，如"六绿国"等。

C. 韵母 ɔt，有一些像 uət，如"刮"。

D. 韵母 ioŋ，如"用"，因为前面的声母是一个通音声母，与韵母前的 i 几乎合并了，因此韵母表中只有 oŋ 而没有 i。

E. 韵母 ɯk 很多时候读得较松，像 ək，如"策"。

F. 韵母 ŋ 鼻音韵尾有时读得很弱，有点像 ɔ，如"糖"。

G. 没有韵母 eu，"柱"只有文读 tsi，但是有人读 tsheu，这可能是 əu 的变体之一，因此不另立一个独立的韵母。

（2）主要元音的声学元音图

我们将能够单独做韵母的单元音称为主要元音，多数主要元音还能与 i、u 以及韵尾塞音、鼻辅音组成韵母。

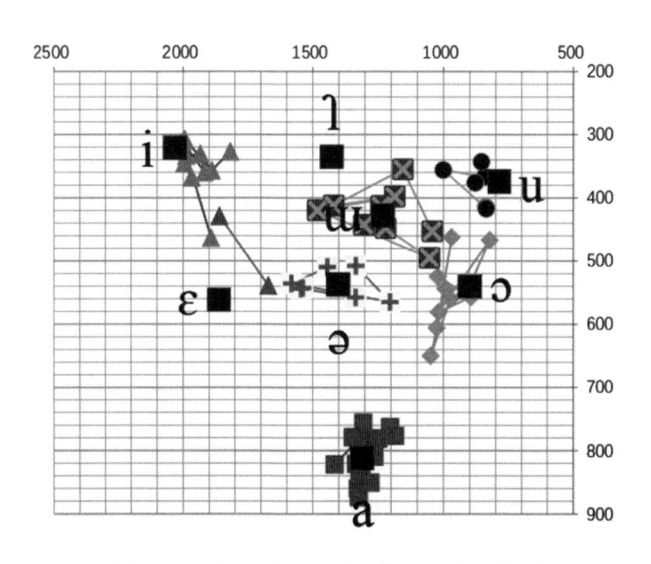

图 2-8　付马话的主要元音的声学元音图

除了通常见到的 a、i、u、ɛ、ɔ 等五个元音，付马话还有 ɿ、ɯ、ə 三个中间系列的元音，而且这三个元音的分布范围较为分散，比如 ɯ、ɿ 很多时候都读得像 ɔ。

3. 声调

根据付马话单字音节的整理归纳，用音节声调的声学数据，把付马话的声调做成相应的声调图。

图 2-9 付马话声调

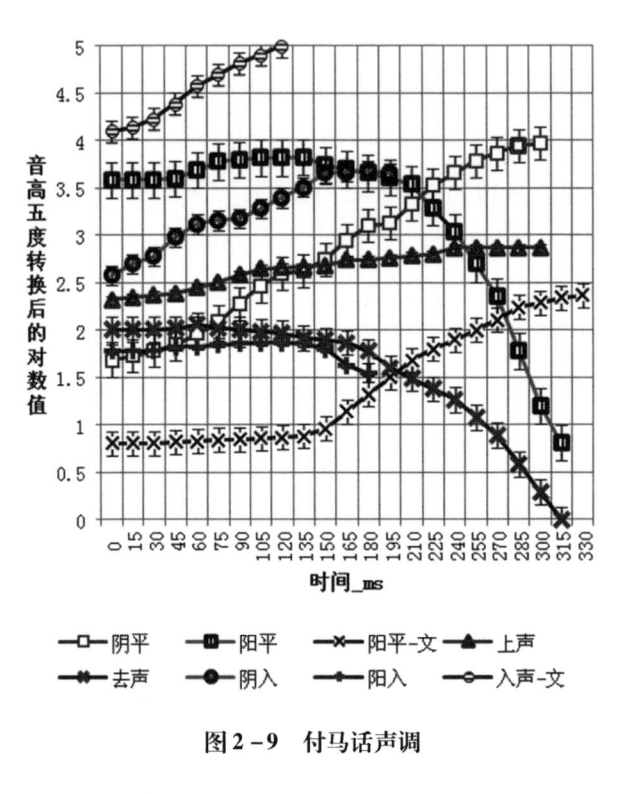

根据语保单音字近 1000 个音节的分析研究，我们将付马话的声调综合系统概括如表 2-3。

表 2-3 付马话综合声调系统

调类	阴平	阳平	上声	去声		阴入	阳入
白读调值	35	52	44	31		4	2
例字	高通东多	油门铜人	九草五老	二动卖问		谷百拍屋	石六毒十
文读调值	44	23	31	①35	②53	5	5
例字	冰衣东多	楼移蓝情	果谱显宝	拜暗汉中	绕骂庙用	曲策测铁	属服族实

可以概括出一个既可以涵盖可能出现的所有单字调的声调系统，也反映了文白不同系统的声调，这样的声调系统首先是包括白读的所有单字调，其次还包括了专用于文读的两个声调阳平文读调 23 和入声的文读调 5。

入声的调型都不是简单的高低，而是有升有降，但总的特点是短促；古阳入的一些字中，有个别的是 23 的短调，与一般的阳入有差别，但是因为是互补分布的，所以不另立一个调类。

第二节 语音特点

一 中古声母在付马话中的演变

每个方言的声母特点及主要来源，是通过与中古音的对照实现的，通过与中古音的对照，就可以较好地观察声母的来源与演变特征，也能够系统地观察付马话在汉语方言中的特点。

1. 古全浊塞音声母与同组的次清声母合流，多数读为送气音

全浊塞音声母的演变，既涉及清浊，也涉及送气不送气。下面是三个中古全浊塞音声母在付马话中的今读。（见表 2-4）

表 2-4　　　　　　中古全浊塞音声母在付马话中的今读

中古声母	[并]	[定]	[群]
送气及数量	ph-50 爬病败白	th-69 条地铜毒	kh-46 旧桥裙掘
不送气及数量	ɓ-42 暴罢部笨	ɗ-58 度代动独	k-32 茄渠巨极
送气及数量			tsh-2 祁擎
不送气及数量			ts-3 技妓倦
其他读音及数量	12	12	12

表中所反映的情况主要是，送气与否跟平仄无关，主要由文白决定。并母白读无论平仄都读为 ph，如"爬、败、白"；文读为 ɓ，如"瓣、雹、币"。定母的白读无论平仄都读为 th，如"台、地、叠"；文读为 ɗ，如"殿、镀、独"。群母的白读无论平仄都读为 kh，如"求、旧、掘"；文读为 k，如"渠、轿、杰"。

声母 ts、tsh 的读音是新近借来的，不算它自身的演变规律，这里不展开讨论。清浊可能是周围语言影响的结果，送气不送气是对于祖语的继承。

2. 非、敷、奉不读重唇

非、敷、奉大都读 f，是 f 声母的主要来源，个别保留重唇，多数是不常用的非口语用字，如"辅、甫"等。

表 2-5　　　　　中古非敷奉声母在付马话中的今读

中古声母	[非]	[敷]	[奉]
今读及数量	f-39 飞分风法	f-26 副肺蜂芳	f-45 饭犯肥罚
其他读音及数量	6	6	5

3. 明母全部、微母白读合流，读为 m

明母主要是 m，微母除了少量白读的 m，还有大部分的字读为唇齿浊音 v。（见表 2-6）

表 2-6　　　　　中古微明母在付马话中的今读

中古声母	[明]	[微]
今读及数量 1	m-136 眉帽门密	m-7 问蚊忘尾
今读及数量 2		v-24 文万忘武
其他读音及数量	12	3

明母几乎都读 m，而微母主要读 v，数量不多但常用的白读声母为 m。

4. 泥来母不混

泥母、来母字无论洪细都不混。（见表 2-7）

表 2-7　　　　　中古泥来母在付马话中的今读

中古声母	[泥]	[来]
今读及数量 1	n-55 女南脑娘	l-211 蓝连路乐
今读及数量 2	l-2 赁弄	
其他读音及数量	11	17

这里的"赁"是新近借来的，口语中不用；"弄"读 l 声母不清楚是什么来源。根据谢留文的研究①，客赣方言古泥来母的分化类型相同，都有三种：不混、半混、全混，付马话是不混型。

5. 古精、知、庄、章组的今读

（1）古精、知、庄、章四母的读音。（见表 2 – 8）

表 2 – 8　　　　中古精、知、庄、章四母在付马话中的今读

中古声母	[精]	[知]	[庄]	[章]
今读及数量 1	ts – 13 栽祖枣浆	ts – 28 猪张中竹	ts – 17 渣争装捉	ts – 96 主州章织
今读及数量 2	tθ – 89 资早井则	tθ – 17 知智镇哲	tθ – 10 阻争责札	tθ – 3 只蔗枝
今读及数量 3		ɗ – 3 啄爹摘		
其他读音及数量	14	4	7	8

古精、知、庄、章四母的读音有较大的重合，但是分配上还是有差别。精母字多数读 ts，少数读 tθ；知母字，读 ts 的二等、三等都有，但是读 tθ 的多为三等；庄母字读 ts 和 tθ 的二等、三等的字都有，但是三等读 tθ 的多为文读。章母一般是 ts，读 tθ 的是少数文读的音。

（2）清、彻、初、昌四母在付马话中的今读

清、彻、初、昌四母的主体是送气的塞擦音。（见表 2 – 9）

表 2 – 9　　　　中古清、彻、初、昌四母在付马话中的今读

中古声母	[清]	[彻]	[初]	[昌]
今读及数量 1	tsh – 14 错餐漆醋	tsh – 13 超痴畅畜	tsh – 20 差抄窗插	tsh – 28 春吹车出
今读及数量 2	tθ – 61 草村清七		tθ – 8 楚参衬策	
今读及数量 3	s – 2 蔡脆			
其他读音及数量	18	9	6	8

古清、彻、初、昌四母的今读大多重叠，大多读送气的 tsh。清母主

---

① 谢留文：《客家方言的语音研究》，博士学位论文，中国社会科学院研究生院，2002 年，第 4—5 页。

要读 tθ，文白读都有，tsh 则以文读为主；初母多为 tsh，读 tθ 的多为文读，二等、三等都有，读 s 声母的字读音借自海南闽语。

（3）中古从、澄、崇、船四母的今读

中古从、澄、崇、船四母的读音。（见表 2-10）

表 2-10　　　　中古从、澄、崇、船四母在付马话中的今读

中古声母	［从］	［澄］	［崇］	［船］
今读及数量 1	ts-2 藏脏	ts-27 赵丈柱治	ts-7 炸铡骤状	
今读及数量 2	tsh-1 从	tsh-26 茶柱虫直	tsh-3 查逸	
今读及数量 3	tθ-67 字财情贼		tθ-10 士事愁锄	tθ-5 射术述
今读及数量 4			s-5 柴柿床崇	s-17 唇船实舌
其他读音及数量	20		6	4

从母字主要读 tθ，多与清母字重合，澄母字读 ts 和 tsh，多与知、彻等相同；崇母字多读 tθ 和 s，与船母、禅母的字读音相似，其中有一些读 s 的可能是受了海南话的影响，如"柴、床"等。

6. 中古心、生、书母的今读

中古心、生、书母在付马话中的今读。（见表 2-11）

表 2-11　　　　中古心、生、书母在付马话中的今读

中古声母	［心］	［生］	［书］
今读及数量 1	tθ-123 三死星息	tθ-30 师所森色	tθ-4 诗税摄束
今读及数量 2	s-8 嗓髓荀	s-30 沙山生虱	s-44 试烧手扇水叔失
今读及数量 3		tsh-3 产驶	tsh-3 鼠翅
其他读音及数量	16	10	8

心母多为带塞的齿间音 tθ，s 是文读。生母读 s 和 tθ 文白读都有，数量也差不多。书母主要是读 s，文白读都有，读 tθ 的数量较少，也只是文读的字，书母的"鼠"读为送气塞擦音，这个读法在汉语方言中比较常见。

7. 中古邪、禅母的今读

表 2-12　　　　　中古邪、禅母在付马话中的今读

中古声母	[邪]	[禅]
今读及数量 1	tθ-37 徐谢寻席	tθ-3 树薯肾
今读及数量 2	s-6 旋随旬续	s-48 市受盛十
今读及数量 3		tsh-9 侍仇蝉诚
今读及数量 4		ts-8 殖
其他读音及数量	6	8

禅母和邪母字今读有交叉，但在分配上明显有分工。禅母和邪母字虽然都有 s 和 tθ 声母，但是邪母字以 tθ 为主，文白读都有，s 这是少数文读的字音；但是禅母则是以 s 为主，文白读都有，只有个别的读 tθ。所以我们可以说，邪母读 tθ、禅母读 s 是两者的主要区别。

8. 中古日、疑母的今读

表 2-13　　　　　中古日、疑母在付马话中的今读

中古声母	[日]	[疑]
今读及数量 1	ŋ 肉	ŋ-31 五眼鱼月业
今读及数量 2	ȵ-4 热软人	
今读及数量 3	ø-5 而耳饵二	ø-11 讹熬严迎
今读及数量 4	ɹ-32 惹儒闰人	ɹ-34 语芽愿岳
今读及数量 5		v-21 危为外午
其他读音及数量	5	16

日母和疑母白读字的区别：（1）都有鼻音声母，但是有明确的分工，日母读 ȵ[①]，疑母读 ŋ；（2）都有零声母，但是日母的零声母是白读，疑母的零声母字是文读；（3）日母、疑母两个声母文读中都有读 ɹ 声母，但是日母的字数较多，文白读都有，而疑母的 ɹ 虽然数量也不少，但是主

[①] 本书 ȵ 都归入 n，但讨论它的特点时依然保留 ȵ。

要是文读。(4) v 只出现在疑母，不见于日母。

9. 中古见、溪母的今读

表 2-14　　　　　　　中古见、溪母在付马话中的今读

中古声母	［见］	［溪］
今读及数量 1		kh-105 丘开轻苦
今读及数量 2	k-325 高九镜急	k-10 楷枯
今读及数量 3	h-6 校酵桧合	h-10 吃去糠壳
其他读音及数量	62	39

见母、溪母字的主要部分有明确的分工，见母读 k，溪母读 kh，两个都没有腭化，保留近代以前的读音。两个声母都有读 h 的，但是见母读 h 的是文读字音，溪母读 h 的则是白读字音，有些溪母字读如见母，是类推误读的结果。

10. 中古晓、匣母的今读

表 2-15　　　　　　　中古晓、匣母在付马话中的今读

中古声母	［晓］	［匣］
今读及数量 1	h-88 虚好香血黑	h-140 禾鞋厚行或
今读及数量 2		k-10 解械降虹滑
今读及数量 3	v-1 歪	v-5 话还黄互
今读及数量 4	kh-5 况喝蝎歇	kh-6 航溃魂
今读及数量 4	tθ-5 矗楦轩喧	
今读及数量 4	s-2 薰训	
今读及数量 4	tsh-3 磬畜蓄	
其他读音及数量	21	26

这两个中古声母今读都保留了喉音声母 h，但是有变化上的区别：(1) 晓母开口三等字今读没有齿龈化，保留了较早的读音层次，匣母没有三等开口的字，一、二、四等的字都为齿龈化。(2) 晓母没有读 k 声母的，匣母读 k 声母的都是白读层的字音。匣母读 v 声母的也是白读，晓

母个别读 v 声母的是新近的文读音。（3）晓母匣母都有读 kh 声母的字，数量较少，集中在文读的字。（4）晓母字中有读 tθ、s、tsh 声母的字，多为文读，匣母没有这类字。

11. 中古影、云、以母在付马话中的今读

表 2 – 15　　　　　中古影、云、以母在付马话中的今读

中古声母	［影］	［云］	［以］
今读及数量 1	∅ – 47 阿欧音英洼倚		∅ – 21 易盐铅营
今读及数量 2	ɹ – 51 亚忧央用压亿	ɹ – 24 姚有荣粤	ɹ – 62 野由耀喻洋叶药
今读及数量 3	v – 27 委窝污湾隐	v – 18 园王云为	v – 3 惟维唯
今读及数量 4	ŋ – 11 爱安恩轭	h – 2 雄熊	
其他读音及数量	27	20	12

影母的核心今读是零声母和 ŋ 声母，云母的核心今读为 v，以母的核心读音包括 ɹ 和齐齿呼的零声母。真的算得上零声母的字，主要集中在影母，以母中的零声母都是 i 开头的，稍微强调一下就会是 j 或 ɹ。声母 ɹ 是这三个中古声母交叉最多的今读音，影母读 ɹ 的数量不少，差不多占影母字的三分之一强，但基本上是文读的字音，云母的 ɹ 也多为文读；以母今读 ɹ 声母的字数量最多，文白读音都有。云母字读 v 的，字数量虽然不占多数，但是它们都是常用的白读字音，是云母字今读的核心部分；影母读 v 的数量不少，但都是少用且文读的字，以母字读 v 的是个别文读的字音。声母 ŋ 是影母的常见的白读音，声母 h 虽然数量少，但是也是相对常用的字。

12. 付马话声母今读的来源

我们把付马话今音来源列表如下。

表 2 – 16　　　　　　付马话声母今读的来源

声母	主要来源	次要来源	其他
6	帮	並	滂

续表

声母	主要来源	次要来源	其他
ph	並滂		帮
m	明微白		帮
f	非敷奉		
v	云白	影文以文	微文晓文疑文
ɗ	端	定文	知白透文
th	透定白		端文
n	泥		端文
ȵ	日		
l	来		泥文
ts	精知章	庄文澄文崇文	从文禅文
tsh	清彻澄初昌	从文崇文	生文书文禅文
s	生书禅	心文邪文崇文	
ɹ	以云影	日文疑文	
tθ	精清从心邪	庄初崇生章昌船书禅	
k	见群		匣
kh	溪群		匣
ŋ	疑	影	
h	晓匣	溪	云
ø	影		以日

声母来源分出主要来源和次要来源，就可以大致反映古今声母的演变脉络。

偏内爆音的浊音 ɓ、ɗ 主要来源于古帮母和端母。ph 来源于滂母和並母，th 来源于端母和定母白读。f 来源于非敷奉三母，无论开合都不与来源于晓匣母的 h 相混。v 主要来源于古云母，次要来源于文读的影母、以母。ts 主要来源于精知庄，tsh 主要来源于清、彻、澄、初、昌。s 主要来源于生、书、禅，次要来源于崇、船等母的字。k 主要来源于见母和群母，kh 主要来源于溪、群两母。h 主要来源于晓匣母和溪母，这两个音无论开合都不混。ɭ 主要来源于日母、云母、疑母。m 来源于明母和微母的白读，n 声母主要来源于泥母，ȵ 声母主要来源于日母，ŋ 主要来源于疑母、影母。零声母主要来源于影母，次要来源于日母、以母。

tθ 是来源最多的一个万能声母，主要来源于古精组字，还有一部分来源于知、庄、章组，将古舌音和齿音一网打尽。

除了声母问题，从整个付马话的音系以及词汇、语法所反映出来的特点，都具有明显的历史层次与区域特征，语音上的文白异读是非常分明的两个系统，这个特点与海南儋州话、海南的哥隆话所反映出的类型是一样的；另外付马话中也有相当多的训读字，这一点与海南、粤西闽语有很多相似之处，训读是一个远离文化中心的语言和方言解决读书作文问题时常用的一种办法。此外对于那些较为生疏的字，讲付马话的人——即使是当地学问比较高的人，也常常是"有边读边，无边读中间"，由此产生了一批"类推误读"所带来的不合演变规律的字。付马话所反映的远不止这些现象，很多问题还需要进一步研究。

二 中古韵母的演变

1. ［果］

果摄在今付马话中的今读音如表 2-18。

表 2-18　　　　　　中古果摄在付马话中的读音

等呼	中古声母								文读	白读
	唇	舌头	舌上	齿头	正齿	牙	喉	半舌	半齿		
果开一				精清		见溪疑	晓匣			ɔ	ɔ
		端透定泥					匣	来		ɯ	ɯ
		定									ai
		透定泥								a	
						疑				ɯ	ɯi
果合一				精清		见溪疑	晓匣			ɔ	ɔ
				从		见溪	晓匣	来		ɯ	ɯ

续表

等呼	中古声母									文读	白读
					邪					a	
					心	疑	影			ɯ	ɯ
果开三								群		iɯ	iɯ
								群			ia
								群			iau

果开一歌。uɔ 可以归入 ɔ，而且两个年轻人都读 ɔ，个别读为uɔ。uɔ 和 ɔ 在文读白异读中都有，与声纽的组合是互补出现，也有交叉。ai 和 a 是文白层次上的差别，如"大"文读时 a，白读为 ai。a 在果摄都是文读层。

ɯ 和 ɯi 也是训读的问题，ɯ 是文读，ɯi是训读"饥"，只是在果摄开口一等疑母，如"饿"。

合一戈。主要是uɔ、ɔ，文白都有；a、ɯ 则多为文读。在这一部分有一些字的韵母读ai、ei、ui等，是正常音变的脱轨，多为类推产生的误读，如"矬、蓑、唾"等。

开三戈和合三戈的韵母都是iɯ，文白读都有，开三戈文读的ia和iau则是受海南话影响的借音和训读。

2.［假］

假摄付马话的今读如表 2-19。

表 2-19　　　　　　中古假摄在付马话中的读音

等呼	中古声母									文读	白读
	唇	舌头	舌上	齿头	正齿	牙	喉	半舌	半齿		
假开二	帮滂并明	泥	澄		庄初崇生	见	晓匣			a	a
					生	见疑	晓匣影			ia	ia
				精	书禅章昌船		以				iɯ
		知			章					ɛ	

续表

等呼	中古声母								文读	白读
				邪						ia
					生	见溪疑	晓匣影		ua	ua
					生				a	

假摄开口二等的字主要是 a 和 ia，文读、白读都有，其中的层次比较复杂，来源各不相同。ai 和 ɔ 是类推误读的韵母。

假摄开口三等的韵母以 ɯ 为主，在调查中我们听到有人将这个韵母读得像 iə，有的像 iɛ，但是年轻人多为 ɯ，老人则多为 əi。在假摄开口三等中出现的 iam、it、iɔk、iet 等韵母是训读音，i 和 iɛk 则是类推误读。

假摄合口二等的韵母中文白读都是 ua，a 只是一个字的文读，ai、uɯ、iau 是训读、误读等非常规的读音。

3. [遇]

遇摄的字在付马话中的今读如表 2-20。

表 2-20　　　　　中古遇摄在付马话中的读音

等呼	中古声母								文读	白读
	唇	舌头	舌上	齿头	正齿	牙	喉	半舌	半齿		
合一模	帮滂並明	端透定泥		精清心		见溪疑	晓匣	来		u	u
		端透定					晓匣				əu
	明	定		精清							ɔ
合三鱼			知		书						ɯ
		泥			禅	见疑					ɯi
					庄初生章昌书			来		u	
					初崇生					ɔ	
		泥	知彻澄	心邪	章昌书	见溪群疑	晓影以	来	日	i	
					清	疑				ɯ	ɯ

续表

等呼	中古声母							文读	白读
合三虞	非敷奉微			生				u	u
		知澄	清心	初章昌禅	见溪群疑	晓云以	日	i	
				书					ɯ
	微			禅		来			əu
					见				ɯi

遇合一模。几乎全部都是 u，个别的读 ɔ；u 有时候读为 əu；白读主要集中在 əu，ɔ 主要是文读，u 文白读都有，a、un、ip、ɯi（土→地）是训读。

遇合三鱼。ɔ、ɯi 只是白读，u 文白读都有；i 多为文读，iɯ 文白都有，ɛ、ok 则是类推误读的读音。

遇合三虞。文读主要集中在 i 韵母，白读主要在 əu、ɯi，u 则是文白都有，ui 和 uk 是类推产生的误读，ɯk、ɯn、ik 是训读。

在白读中鱼今读 ɯi 和 ɯ、iɯ，虞今读 ɯ、əu、ɯi、u，其中 ɯ、ɯi 在两个韵中都出现，但主要在鱼韵，虞韵的 ɯ、ɯi 各有一个字"输"和"句"，因此总体而言鱼虞两韵的白读是不同的。

这里的 ɿ 和 ɯ 不同的人发音有区别，吉老师读得更像 ɯ，而蒙叔、中女则读为 ɿ。

4. ［蟹］

（1）蟹摄开口的今读

先看蟹摄开口在付马话的今读如表 2-21。

表 2-21　　　　中古蟹摄开口在付马话中的读音

等呼	中古声母									文读	白读
	唇	舌头	舌上	齿头	正齿	牙	喉	半舌	半齿		
开一咍		端透定泥		精清从		见溪疑	晓匣影	来		ai	

续表

等呼	中古声母						文读	白读
				心从	见溪		来		ɯi
开一泰					见	匣		ai	ɯi
		端透定泥		清	见疑	匣影	来	ai	ai
			定					a	
	帮滂							ei	
开二皆	帮滂並明			庄崇		匣影	来	ai	ai
					见溪	匣		iai	iai
开二佳				生				ɯ	
					见疑	匣			iai
	帮並明	泥		庄初崇生	见	匣影		ai	ai
				初生				a	
开二夬	並明			崇				ai	
开三祭	帮並			精	章书禅	疑	来	i	
开三废									
开四齐	帮滂並明	端泥		精清从心	见溪疑	匣影	来	i	
					见溪				ɔi
	明	端透定		清	疑		来		ai

蟹开一哈在付马话中文读是 ai，白读是 ɔi，am、ɔk 是训读，a 也是文读。蟹开一泰的白读是 ɔi，文读是 ai、a 以及 ei。蟹开二皆文读主要是 ai，白读主要在 iai，in、i 则是类推误读。蟹开二佳文读主要是 ai、ei、a，白读主要在 ɯ、iai、ei、ik 则是类推误读。蟹开二夬主要是文读 ai。蟹开三祭文读 i，白读是 ai，ik 以及个别 ai 是类推误读。蟹开三废的 uɔk 是类推误读，没有白读。蟹开四齐文读 i，白读是 ai、ɔi，其他的如 iet、it、ɔk、ik 等是类推误读。

ɔi 和 ɯi 也是有个体差异，前者多的是吉叔，读 ɯi 的是蒙叔。

(2) 蟹摄合口的今读

蟹摄合口今读见表 2-22。

表 2-22　　中古蟹摄合口在付马话中的读音

等呼	中古声母									文读	白读
	唇	舌头	舌上	齿头	正齿	牙	喉	半舌	半齿		
合一灰	帮滂并明	端透定		心			影	来		ei	ɔi
	帮并明	透		从							ɔi
		端透		清从		见溪	晓	来		ui	ui
		定泥									ɯi
合一泰							溪			uai	
							疑				ai
		透定		精		见	匣			ui	ui
				精						ɯi	
合二皆							匣				ɔi
						见溪	匣			uai	uai
合二佳						见	影			ua	
							匣				a
						见	晓			uai	
合二夬						溪	匣			uai	
							匣				a
合三祭				心	书		以		日		ɯi
			知	清心邪	章	见	以			ui	
							云			ei	
合三废	敷										ai
	非									ei	
							影			ui	
合四齐						见溪	匣			ui	

蟹合一灰文读主要是 ei、ui，白读主要是 ɯi、ɔi，ui 文读、白读都有，iam、ɔk、ɯk、iɛt 等韵母则是训读。蟹合一泰的 ai 是白读，ui 和 i 是文读。蟹合二皆的 ɔi 是白读，uai 是文读。蟹合二佳的 a 是白读，ua 和

uai 是文读。蟹合二夬的 a 是白读，uai 是文读。蟹合三祭的 ɯ、ɔi 是白读，ui、ei 是文读。蟹合三废的 ai 是白读，ui、ei 是文读。蟹合四齐只有一个韵母 ui，它们都是文读。

5. ［止］

（1）止摄开口三等的今读。

止摄开口三等的今读见表 2-23。

表 2-23　　　　　中古止摄开口在付马话中的读音

等呼	中古声母									文读	白读
	唇	舌头	舌上	齿头	正齿	牙	喉	半舌	半齿		
止开三支	並					见群疑					ɯi
	帮滂並明		知澄	清心	章禅昌书	见溪群疑	晓影以	来		i	
				精从心	生禅				日		ɯ
	帮										ei
止开三脂	明					见		来			ɔi
		定		心							ɯi
	帮滂並明	定泥	知澄		章船书禅	见溪群	影以	来		i	
				精清从心	生				日		ɯ
	帮滂明										ei
止开三之		泥	清		章	见溪群	晓	来	日		ɔi
		泥		澄	庄崇生章昌书禅	见溪群疑	晓影以	来		i	

续表

等呼	中古声母						文读	白读
		精清从心邪	崇生彻昌书禅	溪群	以	日	ɯ	ɯ
止开三微					来			ɯi
				见溪				ɔi
				见溪群疑	晓影		i	
				见			ai	

止开三支的白读是 ɔi、ɯ、ɯi，文读是 i 和 ei，uɯ、ek 和 ɔ 是训读，i、k、it 则是类推误读。止开三脂的白读是 ɔi、ɯ、ɯi，文读是 i 和 ei，ɔn、uɯ、at、eŋ、ɛk、ou 是训读，it、ik 则是类推误读。止开三之的白读也是 ɔi、ɯ、ɯi，文读是 i，未见 ei，ak、ɯk 是训读，ai、ip 则是类推误读。止开三微的白读是 ɔi，文读是 i、ai。

止摄开三支、脂、之、微没有太大的分别，这里所反映的应该是比较晚近的读音层次。

（2）止摄合口三等的今读

止摄合口三等的今读见表 2-24。

表 2-24　　　　中古止摄合口在付马话中的读音

等呼	中古声母									文读	白读
	唇	舌头	舌上	齿头	正齿	牙	喉	半舌	半齿		
止合三支				心邪	昌禅	见群溪	晓			ui	
				精	禅						ɯi
				精		疑	影云	来		ei	

续表

等呼	中古声母						文读	白读
止合三脂		澄	精心邪		云以	来	ei	ei
			知澄	精清邪	章昌书禅	见	来	ui	ui
						见群	以	i	
					生			uai	
止合三微	非奉微					见	云		ɯi
	非敷奉微					疑	影云	ei	ɛi
						见	晓	ui	

止合三支的白读也是 ɔi，文读是 ui、ei，im、uan、aŋ 则是类推误读。止合三脂的 ui 白读、文读都有，ɔi、ei、i、uai 主要是文读，it、uk、ɯu 是训读，au 则是类推误读。止合三微的 ɔi 是白读，ui、ei 主要是文读，at、ɯn 是训读，i、uai 则是类推误读。

6. ［效］

效摄在付马话中的今读见表 2-25。

表 2-25　　　　　　中古效摄在付马话中的读音

等呼	中古声母								文读	白读
	唇	舌头	舌上	齿头	正齿	牙	喉	半舌	半齿		
开一豪	帮並明	端透定泥		精清从心		见溪疑	晓匣影	来		au	au
开二肴	帮滂並明	泥	知		庄初崇生	见溪疑	匣			au	au
	明				生	见溪	晓匣			iau	
	明										iu
					庄					ua	
开三宵	並		知彻澄	精	章书禅		影云以		日	au	au

续表

等呼	中古声母							文读	白读
开四萧	帮滂明		精清从心	船禅	见溪群	晓	来	日	iau	iau
			精清心	章书		影				iu
					见溪疑	晓影			au	
		端透定泥	心		见		来		iau	
		端定泥					来			iu

效开一豪的白读主要是 ɯɯ/ou，au 文读、白读都有，in、im、ap、ik 是训读。效开二肴的 au、iau 白读、文读都有，iu、ua 是文读，im、ek、uk 是训读。效开三宵的白读主要是 iu，au、iau 文读、白读都有，iɯ、uɯ、ai 是训读。效开四萧的白读主要是 iu，au、iau 文读、白读都有，am、im、ɯt、ik 是训读。

7. [流]

流摄在付马话中的今读如表2-26。

表2-26　　　　中古流摄在付马话中的读音

等呼	中古声母									文读	白读
	唇	舌头	舌上	齿头	正齿	牙	喉	半舌	半齿		
开一侯	明	端透定		清心		见溪疑	影匣	来		əu	au
		端透定				见溪	匣	来		əu	əu
	明	透定				见溪		来		au	au
	明										u
开三尤	明			心	初生	疑		来	日	au	au
	非明		知彻澄		庄崇生章昌书禅	见群	晓影云以	来		əu	əu
			泥	精清从心邪		见溪群	晓云以	来		iu	
	非敷奉				昌					u	

续表

等呼	中古声母							文读	白读
		澄					来	iau	
开三幽					影			ou	
	明	端			见	影		iu	
	帮							iau	

流开一侯 əu、au 文读、白读都有，əu、ɯi、u为文读，ei、ɔi、ai、ɯ n、eŋ、ip 是训读，a、oŋ、i是类推误读。流开三尤 ou、au 文读、白读都有，iu、iau、u为文读，ia、uai、im、eŋ、oŋ 是训读，ok是类推误读。流开三幽 iu、ou、iau 等都是文读。

8. ［咸］

咸摄在付马话中的今读分述如下。

（1）咸开一的今读

咸开一今读见表 2–27。

表 2–27　　　中古咸摄开口一等韵在付马话中的读音

等呼	中古声母								文读	白读
	唇	舌头	舌上	齿头	正齿	牙	喉	半舌	半齿	
开一覃合		透定泥				见	匣影			am
		端透		精清从		见溪		来		an
		端透泥		从						ap
						见				εp
						见				ɔp
							晓			ɔt
								来		a
开一谈盍		端		心			晓	来		am
		端透定		从		见	晓匣	来		an
				从						Ian/iam
		透						来		ap

续表

等呼	中古声母						文读	白读
	透					来		a

咸开一覃合白读主要为 am、ap，文读主要是 an、iam、ian、a。咸开一谈盍白读主要是 am 和 ap，文读主要是 an、ian 和 a。文读层中的入声韵尾丢失是模仿普通话读音的结果。

（2）咸开二的今读

咸开二的今读见表 2-28。

咸开二咸洽白读主要是 am、iam、ap，文读主要是 an、ian、uan、in、iap，文读中的 at 和 a。咸开二衔狎白读为 am、iam 和 ap，文读主要是 an、ian、uɔn、iɛp、iat。

表 2-28　　　中古咸摄开口二等韵在付马话中的读音

等呼	中古声母									文读	白读
	唇	舌头	舌上	齿头	正齿	牙	喉	半舌	半齿		
开二 咸洽							匣				am
						见					iam
			知澄		崇生	见				an	
			澄							uan	
							匣			in/ian	
			知		初崇						ap
						见	匣			iap	
					庄					at	
					崇					a	
开二 衔狎					生	见					am
					生初	见疑				an	
							匣			ian	
						溪					iam
							影				ap

续表

等呼	中古声母									文读	白读
						见	匣影				iap
							影				iat

(3) 咸开三的今读

咸开三的今读见表 2-29。

咸开三盐叶白读主要是 iam、im、ap、iɛp，文读主要是 ian、an、in 以及 i。咸开三严业白读是 iam、am、iɛp，文读是 ian、iɛt。

表 2-29　　　　中古咸摄开口三等韵在付马话中的读音

等呼	中古声母									文读	白读
	唇	舌头	舌上	齿头	正齿	牙	喉	半舌	半齿		
开三 盐叶		泥		精清从	章	见群疑	晓	来			iam
							以				im
	帮				书		影云以	来		ian	
			知		章禅		影以		日	an	
								来			ap
				精清			以				iəp
		泥			书					i	iɛt
开三 严业						疑					iam
						溪					am
						疑	影			ian	
						见	晓				iəp
						疑					iɛt

(4) 咸开四、咸合三的今读

咸开四、咸合三的今读见表 2-30。

咸开四添帖白读主要是 im、iam、iɯp、iap，文读 an、ian、in、iɛt。咸合三凡乏白读是 am，文读为 an 和 at。

表 2-30　　中古咸摄开口四等、合口三等韵在付马话中的读音

等呼	中古声母									文读	白读
	唇	舌头	舌上	齿头	正齿	牙	喉	半舌	半齿		
开四 添帖		端泥									im
		端定								an	
		透泥								ian	
		端透定泥				见溪	匣				iam
		定								in	
		透定				见	匣				iəp
		端									iət
合三 凡乏	奉敷										am
	奉									an	
	非奉										at

9. ［深］

深摄的今读见表 2-31。

深摄的 im 和 ip 主要是白读，也有文读的韵母，但是，文读主要集中在 in、an、ɯn、ət、it 等韵母。

表 2-31　　　　中古深摄在付马话中的读音

等呼	中古声母									文读	白读
	唇	舌头	舌上	齿头	正齿	牙	喉	半舌	半齿		
开三 侵缉			澄	清心邪	崇章船书禅	见溪群疑	影	来	日		im
	帮滂	泥		精清		见	影	来		in	
					庄初生					an	
					生					ɯn	
			澄		章书禅	见溪群	晓影	来	日		ip
				清从邪						it	
					生					ət	

10. ［山］

（1）山摄开口一二等的今读

主要有 ɔn、an、at、uɔt，文读的主要包括an、uan、ai等。韵母uɔt年轻人多读 ɔt，而且有些年轻人将 ɔt 读为 ɔ，如：溪：渴，晓：喝喝彩，这显然是受了普通话的影响。山开二山黠白读为an、ɔt、at，文读为ian、ap等。山开二：删鎋白读主要是an、uan、ɯt，文读an、ai，其中 ai 是受普通话读音影响的结果。

表 2-32　　　　　山摄开一、开二在付马话中的读音

等呼		中古声母							文读	白读
	唇	舌头	舌上	齿头	正齿	牙	喉	半舌	半齿		
开一 寒曷						溪见	匣晓				ɔn
		端透 定泥		精清 从心		见溪疑	匣影	来		an	an
				心							uan
		定		清				来			at
						见溪	晓				ɔt/tɕ
		透泥						来			ai
开二 山黠	帮滂并				生庄 初生	见见疑	匣				an
							匣			ian	
	明									ɔt	
	帮并				庄初生					at	
					庄		影			ap	
开二 删鎋	帮滂明				崇生	见疑	影			an	an
					崇					ɯt/a	
							晓匣			a/uat	

(2) 山摄开口三四等的今读

山摄开口三四等的今读见表 2-33。

表 2-33　　中古山摄开三、开四在付马话中的读音

等呼	中古声母								文读	白读
	唇	舌头	舌上	齿头	正齿	牙	喉	半舌	半齿		
开三仙薛			澄	心从	章书禅		影云以		日	an	an
	並明			精心	书						in
	帮滂並明	泥	知澄	精清从心邪	书禅	溪群疑		来			ian
	帮並明		知彻澄	心	章禅	群疑		来	日	iɛt	iɛt
					船书						et
开三元月						见群疑	晓影			ian	ian
						见					ɔt/uɔt
						见	晓				iɛt
开四先屑	帮明	透定泥		清心			影	来			in
	帮滂並明	端透定泥		清从心		见溪疑	晓匣影	来			ian
		端透定泥		精						iam	
	明	透泥		精清从		见				it	iɛt
	帮									i	

山开三仙薛白读主要集中在 an、in、iɛt、et 等，文读 an、ian、iɛt 等，山开三元月白读 ian、uɔt，文读 an、ian、iɛt，ian 的文读白读都有，但是数量较少。山开四先屑白读主要有 in、iɛt，文读有 ian、iam、i 等韵母，其中 iam 与咸摄的读音相同。

(3) 山摄合口一二等的今读

山摄合口一二等的今读见表 2-34。

表 2-34　　　　中古山摄合一、合二在付马话中的读音

等呼	中古声母									文读	白读
	唇	舌头	舌上	齿头	正齿	牙	喉	半舌	半齿		
合一桓末	並									an	ɔn/nɔ
	滂並明			精						an	
		端定		心			见影				un
	帮滂並明	端定泥		精清心		见溪疑	晓匣影	来		uan	
	帮滂明	透定				见溪	晓匣				uɔt
合一山黠						见疑	匣			uan	
							匣				ut
							影				uat/ua
合二删鎋					生崇初	见	匣影			uan	uan
					生						ian

山合一桓末白读为 ɔn、un、uɔt，文读为 an、uan 和 ɔ。山合一山黠白读为 ut、ua，文读 uan，文读和白读的字都较少。山合二删鎋白读主要是 uan、uɔt，文读有 uan、ian、ua 等，其中 uan 文白读都有。

（4）山摄合口三四等的今读

山摄合口三四等的今读见表 2-35。

表 2-35　　　　中古山摄合三、合四在付马话中的读音

等呼	中古声母									文读	白读
	唇	舌头	舌上	齿头	正齿	牙	喉	半舌	半齿		
合三仙薛					章船	见			日		uɯ
			知澄		章昌船					uan	
				从心邪		见溪群	云以	来		ian	
				从心			以	来			iət

续表

等呼	中古声母								文读	白读
				心	船					ɯ
合三元月	非敷奉微								an	an
						溪疑	晓影云			ian
	微					疑				ɯ
						见	云			iət
	非奉微									at
合四先屑						溪	匣影		ian	ɯ
							晓匣			ɯ
						见溪				iεt

山合三仙薛白读为 ɯ、in、iεt，文读主要是uan、ian、an、ɛt。山合三元月白读主要是an、ɯ、at，文读包括an、ian、iɛt、iɛ 等韵母。山合四先屑白读主要是 ɯ、iεt，文读主要包括ian、iɯ 等。

11. ［臻］

（1）臻摄开口一三等的今读

臻摄开口一三等的今读见表2-36。

表2-36 　　中古臻摄开一、开三在付马话中的读音

等呼	中古声母								文读	白读
	唇	舌头	舌上	齿头	正齿	牙	喉	半舌	半齿		
开一痕		透				见溪	匣影			ɯn	ɯn
开三臻质			澄		初		晓				ɯn
	帮並明		知澄	精清从心	庄章船书禅	见	疑影以	来	日	in	in
							疑			in	an
			澄							ian	
			知彻澄		章	群	以			im	

续表

等呼	中古声母								文读	白读
			澄						iət	
					生					ɿ
	帮滂並明			清从心	生船书	见	影	日		it
					章					ip
					书					ik
			澄			以		来		i
开三殷迄						见群	晓影		in	in
						见溪				it

臻开一痕只有文读的一个韵母ɯn。臻开三臻质白读主要有ɯn、in、an、ɛt、it等，文读主要包括ɯn、in、ian、im、iŋ、iɛt等，韵母ɯn、in在文白读中都有。臻开三殷迄白读只有一个in，文读有两个：in、it；in在文白读中都有，所辖字数不多。

（2）臻摄合口一三等的今读

臻摄合口一三等的今读见表2-37。

表2-37　　　　中古臻摄合一、合三在付马话中的读音

等呼	中古声母								文读	白读
	唇	舌头	舌上	齿头	正齿	牙	喉	半舌	半齿		
合一魂没	明	娘				见溪	晓匣			un	un
	帮滂並明	端定		精清心从				来		ɯn	ɯn
		定		精清		见溪	匣晓			ut	ut
	並									ɔt/tɔ	
合三谆术				精心邪	船			来		ɯn	

续表

等呼	中古声母							文读	白读
		彻	心邪		章昌船书禅	群	日	un	
				心		见		in	
			澄	心	生船	见	来	it	
					昌				ɯt
合三 文物						晓云		un	un
	非敷奉微					群云		ɯn	ɯn
						见群	晓	in	in
	敷奉微							ɯt	ɯt
						溪群		it	

臻合一魂没在今付马话中读un、ɯn、ut等韵母，在文读、白读中都有，uɔt、εi、u、ui等则只出现在文读当中，有一些是类推的误读。臻合三谆术白读主要有ɯm、ut，文读包括un、in、it、ik等韵母。臻合三文物在今付马话中读un、ɯn、in、ɯt、it等韵母的文读白读都有，专事文读的只有一个u。

12. [宕]

（1）宕摄开口一三等的今读

宕摄开口一三等的今读见表2-38。

表2-38　　　中古宕摄开一、开三在付马话中的读音

等呼	中古声母								文读	白读
	唇	舌头	舌上	齿头	正齿	牙	喉	半舌	半齿		
开一 唐铎	帮滂并明	端透定泥		精清从心		见溪疑	影	来		aŋ	ɔŋ
				精						uaŋ	
	帮并明	透泥		精从		见疑	影	来		ɔk	ɔk
	滂	定				见疑				ɯk	

续表

等呼	中古声母							文读	白读
开三阳药	泥	澄	从		见	晓以影	来		iɯŋ
	泥		精清从心邪	生昌	见溪群	晓	来	iaŋ	
				庄崇					ɔŋ
				庄初崇生				uaŋ	
		知彻澄		初昌书禅章	疑	影以	日	aŋ	
				清	章	见	以	来	iɯk
		知澄	心	庄	疑	影	来	日	ɔk

宕开一唐铎的今读 aŋ 和 ɔk 白读、文读都有，aŋ、uaŋ、ɯk 等韵母只见于文读，不见于白读。例外的读音多数是新词和类推误读，如明母读 u 的"摸膜"，清母读 ɔ 的"错"，从母读 a 的"昨柞"等。

宕开三阳药的文白读互不交叉，白读有 iɯŋ、ɔŋ、iɯk，文读主要有 iaŋ、uaŋ、aŋ、iau、uɔk/ɔk 等。ɔk 在牙音、喉音声母中读得像 uɔk，韵母 iau 主要是禅母中的"勺芍"和以母中的"钥跃"等字。

（2）宕摄合口一三等的今读

宕摄合口一三等的今读见表 2-39。

表 2-39　　　　　中古宕摄合一、合三在付马话中的读音

等呼	中古声母									文读	白读
	唇	舌头	舌上	齿头	正齿	牙	喉	半舌	半齿		
合一唐铎						见	匣				ɔŋ/uɔŋ
						见溪	晓匣影			uaŋ	
						见溪	晓			ɯk	ɔk
合三阳药	非										ɔŋ

续表

等呼	中古声母								文读	白读
非敷奉微						云			aŋ	
微					见溪群	晓影云			uaŋ	
奉										ɔk
					见					uak

宕合一唐铎今读 ɔk 的字主要集中在白读，ŋ 有 uɔŋ 的前滑音特色，只在白读中出现，uaŋ 和 ɯk 只出现在文读中。

宕合三阳药的白读主要是 ɔŋ 和 ɔk，文读包括 aŋ、uaŋ、uak 等。

13. ［江］

江摄今读见表 2-40。

表 2-40　　　　　　中古江摄在付马话中的读音

等呼	中古声母								文读	白读
	唇	舌头	舌上	齿头	正齿	牙	喉	半舌	半齿		
开二江觉			知			见					ɔŋ
					生						oŋ
	帮並					见	晓匣				aŋ
			澄		初生					uaŋ	
						见溪	匣			iaŋ	
	帮滂		知			见溪疑	匣			ɔk	ɔk
					庄崇		影			ok	
						溪				uɔk	

江开二江觉今读 ɔk 的文白读都有，ɔŋ 和 aŋ 只出现在白读中，文读本身的来源和层次也很复杂，主要包括 oŋ、uaŋ、iaŋ、ok、ɔk/uɔk 等韵母。

並母的"冰"读 au，见母的"饺"读 iau 与效摄的肴韵见组字类似，与江摄的"角"之类的字关系不大。

14. ［曾］

曾摄今读见表2-41。

表2-41　　　　　　中古曾摄在付马话中的读音

等呼	中古声母									文读	白读
	唇	舌头	舌上	齿头	正齿	牙	喉	半舌	半齿		
开一登德		端定泥		精清从		溪	匣			ɯŋ	ɯŋ
	帮並									oŋ	
		端定		精从心		溪		来		ɯk	ɯk
	帮明		端	从心		溪	晓			ɯk	ak
			明							ok	
开三蒸职	帮並		知		章昌船书禅	疑	晓影以	来	日	iŋ	iŋ
			澄		昌					ɯŋ	
					庄初生						ɯk
	帮		澄	精心	章船书		以	来		ik	ik
合一登德							匣			oŋ	
						见	匣			ok	
合三职							云			i	

曾开一登德今读 ɯŋ 和 ɯk 在文读和白读中都有，ak 只出现在白读中，oŋ 和 ok 只在文读中。来母的"楞"、清母的"蹭"等读 iŋ 都是新近借词以及望文生音所带来的类推的音，这些都不列在表中。

曾开三蒸职今读 iŋ、ik 韵母的在文读和白读中都有，ɯk 只出现在白读中间，ɯŋ、ip、i 只在文读中出现。"稙知直值澄殖植禅极群"读 ip 都是望文生音所带来的类推的音。"直"在词汇调查中读 tshik²，这应该是它原本的音。但在单音节的部分，这一组音有三位发音人都读 ip，确实是一个特点。书母的"式饰"、影母的"亿忆抑"等读 i 都是后来新借词语所带来的音。

曾合一登德只有文读的韵母 oŋ 和 ok，曾合三职也只有文读的韵母 i，只有一个很不常用的"域"字。

15. ［梗］

（1）梗摄开口二等的今读

梗摄开口二等今读见表 2-42。

表 2-42　　　　　中古梗摄开二在付马话中的读音

等呼	中古声母								文读	白读
	唇	舌头	舌上	齿头	正齿	牙	喉	半舌 半齿		
开二 庚陌			澄		生	见疑	晓匣		ɯŋ	ɯŋ
	明								aŋ	aŋ
	滂並明								oŋ	
	帮並		澄			见疑	晓		ɯk	ɯk
	帮並		彻			见			ɛk	
开二 耕麦	並								oŋ	
			澄		庄	见			ɯŋ	
	帮並明						匣影		iŋ	
					庄初	见	匣		ɯk	
	帮		知						ik	
							影			ɔk
	明								ok	
	明					见				ɛk

梗开二庚陌今读 ɯŋ、aŋ、ɯk 等韵母的，文白读中都有分布，但是 oŋ、ɛk 只出现在文读中，反映了不同层次和不同的来源。

梗开二耕麦的今读文读和白读的分野比较清楚：ɔk、ɛk 等只出现在白读，oŋ、ɯŋ、iŋ、ɯk、ik、ok 等只在文读中出现。

这两个韵中，帮母的"沙家浜"中"浜"的读音是按照普通话读 aŋ。澄母的"铛"，匣母的"行（品行）"读 iŋ 都是新近的借词。庄母的"窄"读 a 是类推误读。明母的"麦"读 ai 是普通话读音的借读，不列在表中。滂母的"拍"、澄母的"宅"等读 ai，都是普通话读音的影响；

晓母的"吓"读 ia 这是这种情况。

（2）梗摄开口三四等的今读

梗摄开口三四等的今读见表 2-43。

表 2-43　　中古梗摄开三、开四在付马话中的主要读音

等呼	中古声母								文读	白读
	唇	舌头	舌上	齿头	正齿	牙	喉	半舌	半齿	
开三庚陌	帮並明					见溪群疑	影			iŋ	iŋ
	帮					群疑					ik
开三清昔	帮滂明		知彻澄	精清从心	章书禅	见溪	影以	来		iŋ	iŋ
				心				来		ɯŋ	
			澄	精从心邪	章昌书禅		影以			ik	ik
开四青锡	滂並明	端透定泥		清心		见	晓匣	来		iŋ	iŋ
		端透定		精清心		见溪				ik	ik

梗开三庚陌的今读文白异读的情况也很明显：iŋ、ik 只在白读中出现，iŋ、oŋ、in、i 等韵母则只出现在文读中。（eŋ 没有列出，但 eŋ 和 iŋ 似有文白的分工。）没有列入表中的有：明母的"盟"读 oŋ，"皿"读 in，都是新近的借读；群母的"剧（戏剧）、剧（剧烈）、戟"读 i，也都是借读的音。

梗开三清昔的 iŋ 和 ik 文白读中都有，但是 ɯŋ、it、iɯ、i 等韵母只出现在文读中。下面的这些读 it 的音："壁帮僻滂辟並"都是类推的读音。章母的"正（正月）"读 iɯ，是借了海南话"正月"的"正"的读音（相近），以母的"液、腋"读 iɯ，则是借自普通话的读音（相近）的结果。以母的"易"读 i 也是借自普通话的读音。

梗开四青锡 iŋ 和 ik 文白读中都有，it 等韵母只出现在文读中。这里的一些字"壁帮劈滂觅明"等读 it 也都是类推误读的结果。

（3）梗摄合口二三四等的今读

梗摄合口二三四等的今读见表 2-44。

表 2-44　　　中古梗摄合二、合三、合四在付马话中的读音

等呼	中古声母									文读	白读
	唇	舌头	舌上	齿头	正齿	牙	喉	半舌	半齿		
合二庚陌							匣			oŋ	oŋ
						见				uaŋ	
合二耕麦							晓匣			oŋ	
							匣			ok	
合三庚							晓				ɔŋ
							云			oŋ	
合三清昔						溪群	以			iŋ	
							以			ik	i
合四青							匣			iŋ	

梗合二庚陌的 oŋ 在文白读中都有，uaŋ 只出现在文读中。梗合二耕麦的 oŋ、o k、ua 只有文读音。匣母的"划"读 ua 是借自普通话的读音。

梗合三庚的 ɔŋ 为白读音，oŋ 是文读音。梗合三清昔只有文读的韵母：iŋ、ɯk、ik 等。

梗合四青也是只有文读的韵母 iŋ，匣母的"迥"读 oŋ 完全是借自普通话的读音，表中不列。

16. ［通］

通摄的今读见表 2-45。

表 2-45　　　　　　中古通摄在付马话中的读音

等呼	中古声母									文读	白读
	唇	舌头	舌上	齿头	正齿	牙	喉	半舌	半齿		
合一东屋	並明						匣				ɔŋ
	明並	端透定		精清从心		见溪	晓匣影	来		oŋ	oŋ
	帮並滂明			从心		见溪	匣影	来		ok	ok
合一冬沃		端泥透		精心						oŋ	
		端定								ok	
合三东屋	奉非明		知澄	心	崇章昌	见群	云以	来	日	oŋ	oŋ
	非敷奉明		知彻澄	心	生章书禅		晓影以	来	日	ok	ok
合三钟烛	非敷奉						晓				ɔŋ
		泥	知彻澄	精清从心邪	章昌书	见群	晓影	来		oŋ	oŋ
							以		日	ioŋ	
				精清心邪	章昌船书禅			来		ok	
							以		日	iok	

　　通合一东屋的韵母 oŋ 和 ok 文读、白读都有，ɔŋ 只出现在白读中。匣母的"斛"读 u 是受了"斝"的感染，並母的"曝、瀑"等读 au 是类推误读。通合一冬沃只有文读的韵母，它们是：oŋ、ok、ɔt、u、au。影母的"沃"读 ut，来源不明，端母的"笃"读 u 是借自普通话的读音，溪母的"酷"读 au 类推误读。

　　通合三东屋的 oŋ 和 ok 在文白读中都有，ɔŋ 只出现在白读中，iuk、u、iu 等韵母只见于文读。见母的"菊、掬"读 ik，溪母的"麴"读 ik，都是类推"菊"的读音，奉母的"伏"读 u 是借自普通话的读音，澄母的"轴"读 iu/əu 也是借自普通话的读音。

通合三钟烛的 oŋ 和 ok 文读、白读中都有，ɔŋ 只出现在白读中，iok 和 ioŋ 只出现在文读中。见母的"锔"、群母的"局"、以母的"郁"读 i 都是借词普通话的读音。

三　中古声调的演变

1. 中古四声的演变

中古四声在付马话中的演变，保有四声平、上、去、入，但是加上文白读的因素，声调的演变和今读还是比较复杂的。我们考察了 3347 个有效音节的声调。先将古四声演变的主要情况总结如表 2–46。

表 2–46　　　　　　中古四声在付马话中的今读

中古音		付马话的调类调值数量及例字									
		阴平白	阴平文	阳平白	阳平文	上声白	上声文	去声白	去声文	阴入	阳入	入文
		35	44	53	23	44	31	31	35	4	2	5
		135	571	199	324	104	350	103	592	123	31	538
平	全清	东灯风交	都租苏该									
	次清	车开天春	粗初拖吹									
	全浊		乎殊帆僧	铜皮糖红	胡徐才何							
	次浊		巫妈猫尤	门龙毛油	卢锣迷梨							
上	全清					鬼九火纸	祖古虎举	鼠拄喊嫂				
	次清					苦草炒起	普土彩取	讨吐处闯				
	全浊						腐解厚蟹	部杜柱户				
	次浊					女马尾有	努午吕语	鲁累愈缅				

续表

中古音		付马话的调类调值数量及例字					
去	全清			冻布 半四	试唱 汉剑	布怪 做故	
	次清			痛快 寸去	兔翠 统趟	裤趣 课态	
	全浊			互背 饲妗	败地 饭办	步洞 大树	
	次浊			尿料 面柚	以硬 卖魏	暮路 夜内	
入	全清					穀百 雪鸽	汁急 笔一
	次清					哭拍 刻阔	塔插 漆克
	全浊					杂达 舌滑	毒白 罚合	合贴 碟活
	次浊						入六 月辣	纳立 炸恰

我们考察了古平声 1229 个音节的声调。今阴平文白读的字共有 706 个，白读的调值为 35，共有 135 个音节，占 19%，文读 44 共有 571 个音节，占 81%。今阳平文白读加起来共有 523 个音节，白读 53 的有 199 个，文读 23 的 324 个。

中古上声在今付马话中有 595 个音节，白读 44 的 104 个，文读 31 的 350 个，读去声文读 35 的 141 个。

中古四声在今付马话中的音节有 784 个，去声白读 31 有 105 个，读如上声白读 44 的有 89 个，去声文读 35 有 592 个。

中古入声在今付马话中保留了完整地 -p、-t、-k 尾，阴入读半高的短调 4，有 123 个音节，阳入读低促调 2，数量不多有 26 个，入声文读为高的促调 5，音节较多，共 538 个。

2. 声调的主要来源

下面我们总结一下付马话今声调的主要来源。

今阴平为 35 的有 874 个音节，来源很广，平上去都有，其中最多的来源是去声，共有 592 个。

今阳平 53 的来源相对集中，主要来源于古平声的全浊和次浊，121 个音节。

今上声 44 的来源比较复杂。上声白读的有 104 个音节，古去声来源的 89 个，最多的来源是古平声今读文读的这批字，共有 571 个音节。

今去声 31 的来源主要是古去声和古上声，来源于古去声的有 103 个音节，来源于古上声的较多，共有 350 个，既有上声文读时的声调，也有浊上归去的字。

今阴入读 4，主要来源于古入声全清、次清和全浊，共有 123 个音节。

今阳入读 2，主要来源于古入声全浊和次浊，数量有 31 个。

今入声文读 5 的数量最多，有 538 个音节，来源于古入声的全清、次清、全浊、次浊，涵盖了所有入声类型，在整个调查字表的入声音节中占了 78%。

第三节　两个音节连读时的辅音丛现象

汉语方言没有复辅音，但是有辅音连读的现象。

第一个音节如果是清辅音结尾，而后接音节也是辅音开头，就会有辅音连读的问题。如雷州半岛闽语中有一个地名叫"北和"，在当地叫［pak5. kɔ21］，当后接音节是一个很弱的清擦音 h 时，前一个音节末尾的 k 不改变发音部位，直接拼接后面的韵母 ɔ，构成一个新的音节。这里擦音 h 被省去了。

付马话中前音节是入声尾的辅音时，多数会与后面的音节相拼，有非常清晰的组合现象。下面分别举出付马话以 -p、-t、-k 三个唯闭音结尾的音节后接不同的辅音的例子。

付马话保留了较为强势的唯闭音音节，大体上分为三种情况：一是完整、清晰保留唯闭音和后接声母，有清楚的辅音连读；二是个别唯闭音受后接声母的同化，在发音部位上变得与后接声母相同，比如 -k 后接 th-、tθ-等舌尖－齿龈声母时；三是结合得较为紧密，就是后接声母 h-时，听起来与相关的送气声母类似，与声母 ph-、th-、kh- 有区别，但听感上非常接近。

下面我们分别以三个不同的唯闭音为线索来讨论一下付马话中两个辅音连读时的具体情况。

一 双唇清塞音后接辅音时的辅音丛

付马话以 -p 结尾的音节有 31 个，它分别与擦音的 h、s、v 等组合，也与塞音的 ɓ、ɗ、k、kh 等组合，与塞擦音 tɕ、tsh 等连读。连读的情况主要是两个，一是有明显的间隙（GAP），维持两个较为独立、清楚的音节末尾的辅音和音节开始的"声母"；二是有明显的组合倾向，就是前后两个辅音在连读时合成了"类声母"的组合，尤其是后接 h 时，听起来是 -p- 这个辅音的送气音 ph，下面第一、第二就是很好的例子。虽然语音音段结构与真的组合出现的送气音有区别，但是，听起来是明显的"送气塞音"。

表 2–47　付马话 –p 尾音节后接辅音声母连读音节的举例

音节末辅音	后接辅音	连读时的组合	例词
p	h	ph	杂货店 tɕap3huɯ44ɗian35 杂货店
p	h	ph	立夏 lip5hia35 立夏
p	tɕ	ptɕ	雨夹雪 vu44kiəptɕet4 雨夹雪
p	f	pf	入伏 ɹip5fuk25 入伏
p	s	ps	集市 tɕip4si35 集市
p	s	ps	踏衫针 thap2sam35tsim35 缝衣针
p	s	ps	插手 tshap4səu31 扒手
p	s	ps	踏衫生 thap2sam35siŋ44 裁缝（做衣服的）
p	s	ps	拾屎 sip2si44
p	s	ps	踏衫 thap2sam35（tɕam35）做衣服
p	v	pv	插禾 tshap4vɔ53 插秧
p	ɹ	pɹ	拾药 sip2 ɹiɯk2
p	ɹ	pɹ	贴药 thiəp4ɹiɯk2 贴药

续表

音节末辅音	后接辅音	连读时的组合	例词
p	ɹ	pɹ	插秧 tshap4ɹiɯŋ35 插秧
p	ɗ	pɗ	立冬 lip5ɗoŋ44 立冬
p	ɓ	pɓ	挟边 kiap2ɓin35 贴边（缝在衣服里子边上的窄条）
p	ʋ	pʋ	八月十五节 ɓat4ŋɯt4sip2ŋu44tθit4 中秋节（农历八月十五或十六）
p	th	pth	插田 tshap4thin53 插秧
p	k	pk	插杆雀 tshap4kɔn31tθiək4 布谷鸟
p	k	pk	笠脚 lip2kiɯk4 帽檐儿
p	k	pk	十个银 sip2kɔ44ŋan53 十块钱
p	kh	pkh	插口 tshap4khau44 搭茬儿
p	tsh	ptsh	摺尺 tsip2tshik4 摺尺
p	tsh	ptsh	入场 ɹip2tshaŋ23 入场（进考场）
p	tθ	ptθ	立字据 1. lip2tθŋ44ki35 立字据
p	tθ	ptθ	立字条 2. lip2 tθŋ44thiau35
p	tθ	ptθ	立秋 lip5tθiu44 立秋
p	tθ	ptθ	立就 lip2tθiu44 翻跟头（翻一个跟头）
p	tθ	ptθ	立就 lip2tθiu35 打车轮子（连续翻好几个跟头）
p	tθ	ptθ	立就行路 lip2tθiu35heŋ53 倒立
p	tθ	ptθ	立就 lip2tθiu35

二　舌尖中清塞音后接辅音时的辅音丛

音节末尾的-t 与零声母的"腰"iu44 连读时，-t 和-i-之间有 i 化了的 fi，是浊擦音，没有辅音之间的间隙（GAP）。

后接鼻音声母时，大多会受同化，使前面的 t 变成鼻音同部位的 p 和 k，如表 2-48 中的"出物"[tshut4mit2]（行贿）会变成[tshup4mit2]。

音节末尾的-t 与 f 声母连读时，-t 马上接擦音 f，有明显的-t 与前面元音结束时的音段，没有 t-f 之间清楚的间隙（GAP）。如"月份"（指某一月）[ŋɯt4fɯn35]。

与塞音连读时有长短不等的间隙（GAP），与擦音连读时，没有间隙，直接加上擦音。如"笔口"[ɓit4khau44] 有塞音间的间隙，而"笔芯"［ɓit4θim35］就基本没有间隙。

与同部位的 t、th 声母连读，后面声母成阻的音段与唯闭音成阻的音段重合了，如"月头"［ŋɯt4thau53］（月初），中前一个音节末尾的 t 与后一个音节的声母 th 共用了一个成阻的音段，反映为有一个较为清楚的间歇（GAP）。

下面是付马话-t 尾音节后接辅音声母连读音节，约 80 个例子。

表 2－48　　付马话－t 尾音节后接辅音声母连读音节的举例

音节末辅音	后接辅音	连读时的组合	例词
t	∅	t∅	歇腰 it2iu44 躺下
t	∅	t∅	□腰 ɹit2iu44 伸腰
t	ɓ	tɓ	结冰 kit5ɓiŋ44 结冰
t	ɓ	tɓ	月半 ŋɯt4ɓɔn44
t	ɓ	tɓ	刷板 suat5ɓan31 抹子
t	ɓ	tɓ	刷板 suat5ɓan31 泥板（瓦工用来盛抹墙物的木板）
t	ɗ	tɗ	月底 ŋɯt4ɗi31
t	f	tf	月份（指某一月）ŋɯt4fɯn35
t	f	tf	月份（指某一月）ɹiət3fɯn35
t	f	tf	秘方 mit4fɔŋ44 偏方儿
t	h	th	发酵饼 fat4hiau35ɓiŋ31 酵子（发酵用的面团）
t	h	th	拔河 ɓat4hɔ23 拔河
t	k	tk	八哥 ɓat4kɯ44
t	k	tk	擦脚布 tθat4kiɯk4ɓu55 擦脚布
t	k	tk	血管 hɯt4kuan31 血管
t	k	tk	八角 ɓat4kɔk4 八角
t	k	tk	铁轨 thit4kui31 铁轨
t	k	tk	笔记本 ɓit4ki35ɓun44 笔记本
t	kh	tkh	笔口 ɓit4khau44 笔尖
t	kh	tkh	□毛笔□ it2mau31ɓit4khau44 捺笔（动宾）
t	kh	tkh	□气 mat4khɯi44 憋气
t	kh	tkh	发气 fat4khɯi44 生气

续表

音节末辅音	后接辅音	连读时的组合	例词
t	l	tl	雪粒 tθut4lip4 雪珠子（米粒状的雪）
t	l	tl	发冷汗 fat4ləŋ31hɔn31
t	l	tl	发冷 fat4leŋ44 发冷
t	l	tl	发冷 fat4leŋ44
t	l	tl	□凉 ɗɯt2liɯŋ53
t	l	tl	铁路 thit4lu35 铁路
t	m	tm	月尾 ŋɯt4mɯi44 月底
t	m	tm	发麻 fat4ma23 出麻疹
t	m	tm	出麻疹 tshut4ma31tsin31
t	m	tm	出物 tshut4mit2 行贿
t	m	tm	□毛笔□it2mau31ɓit4khau44 捻笔（动宾）
t	m	tm	出谜 tshɯt4mi23 出谜语
t	n	tn	发热 fat4nit4 发烧
t	n	tn	热闹 ȵit4nau35 热闹
t	n	tn	月内 ŋɯt4nɯi44 月底
t	ŋ	tŋ	七月初七 tθit4ŋɯt4tshɔ44tθit4 七夕（农历七月初七的晚上）
t	ŋ	tŋ	八月十五节 ɓat4ŋɯt4sip2ŋu44tθit4 中秋节（农历八月十五或十六）
t	ŋ	tŋ	罚银 fat4ŋan53 罚款
t	ph	tph	铁耙 thit4pha23 钉耙
t	ph	tph	喫白烟 hit4phɛk5in35 抽鸦片
t	rr	trr	八月饼 ɓat4ɹiɯɯi4ɓiŋ21 月饼
t	s	ts	法书交税 fat4sŋ35kau35tθɯi35 税契（持契）
t	s	ts	历书 lit5si44
t	s	ts	发烧 fat4sau44 发烧
t	s	ts	发水 fat4sui44 发疟子（疟疾发作）
t	s	ts	出山 tshɯt4san35
t	s	ts	笔身 ɓit4sin35 笔身
t	s	ts	撇水 phit4sui44 打水漂儿（在水面上瓦片）
t	s	ts	结实 kit4sik4 结实，抽象
t	th	tth	日头 nnit2thau53

续表

音节末辅音	后接辅音	连读时的组合	例词
t	th	tth	月头 ŋɯt4thau53 月初
t	th	tth	篾肚 mit5thu31 蒎黄
t	th	tth	核桃 khɔt31thau23 核桃
t	th	tth	佛堂 fut4thaŋ53 佛堂
t	th	tth	笔□ ɓit4thap2 笔帽（保护毛笔头的）
t	th	tth	笔筒 ɓit4thoŋ53 笔筒
t	ts	tts	月中 ŋɯt4tsoŋ35 月半
t	ts	tts	甲由 kit2tsat2 蟑螂
t	tsh	ttsh	喫茶 hit4tsha53 喝茶
t	tsh	ttsh	月初 ŋɯt4tshɔ35
t	tθ	ttθ	缚粽节 fut2tθoŋ44tθit4 端午节（农历五月初五）
t	tθ	ttθ	日子（指日期）ȵit2tθii31 日子（指日期）
t	tθ	ttθ	拔草 ɯt4tθau44
t	tθ	ttθ	割草 kɯət4tθau
t	tθ	ttθ	出葬 tshɯt4tθɔŋ35 出殡
t	tθ	ttθ	佛祖 fut4tθu31
t	tθ	ttθ	出菜 tshət4tθai44 上菜
t	tθ	ttθ	笔芯 bit4tθim35 笔芯
t	tθ	ttθ	邋遢 lat2tθak2 脏（不干净）
t	v	tv	割禾 kɔt4vɔ53 割稻子
t	v	tv	法园书 fat4vin53sɹ35 地契

三 舌根清塞音后接辅音时的辅音丛

唯闭音-k 与后接声母连读的情况较多。

与前面的-t 尾一样，-k 与零声母的"烟"in35 连读时，-k 和-i-之间有 i 化了的 ɦ，是浊擦音，没有辅音之间的间隙（GAP）。但是后接合口呼的零声母的音节时，有 w 没有 ɦ，如"喫晚昏"［hit4uan44hun35］（吃晚饭）。

音节尾的-k 与 ɓ、ɗ 这两个浊塞音声母连读时，依然保持了各自的发音，如"黑板、黑豆"。

音节尾的-k 与 h 声母连读时，会有不同的情况。两个音节连读，如果音节末尾-k 爆破了，后面的 h-声母就紧跟着前一个音节的结尾声母，使得后接音节成为一个清送气塞音，如"白鹤"。

音节尾的-k 与擦音声母 s 连读时，k-也有清楚地保留，有的有较为清楚的间隙（GAP），如"落舌"［lɔk2sik2］（舌头）；有的则没有明确的间隙，如"锡生"［tθik4siŋ35］（锡匠）。

音节尾的-k 与同部位的 k、kh、ph、ts 声母连读时，保留了两个辅音各自的音段，中间有成阻段的间隙（GAP），如"屋角"［uk4kok4］、"足球"［tθuk5khiu23］。

音节尾的-k 与 l 声母连读时，也清晰地保留了两个辅音各自的音段，中间有一段类似的过渡段，听起来有点像 kl，但是，这两个辅音之间有音节间的过渡，与普通的复辅音不同，如"白露"［ɓɯk5lu35］。音节尾的-k 与 ɹ 声母连读时，也清晰地保留了两个辅音各自的音段，ɹ 声母听起来像摩擦较重的 ʑ，如"竹叶"［tsuk4ɹip23］。与后接声母 v-、f-相连时，也是保留了各自的音段，如"黑云"［hak4vɯn53］、"药粉"［ɹiɯk2fɯn31］（药面儿）。

音节尾的-k 与 m 声母连读时，也同样清晰地保留了两个辅音各自的音段，前一个唯闭音完成闭合之后再开始后面的鼻音声母，鼻音声母也是完整的，如"竹篾"［tsuk4mit5］。后接鼻音声母 n-、ŋ-时，与 m-的类似。

音节尾的-k 与零声母的 uk4 连读时，k-已经听不出来了，这两个主要元音之间有一个十几毫秒的紧喉调节，就直接接到了下一个元音。如"学屋"［hɔk2ok4］。

音节尾的-k 与舌尖中送气声母 th 连读时，k-被后面的 th 同化，变成了 t-，如"石头"［sik2thau53］、"黑糖"［hak4thɔŋ53］，它们的-k 变成了-t-。与后接声母 tθ-连读时，唯闭音-k 也被同化为-t，如"黑子"［hat4tθɿ31］、"白子"［phɛt4tθɿ31］。

下面是付马话 –k 尾音节后接辅音声母连读音节的举例。

表 2-49　　付马话 -k 尾音节后接辅音声母连读音节的举例

音节末辅音	后接辅音	连读时的组合	例词
k	Ø	kØ	喫晚昏 hit4uan44hun35 吃晚饭
k	Ø	kØ	喫烟 hit4in35 抽烟
k	ɓ	kɓ	石板 sik2ɓan44 石板
k	ɓ	kɓ	脚板 kiɯk4ɓan44 脚掌
k	ɓ	kɓ	脚板心 kiɯk4ɓan31tθim35 脚心
k	ɓ	kɓ	黑板 hɯk4ɓan31 黑板
k	ɗ	kɗ	北斗星 ɓak4ɗau44tθiŋ35
k	ɗ	kɗ	绿豆 lok4ɗɯu35
k	ɗ	kɗ	黑豆 hak4thau31 黑豆
k	ɗ	kɗ	黑豆 hɯk4ɗɯu35
k	ɗ	kɗ	墨斗 mak2ɗau44 墨斗
k	ɗ	kɗ	墨斗线 mak2ɗau44tθin44 墨斗线
k	ɗ	kɗ	伯爹 ɓɛk4ɗɛ35
k	ɗ	kɗ	叔爹 suk4ɗɛ35 叔父
k	f	kf	末伏 mɔk5fuk5
k	f	kf	药房 iɯk2faŋ23
k	f	kf	药粉 ɹiɯk2fɯn31 药面儿
k	f	kf	作法 tθok4fat4 变戏法（魔术）
k	f	kf	喫饭 hit4fan31 吃饭
k	h	kh	着火 tshik2huɯ44 失火
k	h	kh	白鹤 phɛk2khuɯ2 鹤
k	h	kh	百货 ɓɯk4huɯ35 百货店
k	k	kk	作工 tok2koŋ35 做工
k	k	kk	雀口□ tθiɯk4ki31tsip44 爪子（鸟的）
k	k	kk	屋角 uk4kook4 橡子
k	k	kk	木工生 muk4koŋ44siŋ35 木匠
k	k	kk	脚根 kiɯk4kin35 脚跟（儿）
k	k	kk	hiɔk4kuan31
k	k	kk	药膏 ɹiɯk2kau35 药膏（西药）
k	k	kk	卜珓 ɓuk4kau35 打卦

续表

音节末辅音	后接辅音	连读时的组合	例词
k	k	kk	卜（杯筊）玟 ɓuk41kau35 爻（占卜用，通常用一正一反两片竹片制成）
k	k	kk	学古 hɔk2ku44 讲故事
k	k	kk	踢脚 thik4kɯk4 踢腿
k	k	kk	恶过 ɔk4kuɯ44 难过，心理的
k	k	kk	□骨 ɓɔk4kut4 肩胛骨
k	kh	kkh	雀□ tθiɯk4khau44 嘴（鸟类的）
k	kh	kkh	肉块（丁、块一样）nniok4khuai44 肉丁
k	kh	kkh	足球 tθok5khiu23 足球
k	kh	kkh	喫口头 hik4khəu31thəu23 吃零食
k	l	kl	白露 ɓɯk5lu35 白露
k	l	kl	雀笼 tθiɯk4luŋ53 鸟窝
k	l	kl	霍乱 khɔk4luan35 霍乱
k	l	kl	脚镣 kiɯk4liau31
k	l	kl	直□ tshik2lu31 直爽，性格~
k	m	km	竹篾 tsuk4mit5
k	m	km	雀□ tθiɯk4mɯi44 尾（鸟类的）
k	m	km	少白毛 siu44pɛk2mau53 少白头
k	m	km	脚面 kiɯk4min31 脚背
k	m	km	药面 ɹiɯk2mian44
k	n	kn	喫□更 hit4nu31keŋ35 吃早饭
k	n	kn	喫□午 hit4nian23 吃午饭
k	ŋ	kŋ	黑鱼 hak4ŋɯi53 黑鱼
k	ŋ	kŋ	墨鱼 mak4ŋɯi53 墨鱼
k	ŋ	kŋ	墨鱼 mak4ŋɯi53 鱿鱼
k	ŋ	kŋ	白眼核 phek2ŋan44hɯt2 白眼珠儿
k	ŋ	kŋ	黑眼核 hak4ŋan44hɯt2 黑眼珠儿
k	ŋ	kŋ	一百银 a44ɓɛk4ŋan53 一百块钱
k	ŋ	kŋ	恶眼 ɔk4ŋau44 忌妒
k	∅	k∅	□□ tsuk2aŋ44maŋ35 出水痘
k	∅	k∅	学屋 hɔk2ok4 学校

续表

音节末辅音	后接辅音	连读时的组合	例词
k	ph	kph	脚盆（sau53）kiɯk4khun53 脚盆（洗脚用）
k	ph	kph	（中）药铺（tsoŋ44）iɯk5phu55（中）药铺
k	ph	kph	西药铺 tɵi44iɯk5phu55 药房（西药）
k	ph	kph	肉□nniok4phak4 肉片
k	ph	kph	肉皮 nniok4phɯi53 肉皮
k	ph	kph	食品店 sik2phinʨian35 油盐店
k	ɹ	kɹ	竹叶 tsuk4ɹip23 竹叶儿
k	ɹ	kɹ	谷雨 kuk5ɹi31 谷雨
k	s	ks	落霜 lɔk2suaŋ44 下霜
k	s	ks	竹笋 tsuk4sɯn44tɵai44 莴笋（茎部）
k	s	ks	竹笋菜叶 tsuk4sɯn44tɵai44ɹip34 莴笋叶
k	s	ks	柏树 pɛk3səu31 柏树
k	s	ks	锡生 tɵik4siŋ35 锡匠
k	s	ks	落舌 lɔk2sik2 舌头
k	s	ks	白落舌 phɛk2lɔk2sik2 舌苔
k	s	ks	落舌面 lɔk2sik2min31
k	s	ks	大落舌 thai44lɔk2sik2
k	s	ks	嘻声 ik4siŋ35 哑巴
k	s	ks	牛落舌 ŋau35lɔk2sik2 牛舌头
k	s	ks	猪落舌 tsʅ35lɔk2sik2 猪舌头
k	s	ks	祝寿 tsuk4səu35 祝寿
k	s	ks	黑事 hak4sʅ31 丧事
k	s	ks	墨水 mak4sui44 墨汁（毛笔用的）
k	s	ks	墨水儿 muk5sui31 墨水儿（钢笔用的）
k	s	ks	读书人 thuk2sʅ35nnin53 读书人
k	s	ks	读书 thuk2sʅ35 读书
k	th	kth	石头 sik2thau53 石头
k	th	kth	大石头 thai31sik2thau53 大石头
k	th	kth	绿豆 luk2thau31 绿豆
k	th	kth	白鲦鱼 phɛk2thiɯ53ŋɯi53 白鲦鱼

续表

音节末辅音	后接辅音	连读时的组合	例词
k	th	kth	石头鱼 sik2thau44ŋɯi53 鲞（剖开晒干的鱼）
k	th	kth	白头毛 phɛk2thau53mau53
k	th	kth	黑糖 hak4thɔŋ53 红糖
k	th	kth	落堂 lɔk2thɔŋ23 下课
k	ts	kts	落种 lɔk2tsoŋ44 下种
k	ts	kts	木匠 muk5tsiaŋ35
k	ts	kts	脚尖 kiɯk4tsim35 脚尖
k	ts	kts	脚指儿头 kiɯk4tsi44nni44thau53 脚趾头
k	ts	kts	脚趾甲 kiɯk4tsi44kap4 脚指甲
k	tsh	ktsh	曲尺 khiak4tshik4 曲尺
k	tsh	ktsh	客车 khɛk4tshiɯ35 客车（指汽车的）
k	tθ	ktθ	黑子 hak4tθɿ31 黑子
k	tθ	ktθ	白子 phɛk4tθɿ31 白子
k	tθ	ktθ	落雪 lɔk2tθɯet4 下雪
k	tθ	ktθ	百姓 ɓɛk4tθiŋ44 庄稼（列举本地各种庄稼）粮食
k	tθ	ktθ	白菜 pɛk2tθai44 白菜
k	tθ	ktθ	竹青 tsuk4tθiŋ35 篾青
k	tθ	ktθ	白酒 pɛk2tθəu44 白酒
k	tθ	ktθ	落士 lɔk2tθɿ35 落士（士走下来）
k	tθ	ktθ	落象 lɔk2tθiaŋ35 落象
k	tθ	ktθ	识字 sik4tθɯi31 识字
t/k	tθ	t/ktθ	喫酒 hit4tθəu44 喝酒
k	v	kv	黑云 hak4vɯn53 黑云
k	v	kv	落雨了 lɔk2vu44lə31 下雨（了）
k	v	kv	滴雨 ɗik4vu44 掉点（了）
k	v	kv	落雾 lɔk2vu35（文）
k	ʔ	kʔ	脚印 kiɯk4ʔin44 脚印儿

第四节　付马话的连读调

连读变调的实验研究至少解决两个问题：一是从音高和时长两个方面来确定连调的语音学模式；二是这种连调模式的音系学解释，为什么会呈现出这样的模式？我们还会关心连读调和单字调的关系，即单字调与连读调的映射关系。本书依据付马话中、老年男性的连调数据，归纳付马话连调的语音学模式，在此基础上对现有模式进行可能的说明。

一　单字调系统

单字调系统的确立是根据一个汉字—音节在单独成词或者作为一个语素单位时的声调模式，作为词容易确定，也相对固定，但是，语素则有随文变化的特点，因此，连读调最好选择词而不是词组作为分析单位，因为声调变化在词内部、词与词之间会有不同的模式。我们先看付马话的单字调系统。（见表2-50）

表2-50　　　　　　　付马话单字调系统

调类	阴平	阳平	上声	去声	去声	阴入	阳入
白读调值	35	53	44	31		4	2
白读例字	高通东多	油门铜人	九草五老	二动卖问		谷百拍屋	石六毒十
文读调值	44	23	31	①35	②53	5	5
文读例字	冰衣东多	楼移蓝情	果谱显宝	拜暗汉中	绕骂庙用	曲策测铁	属服族实

这里记录的声调模式，是以两位男性（中年、老年）的发音为基础的两字组连调。音高最大值为250Hz，最小值为70Hz，5等分后每段的赫兹值是36，这样五度值的区间范围如表2-51。

表2-51　　　　　　　付马话连读调的声学分布区间

五度区间	1	2	3	4	5
五等分值 Hz	70-106	106-142	142-178	178-214	214-250

二 关于入声调值的记录

通常我们记录入声主要考虑它的音高域，不太关注它在特定音高域中的调型变化，这样我们就把"阴平+阳入"的三种连调形式记录如下：

（1）第一，34+2；第二，23+5；第三，33+5。

我们也可以记录为反映音高变化的形式：

（2）第一，34+<u>32</u>；第二，23+<u>43</u>；第三，33+<u>54</u>。

上述（1）反映的是音高点的感知特征，我们把这种标注法叫"音高特征点标调法"，在描写单字调时是可以的。（2）反映的则是实际的音高变化情况，我们叫作"音高调型标调法"。这一部分记录连读调时采用"音高调型标调法"，以此来反映在连读中音高的变化情况，因此所有入声用加短横的办法来表示。

三 付马话两字组连调

本书主要依据古四声八调的顺序来排列，为了方便展示，在连调图中我们使用了相应的代号：古阴平：1a，古阳平：1b，古阴上：2a，古阳上：2b，古阴去：3a，古阳去：3b，古阴入：4a，古阳入：4b。

1. 阴平位于词首位置的

阴平位于句首是无论文白都不改变调型，它们依据文白依然分为两大类，然而调型的升降幅度因为协同发音而收缩了升降延展的范围。

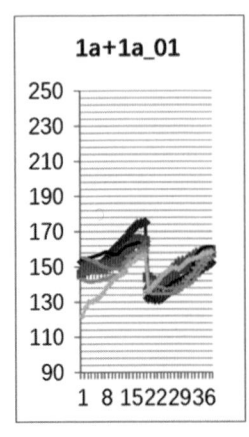

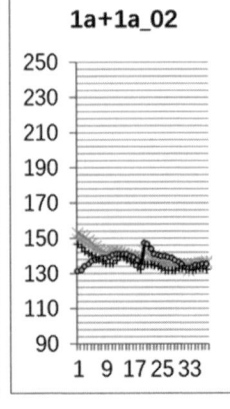

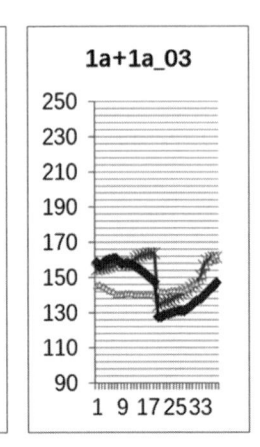

(1) 阴平+阴平

"阴平+阴平"有3种大的模式，见图1a+1a，具体如下。

第一是35+35→24+24，基本不变，但是第二位置的有些音节24变得略低，具体是24+23，如山边、松香。第二种是44+44→33+33，这个是两个文读音的连调，如医生、飞机。第三种是44+44→33+23，这个连调模式初看起来像是第一、第二的结合，如"心肝、风车"等，但是它的第二个音节还是保留了白读的特点，只是升幅较小。

声调35是一个高升调，与后字的组合中可以看到总是将调位降低，以协调后面的音高。

(2) 阴平+阳平

下面是"阳平+阳平"的声学模式：

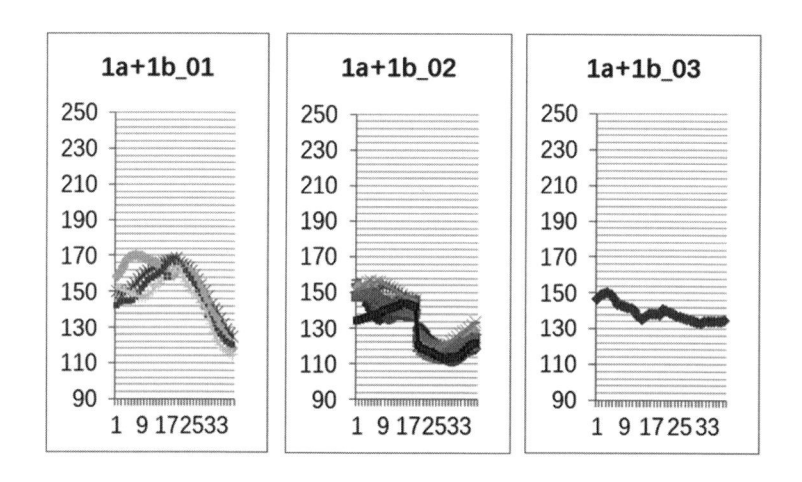

阴平+阳平的组合主要有两种连调形式：

第一，35+53→34+42，如今年、清茶。第二，44+23→44+23/33，如山城、天桥。第三有点奇怪，即图1a+1b_03所反映的调型44+53→33+33，如烟囱，但根据变化的结果可以归入第二种。

(3) 阴平+上声

"阴平+上声"的声学模式见图1a+2，阴平+上声的连调情况如下：

第一，35+44→34+33，如甘草、风水。第二，35+31→33+31，如山顶、腰鼓、工厂。还有"34+42"应该是"33+31"的变体。第三，

44+44→33+34。

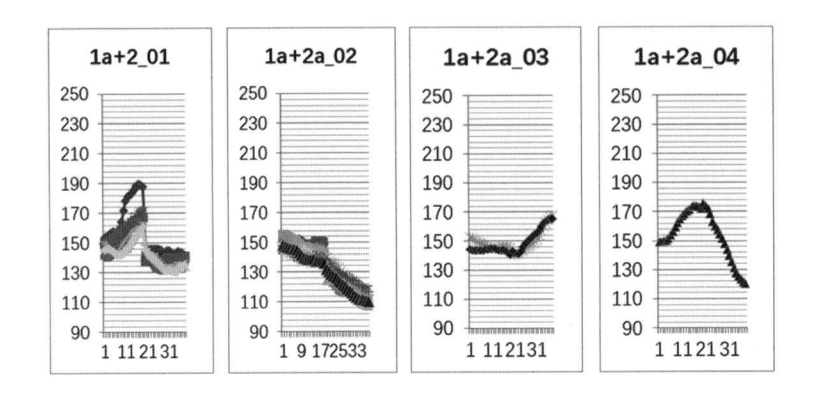

[图 1a+2_01, 1a+2a_02, 1a+2a_03, 1a+2a_04]

（4）阴平+去声

下面是"阴平+去声"的声学模式：

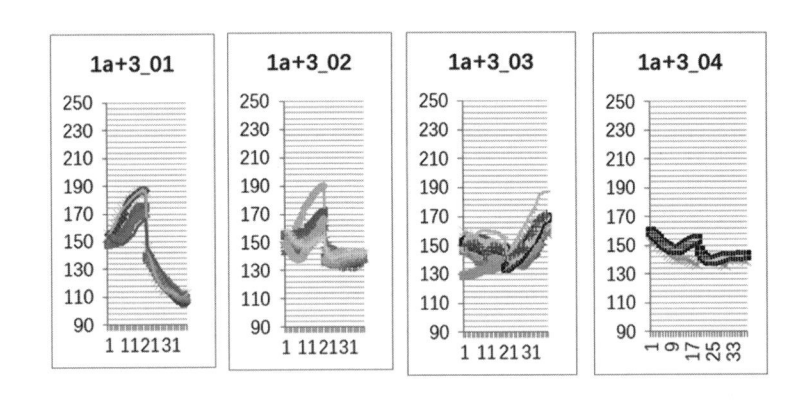

[图 1a+3_01, 1a+3_02, 1a+3_03, 1a+3_04]

阴平+去声的变调情况如下：

第一，是"34+31"，如山路、新旧；这是阴平白读调和去声白读调的结合。第二，是"34+33"，如花布、山货、青菜；这个调式与阴平白读调和上声白读调的相同，因为这一部分的去声字并入上声的缘故。第三，是"33+34"，如车票、仓库。第四，是"33+33"，接近文读的阴平加白读的上声的格式，如新裤、中界。

（5）阴平+阴入

"阴平+阴入"的声学模式见图1a+4a，阴平的后接阴入的音节为高调或者低调多与前字有关，前字若是高调，后接的阴入则为低调，34+

32，前字若是低调，后接阴入的则是高调，33＋54/55。前字、后字都接近"3"的，前字为文读调。

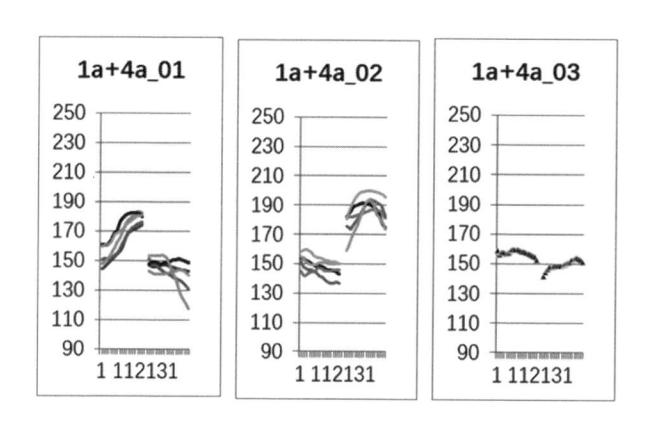

阴平＋阴入的连调，主要有三种：

第一，34＋32（3），如筋骨、生铁。第二，35＋4→33＋43（5），如中国、初级。第三，44＋44→33＋33（3），如充血。

阴平＋阴入是两个高调相连，但最高点都略降了一点。

（6）阴平＋阳入

入声的后接阳入的音节低调、高调都有，低调多有短促的下降，后接阳入的高调，虽然有短促的升降，但是处于音高的高点位置是它们的共同特点。

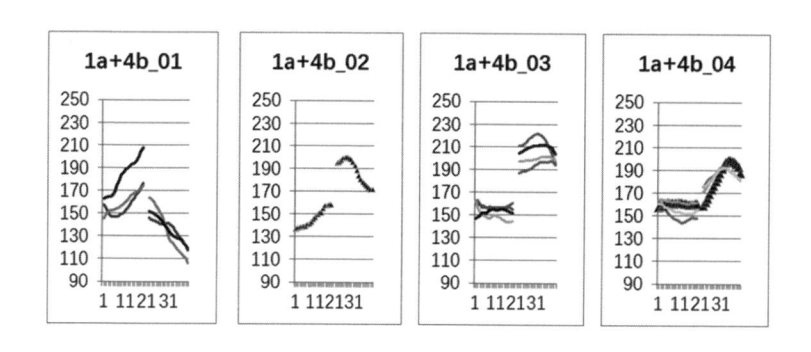

"阴平＋阳入"连调的声学模式如下：

阴平＋阳入有四种连调形式：第一，35＋2→34＋32（2），如开学、腰直；第二，35+5→23+43（5）；第三，44+5→33+54（5），如惊蛰、商业；第四，44+2→33+34（4）。这里的4、5都是指高促调，如金额、商业。

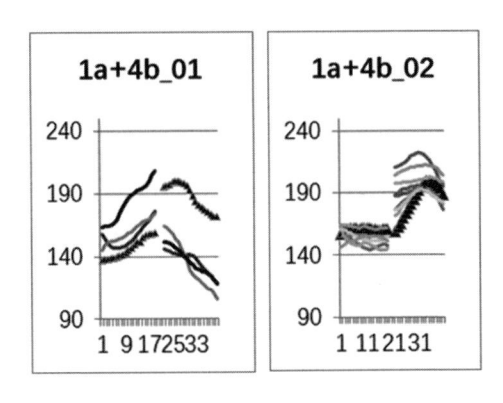

[图：1a+4b_01 和 1a+4b_02 两幅基频曲线图]

综上所述，两字组连读时，阴平位于词首和词尾的连调读音，基本上在本调的基础上进行调整，调型差别不显著，只是音高相对调整，可以视为不变调，保持了阴平文读35，白读44的大格局。33和44在付马话中没有音位对立，因此应视为阴平文读调的变体，调类不变。

2. 阳平位于词首位置的

阳平的变调较为复杂，具体如下。

（1）阳平+阴平

"阳平+阴平"的声学模式如下：

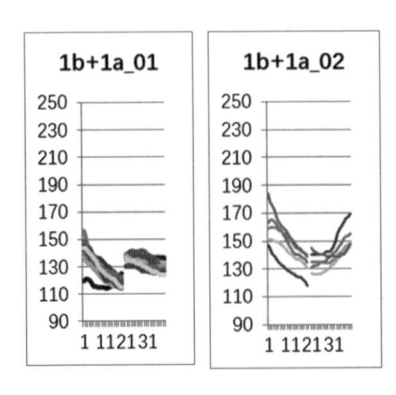

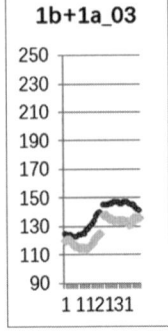

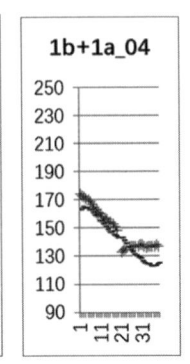

[图：1b+1a_01、1b+1a_02、1b+1a_03、1b+1a_04 四幅基频曲线图]

"阳平+阴平"的连调有几种：

第一，32+33，如长衫、棉衣；第二，42+23（24），如存心、磨刀；第三，23+33，如聊天；第四，43+33，如成功；第五，43+32，如神经；第一、第二、第四、第五都是一个大类，前字为降调，加一个中平调。第三的前字是阳平的文读。

（2）阳平+阳平

"阳平+阳平"的声学模式如下图。

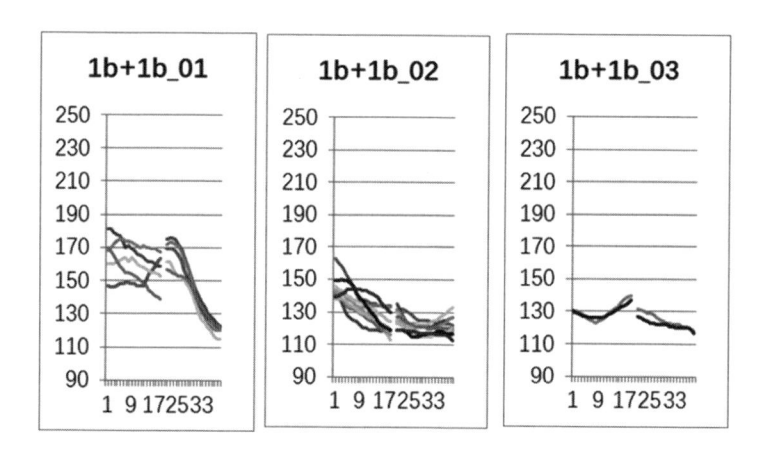

"阳平+阳平"的具体变调调值情况如下。

第一，53+53→43+42，如羊毛、前门，这是前后字都是白读的情况。第二，53-23→43+23/33，如银行、和平，这是一个文读见多的连调形式，语词多为文读词语。第三，23+23→23+33，如来源、留神，这些词都是文读的词语，前后字都是文读来源的变调，保留了文读的语素调形式。

（3）阳平+上声

"阳平+上声"的声学模式如下：

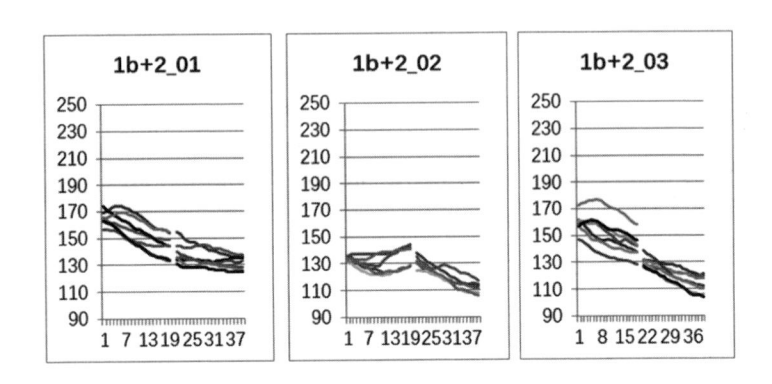

"阳平＋上声"的情况较为复杂，因为上声的分化与去声的分化合并交织在一起，具体情况如下：

第一，53＋44→43＋33，如，人影、长短、人好、骑马；这里还有个别的变为53＋44。第二，53＋31→42＋21，如，来喜，鞋底、棉被。第三，23＋31→ a. 23＋31，如存款、填写；b. 33＋31，如红枣；c. 23＋21，如团长、南海、牛马。第四，53＋23→32＋34，如来件、零件、团聚、皇后，这一类基本上是文读。

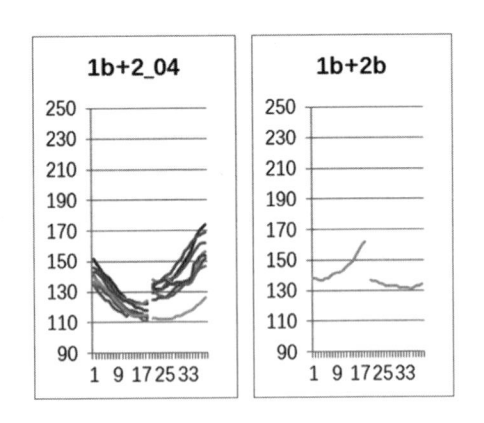

（4）阳平＋去声

下面是"阳平＋去声"的声学模式：

"阳平+去声"的具体变调情况如下。

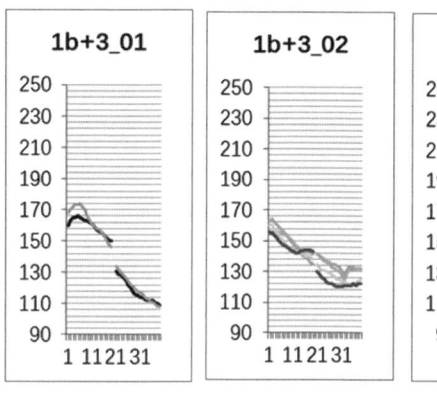

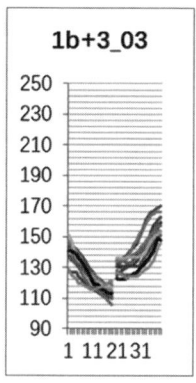

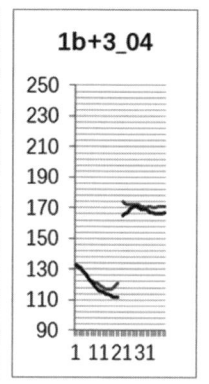

第一，53+31→42+21，如棉裤、回信、来路。第二，53+31→21+44，如元帅、还账。第三，53+35→32+34，如粮店、瓷器、城镇、迷信，这些词语多为文读。第四，53+33→32+22，如来信、咸菜。

(5) 阳平+阴入

"阳平+阴入"的声学模式图16+4a。

入声分阴阳，但是这两类多有交叉，尤其在文读的词语中。

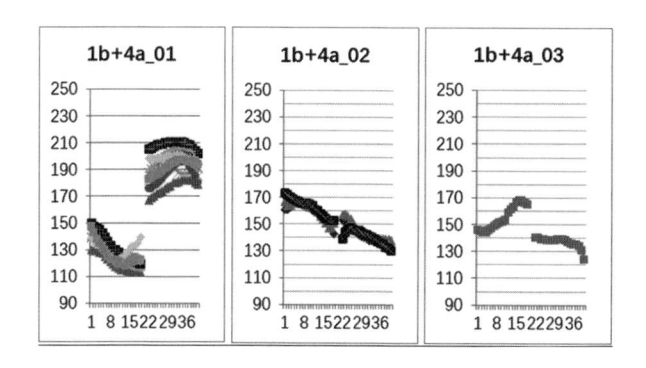

"阳平+阴入"的连调模式如下：

第一，32+<u>45</u>，如毛笔、常识、颜色、时刻，文读、白读的数量都较多。第二，42+<u>32</u>，如留客、皮黑。第三，34+<u>33</u>，如牛骨。

(6) 阳平+阳入

"阳平+阳入"的声学模式如下：

"阳平+阳入"的连调模式如下：

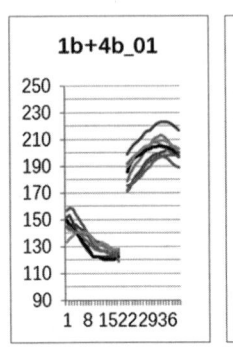

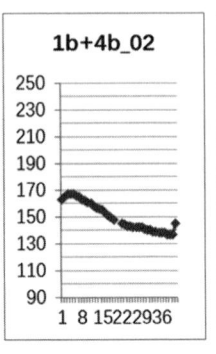

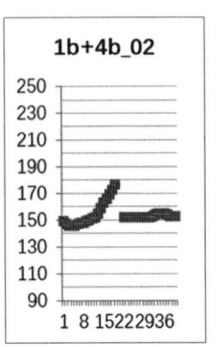

第一，53+5→32+4̠5，如名额、民族；这是这一组连调中最多的一个连调模式。第二，53+2→32+2̠2，如冷热。第三，23+2→23+2̠2，如牛肉。还有一些字有不同的连调情况，如"32+24"，它们的后字是文读且舒化的阳入字，如"来历、阳历"。

总之，阳平位于前字的变调主要有两个，两个阳平白读连读时，第一个变为44或43调；第二是阳平加阴平白读35以及入声文读5时，前边的阳平变为21或31调。其他基本不变调，与单字调相对，主要有两个调，一个是白读53的变体，包括42等变体调值；另一个是文读的23，还有个别23的变体33。

阳平位于后字的，也与前字相同，基本不变调，主要有两个调，一个是白读53的变体，包括42、43、32等，个别的有接近22的变体调值；另一个是文读的阳平23，但是作为23的变体33的音节明显多于前字的情况，后字阳平的文读有的读为35，这是强调的读音。

阳平白读53在后接高调时，变成一个半高的平调44，维持了"高"的特点，两字调、三字调都是如此，如：

$\qquad$头53，

$\qquad$头毛44+53，

$\qquad$剪头毛33+44+53，

$\qquad$剪头毛生（理发师）33+44+44+35。

这是说明，后接高调时，阳平的53调被拉平了，变成44，但是维持了高调。阳平53变为44的还如：枰［53］，枰斗［44+31］。阳平的文读 23，不是刻意强调，即使在不同位置，也没有明显的变调如舻 [23]，车舻仔 [44 + 23 + 44]。后面的 [23] 虽然弱，但还是 [23]。

3. 上声位于词首位置的

上声中阴上的首字保持了上声的基本调型，但是调域变窄了；上声中来源于阳上的字也保持了上声的基本调型，但是有一部分字因为"浊上变去"而有了去声以及去声文读的调型。

(1) 上声 + 阴平

A. 阴上 + 阴平的变调情况。

"阴上 + 阴平"的声学模式见图 2a + 1a，阴上 + 阴平主要有两种连调模式，具体如下：

第一，31 + 35→32 + 34，如口干、洗衫。第二，31 + 44→32 + 33，如产生、写生。

从目前的词语来看，阴上在前字中都没有原来的本调 44，只有它的文读调 31 和变体 32。

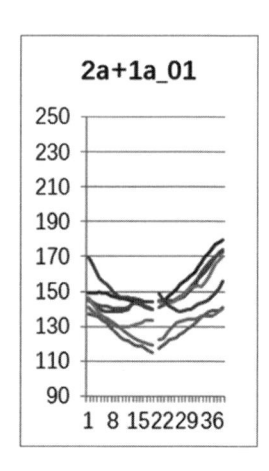

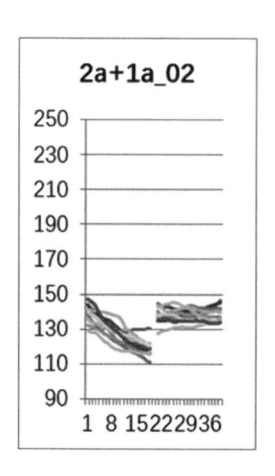

"阴上 + 阴平"的前字基本上是一个半低调 32，后字 34 是白读，33 是文读。前字也有保留上声白读的 44（33）调的，如"起风"就是 44（33）+ 35（34）。

B. 阳上 + 阴平

"阳上 + 阴平"的声学模式如下：

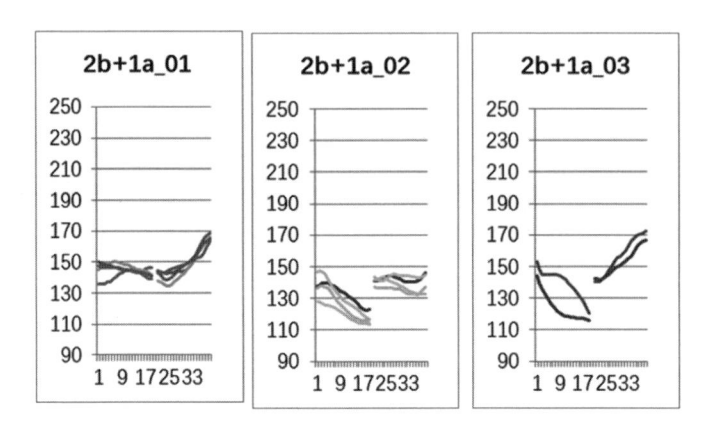

"阳上+阴平"的连调主要有三种：

第一，44+35→33+34，如雨衫、眼花；第二，31+44→32+33，如野花、眼科、冷清。第三，31+35→32+34，如后生、坐车。后两个与"阴上+阴平"的模式相同。

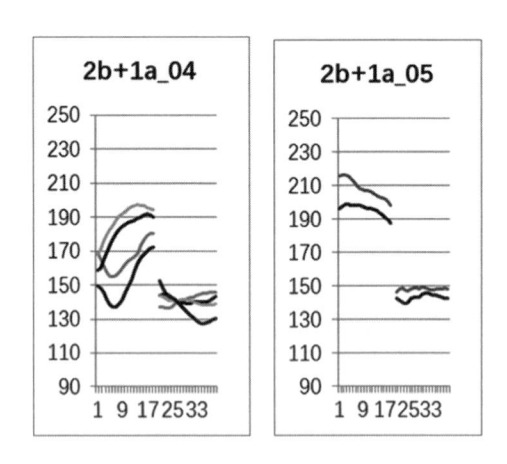

此外，下面的两种按照去声的文读调的连调：第四，34+33，第五，44+33，这是文读和近期外来的读音。如"是非"、"重心"之类的书面语。

（2）上声+阳平

"上声+阳平"的声学模式见图2a+1b。

A. 阴上+阳平的连调模式主要有两种：

第一，44+53→33+42，首字未变，后字为了适应，调头压低了，如好人、九年。

第二，53+23→32+23，这是上声和阳平各自的文读调，如：厂房、保持。这就意味着53降到32，由高降变成了中降。

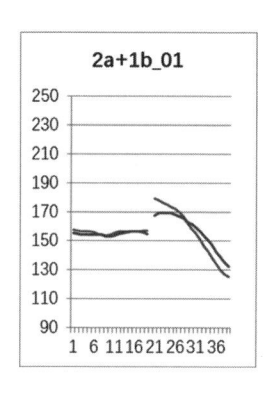

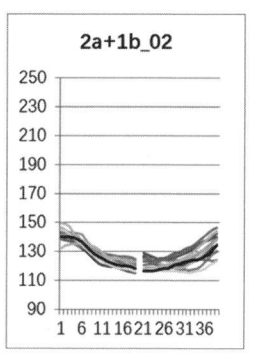

B. 阳上+阳平

"阳上+阳平"的连调比较复杂，具体如下：

第一，44+53→33+42，这是上声加阳平应该有的状态，比如"老人、耳聋、养羊、领头"等，都是口语词。第二，44+23→33+34，如有无、买牛。还有变体的"44+22"。这是"上声+阳平文读"时的情况。第三，31+23→31+34（还有31+33和31+22的变体），如"语言、野蛮、老成"等，这是"上声文读+阳平文读"时的情况。

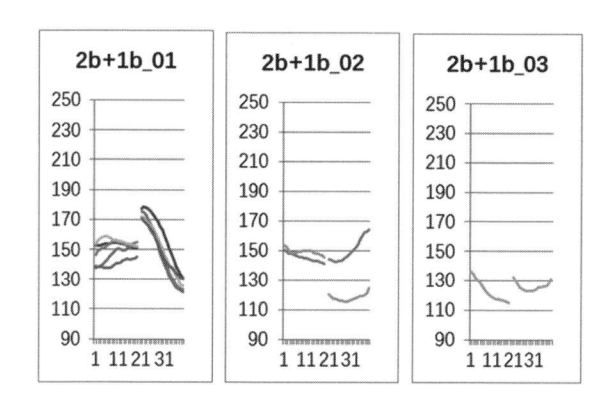

"阳上+阳平"的连调模式跟着去声走的情况如下：第四，31+53→32+43，"后门、有银"。这是白读的"去声+阳平"的模式。第五，55+23，这是纯粹的文读和借用普通话词语时的变调模式，如"社员、户头、重型",这与固有的变调模式没有必然联系。

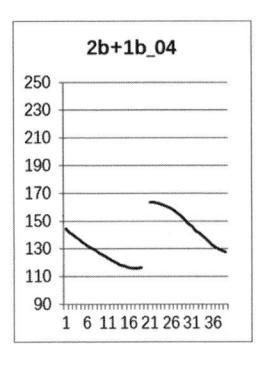

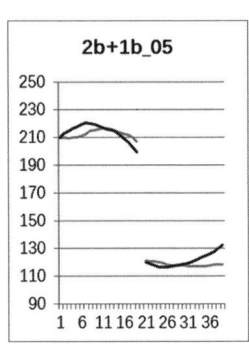

(3) 上声 + 上声

"上声 + 上声"的连读调比较复杂,主要是因为上声中的阳上与去声合并,而去声的一些字又归入上声;其声学模式见下面的 2a + 2 和 2b + 2。除此之外,上声、去声有各自的文白读,这些都在连读调中有反映,也造成了上声和去声连调的交叉。

阴上 + 上声

首字为阴上、后字为上声(阴上、阳上)的连调具体如下:

第一,44 + 44→33 + 33,如火腿、举手、打水、海马,这一类的连调还包括"33 + 34"的一些词语。(见图 2a + 2_ 01 以及 2a + 2_ 03)阴上、阳上都有这样的模型,阳上在前的,冷水、养犬、买伞、买米、我有。

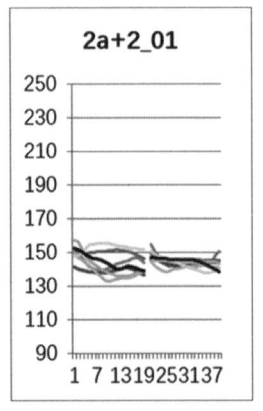

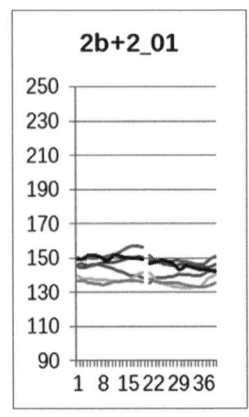

第二，31+31→32+32，如，水果、厂长、稿纸，包含的词语特别多，多为文读。（见图2a+2_02以及2b+2_02）"阳上+上声"的情况也包括在内，即31+31→32+31，如，米粉、网点、老小。

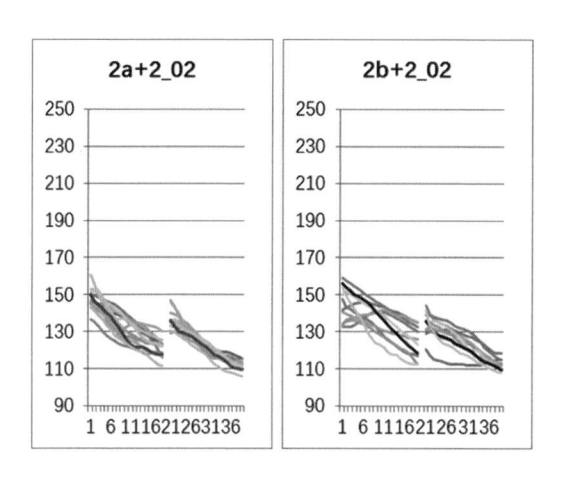

与第二类似的，44+31→33+32，如"胆小、好近"等，因为这里的33有不同程度的下降，所以可以归入第二类的连调。（见图2a+2-05）

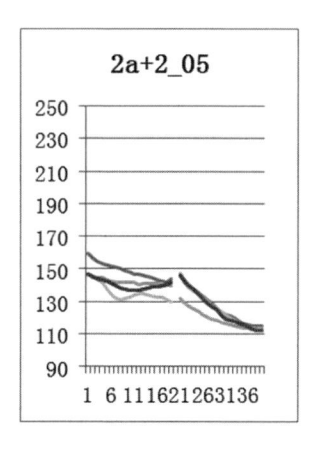

第三，31+35→32+34，如款项、惨淡、好受、改造、等待；这是上声文读+去声文读的连调模式。（见图2a+2_04和2b+2_04）

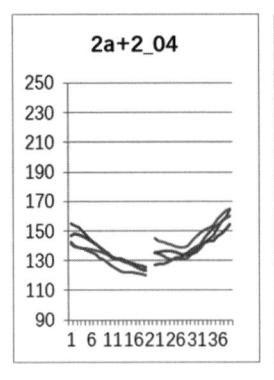

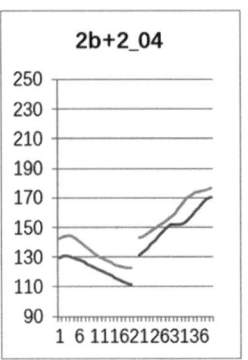

第四，31+53→32+42，如"省市"，多为文读词语。这一类还有读为32+33的，如"起草"。（见图2a+2_06）

第五，44+35→33+34，这是"上声白读+去声文读"的情况。

第六，31+55→32+33，如"厚纸、动手"。主要是前字为阳上的字。

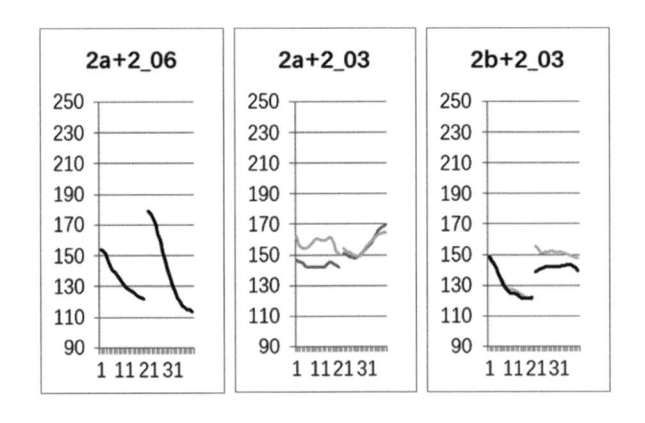

古阳上已经归入现代去声，它们位于首字位置时，已经按照去声的文白来变化，下面这几种连调的情况就是现代去声文读的连调模式。

第七，55+35→45+24，如，道士、舅父、厚道、静坐。（见图2b+2_05）

第八，35+44→34+33，如，受苦、道统。（见图2b+2_06）

第九，35+31→35+31，如，动武。（见图2b+2_07）

第十，55+31→55+31，如，稻草、市长、重点、远近。（见图2b+

2_08）

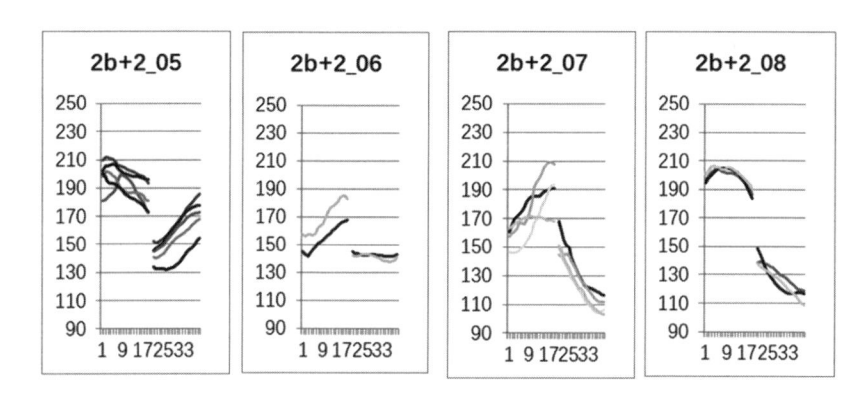

还有个别与两个去声文读相连的调型一样的连调，31+35，如"旅社"。

（4）上声+去声

"上声+去声"的声学模式见下面的2a+3和2b+3，"上声+去声"的连调主要有以下几种：

第一，44+44→33（44）+31，上字阴上的，如，苦命、好事、写字、胆大（见图2a+3_01）；上字阳上的如，老嫩、冷汗、买饭。（见图2a+3_01）

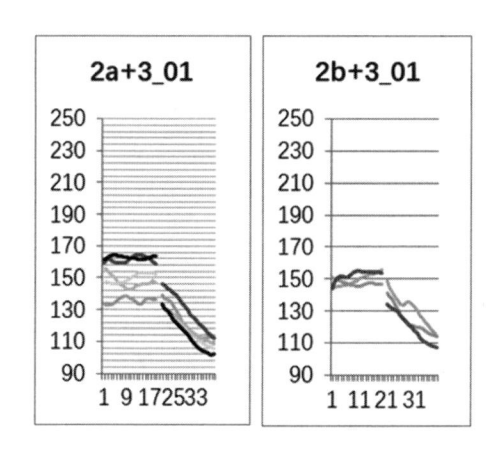

第二，31+35→32+34，上字阴上的，如，火箭、板凳、广告、解

放。(见图 2a+3_02) 上字阳上的如，晚辈、武器、演戏。(见图 2b+3_02) 还有一个变体 43+23，如，后路、理论。(见图 2b+3_06)

第三，44+44→33+33，上字阴上的，如，碗筷、写信、讲价、口臭。(见图 2a+3_03) 上字阳上的如，冷笑、买菜。(见图 2b+3_03) 还有 34+33 的，如，变体、受气。

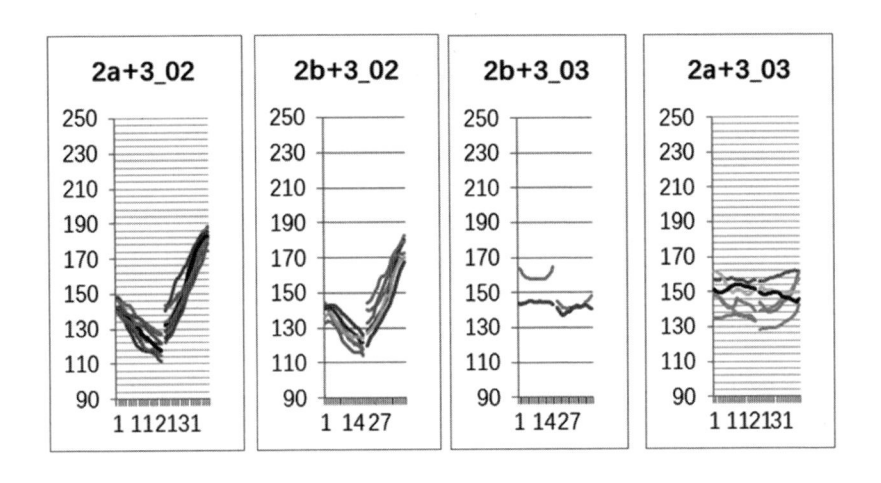

第四，35+31→34+32，如，像话。(见图 2b+3_05)。

第五，53+24 的变调，是一个文读的连调模式。(见图 2b+3_06)

第六，55+35→55+24，如，道破、善意、重要；34+24 也是它的变体之一。(见图 2b+3_07、2b+3_08)

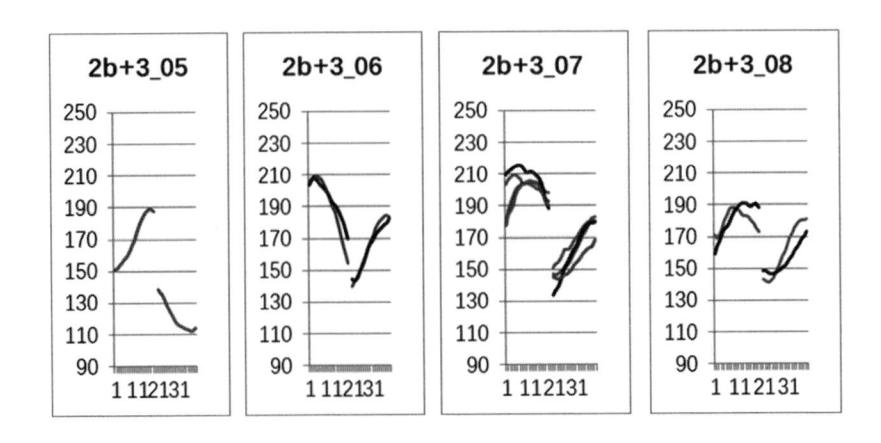

此外还有一个 31+44→32+33 的连调模式，如野菜、罪过。（见图 2b+3_04）

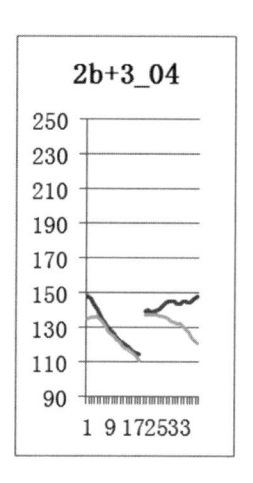

(5) 上声+阴入

"上声+阴入"的声学模式见图 2a+4a 和 2b+4a，"上声+阴入"的连调主要有下面几种。第一，44+4→33+33/32，首字阴上的，如"口吃、好吃、请客"。（见图 2a+4a_01）首字为阳上的如"五谷"。（见图 2a+4b_01）

第二，31+4→32+45，首字阴上的如，火速、宝塔、粉笔。（见图 2a+4a_02）首字为阳上的如，美国、满足。（见图 2a+4b_02）

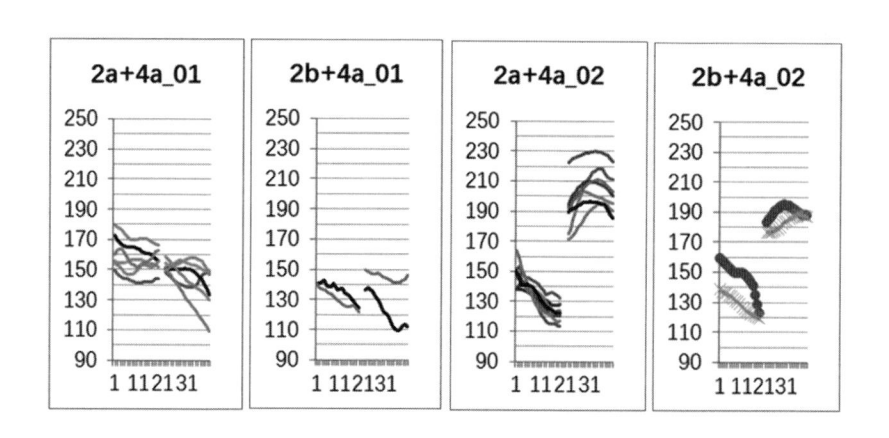

第三，此外还有 31+4→32+24 的连调，是舒化的词语，如，酒席、狡猾；35+4→34+44（4），如市尺、养鸭；动作、负责。还有一个变体。44+4→34+33（3），如幸福、重托。

第四，35+5→35+5，如动作、善恶；还有一个变体读 23+5，如，道德。

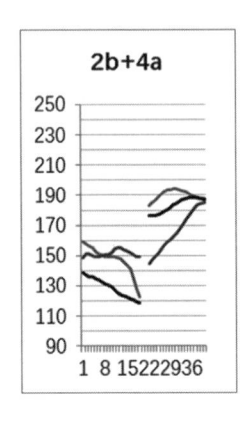

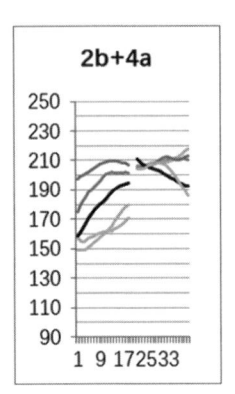

(6) 上声+阳入

先看阴上+阳入的字。"阴上+阳入"的声学模式如下：

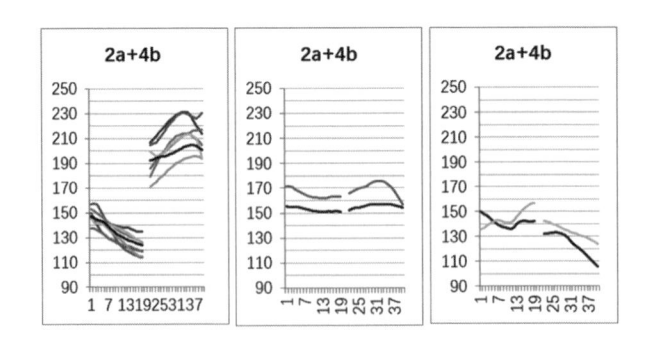

主要有三种连调模式：

第一，31+5→32+45，如，火力、体育、手续；31+5，这是阴上加文读入声的情况，后字的听感是高调，很多字带有上升或升降的拱度调型，记为 5 反映的是音高域，记录为454，是为了同时反映音高及其变化。

第二，33+4→33+33，如，犬肉、草木；33+4，这与正常的阴上加阴入的连调相同，阴入是一个中短调33，写成3也可以。

第三，44+2→33+32，如，好药；正常的阳入听感是一个低调，很多时候是一个带下降的低短调。

有31+45/35等的连调，这是舒化了的入声，多为文读和借读。如，广阔。

再看"阳上+阳入"的情况，"阳上+阳入"的声学模式如下：

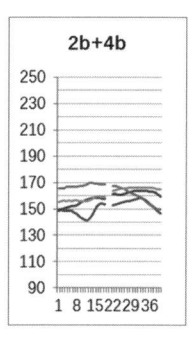

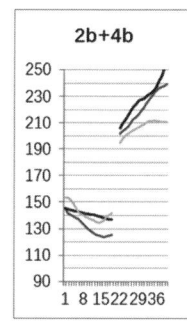

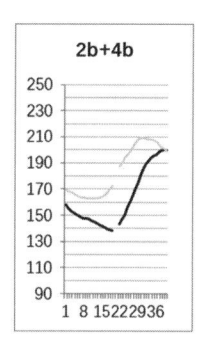

阳上+阳入的连调主要有下面三种：

第一，44+4→33+33，如幸福、重托、五月、堕落；还有一个变体35+3→34+32（2），如马肉。

第二，31+5→31+45，如美术。

第三，35+5→34+45，如道白、淡薄；还有一个变体就是45+55，如，厚薄、堕落。

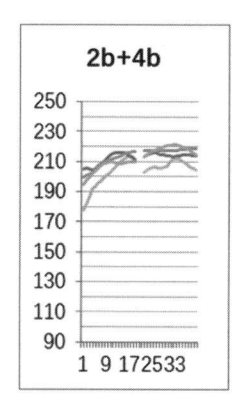

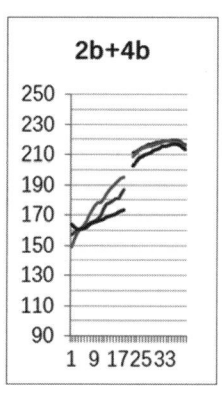

上声的变调总结如下：

上声白读位于第一音节个音节时，基本不变，如：

　　　　　水沟［44+35］，

　　　　　水田［44+53］，

　　　　　滚水［44+44］，

　　　　　指甲［44+4］，

　　　　　水窟（水坑）［44+4］等。

有时首字的44带有升的特点。

上声白读［44］，文读为［31］，在词尾音节时基本不变，如：

　　　　　　　　　水［44］，

　　　　　　　　面水［31+44］，

　　　　　　冻水（凉水）［44+44］，

　　　　　　　　热水［2̠3+44］，

　　　　　　滚水（开水）［44+44］。

白读的上声44在词尾位置时，有不同的变化，但可以当作是44的变体。主要的变化是44读得有点像34等带有升的特点，如"下雨"［2+34］，有些会读得更高一些，这是因为词尾强调的读法。

文读的［31］调位于词尾时也基本不变，如：

　　　　　中午［44+31］，

　　　　　苹果［53+31］，

　　　　　洪水［23+31］，

　　　　　水果［44+31］，

　　　　　下午［44+31］，

　　　　　喫奶［4+31］，

　　　　　木耳［5+31］等。

4. 去声位于词首位置的

付马话去声只有一个调，但是我们根据古去声的阴阳来讨论，最后总结。具体如下。

（1）阴去位于词首的情况。

A. 阴去+阴平

"阴去+阴平"的声学模式如下：

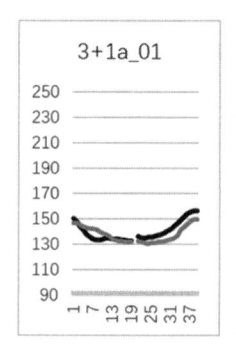

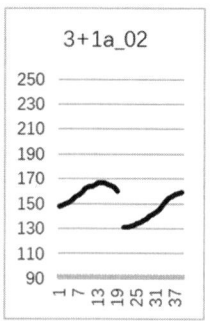

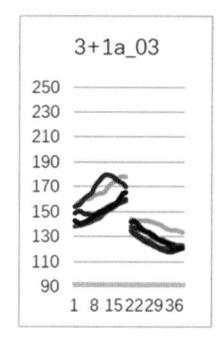

"阴去+阴平"的连调模式如下：

第一，31+35→32+23，如放心、唱歌。

第二，33+35→34+24，如看书；

第三，35+31→34+32，如教师、报刊；

第四，33+31→33+22，如菜单、战争；变体主要有44+22，如汽车、跳高、吊销、中风；33+32也是它的变体。

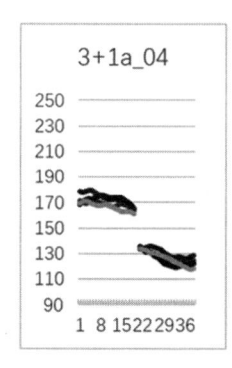

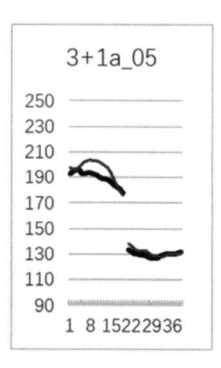

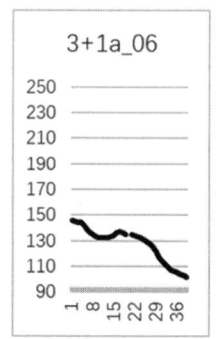

B. 阴去+阳平

"阴去+阳平"的声学模式如下：

"阴去+阳平"的连调模式如下：

第一，33+42，如布头、菜园、半年；33+32是它的变体。

第二，44+22，如教员、状元、戏台。

第三，34+22，如报酬、太平、看齐。

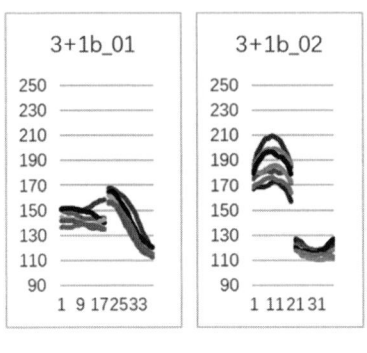

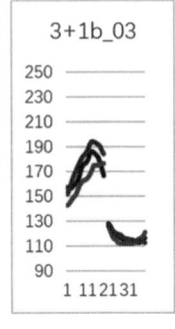

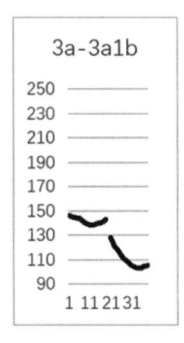

C. 阴去 + 上声

"阴去 + 上声"的声学模式见图 3a + 2。

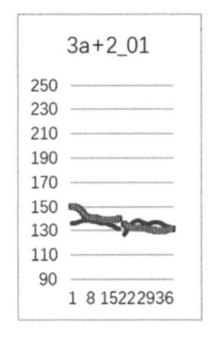

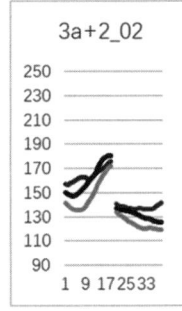

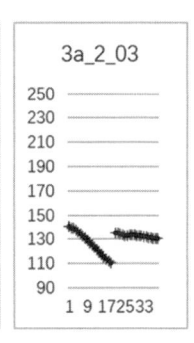

"阴去 + 上声"的连调模式如下：

第一，33 + 33→33 + 33，如半碗、放手。

第二，35 + 33→24 + 33，如课少、跳舞。

第三，32 + 33，如倒水。

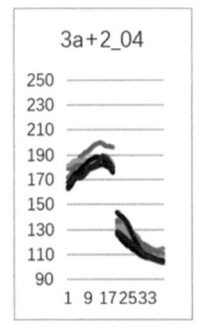

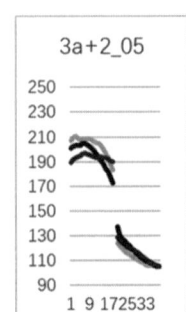

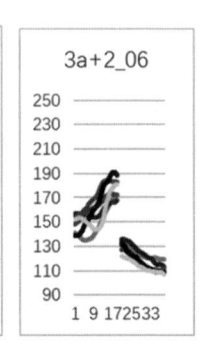

第四，35+53→34+21，如救主、正楷、跳板、政府、气体；24+21是它的变体。

第五，43+21，如半岛。

第六，44+32，如痛苦、中暑、教导、继母。

第七，53+35→53+24，如干部、报社。

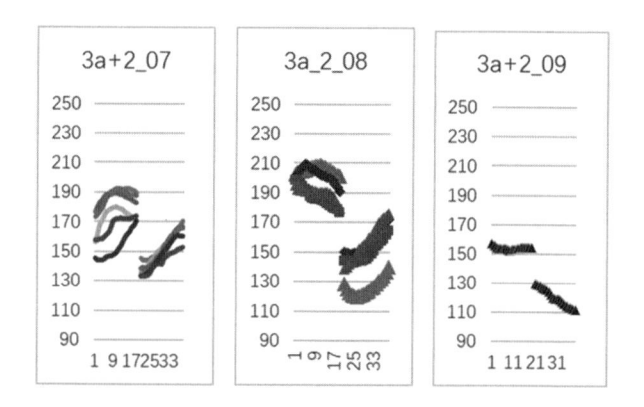

第八，44+35→44+34，如棍棒、胜负、变动、贵重。

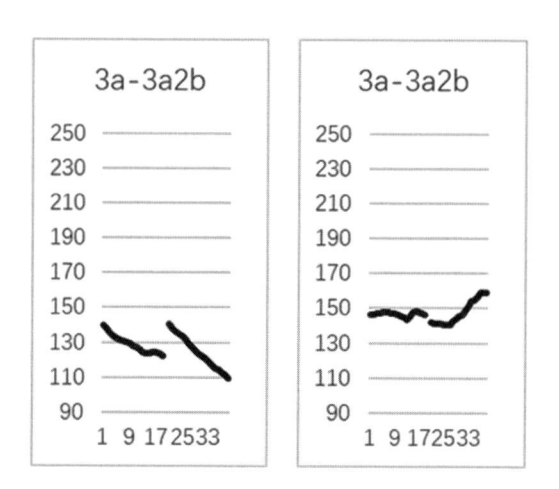

D. 阴去+去声

"阴去+去声"的声学模式见图3a+3。

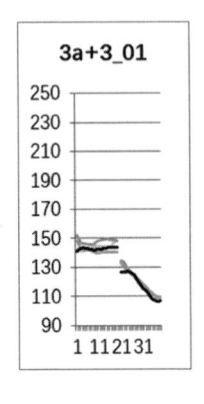

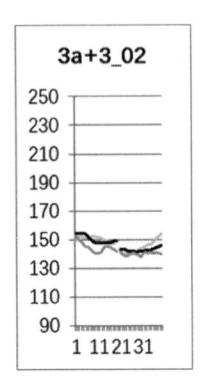

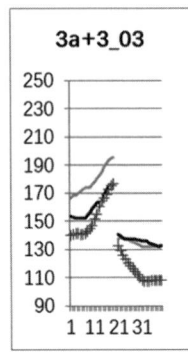

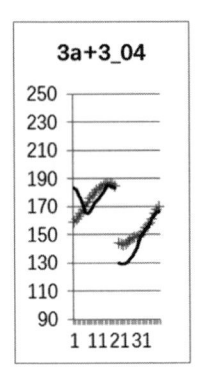

"阴去+去声"的连调模式如下：

第一，44+31→33+21，如退步、半路、快慢。

第二，44+44→33+33，如四寸、破布、寄信、半夜。

第三，44+35→44+23，如教训、芥菜、炸弹、四害。

第四，35+31→34+32，如叹气。

第五，35+35→34+24，如贵贱。

第五，53+35→43+23，如唱片、正气、降价、进步。

第六，44+35→44+34，如进退、过错、看戏、破坏。

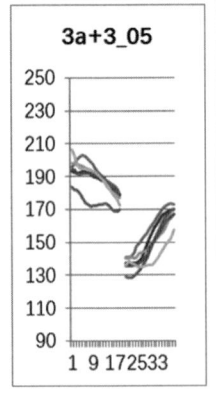

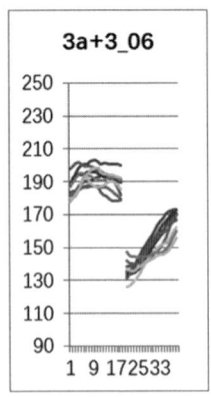

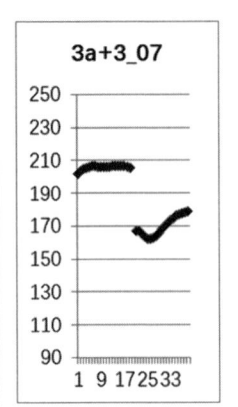

E. 阴去+阴入；

"阴去+阴入"的声学模式如下：

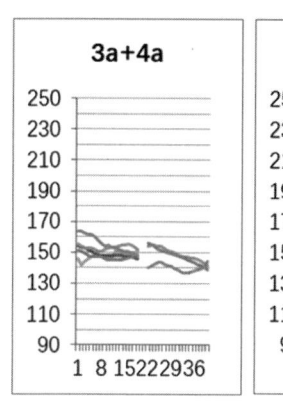

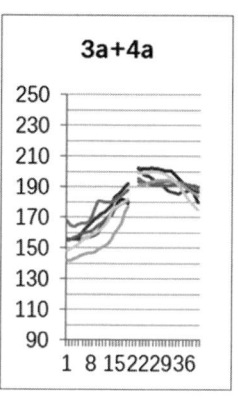

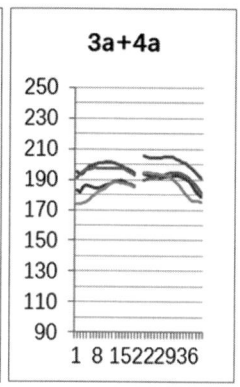

"阴去+阴入"的连调模式如下：

第一，33+4→33+32（2），如半尺、送客、退出；变体还有33+33。

第一，35+4→24+4，如教室、宪法、透彻。

第二，44+5→44+55，如契约、创作；变体还有44+4，计策。

其他的舒化的词语的连调如下：44+34（舒化），如顾客；44+22（文读、舒化），如课桌。

F. 阴去+阳入

"阴去+阳入"的声学模式如下：

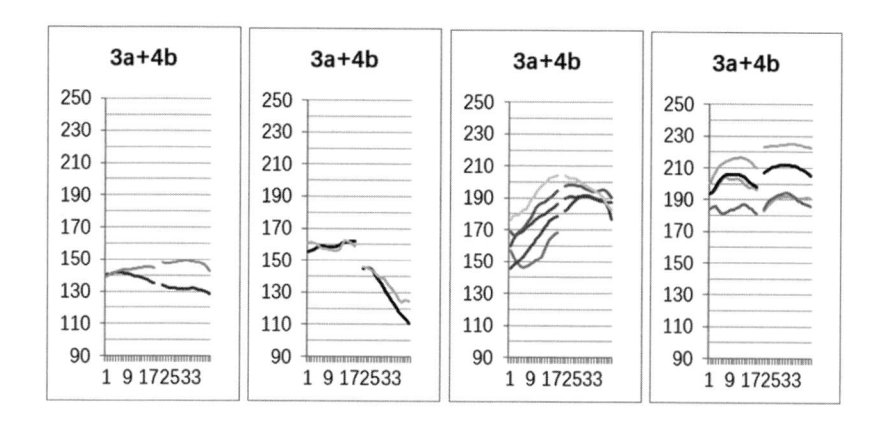

"阴去+阳入"的连调模式如下：

第一，33+3→33+33，如半日。

第二，33 + 2→33 + 32（2），如瘦弱、放学、过活。

第三，35 + 4→24 + 44，如教育、汉族、化学。

第四，35 + 4→44 + 5，如继续；变体还有 33 + 4，如计策、教学。

（2）阳去位于词首位置的

A. 阳去 + 阴平

"阳去 + 阴平"的声学模式见图 3b + 1a。

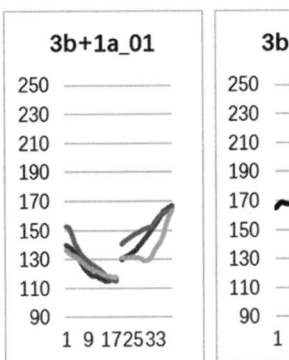

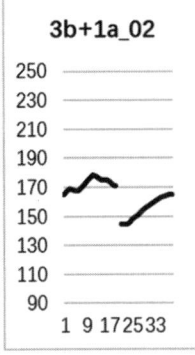

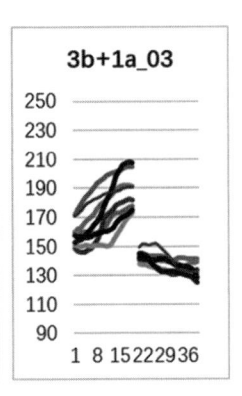

"阳去 + 阴平"的连调模式如下：

第一，31 + 35→32 + 34，如树根、卖瓜、话多。

第二，35 + 33→34 + 33，如让开、预先、办公。

第三，35 + 44→35 + 33，如调兵、电灯、夏天、事先。

第四，44 + 44→44 + 22，如误差、现今、饭厅。

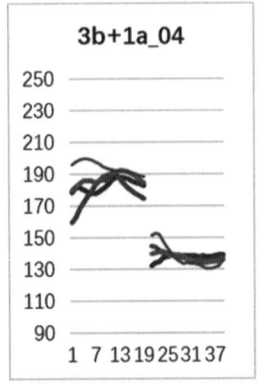

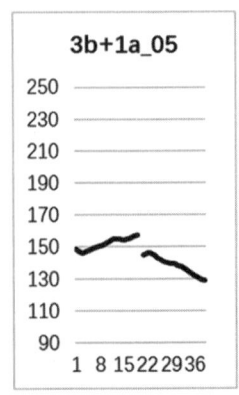

B. 阳去 + 阳平

"阳去 + 阳平"的声学模式见图 3b + 1b。

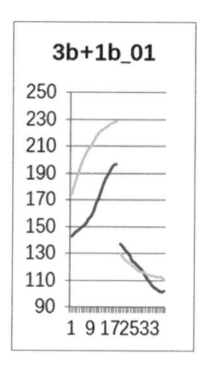

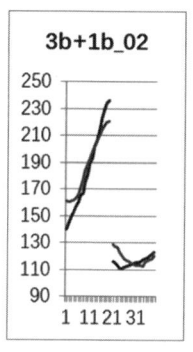

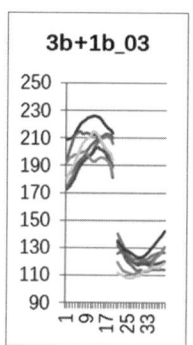

"阳去 + 阳平"原调是 31/35 + 53/23，变化的连调模式如下：

第一，35 + 32，如电池。

第二，35 + 23，如调防、面条、外行。

第三，55 + 23，如地球、共同、剩余、事前。

第四，32 + 42，如病人、卖鱼、闹人、路平。

第五，53 + 23，如自然。

第六，32 + 33，如饭冷。

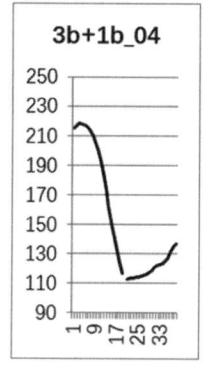

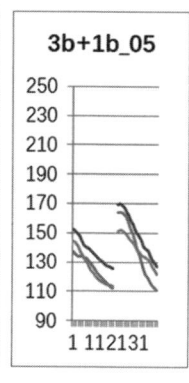

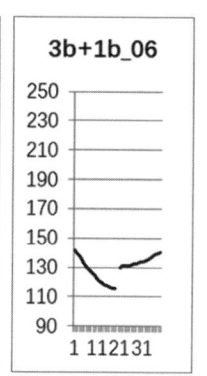

C. 阳去 + 上声

"阳去 + 上声"的声学模式如下：

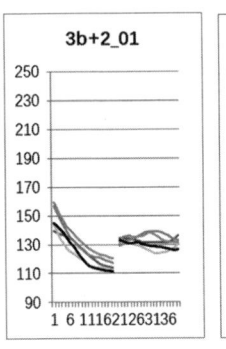

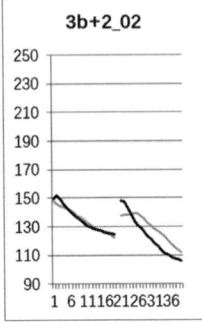

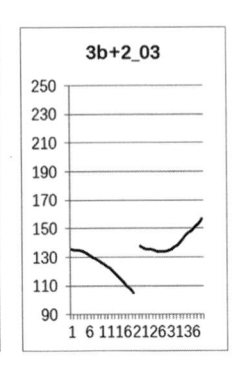

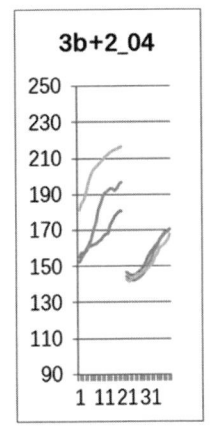

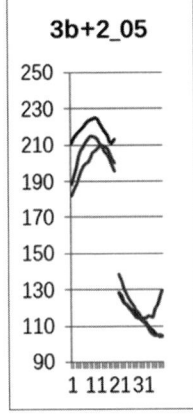

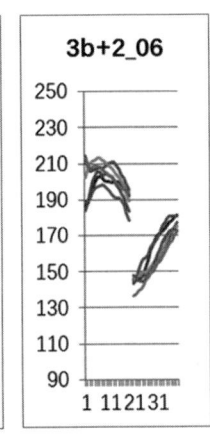

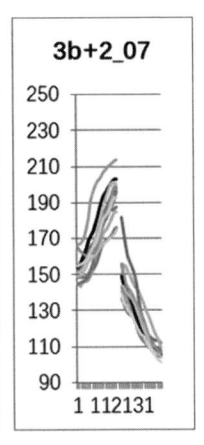

"阳去 + 上声"的原调是 31/35 + 44/31，变化之后的连调模式如下：

第一，32 + 33，如卖酒、命苦、大雨。

第二，32 + 32，如味淡、病重。

第三，21 + 23，如自家、大小。

第四，35 + 32，如调遣、外省、队长、字典。

第六，34 + 33，如豆饼、代考。

第七，45 + 21，如事主、误解、问好。

第八，55 + 24，如调动、字眼、地道。

D. 阳去 + 去声

"阳去 + 去声"的声学模式如下：

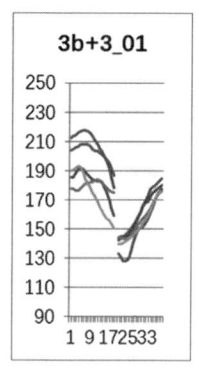

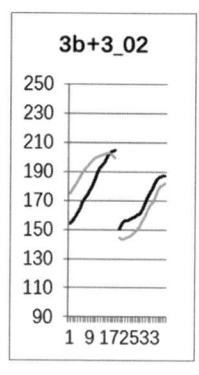

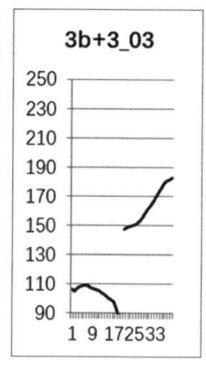

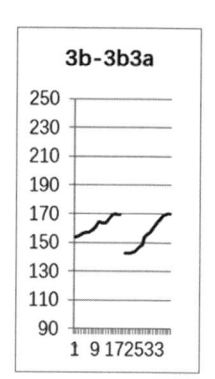

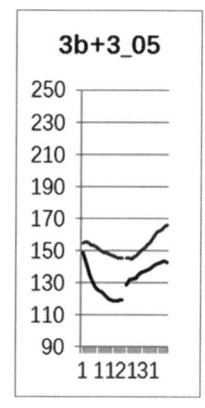

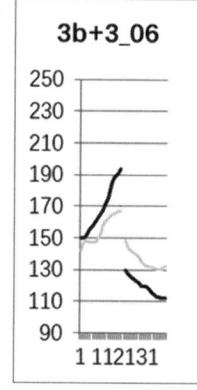

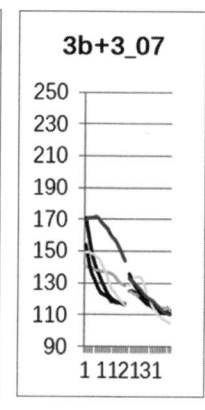

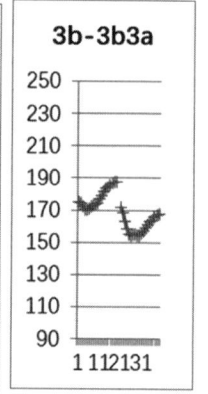

"阳去+去声"的原调是 31/35/53 + 31/35，变化后的连调模式如下：

第一，53 + 24，如电线、路费、饭店、办案、败类。

第二，35 + 34，如锐利；35 + 34（55 + 44），饭菜。

第三，44 + 24，如备战、定价、内外；44 + 24，代替、互助。

第四，32 + 23，如旧货、病痛、赠送。

第五，32 + 21，如大树、办事、让路。

第六，34 + 323，如冒汗。

E. 阳去 + 阴入

"阳去 + 阴入"的声学模式如下：

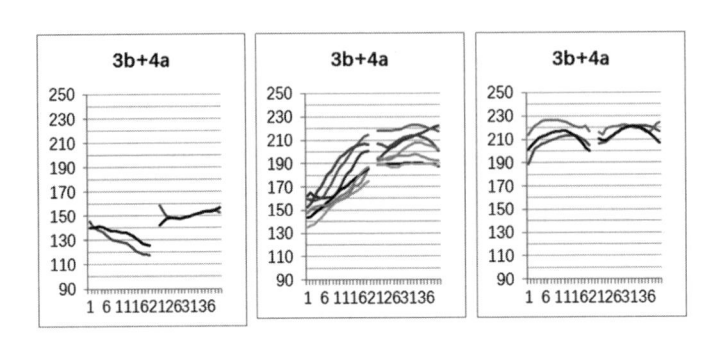

"阳去＋阴入"的连调模式主要有三种：

第一，31＋4→32＋3̲3̲，如夜黑、大雪。

第二，35＋5→24＋5̲5̲，如认识、字帖、外国、电压。

第三，55＋5→55＋5̲5̲，如地质、露宿、会客。

F. 阳去＋阳入

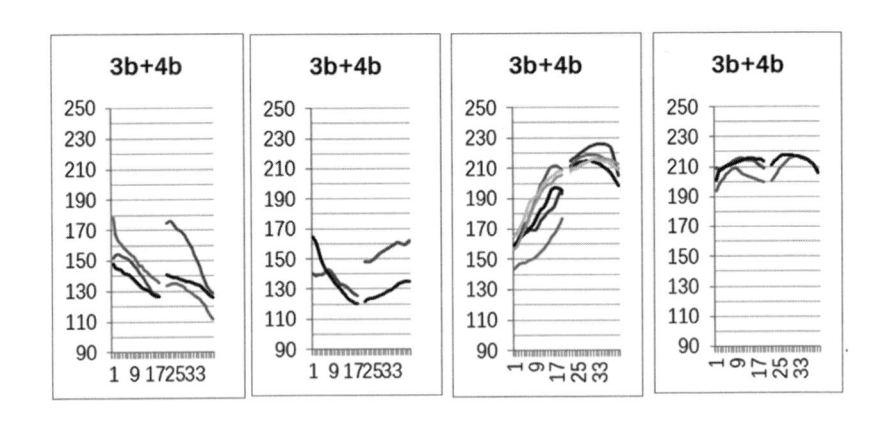

"阳去＋阳入"的声学模式如下：

"阳去＋阳入"的连调模式主要有四种：

第一，31＋2→42＋3̲2̲，如办学、用药、闰月、面熟。

第二，31＋2→42＋2̲3̲，如树叶。

第三，35＋5→24＋5̲5̲，如调拨、暴力、面目。

第四，55＋5→55＋5̲5̲，如地质、露宿、会客；这一组连调都是较为典型的文读，从词汇到连调都是。

还有一些舒化的连调，如：55＋24，如事迹、艺术；53＋33，如就职等,；有些是因为连词汇都替换了，比如 32+42，是看到"硬席"时，读为"硬台"的缘故。

去声的连读总结如下。

位于词首时，去声主要读为 31、44、35，也有些变体；其中 31、35 分别是去声的单字调文读和白读，44 以及相关的变体是变调；位于词尾时，也主要是这三种读音形式。如：单字 0045 谢 [35]，是去声的文读，词汇 0932 谢谢 [44+35]，[44] 是去声文读的首字变调，第二个音节不变。

又如"做"单念是 35，位于词首时多为 44，如：做工 [44+35]，做生意 [44+35+44]，做媒 [44+23]，做厨 [44+53]，做寿、做戏 [44+35]，做得、做法（变魔术）[44+4]。但是有些是 35，如：做屋 [35+4]，其他的例子如，运气 [35+35]，地震 [35+35] 等。

去声位于词尾时，也有 31、35、44 等形式，44 是一个变调形式，调型与阴平的文读差不多。

去声的变调按照大类来看还是有较为清晰的规律的，除了与后接、前跟高调时变为 44，其他的基本不变。

5. 阴入位于词首位置的

（1）阴入+阴平

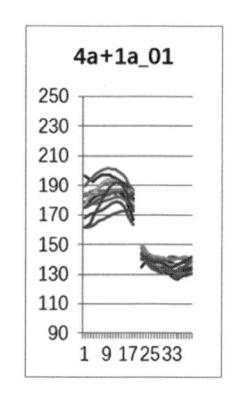

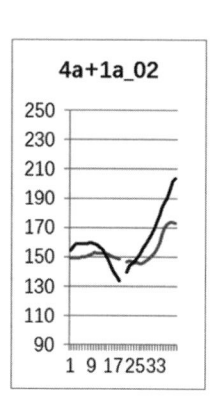

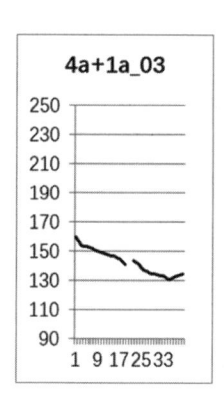

"阴入+阴平"的声学模式见图 4a+1a，它的连调模式主要有三种：

第一，4+44→44+33，如北方、作家、铁丝、革新。

第二，4+35→33+35，如铁钉。

第三，4+44→32+33，如雪飘。

(2) 阴入 + 阳平

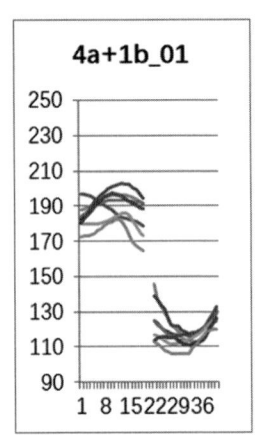

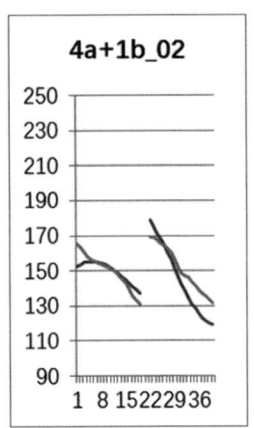

"阴入 + 阳平"的声学模式如下：

"阴入 + 阳平"的连调模式主要有两种：

第一，4 + 23→<u>44</u> + 323，如作文、国旗、职员、发行、作为。

第二，4 + 53→<u>32</u> + 42，如竹床、铁锤、发球。

(3) 阴入 + 上声

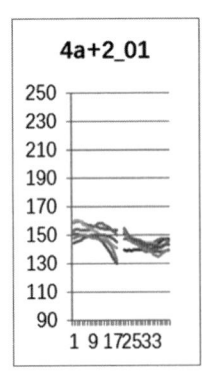

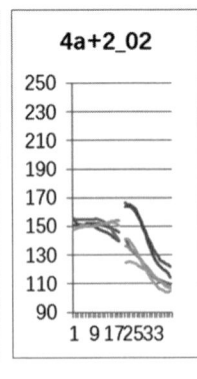

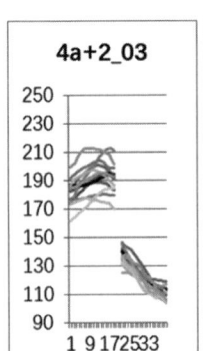

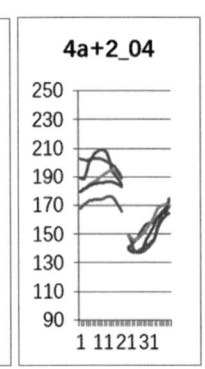

"阴入 + 上声"的声学模式见图4a + 2，它的连调模式如下：

第一，4 + 33→<u>33</u> + 33，如屋顶、出丑、吃水、吃苦、发冷；变体有<u>34</u> + 34，如博士、触网。

第二，4 + 31→<u>33</u> + 31，如血止、黑市、吃奶。

第三，4+31→44+21，如竹板、作品、结果、促使。

第四，4+33→55+24，如急件、博士、发动、铁道、脚痒。

（4）阴入+去声

"阴入+去声"的声学模式见图4a+3。

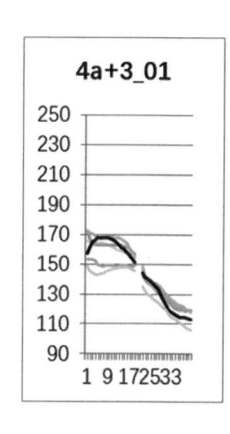

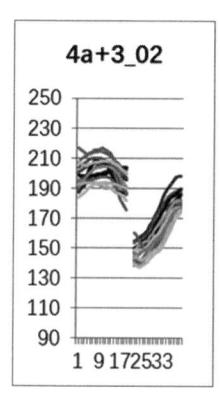

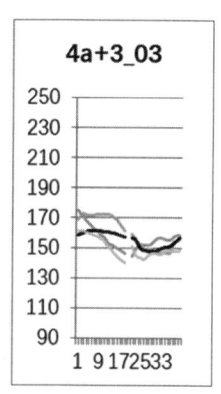

"阴入+去声"的原调是4/5+31/35，变化后的连调模式如下：

第一，3+32，如发病、出汗、识字、屋漏。

第二，5+24，如百货、国庆、发票、客气。

第三，35+24，如恶化。

第四，3（32）+33，如出嫁、切菜。

第五，3+24，如竹器、恶棍、脚痛、出洞。

第六，4+44，如铁路。

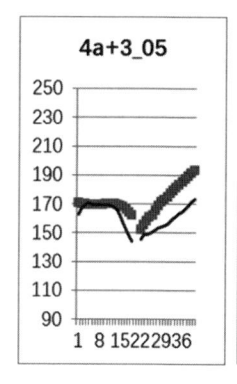

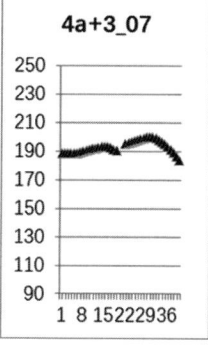

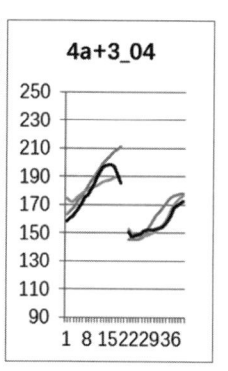

(5) 阴入+阴入

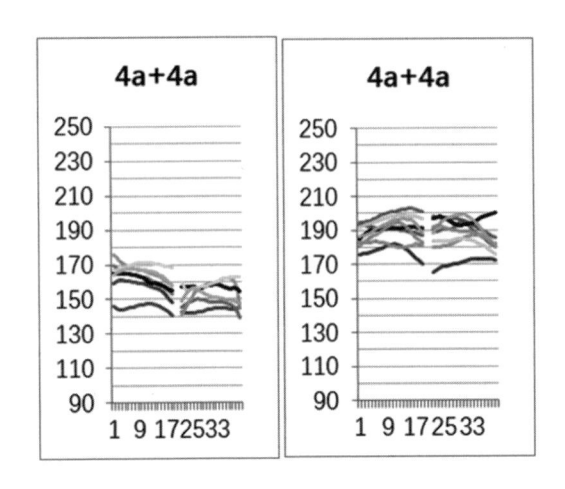

"阴入+阴入"的声学模式如下:

"阴入+阴入"主要有两种连调模式:

第一,4+4→33+33,如八百、出血、发黑、接骨。

第二,5+5→55+55,如竹节、铁塔、法国、插曲。

舒化了的,4+21,如作曲;3+45,如割麦。

(6) 阴入+阳入

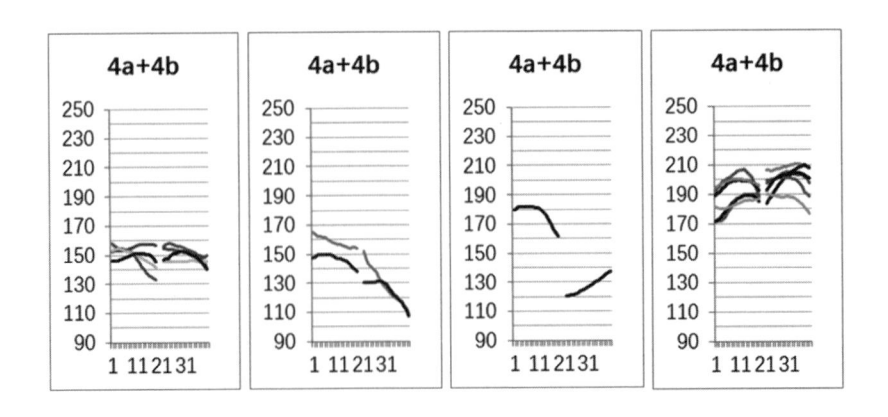

"阴入+阳入"的声学模式见图4a+4b,它的连调模式主要有:

第一,4+5→33+33,如骨肉、出力。

第二，4+2→33+32，如黑白、骨折。
第三，4+23→4+23，如竹叶；还有变体：32+21，吃药、竹席。
第四，5+5→55+55，如哲学、节日、笔墨、法术。

阴入连读调的情况总结如下。

位于词首位置的，首先是维持原有的中高短调4，有时会随着后接音节声调的高低，上下略有变化；其次是阴入文读时变为高而短的5，这是阴入阳入都一样的入声文读调的调值。

位于词尾的阴入，也基本上保持了原有的中高短调4，但是很多时候是3，这可以看作是4的变体。词尾文读阴入音节，读入声文读的短高调5。

6. 阳入位于词首位置的

（1）阳入+阴平

"阳入+阴平"的声学模式见图4b+1a，它的连调模式主要有：

第一，4+35→3+34，如药渣、读书。

第二，4+44→4+33，如列车、石灰、学生；还有变体3+33，月亏。

舒化33+33，如滑稽。

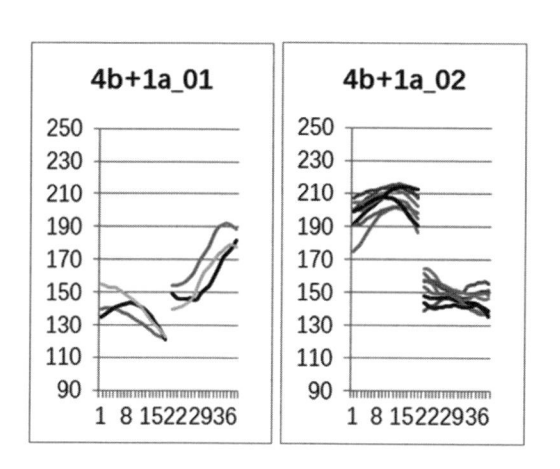

（2）阳入+阳平

"阳入+阳平"的声学模式见图4b+1b。

"阳入+阳平"的连调模式主要有：

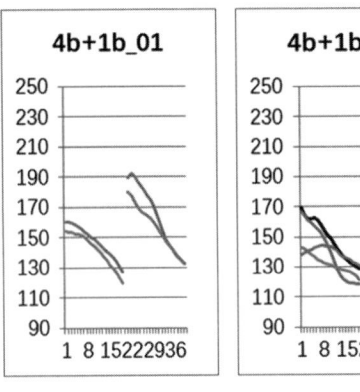

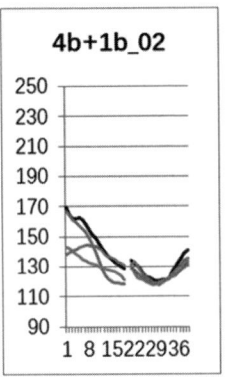

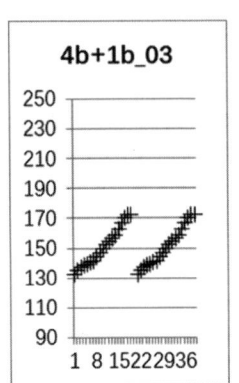

第一，2+53→32+42，如白糖、绿茶、石头、入门、值银（值钱）。

第二，2+23→32+23，如食堂、热情、习题、木材。

第三，5+53→45+32，如灭亡、狭长、夺权。

第四，5+23→45+23，如狭长、服刑、夺权。

舒化的23+23，如业余。

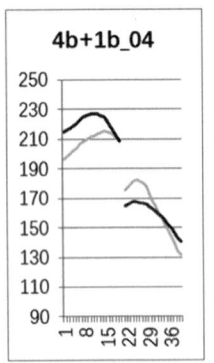

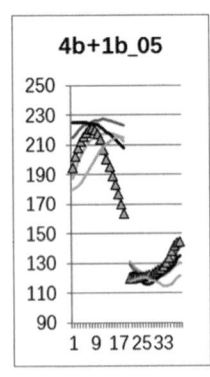

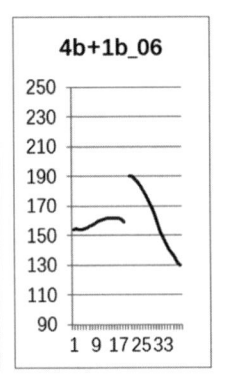

（3）阳入+上声

"阳入+上声"的声学模式见图4b+2。

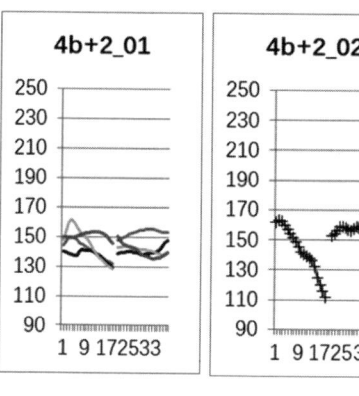

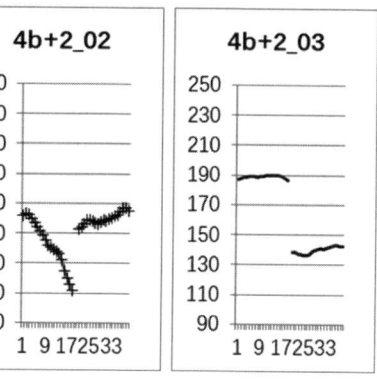

"阳入+上声"的原调是 2/5 +44/31，变化后的连调模式主要有：

第一，3 +33，如白纸、力小。

第二，2 +33→<u>32</u> +33，如白蚁、白米、六倍。

第三，5 +21，如墨水、渤海、月饼、列举、日后；<u>45</u> +21 是它的变体。

第四，5 +24，如集市、活动、落户。

第五，4 +33，如弱小、杂技。

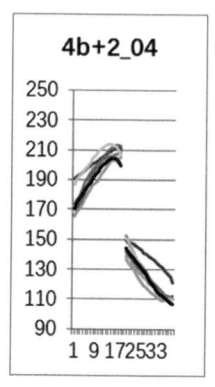

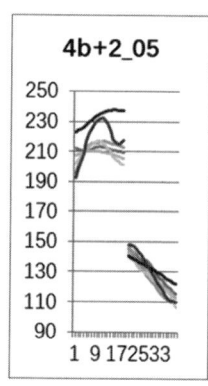

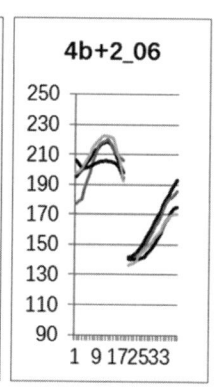

（4）阳入+去声

"阳入+去声"的声学模式见图 4b +3。

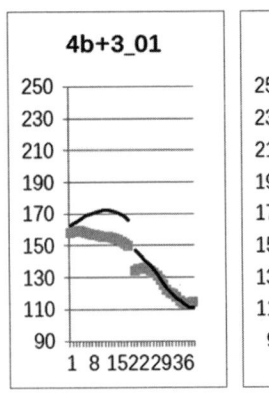

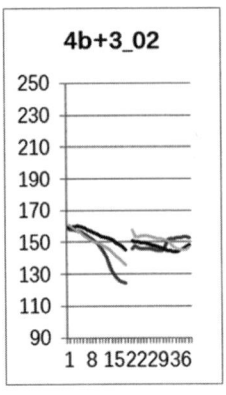

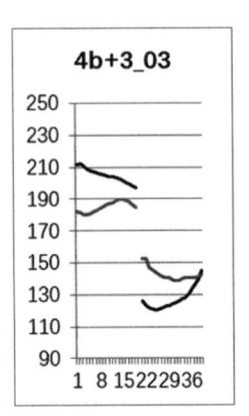

"阳入+去声"原调是"2/5+31/35",变化后的连调模式如下:

第一,3+21,如日夜、力达。

第二,32+33,如白菜、额痛。

第三,4+2,如达到、石磨。

第四,4+24,如学费、日记。

第五,45+24,如学费、日记。

第六,4+34,如烙印、核算、木器、读报。

第七,32+24,如肉片、药片;变体3+24。32+34,白面。

第八,4+44,如直径、拾粪。

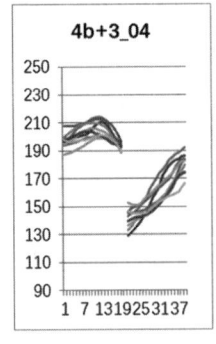

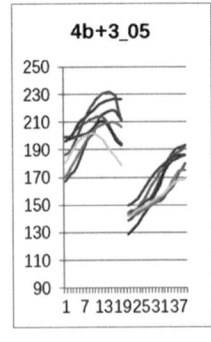

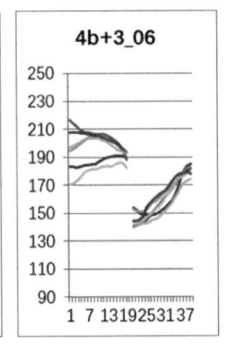

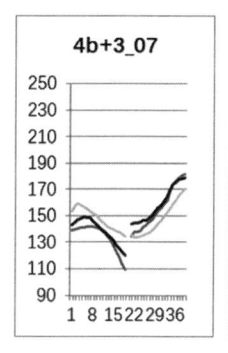

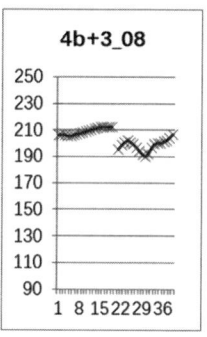

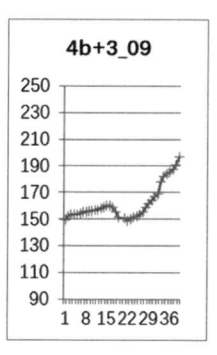

（5）阳入+阴入

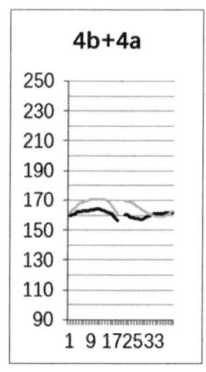

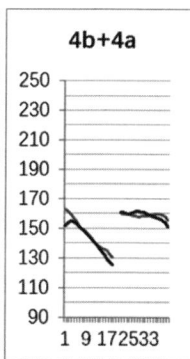

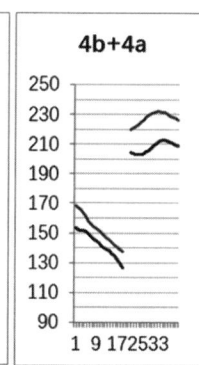

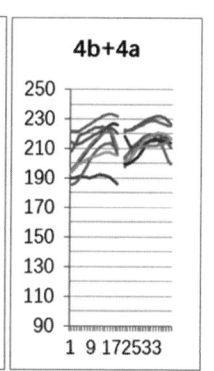

"阳入+阴入"的声学模式如下：

"阳入+阴入"的连调模式主要有：

第一，2+2→33+33，如墨水、木刻、日出。

第二，2+2→32+33，如白鸽、服帖。

第三，2+2→32+45，如白色、绿色、伏法。

第四，5+5→45+45，如蜡烛、立刻。

（6）阳入+阳入

"阳入+阳入"的声学模式如下：

| 4b+4b | 4b+4b | 4b+4b |

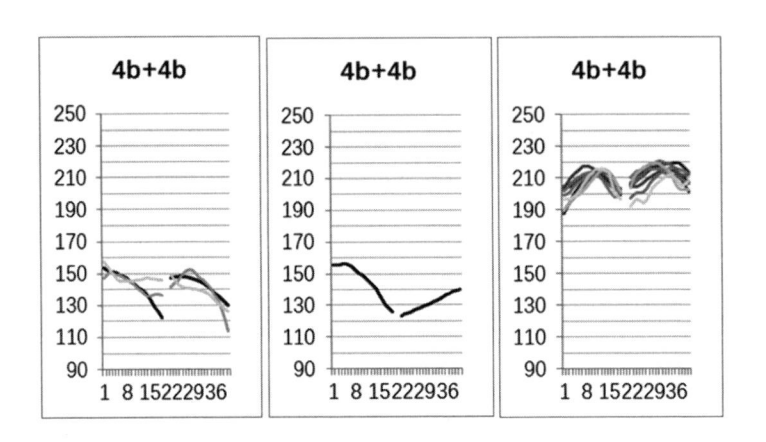

"阳入+阳入"的连调模式主要有：

第一，3+3→32+32，如六十、日月、十盒。

第二，3+3→32+23，如绿叶。

第二，5+5→45+45，如蜡烛、立刻、落魄、活泼、及格；变体45+5，密切。

不考虑舒化的声调，阳入连读调总结如下。

位于词首位置的，首先是维持原有的中低短调2，但是并不是一个平调，有略升和略降两种形式；其次与阴入相同，阳入的文读也变为高而短的5，这是阴入阳入都一样的入声文读调的调值。

位于词尾的阳入，也有23、32两个主要形式，这可以看作是2的变体。词尾文读和阴入的相同，读入声文读的短高调5，是略升的高调45，这也是5的变体。

四 付马话两字组连调的总体特点

1. 付马话两字组连调的总体面貌以及出现的条件

我们将付马话的连调情况总结为表2–52。

表 2-52　　　　　　　　　　　　　两字组连调总结

调类	阴平白	阴平文	阳平白	阳平文	上声白	上声文	去声白	去声文1	去声文2	阴入白	阳入白	入声文
调值	35	44	53	23	44	31	31	①35	②53	4	2	5
阴平白35	35+35 35+24		35+53	35+35	35+44	35+53	35+31		35+33	35+4 34+<u>32</u>	35+2 34+<u>32</u> 23+<u>43</u>	35+5 35+<u>53</u>
阴平文44	44_24 44_24	44+44		44+35 44+22 33+33	44+44	44+31		44+35	44+44	44+4 33+<u>434</u> 33+<u>33</u>	33+<u>54</u> 33+<u>34</u>	44+5 33+<u>454</u>
阳平白53	21+53 42+24		43+53 43+42	21+35 43+33 43+23	43+33 32+34	42+21	53+31 42+21 32+22	53+44 31+35 21+44 32+34		53+4 42+<u>32</u>	53+2 44+<u>23</u> 32+<u>22</u>	31+5 32+<u>45</u>
阳平文23		21+44 32+33 43+33 43+3223 +33		23+33	34+33	23+31 33+31		23+35	23+53	34+<u>33</u>	23+<u>22</u>	32+<u>45</u>
上声白44	44+35 32+34 33+34		44+53 33+42 32+43	33+34 33+22	44+44 33+33 33+34	44+31 55+31	44+31 33+31	33+35	33+33	44+44 33+<u>33</u> 33+<u>32</u> 34+<u>33</u>	44+2 33+<u>33</u> 33+<u>32</u>	34+44 34+<u>45</u>
上声文31	31+35	31+44 32+33 54+33	31+53	31+23 32+23 32+33 55+22	32+33 32+34 23+22 53+23	32+33 32+32 32+42	32+32 32+42 34+32	31+35 53+24 55+24 34+24 32+34 31+44	31+53	31+<u>44</u>	43+2	31+<u>45</u> 32+<u>45</u> 32+<u>24</u> 35+<u>55</u> 23+<u>55</u>
去声白31	31+35 32+23 32+34		31+53 32+42	53+23 42+33	31+44 44+33	21+23	32+32	31+44	31+53	42+<u>32</u> 42+<u>23</u>		
去声文①35	35+35 34+24	35+33 34+33 34+32	35+32	35+23 34+22 34+33	35+23 24+33 34+33	34+21 35+32	35+35 34+24 45+35	33+33	35+<u>44</u> 24+<u>44</u>	24+44 33+<u>33</u> 33+<u>32</u> 44+<u>55</u>	24+<u>55</u>	

续表

调类	阴平$_白$	阴平$_文$	阳平$_白$	阳平$_文$	上声$_白$	上声$_文$	去声$_白$	去声$_{文1}$	去声$_{文2}$	阴入$_白$	阳入$_白$	入声$_文$
去声$_文$ ②53	44+35	55+44 33+22 33+32 44+22	33+53 33+42	44+23 44+22 53+23 32+33	44+44 44+34 33+33	53+31 45+21 54+24 55+31 44+32	33+21 44+31 55+31	43+23 53+35 53+24 32+23 44+23 44+35	32+44	33+32 32+33		44+$\underline{55}$ 55+$\underline{55}$
阴入$_白$4	44+35 33+35	44+33 32+33	44+53 32+42	44+323	44+44 33+33	44+31 33+31 44+21 55+24	44+35 55+24 33+32 35+24	44+35 33+24 32+33	44+44 33+23 55+44	44+22 33+33 33+32 44+23		55+$\underline{55}$
阳入$_白$2	22+35 33+34 44+34		22+53 32+42	32+23	22+44 33+33 32+33 44+33		33+21	22+35 44+24 44+34	22+44 32+33	22+44 33+33 32+33	22+22 32+23	32+$\underline{45}$
入声$_文$5	$\underline{55}$+35	$\underline{55}$+44	$\underline{45}$+32	$\underline{55}$+23 $\underline{45}$+23	$\underline{55}$+31 $\underline{55}$+21 $\underline{55}$+24		$\underline{55}$+35 $\underline{45}$+24	$\underline{55}$+44 $\underline{44}$+44				$\underline{55}$+$\underline{55}$ $\underline{44}$+$\underline{55}$ $\underline{45}$+$\underline{45}$

根据上表的归类，我们分别将付马话共时层面的各个声调的连调情况总结如下。

（1）阴平的变调情况。

阴平位于首音节时，白读、文读的阴平都不发生调类上的变化，但是有不同的中和现象。白读的阴平35后接阴平、阳平、上声、去声基本不变，阴入、阳入前变34，在入声文读前变23；文读的阴平44后接阴平、阳平不变，后接去声、入声时读33，但是没有变成一个新的声调，只是阴平文读的中和。

阴平位于末尾音节时，白读在阴平、阳平、去声文读、阴入后读24或35，基本不变调；在上声白读、去声白读、阳入后读34，并没有当成一个新的调类。文读的阴平在阴平、阳平、上声、去声、阴入等音节后面都读33，也基本保持了阴平文读的调型；个别阳平白读、去声文读32或22，这是为了区别于前一个音节的高调。

(2) 阳平的变调总体情况

阳平位于前字的变调主要有两个，两个阳平白读连读时，第一个变为44调；第二是阳平字加阴平白读35以及入声文读5时，前边的阳平变为21或31调。其他基本不变调。

阳平白读位于首字位置时，都保持了降调的调型，但是下降的幅度明显低于单字调的53，在非入声音节前大多为42、43，阳入、入声文读之前读为32。位于词首的阳平文读，多都为23，保持了文读的调值；上声白读、阴入之前读为34，入声文读之前则读为32，可能是为了区别后面的高调。

阳平白读位于末尾的，主要是42，但是阴平白读35后读为53，而去声文读35后是32，表现出了不同的特点；位于末尾的阳平文读，在阴平文读、阳平、上声、去声文读多为33或22，入声后则为23。

(3) 上声位于连调中的情况总结

上声白读位于词首的，几乎都没有变化，读为33，阴平文读、入声文读前读为34，这是略微强调的读音。上声文读位于词首的声调有些复杂。主要的读音是32；读为54、53的是在一些阴平文读、上声白读、去声文读之前；读为34的是在去声白读、阴入白读、阳入白读之前。

上声位于词尾的情况，上声白读位于词尾的主要是33，还有一些可以看作是33变体的34、22、23，出现在部分的上声、去声的后面；上声文读的位于词尾的声调，在阴平、阳平、上声后主要是31，去声后有23、21、32、24等，阴入、阳入后面主要是21，还有就是24。

(4) 去声的连调读音

去声的变调按照大类来看，除了与后接、前跟高调时变为44，其他的基本不变。

去声位于词首的白读在阴平白读、阳平白读、上声之前读32，在阴入之前读42，去声文读位于词首的也比较复杂，部分阴平、阳平、上声、去声前读34，阴平文读、阳平、上声文读、去声文读之前读35/24。这些是基本不变的。去声位于词首变调的具体情况是，阴平文读、阳平文读、上声、入声之前读44/33；这里的44、33都是去声位于词首时的主要变调形式。

去声位于词尾的情况，去声白读在阴平、上声、去声、部分阴入后读为31或32，在阳平白读、去声文读、阳入后读21或22；去声文读在阴平文读、阳平文读、上声文读、去声文读、阴入、阳入读为 24/23/34。这是可算作不变调的情况。变调的情况是，在阴平、阳平白读、上声白读、去声文读、阴入白读、阳入白读后面读为 44/33。这与词首的情况类似。

（5）入声在连读调中的情况

阴入白读位于词首，后接阴平白读、上声白读、去声、阴入白读时，读为 33/44，后接阳平、去声文读时读为 32；后接上声文读、去声文读、入声文读时，读为 55，个别后接去声文读时读成 35，55 和 35 都是入声文读的变体。阴入位于词尾，在阴平文读、阳平文读、上声、去声文读、阴入、阳入之后读为 33，在阴平白读、阳平白读、上声白读、去声白读后面读为 32，在部分阴平文读后读为 434，个别去声白读后读为 23，这两个都可以看作阴入连读时的两个变体。

阳入位于词首，在阳平、上声白读、个别去声文读、部分阴入白读、阳入、部分入声文读前面读为 32，这与标记为 2 的阳入的多数的单字调的调型差不多；在部分阴平白读、上声白读、去声白读、部分阴入白读前读为 33，这与阴入白读的调型很接近；在部分阴平白读、部分上声白读、去声文读前读为 44，与阴入的单字调相同；在部分上声文读、去声文读、入声文读前读为 45，这是入声文读时的高调之一。位于词尾的阳入，在阳平后是一个比较平稳的 22 短调，在阴平白读、上声文读、阴入、阳入后面读为 32，这可以当作是 2 的常见形式之一；部分去声文读、阴入白读后读 33；部分阴入白读、阳入白读后读为 23，这也是部分阳入单字调的调值；在部分的阴平后读 43 和 54，部分上声文读、去声文读后读 45 和 55。

入声文读是一个有标记的高调 55，间或有些许升降 45/454，甚至是高降短调 53，但是无论是出现在词首还是词尾，都是高调。

2. 连调中的"中和"和"异化"现象

异化和同化是变调中常见的现象。连调时也会有很多的中和调。我们说的"中和"是两个声调变得接近，不一定在相同的语境中变得相同，"异化"当然指的是在相同的语音条件下，同一个声调变得不一样。"相同的语音条件"既有共时层面上的，也有来源上的历时条件，我们主要观察的是共时层面的相同。连调中尽可能避免同调重复，因此，"中和"而避免相同就是一个主要的趋势。"异化"增强了区分度，但是会给发音带来难度，因此，异化总是保持在尽可能小的范围之内。

连读调是一个连续不断的过程，会出现很多情况。就声调而言，声调尽量避免发音上的难度，这就会出现因为协同发音而产生的中和现象，即声调高低两头的调值向中间值靠拢的现象，比如"小寒"1b+2a 是 31+23，但是 31 一定会是 32，这样才是一个发音连贯的正常情况。"大寒"35+23 前面的 35，因为协同发音的原因，变成了 355，音节的一半是高升，一半是高平。

为了省力，协同发音就会有中和现象，但是只是省力会带来区分上的问题，为了区别就会必然产生异化的现象。同样是"阴平+阳入"的情况，有多种表现形式，其中异化的有 35+2→34+32（2），如"开学、腰直"；44+5→33+54（5），如"惊蛰、商业"；这里表现不同是文白不同来源的原因，属于历时层面的语音条件相同。

付马话的连读调与词语的结构类型似乎没有必然的联系，比如两个文读的入声相连的词语"蜡烛（偏正）、立刻（状中）、落魄（动宾）、活泼（并列）、及格（动宾）"都有相同的变调模式：5+5→45+45，并没有因为结构上的区别而不同。

单字调在连调中的表现，最重要的也是中和和异化两种形式；完全保持自身单字调进行组合的只出现在中高平调的两个阴平文读、去声文读+上声白读以及文读的入声连读中。因此单字调在连调中的总的倾向是适应具体语境时的不同程度的调整。

进一步的关于语义焦点等更大语段的观察还没有，尚待以后的研究。

第五节　文白异读

付马话有成系统的文白异读，这一部分从不同的角度，对声调、声母、韵母的异读做一些探讨。

一　文白两套声调系统

这一部分基于《中国语言资源调查手册》的单字字表的约 1000 个汉字的全部录音，运用熊子瑜博士编写的系列脚本，在描写简单的声调系统的基础上，对所有有效读音的单字的音高做了分析、归纳，较为全面总结付马话的单字音的文白两套声调系统。同时根据中古声调 16 种类型，分析了这些共计 988 个音节的古今演变情况，在共时实验描写的基础上，观察了中古各个调类在今天付马话中的读音情况。最后做出一个兼顾文白两个系统的综合声调系统。

1. 引言

汉语方言语音描写中，声调是第一个需要解决的问题。现在汉语方言语音描写大都可以借助于有关的实验设备，对声调进行实验分析、描写，但是多数的实验研究都只是对挑选出的例字进行基频数据的提取、分析，概括出音高的变化情况，在此基础上总结一个方言的共时声调系统，这样的描写大体上能够为共时的声调给出一个确定的声调系统，这比只是基于调查者听感的声调描写有了很大的进步。但是，任何一个方言的声调系统都会呈现出较为复杂的实际读音，而只是依靠几个、几十个声调例字是很难反映一个方言多数音节的声调的具体变化情况的。本书基于《中国语言资源调查手册》的单字调查字表的约 1000 个汉字的全部录音，在描写简单的声调系统的基础上，对所有有效读音的单字的音高做了分析、归纳，较为全面总结付马话的单字音的声调系统，分析了这些共计 988 个音节的古今演变情况，在共时描写的基础上，观察了中古各个调类在今天付马话中的读音情况。

海南东方的付马话是一个只有一个村子使用的高度濒危的汉语方言，使用人口约 2000 人，它处在海南话、哥隆话等较为强势的方言的包围之中，近些年又受到普通话的强烈冲击。讲付马话的人一般都是双语人，除了付马话一般都会讲哥隆话、海南话、普通话等，付马话本身因为弱势而接受了很多外来的词语和发音，使得它的文白异读、训读等现象极为普遍。根据语音材料付马话与客赣方言较为接近，但是又有很多海南话、哥隆话的成分。对付马话的描写除了刘新中、区靖《海南东方市四更镇付马话同音字汇》等之外，很少见到其他成系统的研究。付马话的记录和描写对抢救濒危语言有很重要的意义，同时通过文白读音的对比研究，也可观察一个弱势方言为适应生存而做出适应和调整。

2. 实验的方法概述

本书在方言学田野调查研究、分类的基础上，主要采用相对的系统数据与实验语音学相结合的方法来研究付马话的声调系统，所有数据的提取分析都使用中国社会科学院语言研究所熊子瑜编写的程序脚本，具体方法如下。(1) 根据《中国语言资源调查手册》的字表进行调查录音；录音采样率 44100Hz，16 位单声道，在当地电视台的演播厅录音，录音质量达到要求。(2) 运行脚本对于已有的录音声、韵、调进行记录、描写，建立一个声音以及与声音记录相对应的文本文档；(3) 运行脚本生成与声音对应的 TextGrid 文件；(4) 运行脚本对自动生成的声韵调材料进行检查、校验；(5) 根据标注好的声音文件提取音高的基频、时长等语音数据，然后依据汉字的古声调类型（平、上、去、入）和古声母清浊类型（全清、次清、全浊、次浊）作为分类依据；(6) 统计各类字的语音数据，由此观察付马话和共时的声调调类系统以及声调演变规律；(7) 声调图的制作，一是根据所得声调的均值的赫兹值直接成图，二是根据石锋的 T 值转换并完成相对归一，做成 5 度制为基础的声调图。

本书的录音材料主要依据老年男性蒙先生的读音，声调类型的总结参照的发音人有其他 3 位男性发音人的数据。

3. 实验结果：共时的两套声调系统

在对所有 988 个有效音节数据的提取、分析之后我们发现，付马话共时的声调呈现出非常复杂的跨类现象，经过比对中古的调类系统，我们可以看到两套声调系统，古今调类演变较为一致的多为白读音，那些看似异常的调类归并，正好反映了它系统的因为借用、消化强势方言、共同语的语音所形成的文读音系统。下面我们看一下它的这两个系统的实验分析情况。

王福堂对文白异读有过很好的概括："方言中，字音原有的读音和借入的读音叠置在一起，构成字音的层次。同一音类中，字音的读书音构成文读层，字音的口语音构成白读层。"（王福堂 2009）付马话共时的声调系统中调类表面上很复杂的原因就是文白读声调系统的不同表现，我们在研究和记录中必须加以分别。

(1) 白读系统

我们根据已提取的数据，将付马话白读声调系统的数据进行归纳，得出付马话白读声调系统声调的均值_ Hz，然后相应的赫兹值用石锋的公式转换为相对范围在 5 度的对数值，见表 2-53。

表2-53　　　　　　　白读声调系统声调的T值均值

调类	阴平	阳平	上声	去声	阴入	阳入
时长	289	338	306	326	201	188
十个点音高均值 Log	2.13	4.32	2.7	2.47	3.22	2.25
	2.25	4.32	2.75	2.47	3.27	2.25
	2.53	4.36	2.8	2.53	3.47	2.25
	2.96	4.49	2.96	2.53	3.72	2.3
	3.37	4.62	3.12	2.47	3.95	2.3
	3.77	4.49	3.22	2.3	4.23	2.36
	4.18	4.09	3.27	1.95	4.36	2.36
	4.58	3.42	3.32	1.46	4.54	2.36
	4.88	2.42	3.42	0.8	4.58	2.19
	5	1.14	3.37	0	4.54	1.95

我们根据表2-53做出付马话白读的声调图如下：

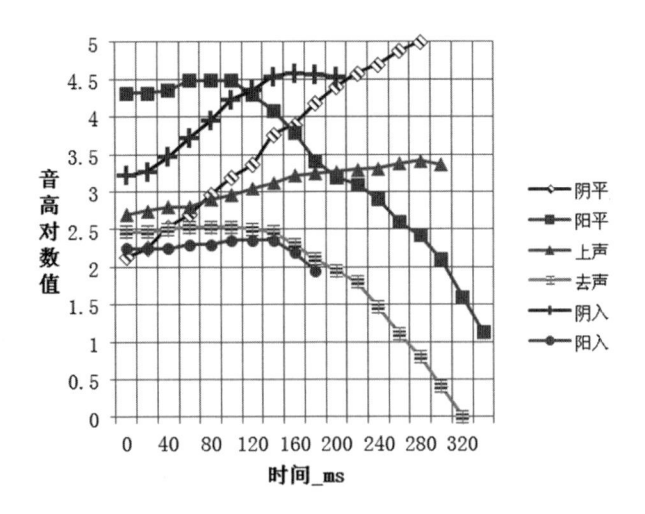

图2-10　白读的声调系统

我们根据已获得的数据概括出付马话的白读声调的调类和调值。阴平35，阳平52，上声44，去声31，阴入4，阳入2。这里需要说明的是记为平调的上声略有上升的趋势，记为34也是可以的，但是为了避免描写中过多的上升调我们把它记为 44 调。阴入是一个高升的短调，因为它位于 4—5，加上要与文读系统中的高短调 5 区别，就记为 4，但是记为短调 45 也是可以的。阳入调比 2 略高且带有些许下降的一个短调，记为 2。

（2）文读系统

有系统的文读系统是弱势方言面对当地强势方言和通语的声调时做出的系统反映，文读也是一种借用和嫁接的方式。文白异读都具备时，它们被定义为具有相同音韵地位的同一个汉字（音节），在口语和书面语等不同场合发音不同；文白异读在声母、韵母、声调中都有不同的表现；像付马话这种与通语差别较大的方言，文白异读的情况是较为突出的，白读系统较多保留与中古声调大类的一致性，文读则是吸收了共同语以及包围付马话的海南西部的强势方言和民族语言的读音。文白读本身也有不同的历史层次问题。

我们将付马话文读系统语音数据的 Hz 值进行数据归一，用石锋的 T 值法转换如表 2-54。

表 2-54　　　　付马话白读声调系统声调的 T 值均值

调类	阴平	阳平	上声	去声1	去声2	入声
时长	296	327	307	285	299	127
十个点音高均值 Log	2.49	0.81	2.06	3.69	1.68	4.1
	2.54	0.81	2.06	3.69	1.73	4.14
	2.66	0.81	2.06	3.83	1.92	4.23
	2.74	0.87	2.01	3.93	2.19	4.39
	2.83	1.08	1.87	3.9	2.49	4.58
	2.91	1.34	1.68	3.69	2.83	4.7
	2.95	1.68	1.44	3.29	3.25	4.82
	3.02	1.97	1.03	2.62	3.59	4.91
	2.98	2.24	0.59	1.59	3.76	5
	2.98	2.37	0	0.7	3.9	4.94

我们根据上表制成付马话文读声调系统的声调图如图 2-11。

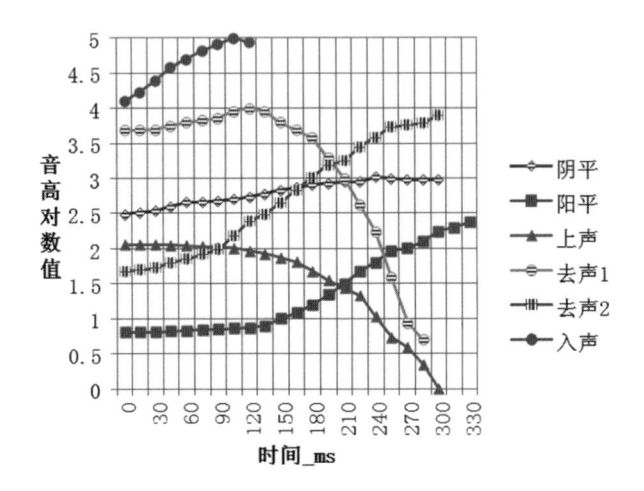

图 2-11　付马话文读的声调系统

因为专事文读的入声调值特别高，因此白读中记为 35、53 的调就相对变成 24 和 42，但是我们还是把它们记为 35 和 53，因为这里的 35、24 和 53、42 没有区别意义的作用。

　　罗常培先生的厦门音系中的文白描写、丁邦新先生的儋州话的文白系统，都是文白记录中的经典著述。丁邦新先生曾经系统记录了海南儋州话文白系统的音韵情况，这对于我们记录类似的方言有很多的启发。同处海南西部，高度濒危的弱势方言付马话，有一整套文白系统，在声调层面，以白读系统为基础，进行调整。首先是已有声调的转类来表现文读的声调，比如阴平白读调值为 35，去声的文读也是 35，去声原本的白读调是 31，去声字读为 35 调都是为了说明它借用的文读音；其次新增白读系统中所无的声调，比如阳平文读调为 23，不同于阴平的 35 调，入声中有一个特别高的短调 5，它不分阴阳，是专用来表示文读的。

　　从文白两个系统来看，付马话声调的语音特点，可以概括为：（1）基本没有真正的平调；（2）所有的降调在开头部分都有平略带升起的部分；（3）舒声调、促声调相互匹配，阴平与阴入调型近似，阳入与去声部分重合。

4. 声调的综合归纳

如果我们不考虑来源，把所有出现的声调都摆在一起，就可以做一个无论文白只要区别意义作用的单字调系统。

对于像付马话这样具有复杂声调系统的方言，我们分为白读声调系统和文读声调系统就会解决共时表现上的纷乱和历史演变方面的规律性问题。然而在记录和分析一个方言的声调时，也需要一个能够反映语素意义的所有声调类别，因此我们将包含文、白两套系统的各类声调作一综合，形成一个较为通用的付马话声调系统。下面是综合了付马话共时的文白读声调系统的声调数据。

表中的数据以白读系统为基础，增加了文读系统中新出现的调类，称为"付马话综合声调系统"，我们将音高的赫兹值用 T 执法转换成表 2－55。

表 2－55　　　　　　　　综合声调系统的 T 值

调类	阴平	阳平	阳平－文	上声	去声	阴入	阳入	入声－文
十个点音高均值 Log	1.68	3.59	0.81	2.32	2.01	2.58	1.78	4.1
	1.78	3.59	0.81	2.37	2.01	2.62	1.78	4.14
	1.97	3.69	0.81	2.45	2.06	2.78	1.78	4.23
	2.28	3.8	0.87	2.58	2.01	2.98	1.83	4.39
	2.62	3.83	1.08	2.66	1.92	3.18	1.83	4.58
	2.95	3.66	1.34	2.74	1.78	3.4	1.87	4.7
	3.33	3.29	1.68	2.78	1.49	3.51	1.87	4.82
	3.66	2.7	1.97	2.87	1.08	3.66	1.87	4.91
	3.87	1.78	2.24	2.87	0.59	3.69	1.73	5
	3.97	0.81	2.37	2.87	0	3.66	1.54	4.94
时长	294	312	327	301	317	201	188	127

我们把上表做成相应的声调图如下：

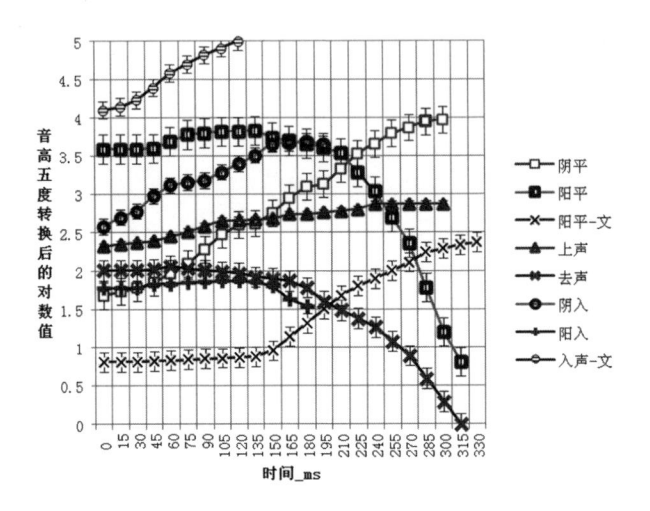

图 2-12　付马话综合声调系统

根据表 2-55 和图 2-12，我们将付马话的声调综合系统概括如表 2-56。

表 2-56　　　　　　　　付马话综合声调系统

调类	白读调值	例字	文读调值	例字
阴平	35	高通东多	44	冰衣东多
阳平	52	油门铜人	23	楼移蓝情
上声	44	九草五老	31	果谱显宝
去声	31	二动卖问	①35 ②53	拜暗汉中 绕骂庙用
阴入	4	谷百拍屋	5	曲策测铁
阳入	2	石六毒十	5	属服族实

这里我们可以概括出一个既可以涵盖可能出现的所有单字调的一个声调系统，也反映了文白不同系统的声调，这里的声调系统首先包括白读的所有单字调，其次包括专用于文读的两个声调阳平文读调 23 和入声的文读调 5。

基于一个方言所能够收集到的音节的语音数据来分析一个方言的共时声调系统，对于像付马话这样具有复杂声调系统的方言来说，为我们解决白读声调系统和文读声调系统以及历时演变等问题，提供了系统而有效的方法。但是有了相对大的声学数据之后，也会出现调型接近的不同声调的重合和交叉的问题，这需要我们做出感知与识别方面的进一步的探索。在有了大量的声学数据的基础上，加上感知实验验证等进一步的研究，将会为汉语方言声调的研究提供一个更为广阔的研究空间。

我们还根据古今演变的调类分化对今读的不同来源做了考察，将古调类、今调类以及相应的音节数总结为表2–57。

表2–57　　　　　中古调类与付马话调类的对照

序号	古调类	今调类	调值	音节数
1	平全清	阴平	35	142
2	平次清	阴平	35	36
3	平次清	阴平_文	44	10
4	平全浊	阴平_文	44	27
5	平次清	阳平_白	52	7
6	平全浊	阳平_白	52	22
7	平次浊	阳平_白	52	12
8	平全浊	阳平_文	23	19
9	平次浊	阳平_文	23	23
10	平次浊	阳平_文	23	31
11	上次清	上声_白	44	54
12	去次清	上声_白	44	11
13	上全浊	上声_白	44	44
14	上全清	上声_白	44	19
15	上全清	上声_白	44	40
16	去全清	上声_白	44	11
17	上次清	上声_文	31	15
18	上次浊	上声_文	31	9
19	去全浊	去声_白	31	50
20	去次浊	去声_白	31	13
21	去次清	去声_白	31	49
22	去次浊	去声_白	31	30

续表

序号	古调类	今调类	调值	音节数
23	上全浊	去声_白	31	11
24	上全浊	去声_文	35	20
25	上次浊	去声_文	35	33
26	去次清	去声_文	35	33
27	去全浊	去声_文	35	9
28	去全浊	去声_文	35	7
29	去次浊	去声_文	35	28
30	上全清	去声_文	35	38
31	上次浊	去声_文	35	12
32	去全清	去声_文	35	30
33	去全清	去声_文	52	17
34	入全清	阴入	4	14
35	入次清	阴入	4	6
36	入全浊	阳入	2	8
37	入次浊	阳入	2	8
38	入次浊	阳入	2	1
39	入次清	入声_文	5	14
40	入全浊	入声_文	5	5
41	入次浊	入声_文	5	20

表 2-57 反映了古调类在今付马话中的 11 个不同类属的分配情况，统计的有 988 个音节的声调演变情况。总的来说，白读层的声调相对整齐，主要的规律是，平分阴阳，分化条件是古声母的清浊。古上声和古去声中古清声母分化较乱，浊声母的演变相对整齐。虽然表面上部分全浊上与上声的文读相同，读为 31，但是全浊上实际上是去声的白读，这既符合"浊上归去"的大方向，同时可以用去声的文读来印证，具体表现是全浊上的文读与去声的文读调值相同。入声的内部读音较为复杂，大体的规律是清入是一个半高促调，是白读的阴入，阳入读为一个半低促调的，是白读的阳入。阴入、阳入的文读不分阴阳，是一个促声高调。

二　付马话的文白两套声母系统

1. 声母的文白异读概貌

付马话的文白异读在声母方面也很突出，有些是有规律的分布，比如全浊声母仄声送气，读如相对应的送气清声母，另外一些就是跟着借词进来的文读音。声母例字的文白读列举如下：

表 2-58　　　　　　　　付马话声母文白对照表

	白读	文读
ɓ	八 ɓat 兵 ɓiŋ；	八 ɓat 兵 ɓiŋ
ph	派 phai 爬 pha 病 phiŋ；	派 phai 爬 pha 病 ɓiŋ
m	麦 mok；	麦 muk
f	飞 fɔi 饭 fan；	飞 fei 饭 fan
v	王 vɔŋ 云 vəŋ；	王 vaŋ 云 in
ɗ	多 ɗɔ 东 ɗoŋ 大 thai	多 ɗɔ 东 ɗoŋ 大 ɗa
tθ	丝 tθɯ 酸 tθun；	丝 tθɯ 酸 tsuan
th	天 thin 甜 thin 毒 thɔk；	天 thian 甜 thian 毒 ɗuk
n	南 nam 年 nin；	南 nam 年 nian
l	老 lau 路 lu；	老 lau 路 lu
ts	张 tsuaŋ 竹 tsɔk 争 tseŋ 纸 tsi；	张 tsaŋ 竹 tsuk 争 tθeŋ 纸 tʃi
tsh	拆 tshɛk 茶 tsha 抄 tshau 车 tshiɛ；	拆 tsiɛk 茶 tsha 抄 tshau 车 tshiɛ
s	床 saŋ 山 san 船 sɯn 手 sou 十 sip；	床 tshuaŋ 山 san 船 tshuan 手 sou 十 ɕip
ɹ	药 ɹiɛk 有 ɹou 油 ɹou；	药 ɹiɛk 有 ɹou 油 iou
tθ	刺 tshik 清 θeŋ 字 tθɯ 三 θam；	刺 tshik 清 θeŋ 字 tθɯ 三 θam
k	高 kau 九 kou；	高 kau 九 kiou
kh	开 khɔi 轻 kheŋ 共 khoŋ 权 khun；	开 khai 轻 kheŋ 共 koŋ 权 khan
h	好 hau 灰 hui 响 hiaŋ；	好 hau 灰 hui 响 hiaŋ
ŋ	月 ŋɯt 安 nɔ 鱼 ŋɯi；	月 tɕɐt 安 ŋan 鱼 ji
ø	熬 au 用 ɹoŋ；	熬 au 用 ɹoŋ

表中没有声母 b、d，因为它们接近海南闽语的 ɓ、ɗ，因此我们都记为 ɓ、ɗ，主要是为了反映这一块的区域特征。声母 ts、tsh、s 在齐齿呼

前读作 tɕ、tsh、ɕ，如"纸、车、世"，有时读 tʃ、tʃh、ʃ，读为后者的，多为文读。有一个齿间音 tθ，有个别时候读 θ，这个音在海南西部的语言和方言中比较常见，如海南闽语的板桥、感城、新龙，村话，儋州中和的军话等。音位大多数情况下带塞音成分，所以有的人在读这个音时很像 t。n 在齐齿呼前读为 ȵ，这两个声母的来源不同，表现出的文白差异并不是主要影响因素。

2. 中古全浊带塞的声母的文白异读

这一部分主要讨论中古全浊声母带塞声母的文白异读，它们较好地反映了不同的文白层次。我们知道，客赣方言的这部分声母的读音有"无论平仄都读送气"的特点，但是会因为不同的层次、来源表现而不同。

先看並母仄声的读音，见表 2-58 到表 2-60。

表 2-58　　　　　　　並母上声文白读的例字

例字	倍	被被子	抱	棒	部	罢	伴	拌	笨	並
白	phei35	phɯi31	phau53	phaŋ31						
文	phɛi35	ɓi35	ɓau44		ɓu35	ɓai31	ɓuan35	ɓuan35	ɓɯn35	ɓiŋ35

这里读送气的字，是古音的保留，与此相对，新近借来的都是不送气的 ɓ 声母。

表 2-59　　　　　　　並母去声文白读的例字

例字	步	病	败	焙焙干	哺	被被打，被迫	办	币
白	phu31	phiŋ31	phai31	phɛi35	phu31			
文	ɓu35	ɓiŋ35				ɓi35	ɓan35	ɓi35

有文白异读的 ph 声母是白读，ɓ 声母是文读。有些字并没有相对的文读或白读，比如"败、焙、哺"只有白读。"被、办、币"声母，只有文读，没有白读。

表 2-60　　　　　　　　　並母入声文白读的例字

例字	白	勃	薄	辟	仆	拔	别离别	泊	雹
白	phɛk2	phɔt4	phɔk2	phit5	phuk5				
文	ɓɯk5	ɓut4	ɓɔk5			ɓat5	ɓiət4	ɓok5	ɓau35

并母的平声今读送气的是常态，但是仄声读送气多数认为是客赣方言的特点，付马话白读多保留了"无论平仄都送气"的特点，读为不送气 ɓ 声母的，多为文读，此外有些读送气的并不是古音的保留，而是新近从通语中借来的。

表 2-61　　　　　　　　　定母上声的文白读

例字	断断绝	舵	淡	稻	艇	挺
白	thun31	thɔ23	than35	thau35	thiŋ31	thiŋ31
文	ɗuan35					

定母上声字较多保留了送气的特点，"断"的文读大都在字词的组合中出现。

表 2-62　　　　　　　　　定母去声的文白读

例字	大大夫	第	豆	掉	地	递	洞	贴
白	thai31	thai31	thau31	thiu31	thɯi31	thi35	thoŋ35	thiəp5
文	ɗa35	ɗi35	ɗəu35	ɗiau35	ɗi35			

表 2-63　　　　　　　　　定母入声的文白读

例字	读	叠	碟	牒	蝶	谍	贴	特	突
白	thuk3	thiəp5	thiəp5	thiəp5	thiəp5	thiəp5	thiəp5	thɯk5	thut4
文	ɗuk5（文）	ɗiəp5（新）	ɗiəp5（新）	ɗiəp5（新）	ɗiəp5（新）	ɗiəp5（新）			

表 2-62 和表 2-63 中所反映的定母去声、入声的主体的今读是送气

的，不送气的 ɗ 声母出现在较晚、较新的词语中。

古群母字今读大体上分为三种情况，不送气声母是一个舌根－软腭的清塞音 k。见下面的例字。

表2-64　　　　　　　　　群母上声的文白异读

例字	近	跪	臼	徛	圈猪圈	巨	技	舅	件
白	khin31	khui31	khəu31	khɯi53	khian44				
文	kin35	kui53				ki35	tsi44	kiu35	kian35

群母上声字的文读比较多，但保留文白读的都是口语中较为常见的词语，只有不送气读音的大多是文读字词。

表2-65　　　　　　　　　群母去声字文白读

例字	旧	柜	妗舅母	轿	具	健	倦	竞	共
白	khəu31	khui31	kim44						
文	kiu35	ki35		kiau35	ki35	kian35	tsian31	king31	kong35

"妗舅母"的声母是不送气的 k，但它是一个口语词，这不同于 k 多是文读的情况。

表2-66　　　　　　　　　群母入声的文白读

例字	屐木屐	橛橛子	掘	倔倔强	及	杰	极	局
白	khik2	khiət4	khit5					
文			kuat4	khit5	kip5	kiət4	kip5	ki35

群母入声的文白读几乎不发生在同一个音节上，这意味着文白读不仅仅在同一个音节上，同类读音分道扬镳也会产生不同的历史层次、不同的来源系统。多数字只有文读，比如"及、杰"等，有些字只有白读，如"屐木屐、橛橛子"等。

中古全浊声母在今天付马话的声母中的文白读较为集中，可讨论的问题也不少，文白异读在其他声母的演化、发展中也有不少的特点，限于时间和篇幅，只能留待以后进一步讨论了。

三 付马话韵母系统的文白异读

付马话的韵母超过 60 个，其中主要元音为主的音节中有不同的交叉。有的元音、韵母在一个摄中是文读的，但在另一个摄中可能就是白读。比如元音 a，在果摄中多为文读，但是在臻摄、曾摄中则主要是白读音节中的主要成分。

ɿ 和 ɯ 与海南闽语不同，但在海南西部的军话以及黎语、村话中都较常见。韵尾-m、-n、-ŋ、-p、-t、-k 都齐全，但是扮演了不同的角色。

下面我们从各个韵摄的具体情况以及综合对照中看看付马话韵母的文白读情况。

1. 文白异读在各个韵摄的具体表现

果摄的主要元音有 ɯ、ɔ，文读白读的都有，但主要元音是 a 的时候，主要是文读，如"哪、那"，"大"白读为 thai，文读为 ɗa。韵母 uɯ 大都是文读，如"裹、伙、卧"等。

假摄中 a 和 ia 有文白的功能分化，同一个字，a 是白读，ia 是文读，如"假、价、虾"。

有训读的时候，能够还原回去读的音节，一定是文读。比如"拿"，训读为 ɓui，按字来念就是 na；"骂"训读为 nau，按字来念就是 ma；"蛙"训读为 ɛp，按字来念就是 ua。

遇摄 ɔ、i、u 为主的韵母，多为文读。比如"初"读为 tθɔ44 和 tshuɔ35 两个读音，前者是文读；"锄"读为 tθɔ35，是文读音。韵母是 u 时，往往有不同的白读与之对应，如 ɯi，"土"读 thu31 和 thɯi31，后者是白读；"吐吐痰"读为 thu35 和 thou44，后者是白读。"舞"读为 vu31 和 mou44，后者为白读。一个音节如果有两个以上的读音，i 韵母的多为文读。比如"书"读 si44 和 sɯ35，前者就是文读，同样的情况还有，"鱼"读为 ɹi23 和 ŋɯi53，"女"读为 ni31 和 nɯi44，"鼠"读为 tshi31 和 tshɯ44，"树"读 si35 和 səu31，"句"读 ki35 和 kɯi31 等。"雨"读 ɹi31 和 u44，前者也是文读。还有大量的 i 为韵母的音节，本身只有文读，没有与之相应的白读，如"具、惧"读 ki35，"遇、寓、喻、裕"读 ɹi35，

"芋"读 ɹi31 等。

蟹摄中，韵母 ai、ɯi 多为白读音，i、ui 多为文读音。比如"来、鳃、开"的韵母为 ɯi，是白读音，但是，当 ɯi 和 ai 同时出现时，ai 多为白读，比如"开、改、海"读 ɯi 和 ai，后者是白读。复合元音 ai 与单元音 a 和 i 等相对应时，ai 是白读，如，"大ᴅ夫"读 thai31 和 ɗa35，"低"读 ɗai35 和 ɗi31，"替、屉抽屉"都读 thai44 和 thi35，"第"读为 thai31 和 ɗi35 等。韵母 ɯi 与非 ai 的韵母为同一个音节的异读时，也多为白读，比如"溪"读 hɯi44 和 hi44，"岁"读 tθɯi35 和 tsui44，"媒、煤"读 mɯi31 和 mei31，有 ɯi 的都是白读音。

止摄的文白读中，ɯi 韵母一般都是白读，与它相对的异读，多为文读。比如"皮"有 phɯi53 和 phi23 两个读音，前者是白读，后者是文读，而且后者的声调也是专事文读的 23 调。"蚁"有 ŋɯi44 和 ɹi31 两个读音，"几ᴄᴀᴊɪ"读 kɯi44 和 ki31，"饥ᴊɪ荒"读 kɯi35 和 ki44，"厘"读 lɯi44 和 li31，"你"读 nɯi44 和 li31，"倚、椅"都有两个读音 ɯi44 和 khi31，前者也是白读。如果只有一个读音 ɯi 的，一般也是白读，如"璃玻璃"读 lɯi53，"丽"读 lɯi31，"徛站立"读 khɯi53 等。有很多的音只有文读的形式，比如"技、妓"读 tsi44，"池、驰"读 tshi23，"斯"读 tθɿ44，"撕、知、蜘蜘蛛"读 tθɿ44 等。

效摄文白读中，文读的韵母主要集中在 iau。首先是与 au 相对，比如"交"读 kau35 和 kiau44 两个音，后者是一个韵母、声调都读文读的音节。"教教书"读 kau44 和 kiau35 两个音，后者是文读。如果只有一个读音 iau，这个韵母组成的就是文读音的音节，如"郊、胶"读 kiau44。其次与韵母 iu 相对。比如"椒"读 tθiu35 和 tθiau44，"了ʟɪᴀᴏ结"读 liu44 和 liau31，"掉、钓"读 thiu31 和 tθiau35，"尿"读 niu44 和 niau53，"招"读 tsiu35 和 tsau44，这些例子中前者都是白读，后者读 iau 韵母的都是文读。韵母 iu 是一个主要担任白读的韵母。当 iu 与 au 相对时，iu 韵母的音节是白读，au 韵母的音节是文读，比如"烧"读 siu35 和 sau44，"少多少"读 tθiu44 和 sau44，"腰"读 iu44 和 ɹau44，"招、照"读 tsiu35 和 tsau44，这些例字中前者读 iu 韵母的都是白读。如果只有一个韵母 iu 的，多为白读。如"锹"读 tθiu35，"笑"读 tθiu44 等，都只有白读音。

流摄的文白读有明显的层次，首先是 au 韵母，它与 əu 相对时，au 多为白读，比如"豆、头、透、漏、沟、口、厚、后"白读时读 au，文读时读 əu；但是在"贸、茂"中，文读为 məu，白读是 mau。有些 əu 韵母只有文读，没有白读音，比如"呕呕吐、殴、鬥、逗、苙"等。一个音节有 əu 和 iu 两个异读时，əu 是白读，iu 是文读。比如"九、久、韭"白读为 kəu31，文读为 kiu31，"求"白读为 khəu53，文读为 khiu23，"旧"白读为 khəu31，文读为 khiu35。只有一个读音 iu 时，多为文读，比如"球"读 khiu23，"究"读 kiu35 等。与效摄的情况不同，流摄的白读的主要元音倾向于低元音，文读倾向于高元音，au 主要是白读，əu 文白读都有，iu 则多为文读。

咸摄的文白读按照保留中古韵母的读音情况来分：(1) 有 -m 尾和 -n 尾的，-m 尾的韵母为白读韵母，比如"篮、览、揽、榄橄榄"，文读为 an，白读为 am。(2) 有些音节只有白读的，如"三、贪"等的韵母为 am，"钳"文读为 iam，"盐"读 im。(3) 有些音节只有文读音，韵母为 an，比如"耽、潭、簪、蚕"；"淹、阉、炎"的韵母都是 ian。

深摄的文白异读，主要区别表现在韵尾：(1) 韵母 im 多为白读音，如"寻"读 tθim53 和 tθin23，前者是白读；那些只有白读的音节，韵母一般是 im，比如"林、淋、临、枕"等的韵母都只有 im 这个读音。(2) 文读的韵母相应的就是 in，除了与白读有异读的音节，有很多字只有文读的 in，如"侵、凛、品"等。(3) 塞音韵尾读 -p 的是白读，读 -t 的则是文读，比如"蛰惊蛰"读 tsip 是白读，读 tθit 则是文读。有些字只有白读音，如"立、笠"读 lip；有些字则只有文读，如"集、辑编辑、习"等都读 tθit。

山摄的文白读：(1) ɔn 多为白读，与 an、uan、ian 等韵母互为异读时就有较为清楚的反映。如"旱、看看见、汉、汗"的白读的韵母为 ɔn，文读的韵母是 an；只有一个读音 an 时，就是只有文读的情况，如"岸"读 ŋan35。"半"读 ɓɔn44 和 ɓuan35，前者是白读。(2) 当 in 和 ian 互为异读时，in 为白读。如"边、年、千、前、先"等白读的韵母是 in，文读的韵母则是 ian。只读为 ian 的大都是文读，如"便便宜、绵、棉、连、联、钱"等。(3) 韵母 un 和 uan 有异读时，un 是白读，uan 是文读，比如"算、酸、官、棺、碗"等字，白读的韵母是 un，文读的韵母是 uan。

如果只是读为 uan 韵母，则是文读的音节，如"观、冠"。（4）韵母 ɯn 和 uan、ian 等韵母异读时，也是白读。如"蒜"读 tθɯn44 和 tθuan35，"犬"khɯn53 和 tshian31，这里的 ɯn 韵母都是白读。（5）韵母 ɔt 和 tɔu 异读时，ɔt 为白读，如"割、葛、渴、脱、夺"等。韵母 it 和 iət 为异读时，it 为白读，如"篾、铁、捏、节、切、截"等字。（6）韵母 ɯt 和 uat、iət 等韵母互为异读时，ɯt 是白读。比如"袜"读 mɯt4 和 uat4，"月"读 ŋɯt2 和 ȵiət5，"血"读 hɯt4 和 hiət4，这里的 ɯt 韵母的音节都是白读。

臻摄的文白读：（1）韵母 an 出现得较少，但保留了较早期的读音，如"银"读 ŋan53 和 ŋin23，前者是白读。（2）韵母 un 也多为白读，如"门、囤、嫩、寸"的白读为 un，文读韵母为 ɯn。"隐"白读是 un，文读是 in。（3）韵母 ɯn 和 in 互为异读时，ɯn 是白读，in 是文读，这是较晚的层次。比如"群、裙、薰"等字的白读韵母是 ɯn，文读的韵母则是 in。（4）中有一种读音的音节中韵母 un 和 in 也有很多是文读，比如"军"读 kin44，"荤、云"等读 un 等。（5）韵母 at、ɔt 也多为白读，比如"漆"白读为 tshat4，文读为 tθit；"窟"白读为 hɔt4，文读为 khut4。

宕摄的文白读：（1）两个异读是韵母 ɔŋ 和 aŋ 时，ɔŋ 是白读，aŋ 是文读，如"糖、塘、钢、缸、糠、烫、汤、放"等；有 ɔŋ 和 uaŋ 两个读音时，ɔŋ 同样是白读，uaŋ 是文读，如"装、床、黄"。如果只有一个读音是 ɔŋ 时，一般也是白读音，如"上、疮"等。如果只有一个读音是 aŋ 时，一般是文读音，如"唐、康、赃、仗"等。与此相应，uɔŋ 也是 uaŋ 的白读，如"光、荒"等。（2）韵母 iɯŋ 也是白读的形式，与它相对的文读是 iaŋ，如"姜、香、两斤两、丈、唱、养"等，白读的韵母是 iɯŋ，文读的韵母是 iaŋ。如果只有 iaŋ 一种读音时，一般是文读音，如"缰、羌、强、乡"等。（3）入声韵尾 ɔk 既有文读，也有白读，但是它与其他韵尾有异读时，就多为白读，比如"膜、摸、阁、鄂"。（4）韵母 iɯk 多为白读音，如"爵、雀"读 ɔk 是文读，读 iɯk 时是白读；"脚"读 kiɯk4 时是白读，读 khiak5 时是文读，借自海南话的读音；"药"读 iɯk 时是白读，读 ɔk 时是文读。

江摄和宕摄有相似之处。韵母 ɔŋ 和 aŋ 形成相应的文白异读。如"杠、扛"；韵母 ɔŋ 和 uaŋ 也形成文白对照的读音，如"双、窗"，白读

为 ɔŋ，文读为 uaŋ。入声韵尾 ɔk 文白读都有，但是当它与 uk 相对时，ɔk 就是白读，uk 是文读，如"朴"；如果只有一个读音 ɔk，则多是白读，如"觉知觉、角"等。

曾摄的文白读，韵母 aŋ 与韵母 ɯŋ 相对，韵母 aŋ 是白读，ɯŋ 是文读，如"灯、藤、赠"；很多字只有文读的 ɯŋ，如"腾、能"等。韵母 iŋ 则是更晚一些的文读，与 ɯŋ 相对，如"蹭、秤"，读 ɯŋ 和 iŋ 都是文读。入声韵尾的 ak 和 ɯk 相对，前者是白读，后者是文读，如"北、得、贼、塞、刻用刀刻、黑"等。

梗摄的文白读情况：（1）韵母 iŋ 和 ɯŋ 相对，iŋ 是白读，ɯŋ 是文读，如"牲、令"等，还有借海南话的读音形成的文读，如"正正月"，读 tsiŋ35 的是付马话的读音，读 tsiɯ35，则是借用海南话的相关读音形成的文读。（2）入声韵母 ɛk 多为白读，ɯk 多为文读，如"百、伯、白、格、客、额"等。韵母 uk 也是白读，如"麦、脉"等。只有 ɯk 一种读音的，则是文读的音节，如"责、策、册"等。

通摄文白读情况：当 ɔŋ 和 uŋ 相对时，ɔŋ 是白读，uŋ 是文读，如"虹、胸"，有很多字只有文读音 uŋ，如"宫、恭、供"等。入声韵尾的 uk 则是文读、白读都有，文读的如"卜、扑、仆"等，白读的如"竹"等。有些韵母是 iok，都是文读，如"玉、狱、欲"等字。

2. 文白异读在各个韵母中的情况对照

就多数韵母而言，会因为不同的词汇角色而有文白的区分，只有少数的韵母是专事文读的，这些韵母主要有 ia、uan、iaŋ、uaŋ、uat、uɯ 等，具体的对照见表 2–67。

表 2–67　　　　　付马话韵母文白异读对照表

		白读	文读		综合
01.	a	茶 tsha 差 tsha 嫁 ka	茶 tsha 差 tsha 嫁 tɕa	a	爬麻茶家虾
02.	ai	鞋 hai 买 mai 鸡 kai	鞋 hai 买 mai 鸡 ki	a–ai	排买台财鸡鞋
03.	iai			a–iai	皆界介械
04.	uai	怪 kuai 快 khuai	怪 kuai 快 khuai	a–uai	帅怪快坏

续表

序号	韵母	白读	文读	综合	
05.	ia			a–ia	夏架下下降
06.	ua	瓦 ŋua 锄 kua 挂 kua	瓦 va 锄 tθɔ 挂 kua	a–ua	瓜夸花瓦
07.	au	老 lau 草 tθau 走 heŋ 训读	老 lau 草 tθau 走 tθou	a–au	毛刀老草高好
08.	iau	桥 khiau 表 ɓiau 料 liau 孝 hiau	桥 khiau 表 ɓiau 料 liau 孝 hiau	a–iau	表飘猫条料桥
09.	am	南 nam 三 θam 咸 han 衫 sam	南 nam 三 tθam 咸 ham 衫 san	a–am	范贪南三感咸
10.	an	犯 fam 间 kan 颜 ŋan 山 san 灯 daŋ	犯 fam 间 kan 颜 ŋan 山 san 灯 dɯŋ	a–an	丹间山伞安
11.	uan	砖 tθɯn 船 sɯn	砖 tuan 船 tshuan	a–uan	端团鸾暖钻
12.	aŋ	王 vɔŋ 帮 bɔŋ 糠 hɔŋ 糖 thɔŋ	王 vaŋ 帮 baŋ 糠 haŋ 糖 thaŋ	a–aŋ	帮党糖桑康
13.	iaŋ	响 hiɯŋ 两 liɯŋ 浆 kiɯŋ 唱 tɕhiɯŋ	响 hiaŋ 两 liaŋ 浆 tɕiaŋ 唱 tshaŋ	a–iaŋ	梁浆唱强响乡
14.	uaŋ			a–uaŋ	窗荒簧广旷
15.	ap	塔 dap 鸭 ap 插 tshap 跌 训读 vap	塔 dap 鸭 ap 插 tshap 跌 diet	a–ap	塔纳腊插鸭
16.	at	法 fat 辣 lat 八 bat 杀 sat 贼 tθat	法 fat 辣 la 八 bat 杀 sat 贼 tθɯt	a–at	八发法杀察贼
17.	uat	刮 kuat	刮 kɔt	a–uat	辖挖
18.	ak	北 bak 墨 muk 刻 khak	北 bɯk 墨 muk 刻 khɯk	a–ak	北墨得塞刻黑
19.	i	试 çi 戏 hi 齿 tɕhi	试 çi 戏 hi 齿 tɕhi	i	批迷齿试居
20.	iu	钓 kou 烧 siu 油 ɩou	钓 kou 烧 sau 油 iou	i–iu	钓烧秀纠
21.	im	盐 im	盐 ɩian	i–im	针深琴音盐
22.	in	烟 in 年 nin 线 θin 心 θian 音 in	烟 zian 年 nian 线 tθian 心 θin 音 in	i–in	烟心根恨恩
23.	iŋ	病 phiŋ 清 tθiŋ	病 biŋ 清 tɕhiŋ	iŋ	冰明清争生景
24.	eŋ	争 tseŋ 生 seŋ 冰 biŋ	争 tθɯŋ 生 tθɯŋ 冰 biŋ		
25.	ip	接 tθip 贴 nin (训读"粘") 十 tθip 急 kin (训读"紧")	接 tθiep 贴 thiep 十 çip 急 kip	i–ip	笠汁十急入
26.	it	热 ɲit 节 tθit 七 tθet 舌 sit	热 ɩiat 节 tθiet 七 θit 舌 set	i–it	篾铁日七舌热

续表

		白读	文读		综合
27.	ik	锡 thik 直 tɕhik 力 lek 色 tθek 织 tɕiek 尺 tɕhiek	锡 thik 直 tɕik 力 lik 色 tɯk 织 tɕik 尺 tɕhik	i–ik	碧逆直力食扊
28.	ek	百 bek 白 phek 拆 tshek 客 khek	百 bɯk 白 bɯk 拆 tɕiek 客 khɯk	ek	百拆客
29.	u	雨 u	雨 ji	u	铺徒苦胡雨
30.	ui	鬼 kuei 水 suei 跪 khuei	鬼 kuei 水 suei 跪 khuei	u–ui	雷锤水鬼灰
31.	un	寸 tθun 孙 tθun 顿 dɯn 顺 sun 酸 tθun 官 kun 墩 dun	寸 tθun 孙 tθun 顿 dɯn 顺 sun 酸 tθuan 官 kan 墩 dun	u–un	孙顺酸嫩门
32.	on	嫩 lun 门 mun	嫩 ȵun 门 mɯn		
33.	oŋ	双 soŋ 横 hoŋ 东 duŋ 痛 thuŋ	双 suaŋ 横 heŋ 东 duŋ 痛 thuŋ	u–uŋ	风冬龙中孔雄
34.	ut	骨 kɯt 月 ŋɯt 脱 thɯt 血 hɯt	骨 kut 月 ɹiet 脱 thɕot 血 hiep	u–ut	突骨核忽
35.	ok	六 lok3 绿 lok3 国 kuk3 宿 tθuk	六 lok5 绿 lok5 国 kuk5 宿 tθuk	u–uk	木毒肉国或
36.	ok/uk	谷 kok 哭 hok 毒 thok 肉 ȵok 木 mok	谷 kuk 哭 khuk 毒 duk 肉 ɹuk 木 muk		
37.	ɛ	爹 ɗɛ 姐 hɛtθɛi	爹 ɗiɛ 姐 tɕiɛ	ɛ	爹姐者也
38.	ɛi			i–ɛi	辈妹队醉
39.	eu	柱 tʃhɐi	柱 tsu		
40.	ou	树 sou 手 sou 酒 tθou	树 ɕi 手 sou 酒 tθiou	ə–əu	偷树手酒钩喉
41.	iam			ə–iam	甜脸减尖钳
42.	ian	连 lin 莲 lin 全 θin 铅 tθin	连 lian 莲 lian 全 θian 铅 tθian	ɛ–ian	莲全铅
43.	iəp			ə–iəp	碟贴夹接胁叶
44.	iɛt			ə–iɛt	别灭列业蝎
45.	ɔ	糖 thɔŋ 初 chɔ 多 ɗɔ 坐 tθɯk	糖 haŋ 初 tɕhɔ 多 ɗɔ 坐 tθɔ	ɔ	波磨多初歌河
46.	ɔi	开 hkɯi 皮 phɯi 地 thɯi 四 tθɯi	开 hkai 皮 phi 地 di 四 tθɯ	ɔ/ic	开皮四
47.	ɔm	柑 kɔn	柑 kan	ɔ–ɔm	柑

续表

		白读	文读		综合
48.	ɔn	搬 phɔn 半 bɔn 满 mɔn 短 dun 汗 hɔn	搬 buan 半 buan 满 muan 短 duan 汗 han	ɔ - ɔn	半满短
49.	ɔŋ	升 suŋ 装 tsuaŋ	升 seŋ 装 tsuaŋ	ɔ - ɔŋ	汤疮床糠黄
50.	uɔŋ			ɔ - uɔŋ	光
51.	ɔp	盒 hɔp	盒 hɔp	ɔ - ɔp	盒合鸽
52.	ɔt	拨 bɔt 出 bak	拨 bɔt 出 tshut	ɔ - ɔt	拨脱出阔活刮割
53.	ɔt	刮 kɔt 割 kɔt	刮 kɔt 割 kɔt		
54.	ɔk	恶 ɔk 壳 hɔk 学 hɔk	恶 ɔk 壳 khɔk 学 hɔk	ɔ - ɔk	博膜托落壳学恶凶恶
55.	uak			uak	□镢头
56.	ɯ	字 tθɯ 丝 tθɯ 书 θɯ 鼠 tshɯ	字 tθɯ 丝 tθɯ 书 çi 鼠 tshi	ɯ	字鼠尔耳二
57.	iɯ	写 tθiɯ 靴 hiɯ 夜 iɯ 谢 tθiɯ	写 tθiɯ 靴 hiɯ 夜 iɯ 谢 tθiɯ	ɯ - iɯ	车蛇遮靴夜
58.				ɯ - uɯ	座糯过课火
59.	ɯi	鱼 ŋɯi 锯 kɯi 你 nɯi	鱼 ji 锯 ki 你 ni	ɯ - ɯi	赔肥来几气鱼
60.	ɯi	几 kɯi 气 khɯi 肥 fɯi 飞 fɯi	几 ki 气 khi 肥 fei 飞 fei		
61.	ɯn	春 tshun 闰 ɹun 分 fun 云 vun	春 tshun 闰 ɹun 分 fun 云 ɹun	ɯ - ɯn	笋墩权分云
	ɯn	根 kun 恨 hun 恩 ŋun	根 kun 恨 hun 恩 ŋun		
	ɯn	笋 tθun 权 khun	笋 tθun 权 khian		
62.	ɯŋ			ɯ - ɯŋ	登腾冷能层恒硬
63.	iɯŋ	响 hiɯŋ 两 liɯŋ 浆 kiɯŋ 唱 tçhiɯŋ	响 hiaŋ 两 liaŋ 浆 tçiaŋ 唱 tshaŋ	ɯ - iɯŋ	凉长长短姜墙香羊
64.	ɯt	雪 tθɯt	雪 θiet	ɯ - ɯt	佛□坐雪宿月出
65.	ɯk	策 tθɯk 坐 训读 dɯk	策 tθɯk 坐 tθɔ	ɯ - ɯk	柏侧色泽革
66.	iɯk	脚 kiɯk 药 iɯk	脚 khiak 药 ɔk	ɯ - iɯk	脚酌药
67.	ɹ	事		ɹ	事雌四文自狮
68.	iɔŋ	用 ɹiɔŋ	用 ɹuŋ		

表中也有个别训读的，是为了与文读音对照，训读另外讨论。

第三章

付马话同音字汇

一 概况

付马话是一个较为典型的濒危方言，操付马话的人无一例外都是双语人。2003年春至2017年夏，笔者先后多次对付马话进行了调查。付马话源自江西，现在的付马话与其始发地的庐陵（今江西吉安）现在的语言已经很不相同，可以把它当作一种独立的方言。它的许多特点既有历史层次问题，也有语言接触与语言变异的因素。文白异读、训读等现象都很突出。

本书的主要发音人为吉呈明，是付马小学的退休教师，生于1942年10月；另一位主要发音人文业光，付马村农民，生于1945年，未离开过付马村；还有蒙业文，生于1954年。曾任付马村支书，对村里的历史、现状都很了解。

目前，除了哥隆话，对于付马话影响大的是海南话和普通话，这是付马话文读最重要的两个来源。遇到有两种以上读音的标出文读或者白读以及其他读音时，通常的做法，文读下划线为双横杠，如"文"，白读下划线为单横杠，如"白"，训读下划线为单波浪线，如"训"，但本书一律在右下角注出，其他情况也在右下角标出。

单字音的文本主要依据中国社科院语言研究所编的《方言调查字表》以及《方言调查词汇表》，另外还补充了语料调查中的一些音节。

二 声韵调

1. 声母

声母共有19个，包括零声母，具体如下：

ɓ p pʰ m f v θ ɗ t tʰ n l ts tsʰ s ɹ k kʰ ŋ ø

声母的主要特点：

（1）［ɓ ɗ］虽然有时候发成浊音的［b d］，但主要与海南闽语的［ɓ ɗ］一样，在年轻人中更明显。

（2）［ts tsʻ s］的被动发音部位与普通话的差不多，在齐齿呼前读做［tɕ tɕʻ ɕ］，如"纸｜车｜世"。

（3）有一个齿间音［tθ］，有时读为擦音［θ］，两者不区别意义，不构成音位对立。［tθ］这个音在海南西部的语言和汉语方言中比较常见，如海南闽语的板桥、感城、新龙，村话，儋州中和的军话等。

（4）［ɹ］比［z］的摩擦要轻，在付马话中摩擦重的时候也是［z］，但一般都是［ɹ］；有时候ɹ读得像j。

（5）有作为tθ变体的［t］声母，有时候在海南话的借词中也会用；在年轻人中"心｜层"等字有时读［tθ/θ］，有时读［t］，比较灵活。

（6）［n］在齐齿呼前读为［ȵ］。

（7）声母的文白异读现象较突出，但大都是音类的转变，也就是原有语音系统内进行重新的调配，没有产生新的辅音。声母中的文读主要受周围哥隆话和海南话的影响，"病"白读为［pʻ］，文读［ɓ］；"毒"白读为［t］，文读［ɗ］；"无（唔）"白读为［m］，文读为［v］。有些文读则是受了普通话的影响，如"鱼"白读为［ŋ］，文读为零声母。

2. 韵母

韵母64个，韵母的排列每一列按照主要元音来排列，为了节省空间，e、ɛ、ə等排列在一列。

a	ia	ua	ɔ	ɛ	i	u	ɯ	ɿ
ai	iai	uai		ei		ui	ɯi	
au	iau			əu		uɯ	iɯ	
am	iam		ɔm		im			
an	ian	uan	ɔn		in	un	ɯn	
aŋ	iaŋ	uaŋ	ɔŋ	eŋ		uŋ	ɯŋ	
			uɔŋ			ioŋ	iɯŋ	
ap	iap		ɔp	iəp	ip			
at		uat	ɔt	ɛt		it	ut	ɯt
				iɛt				

ak　　　　　uak　　ɔk　　ɛk　　ik　　uk　　ɯk
　　　　　　　　　　　　　　　　　　　　iok　　iɯk

韵母的主要特点：

（1）韵母有 64 个，比吉安等地的赣语要复杂。

（2）韵尾有［-m -n -ŋ -p -t -k］六个。

（3）［ɿ］和［ɯ］与海南闽语不同，但在海南西部的军话以及黎语、村话中［ɯ］都较常见，［ɿ］主要出现在文读词语中。在付马话中还有一个［ɘ］，它是［ɯ］的变体。

（4）韵母有丰富的文白异读。［iŋ ei ou］等韵母只在文读中出现。［ɛi］与［ei］之间没有音位对立，白读多读为［ɛi］，文读多读［ei］，如"碎累背碑贝杯悲卑婢稗文沛倍肺~炎（文）胚~胎嚭梅媒煤美老"等。

［əu］韵母至少有两个变体：［ɯu］和［ou］。这些不同的韵母变体有文白读音的分工，也有年龄和不同个体的差异。下面这些例子都读［ɯu］和［ou］，如"鬃㾁~水随舞有鳍稠新都~是吐~痰陡途老涂老图老胡文壶文狐文湖文［44］呼~叫，~鸡"。这里文读、白读都有，从所辖字音的情况来看，多读为［əu］，因此把原同音字汇的代表韵母［ɯu］改为［əu］。

［eŋ］很多时候读为［iŋ］，尤其是文读的时候，如"冰病精轻称升兴蝇京令"。［ɯn］的文读形式是［in］和［ian］，如"犬"。我们把单纯的因文白异读不同而产生的韵母归入相应的白读中。

（5）［ɔ］~［uɔ］有成系列的互补：［nɔ/t］-［nuɔ/t］、［ɔk］-［uɔk］等双双互补，在与舌根音相拼时［ɔ-］多为［uɔ-］，如"初、多"等的文读。韵母有较为明显的文白读音分工，如［ɔ］和［uɔ］中，文读多读为［uɔ］，如"贺祸锅座初多"。

（6）［ɔ］很多时候读得接近［o］，而［o］韵母有时读得像［u］；为了区别 ɔ 与 o，不设 o，将有关的韵母归入 ɔ-系列和 u-系列。

［ɔ］有一个强调的读法［uɯ］，因为读音差别太大，而且 u 也是主要元音，所以另立一个韵母［uɯ］，这也可以反映付马话系列的［-ɯ］尾韵母的特点。

（7）［ɯ］有时读得像［ne］，如"分"。［iet］有时读得像［iɛt］，如"别灭铁"等。

（8）［oŋ］、［ok］归入［uŋ］、［uk］，如"横轰宏、目毒粥"等；但是"用"［ɹoŋ］等字，因为有了声母［ɹ］，［oŋ］等韵母前面似乎有一个［i］。肉的韵母为［ok］的情况类似，读为［iok］。为了区别，保留 ioŋ 和 iok 韵母。

原同音字汇中的韵母［ɔi］归入［ɯi］，这些字虽然很接近［ɔi］，但它们与［ɯi］互补，如下面这些字：譬~喻、培又、梅（文）媒（文）煤（文）、飞（白）费~用、围（白）、围（文）、腮（文）在（文）、来（文）锐（训）"利"黎（文）、□倒水、改（又）盖（又）痣（又）、开（又）、溪喜$han^{35}hɔi^{44}$欢喜 坏（文）毁（文）、妈（训），又读。

（9）韵母［iɯ］很多时候读得像［iok］，如"雀麻~、酌、退却（白）、药、脚、腿训'脚'窄"等。

（10）在付马话中利用偏旁进行错误类推的情况很多，对于那些不认识的字几乎都用这个办法，如［au］韵母的"曝"。

3. 声调

付马话声调的白读系统如下：

阴平［˦］35 东通　　　上声［˦］44 九草五老　　去声［˧˩］31 动卖送　　阴入［˦］4 谷百拍
阳平［˥˧］53 门铜　　　　　　　　　　　　　　　　　　　　　　　　　阳入［˨］2 六毒绿

声调的主要特点：

（1）白读声调有 6 个，平声分阴阳，上声、去声不分调，但是古上声、去声中有很多字归入别的声调。入声分阴阳。仅从调类分化而言，与今吉安的泰和县类似。

（2）入声中有一部分，主要是来源于次浊的字，调型接近 23 ，如"叶、月"，我们把它归入阳入。

（3）以上所记声调为白读系统。另有文读系统，对比如下：

白读	阴平［˦］35	阳平［˥˧］53	上声［˦］44	去声［˧˩］31	阴入［˦］4	阳入［˨］2
文读	阴平［˦］44	阳平［˨˧］23	上声［˧˩］31	去声［˦］35	入声［˦］5	

文读调类 5 个，其中入声对应于白读的阴入和阳入。有两个调类的调值是白读中所没有的。一是阳平的 23，二是入声的 5。其他调类的调值

均见于白读。去声 35 = 白读阴平，阴平文读 44 = 白读上声，上声 31 = 白读去声。文读系统主要是受官话方言及周边其他方言影响所致，比如阴平、阳平、上声有较明显的普通话的影子，去声则明显接近东方的海南话。

三 同音字汇

笔者曾经在 2010 年在《方言》杂志发表了付马话的同音字汇，现在的这个同音字汇尽可能与原来的字汇保持一致，有些韵母做了调整，这在相应的韵母下注出；我们也增加了一些例字，但总的没有太大的改变，顺序也按照原表排列，这样方便查阅、比较。

本字汇按韵母次序排列，韵母的顺序按照前面的韵母表的顺序，具体如下：

01	a	14	ɛi	27	ian	40	ioŋ	53	it
02	ia	15	ui	28	uan	41	ɯŋ	54	ut
03	ua	16	iɯ	29	ɔn	42	iɯŋ	55	ɯt
04	ɔ	17	au	30	in	43	ap	56	ak
05	ɛ	18	iau	31	un	44	iap	57	uak
06	i	19	əu	32	ɯn	45	ɔp	58	ɔk
07	u	20	iu	33	aŋ	46	ip	59	ɛk
08	ɯ	21	uɯ	34	iaŋ	47	iəp	60	ik
09	ɿ	22	am	35	uaŋ	48	at	61	ɯk
10	ai	23	iam	36	ɔŋ	49	uat	62	iɯk
11	iai	24	ɔm	37	uɔŋ	50	ɔt	63	uk
12	uai	25	im	38	eŋ	51	ɛt	64	iok
13	ɯi	26	an	39	uŋ	52	iət		

同一韵母内又按声母次序排列，一声母内又以阴平白读［35］、阴平文读［44］、阳平白读［53］、阳平文读［23］、上声白读［44］、去声和上声文读［31］、阴入［4］、阳入［2］、入声文读［5］为序。在字汇中就有 8 个不同的调值，其中去声文读有至少 3 个不同的调值，分别入去声文读、白读阴平、文读阴平；阴平文读与白读上声合并，上声文读白读与去声合并。表面上归类比较乱的声调还是有一定的规律的。

写不出的字用方框"□"表示。注释、举例以小字放于后边。例中用"~"代表所释字。写不出的字不再用方框表示，直接标写读音。右下角"（老）"表示老一代人的读音，"（新）"表示现在年轻人的发音，"（口）"表示主要出现在口语中。文读、白读、训读、又读等照此例。

声调的整体游走：阴平白读35转文读44，去声白读31转为文读35；不同人也有较大差异，主要是选择的组合位置的变调不同，比如"纱"，在"纱布"读44，在"面纱"中读35。在同音字汇的编排中，以单音节和词末的读音为参照，尽量排除连读调的干扰。

01. a

ɓ　［35］巴芭疤霸坝平川爸［44］巴（文）芭（文）疤（文）把~握丨~守丨一~爸（训）［31］欛柄把~握丨~守丨一~（训）

pʻ　［35］怕（文）［44］爬（文）［53］爬杷枇琶琵~挪［23］爬（文）琶琵~（文）杷枇~（文）耙犁~丨~地［31］帕~米尔

m　［35］妈（（文）2）骂（文）［44］妈（（文）1）马［53］麻痲［23］麻（白）痲（白）［31］马（训）码~子

v　［44］挖（文）瓦砖瓦［31］瓦瓦解话蛙（文）

tθ　［44］洒（又）［31］洒（文）

ɗ　［35］大~夫（文）［31］打

tʻ　［35］他［44］榻（文）塌（文）［31］獭水~塌

n　［35］那［44］□na44mui44 儿子（又读）［31］哪［23］那（又）拿（文）

l　［44］拉（文）［31］镴锡~

ts　［35］榨（文）炸渣（文）乍炸用油~（文）［53］诈［23］窄（又）铡~刀昨（文）柞橡树（文）［31］炸~弹炸用油~

tsʻ　［35］岔支（训）错（训）"差"［44］搓（文）差出~叉权枝~差~别、~不多、参~（文）沙钗［53］茶（文）［23］茶（文）查山~权枝~（训）查调查渣（训）

s　［35］沙纱［44］莎□sa44li31 西红柿［31］萨傻洒

k　［44］假真~（文）价（文）［31］假~假

h　［35］哈~腰虾（文）霞咳~嗽（文）虾~蟆［44］□ha44lu53 厨房

［31］下~底□ha31long53 喉咙

02. ia

n ［53］□掰

s ［35］瑕遐 ［44］虾鱼~□tsham44sia44 啰唆 ［23］暇闲~霞朝~

ɹ ［44］伢鸦丫桠雅哑讶亚邪（老） ［23］牙芽衙涯天~崖山~ ［31］雅

k ［35］架驾稼嫁价 ［44］茄~子（类推）加家痂傢~具嘉 ［31］贾姓假放~价假真~

h ［35］夏吓虾夏春~厦~门厦下~降吓~一跳厦偏~，前廊后~下底 ［44］瞎~子（文）

03. ua

v ［44］蛙（文）

ts ［44］抓 ［31］爪~子（文）

s ［44］刷（文）［53］涮~子（误推）［31］耍

k ［35］挂卦瓜（白）［44］瓜（文）瓠（误推）挂（文）［31］蜗寡剐

kʻ ［35］跨 ［44］垮夸侉

ŋ ［35］瓦动词、名词（文）

h ［35］画话（文）华中~化花（文）划（文）［44］花 ［23］华~山,姓 ［31］桦~树

Ø ［35］洼 ［44］畦菜~（文）

04. ɔ，包括 uɔ

ɓ ［35］簸~一~ ［44］波玻~璃菠~菜钹（文）跛~足 ［53］簸~箕

pʻ ［35］坡（文）魄（文）颇婆 ［44］破坡（白）［55］坡

m ［35］魔蘑暇~（白）磨~面,石~摩馍磨~刀,~面,石~ ［53］抹（文）沫（文）蘑暇~磨~刀,~面,石~（白）［31］沫末陌~生（文）

tθ ［35］助坐（文）锄 ［44］锉（白）初 ［53］锉做莝~草,切碎的草 ［31］左锁所琐~碎

ɖ ［35］多(白) ［44］多(文) ［53］剁 ［31］朵躲惰垛柴~

t ［35］妥椭~圆 ［44］拖 ［23］驼舵驮~起来

n ［44］怒(文)

l ［35］骡螺~蛳胴手指(文) 啰~唆 ［44］路(文) 鹭~鸶(文) 露(文) ［23］罗锣箩裸赤~

ts ［44］搓 ［31］佐

tsʻ ［35］错~杂 ［53］措~置

s ［44］唆啰

k ［35］歌(文)个~人,一~ ［44］歌只~有(文) 窠戈哥□sin35ko44甚个(哪个)(借)

kʻ ［31］可

ŋ ［44］我五(文)伍(文) ［53］俄鹅 ［31］我蛾饿(文)

h ［44］我(文)虎(文) ［53］河(文) ［23］河和~气何禾河(白) ［31］贺我(白)荷~花荷薄~

Ø ［44］阿~胶,~哥

05. ɛ

pʻ ［35］帕

v ［35］桅船~杆为作为 ［31］危缉缉鞋口(文) 委韩(文) 萎气萎

ɖ ［35］爹

ts ［31］者煮(误推)

ɹ ［44］耶 ［53］御(文) 禦(文) ［31］惹野冶也者也,也是

k ［31］佢他

h ［44］累极困(文)

06. i

ɓ ［35］鎞~刀布币闭憋痹(文) 庇(文) 蓖弊蔽敝被~子(文) 被~打,~迫 ［31］陛~下毙鄙鞴(文) 秕比~较枇~杷琵~琶箅~子

pʻ ［44］批庇彼痹俾屁披犀 ［53］陛 ［23］疲脾皮(文)

m ［44］麵 ［53］弥楣媚 ［23］迷谜糜靡縻粥 ［31］□物件眉米(文)

第三章 付马话同音字汇 ◇ 171

tθ　［35］趣婿女~序叙绪摄絮济剂一~药聚稼~子际细［53］齐脐挤褚姓［23］挤(文) 齐(文)［44］妻栖需须［31］际剂药~寂聚

d́　［35］弟(文) 聂蹑~脚走(文) 镊~子地(文) 蹄(文) 帝第(文)［31］底(文) 抵低(文) 涕鼻~【误推】

t'　［35］屉抽~(文) 替(文) 递［44］梯［23］啼提题堤［31］体

n　［53］玺腻□tsi31ni53mai31，拇指儿［23］尼倪(文)［31］女(文) 你(文) 汝(训)

l　［35］历(文) 丽美~励吏例痢厘(文) 利荔~枝厉隶虑滤［44］履［53］狸野猫［23］雌篱(文) 离~别(文) 梨离~开半寸(文)［31］礼李吕理鲤里(文) 旅稆野生□sa44li31，柿子

ts　［35］制戳(训) 镯(训) 寂(文) 痔治灸(文) 製住志佳(文) 誌痣稚幼~注铸智致至驻蛀註拄~拐杖柱署署专~著显~［44］储~蓄朱痴辎(文) 指(文) 妓雉~鸡技豉豆~纸只~有宜之芝珠眵眼~猪柜~子花肢诸硃株诛蛛殊稽(文)［23］侄(文)［31］扯旨止趾址滓指脂主拄~枴杖(又) 荠纸(文)□tsi31ni53mai31，拇指

ts'　［35］处相~处~所眵眼~(文) 薅(训) "锄" 施持痴(文)［44］趋池驰齿麹憨(白)［53］契迟［23］刍厨祁迟(文) 雏除徐［31］处取耻蜗(文) 侍驶齿(文) 筛~子差参~娶□tshing53tshi31 竖

s　［35］世试什~物(文) 市柿是泄~漏(文) 示视氏式(文) 势誓系(文) 饰(新) 逝寺树(文) 竖［44］书匙汤~分屎须矢尸屍墟［53］时系(文) 系连~(文) 繫~鞋带(文)［31］系係徒袭(文) 始鲥史时(文) 是冇是(文)

ɹ　［35］输运~豫冀(文) 逸饴高梁~喻滕(白) 域毅寓沂~河意异议谊易难~义宜(文) 誉荣~遇裕愉御预愈~好，病~榆逾禦疫(新) 抑(文) 艺忆(文) 亿(文)［53］姨［23］迂于姓~鱼(文) 疑夷如渔余宜［44］伊尹(白) 衣依医［31］恕蚁(文) 罋(文) 移遗仪庶(文) 以禹郁(文) 与及，给与愚羽雨语宇盂吁迂于~此淤芋娱如孺(文) 儒

k　［35］句巨驹俱计继矩规~戳(白) 寄(文) 怯畏~(文) 柜(文) 记(文) 剧戏~(文) 剧~烈(文) 会(文) 佢他(文) 渠具据锯~子，~木头俱踞倨锔~碗局(文) 拘［44］居期时~肌基机(文) 车老饥~饿

（文）饥~荒（文）□ki44long44 哥（借）［31］他（训）岂（文）戟（文）杞（文）伺（文）几荼~拒距举企□ki31tshuk5 瘃子

kʻ ［35］去来~，~皮瞿器棋汽弃气（文）骑（文）旗（文）［44］区~域驱欺枢抠（（文），误推）眍眼~（文）［53］骑奇旗其［31］启起（训）"去"

h ［35］戏系~鞋带（文）系~鞋带系连~［44］墟~市虚嬉稀希熙漪嘘吹~奚溪（文）［31］许蟢喜浒水~

ŋ ［35］肄~业

Ø ［35］易交~

07. u

ɓ ［35］部涉老簿（文）不步（文）布（文）怖恐~醭（白）［44］補［23］醭（文）薄（训）［31］布步晡步（文）埔補（文）痡铺店~辅新簿

pʻ ［44］铺~设蒲［31］步捕哺脯胸~、杏~甫辅老讣普浦谱菩~萨［53］铺店~

m ［35］幕暮慕墓募［31］母雾（文）［53］模~子模~范摹~仿［23］膜（文）摸（文）

f ［35］夫肤敷复~兴赋妇釜阜父（文）傅付附富负副［53］孵~小鸡俘~虏扶（文）浮符（文）芙~蓉（文）［23］扶伏［31］府浮（文）俯腑符斧腐［44］夫（文）肤（文）芙~蓉

v ［35］务误戊悟雾名词恶恨，可~［44］乌巫诬坞污雨互［53］吴吾戊（文）［31］午抚无黍（文）五虞杵伍娱武侮恶~恶鹉鹦~舞吴（文）蜈~蚣吾梧~桐瓠

tθ ［35］苎~麻数诉素塑~像粗（白）租（白）［44］租（文）粗（文）疏注~苏酥做（文）［31］础柱下石楚组阻

ɗ ［35］妒杜妬肚腹~、鱼~，猪~度渡镀踱（文）［44］都~城、~是［53］屠（文）［31］堵笃（文）赌

t ［35］吐~痰、呕~肚腹~、鱼~，猪~（文）［44］兔（文）［23］图途涂塗徒［31］肚兔土吐呕~

n ［35］怒［53］奴［44］糯~米努［31］努（文）

l [35] 鲁橹房赂卤(训) 露路鹭~鸶 [53] □ha44lu53 厨房 [23] 卢轮(白) 驴庐茅~, ~山芦~草炉鸬~鹚 [31] 赂

ts [31] 祖(文) 组(文)

ts' [44] 臭香~(文) [31] 醋

s [35] 数动词嗦鸟~子 [44] 舒梳~头疏~远蔬~菜 [31] 漱~口嗦(文)

k [35] 顾雇故固(文) 锢~露锅(文) [44] 古股盬~子估~计姑孤箍 [31] 鼓古(文) 股(文) 固锢~露锅

k' [35] 箍(文) 裤库 [44] 苦裤(文) 枯

ŋ [53] 吴(白) [44] 五伍

h [35] 户沪(文) 护(文) 戽~水瓠~子, ~瓜斛(文) 鬍胡子 [44] 虎瓠~卢乎 [31] 虎(文) 沪护 [23] 胡湖狐壶

ø [44] 雨(文)

08. ɯ

tθ [35] 忌~讳事输运~巳辰~祀祭~巳字 [44] 嗤~笑丝思意~寺嗣伺饲 [53] 慈辞(文) 磁~石兹滋 [23] 词祠辞 [31] 使梓子俟柠囝

ts [35] 猪 [44] 煮

ts' [44] 鼠

s [35] 恃 [44] 嗣 [31] 事

ø [35] 羁二贰~心 [53] 而尔 [31] 讹耳饵

09. ɿ

tθ [35] 丝(白) 字字典次四肆似士 [44] 司思斯丝(文) 撕(文) 知(文) 狮姿私师诗咨资枝蜘~蛛筛~子 [53] 瓷糍~巴(文) [23] 斯 [31] 事(文) 自各~厮紫死死亡(文) 此姊

ts [35] 猪(文) 儿(文) [31] 煮(文)

ts' [53] 慈 [44] 鼠

s [35] 书敕(训) 舍(训) 骙(训) [44] 狮鰓(文) [31] 事~故式(又) 势(又) 世(又)

10. ai

ɓ　［35］拜叩（训）"拜"　［31］罷摆

pʻ　［35］派排　［44］拍（文）　［23］牌簰筏　［31］败

m　［35］迈麦（文）　［44］米买　［53］埋（文）　［31］卖拇 tsi31ni53mai31 拇指

f　［44］肺

v　［35］外　［44］歪

tθ　［35］菜再在载满~载年~载~重西　［44］猜（文）小（训）"细"菜（文）儿（白）　［53］齐脐茬（训）　［23］裁纔豺才材财　［31］采彩睬

d　［35］低袋滞（文）戴代待带矬（训）矮低（训）怠　［44］呆獃底懂　［23］橙~子（误推）

tʻ　［35］太泰态贷代殆（文）袋　［44］胎替屉抽~（白）砌　［23］台天~，~州苔舌~，青~抬　［31］第大（文）

n　［35］奈捺撇~（文）耐　［53］倪泥　［31］乃奶（文）

l　［35］辣（文）剌粒（白）攋把~赖癞印（文）坜（文）瘌懒（文）篱竹~（（训））　［44］懒（文）　［53］黎耕（文）犁耩（文）

ts　［35］栽（文）灾（文）斋（文）债　［44］栽宰灾斋　［31］宅㯂

tsʻ　［35］菜踏（训）"踩"　［44］猜钗（文）

s　［35］赛寨蔡祭（文）　［44］晒辈（文）腮~腺炎　［53］柴　［31］沟（训）

ɹ　［35］蔼和~

k　［35］盖（文）溉（文）概（文）鸡　［44］该鳌　［31］蟹（文）改（文）解晓也解讲~，~开

kʻ　［35］溉概槩既　［44］开（文）慨慷~，感~　［31］丐乞~凯

ŋ　［35］碍爱□hau44ŋai35美　［44］哀埃灰　［31］艾嗜（文）

h　［35］亥矣（文）害（文）骇惊~　［44］海　［53］鞋　［23］孩　［31］蟹（白）海（文）

Ø　［35］卧　［44］哀（文）埃灰~（文）挨~近，~住　［31］矮

11. iai

k [35] 街介磕(文) 疥戒芥尬尷 ~ 界械□²⁰ [44] 楷皆階揩諧稭麦 ~ 尬 kiai44kiai35 尷尬

12. uai

ts [53] 拽(文)

s [35] 帥率 ~ 领(文) [44] 蓑衰摔

    [35] 乖怪 [44] 乖(文) 怪(文) [31] 枴柺(白) 肘(训) "拐"

k' [35] 快块 [44] 块(文) [31] 快(文)

h [35] 坏画怀淮

13. ɯi，包括 ɔi

ɓ [44] 比 ~ 较(文) 譬 ~ 喻

p' [35] 陪赔培又 [23] 培 [31] 被 ~ 子

m [44] 尾 [31] 味美新(文) 梅(文) 媒(文) 煤(文)

f [35] 妃(文) [53] 肥 [31] 飞(白) 费 ~ 用

v [53] 围 [23] 围(文)

tθ [35] 税芮腮最岁罪瑞 [44] 死堆推四(文) 肆(文) [53] 薯(白) 薯皮 [31] 字(文) 在(文)

d' [35] 队(文)

t' [31] 地土地(训)

n [35] 内 [44] 女你

l [35] 敱(文) [44] 厘里 [53] 来丽高 ~ 璃玻 ~ 离 ~ 开半寸 [31] 利(文) 捞(文) 锐(训) "利" 黎(文)

ts [53] 拽(文) [31] 嘴投(文) □倒水

ts' [31] 箸筷子掷(白)

k [35] 饥 ~ 饿饥 ~ 荒饿饥(训) [44] 盖改记机几茶 ~ 寄气几 ~ 个 [31] 句(文)

kʻ [35] 开 [44] 起睁开（文）[53] 岐徛旗站~立（文）[31] 字

ŋ [44] 蚁耳（文）[53] 鱼仪（白）

h [44] 海去来~，~皮（文）溪喜欢~ [31] 害坏（文）毁（文）

ø [44] 倚椅 [53] 娘（文）[31] 妈（训）□ui31long35 嫂

14. εi

ɓ [35] 辈贝 [44] 背悲背~诵杯碑卑婢稗（文）

pʻ [35] 佩配倍（文）焙~干沛倍肺~炎（文）[53] 𫂁 [23] 培栽~剖（文）[44] 胚~胎 [31] 丕

m [35] 妹昧霉 [53] 寐 [31] 每梅媒煤美（老）

f [35] 废费~用 [44] 飞岳飞非 [23] 肥（文）[31] 匪疿~子翡~翠裴（文）

v [35] 煨彙为为什么喂食委未位畏胃谓慰魏（文）卫 [44] 威 [53] 违 [23] 围苇芦~（文）[31] 纬倭尾（文）唯微蹉跬了脚伟伪魏苇芦~

tθ [35] 坠喘老粹纯~碎撮一~米（白）醉罚（文）隧~道 [44] 虽绥 [53] 维惟

ɗ [35] 队碓对

tʻ [35] 退褪（白）[31] 腿

l [35] 累极困累连~累累赘类 [23] 雷（文）[31] 垒

15. ui

ɓ [44] 提（文）拿（训）

m [44] □na44mui44 儿

tθ [44] 威发威，威风 [31] 翠醉（文）

ɗ [53] 兑 [44] 对（文）

t [35] 朵（训）

tʻ [44] 退（文）

l [53] 雷 [31] 泪

ts [35] 钻（文）[44] 岁追锥 [53] 赘 [31] 缀点~

ts' ［35］吹(文)［44］崔姓催槌(文) 吹锤(文) 炊［53］槌锤

s ［35］脆睡(文) 髓唾~液、~沫［23］随［44］水(文)［31］随~便水谁睡垂

ɹ ［35］悦阅［53］锐［31］允乳(文)

k ［35］刽贵归［44］鬼闺贵(文) 归(文) 癸龟规圭偏傀~［53］桂诡(文) 跪(文) 鳜~鱼［31］跪鬼(文) 轨

k' ［35］魁槐(文) 奎愧［44］盔魄(白) 亏逵窥傀~偏［53］溃~脓蜕蛇~皮［23］葵［31］柜

h ［35］恢彙(文) 穗(文) 汇茴~香会~计会开~桧［44］灰辉麾(文) 徽挥归(训) "回"［53］秽讳慧绘惠回晦贿［23］回(文)［31］悔毁麾(文) 会~不~会开~(文)

16. iɯ

p' ［31］撇(文)

tθ ［35］射借斜藉~故射老麝~香谢蔗［44］写(白) 借(文) 蔗(文) 泻［31］姐且写笡斜(训)

ɗ ［44］爹(文)

n ［31］□niɯ31kiɯ44 瘸脚(训)

ts ［35］遮正~月(文)［23］爵(文)［31］鹊喜~(文)

ts' ［35］车马~(文)、~马炮(新)

s ［35］射新舍射新蛇(文) 奢赊社［53］蛇［31］写

ɹ ［35］液腋夜［44］宵(训) "夜"［31］夜(文)

k ［31］茄~子(文)［44］□niɯ31kiɯ44 瘸脚

h ［35］靴

Ø ［35］爷

17. au

ɓ ［35］包(文) 胞(文) 报豹暴报曝雹(文) 瀑~布［44］抱~小鸡饱胞报(文) 包［31］鲍姓保堡褒~奖袍宝饱(文)

p' ［35］泡~在水里炮枪~［44］鳔(文) 抛［53］抱(文)［23］鲍［31］刨~地跑狍

m ［35］冒流(文) 贸(文) 帽锚貌［53］毛茅(文) 矛耗误推［31］卯牡茅［55］茂(文)

tθ ［35］羞(文) 巢剿(文) 糙粗~灶［44］躁扫~帚缲~边潲~雨遭糟草操~作［31］草(文) 骡皂澡蚤扫~帚(文) 洗早

ɗ ［35］刀到盗轨(训)"道"［44］到(文) 刀(文) 叨~唠［31］导岛倒打~倒~水祷

t' ［35］套棵(白) 透盗(文) 道稻造建~［44］淘(文) 桃(文) 涛骚瞅(文) 摘(文) 舀~水(文) 滔(文) 扫地~臊~气［53］头牢［23］逃桃(文) 淘淘~米陶萄劳捞唠~叨曹槽马~［31］豆讨

n ［35］闹牛［23］铙［31］豆骂(文) 脑恼

l ［35］涝旱~［44］老(文)［23］唠~叨［31］老漏酪(文)

ts ［35］照邵笊~篱罩［44］召诏韶~关(老) 昭老沼池~［53］笊~篱［31］枣找爪~子

ts' ［35］抄略取(文)［44］吵炒抄略取钞钱~超招(文)［23］朝今~朝~代潮［31］炒(文) 吵(文)

s ［35］馊饭~了韶新绍［44］瘦烧(文)［31］少~年扫(文) 洗~手

ɹ ［35］挠浇老淆咬(文) 肴绕~线要想~要~求耀尧跃(文) 钥~匙(文) 鹞~鹰［44］妖腰(文) 邀么么二三要~求(文)［23］铙柔揉桡~桨(文)［31］绕围~晓(文) 杳~无音信肴(文) 淆(文) 摇谣窑姚扰侥~幸

k ［35］高交缴上~窖赵兆溪(训)"沟"敲勾(文) 搞(文) 教~育(文) 告［44］高(文) 羔够告(文) 沼池~高(文) 膏篙进船篙糕膏~车蒿蓬~铰教~书［31］稿□kau31ŋuŋ53猴少多~

k' ［35］敲犒靠勾(文) 搞(文)［44］嘴(训)"口"［53］酷(文)［31］考烤搞厚

ŋ ［35］熬(文)［44］咬［53］熬

h ［35］蚝嗜(白) 号~数浩老［44］好~坏(文) 好喜~(文) □hau44ŋai35美［53］浩新［23］豪壕号呼~［31］好喜~，好丑，~坏厚後后

Ø ［35］奥懊~悔［44］襖懊~恼［31］傲(文) 鏊(文)

18. iau

ɓ [44] 彪 [31] 表錶

pʻ [35] 嫖票_车~膘肥~（文）瓢~赌 [44] 飘标（文）[53] 漂~（白）漂~亮

m [35] 妙苗描廟 [44] 貓（文）[31] 渺秒藐

tθ [35] 焦（老）蕉芭~鞘刀~醮打~（文）[44] 稠（老）俏宵悄静~ ~捎~带稍潲猪~梢树~椒（文）樵消瞧（文）硝销箫萧霄焦（新）[31] 小剿

ɗ [35] 调~动、音~吊 [44] 雕刁貂 [53] 钓（文）

tʻ [35] 跳 [44] 挑 [23] 条调~和（文）

n [31] 鸟

l [35] 廖燎疗尥~蹶子 [44] 料 [53] 廖姓 [23] 聊遼瞭撩~起来 [31] 了~结疗燎_火~眉毛

ts [44] 浇_新

k [35] 叫教~书（文）轿较 [44] 绞铰饺~子教~育交（文）膠郊焦（新）[31] 扰（文）稍划（文）狡饺~子（文）

kʻ [35] 娇骄乔侨桥荞窍跷（文）[23] 矫~诈（文）[31] 巧

h [35] 孝效校上~、学~、~对酵 [44] 嚣（文）

19. əu，包括 ɯu

m [35] 茂贸谋（文）否（文）无有~（训）"冇"有~_同 [44] 舞跳~（白）[31] 亩谋没~有某

f [31] 否

tθ [35] 嫂愁袖鬚 [44] 酒纣掏~出来 [53] 游（文）泅游水 [31] 嫂（又）搜走

ɗ [35] 豆（文）逗鬥斗胫荳 [44] 兜都~是 [31] 抖屉抽~

t [35] 透（文）[44] 偷 [53] 投 [23] 头途_老涂_老图_老

l [35] 漏（文）陋 [44] 漯汗~湿了（文）[53] 留遗（训）"留" [23] 楼 [31] 搂~抱屡篓楼播种用的农具搂~取缕_丝~

ts 　[35] 宙绉皱骤奏 [44] 周洲州舟邹 [53] 书(又) [31] 咒 [23] 轴(文)

tsʻ　[35] 抽筹帚(文) [44] 丑(文) 凑 [53] 嗅用鼻~泅 [23] 稠新绸仇雠酬 [31] 醜臭香~丑

s 　[35] 受(文) 叟 [44] 手飕收守 [31] 寿受等(白) 兽售授树(文) 手(文) 首

ɹ 　[44] 有忧柚幽友优尤犹悠~~酉 [53] 油(白) [23] 由邮油(文) [31] 友(文) 有(文) 酉(文)

k 　[35] 构购 [44] 救够(文) 勾勾~当沟钩钓(白) (老) 㲀往上~ [53] 求 [31] 韭(白) 苟久(白) 九(白) 口(文)

kʻ　[35] 叩~头寇扣~住 [53] 求 [31] 旧臼口狗(文)

ŋ 　[31] 偶~然偶配~藕(文)

h 　[35] 厚(文) 後(文) 候鲎郝姓(文) 后(文) [23] 侯喉猴瘊~子

ø 　[35] 又右佑 [44] 欧殴瓯讴区怄~气沤 [53] 舅(文) [31] 呕~吐藕

20. iu

ɓ 　[53] 攮(训)

m 　[35] 貓 [53] 谬

tθ　[35] 椒就绣秀莠(文) 诱(文) 锈铁~ [44] 笑揪偢傻(文) 鬆锹秋~千秋~天囚修 [23] 轴 [31] 酒(文)

ɗ 　[44] 丢

tʻ　[44] 钓 [53] 调~和 [31] 掉丢(文)

n 　[44] 尿 [31] 扭纽 [23] 牛(文)

l 　[53] 榴石~ [23] 刘馏溜流琉~璃留硫~黄榴石~(文) [44] 了~结(文) [31] 柳

ts 　[35] 招 [44] 照(文)

s 　[35] 烧 [44] 少多~(文)

ɹ 　[35] 坳山~(文) 勒(文)

k 　[35] 究咎救(文) 舅旧(文) [44] 鸠炙(文) 炙针~㰦 [31] 久(文) 韭(文) 九(文)

kʻ	[35] 阄拈~ [44] 纠~缠纠~正丘蚯邱 [23] 求(文) 球
h	[35] 嗅用鼻子闻(文) [44] 朽休
Ø	[35] 盛~满(文) [44] 腰要想~(文) [53] 幼

21. uɯ

v	[44] 窝 [53] 卧
tθ	[35] 座
n	[35] 糯~米(又)
l	[35] 摞~起来(文) [53] 锣(文) [31] 裸~体(又)
tsʻ	[35] 初(文)
k	[35] 过 [44] 锅(文) 过 [53] 颗一~珠 [31] 果裹锞
kʰ	[35] 课 [44] 科棵(文)
h	[35] 祸和~面霍文藿文 [44] 火豁(文) [53] 货 [31] 伙火(文)

22. am

f	[35] 犯泛范 [31] 犯(文) 范(文)
tθ	[35] 三(白) [44] 三(文) 鑑监
ɗ	[35] 担~任挑(训)"担" [44] 噎~住了(文)
tʻ	[44] 贪
n	[53] 男(白) 南(白) [23] 男(文) 南(文)
l	[35] 滥缆 [53] 篮(白) 筐(白) [31] 览揽缆榄橄~
tsʻ	[44] □tsham44sia44 啰唆(借) [53] 袋(训)
s	[35] 衫裳(训) [31] 腻(文)
k	[31] 感憾(文) 撼(文)
kʻ	[35] 欠
ŋ	[35] 哑(训)
h	[44] 叫(训) [53] 鹹 [23] 含函喊咸鹹(文)
Ø	[35] 揞~住暗

23. iam

tθ	[35] 渐暂錾~花 [31] 濺溅潜 [44] 歼~灭签籤箋

ɗ　［44］掂~掇［53］些（训）［31］典腆~肚子
t'　［35］填坯土~［44］添舔［53］甜
n　［35］念撚捵
l　［23］镰［31］脸
ts　［35］占［44］尖~灭毡（白）黏~米、~起来
k　［35］检［44］兼谦搛~菜［31］俭减碱剑
k'　［35］嵌劝坎老［44］谦歉廉［23］钳
h　［31］险
ø　［35］酽~茶嫌［23］验严（文）［31］严

24. ɔm

ɗ　［44］垛（训）
k　［35］柑橙子
ø　［53］抱~小鸡（训）

25. im

ɗ　［44］点磕（训）醮打~（白）叩~头（（训）"点"）
tθ　［35］心（文）［44］吣导（文）蘂（文）心［53］寻找（训）"寻"
t　［44］叩~头（训）浇淋（训）
t'　［35］添
n　［35］扭（文）［31］念
l　［53］澡（训）"淋"鳞（文）［23］林淋~漓临
ts　［35］针缝~衣服（白）［44］趁肫~肝（文）针（文）诊珍斟［31］诊（文）枕动词疹
ts'　［53］沉［23］沉（文）［31］沈
s　［35］甚（文）深（文）甚桑~［44］深［31］沈（文）婶审
ɹ　［35］任姓任责~紝缝~［31］壬
k　［35］金仅襟禁~不住禁~止［44］岑（文）今妗舅母吟（文）
k'　［35］钦禽擒（文）［44］钦（文）禽（文）擒［53］琴
ø　［35］阴音［44］阴（文）音（文）荫屋子很~［53］嫌寅盐焰［23］淫［31］演

26. an

ɓ　［35］办瓣扮［44］班颁斑扳［31］贩板版扮(文)扳

pʻ　［35］攀襻纽~［44］盼［31］扮［23］盘(文)

m　［35］蔓瓜~子(文)蛮慢馒~头

f　［35］翻［44］扮(白)盼(白)帆番几~翻(文)藩潘□牛倒噢
　　［53］繁攀［23］烦藩凡(文)襻(文)［31］凡反饭

v　［31］皖晚挽阮宛［53］还~原偿还(白)［35］万

tθ　［35］撒~手(白)灿赞攒(文)纂编~(文)散鞋带~了散分~［44］
　　杉鲜~少廯(文)渗水~透参人~参~差餐挦删新簪［53］残惭［23］
　　蚕［31］惨伞簪钻(文)篡(文)

d　［35］单~独(白)担挑~但诞蛋馋旦［44］胆(白)单~独(文)担
　　(文)耽丹坍~下来［53］惭［31］担(白)胆(文)

t　［35］淡欸毯掸鸡毛~子炭但蛋［44］探摊滩［53］谈(文)［23］
　　痰潭谭弹~琴谈(白)坛檀［31］坦弹子~

n　［35］难患~［23］难~易

l　［35］烂［44］懒［23］蓝篮(文)拦兰栏［31］览(文)揽(文)
　　榄橄~(文)

ts　［35］战站~立、车~(文)颤沾粘~贴［44］黏~米，~起来瞻蟾~酥
　　(文)［53］践(文)绽破~［31］盏店老栈新

tsʻ　［35］禅~宗［44］餐钗(文)［23］蝉缠(文)毡(文)［31］铲
　　萨(白)产

s　［35］掮扇杉(文)山［44］删老珊新杉山［23］膻(文)逸［31］
　　禅~让疝~气

ɹ　［35］腌怨堰［44］蔫焉烟［23］燃然［31］筵延软(白)熨晏
　　橼(文)晚雁冉染袁辕援~救

k　［35］干还~有(文)焊~铁壶翰［44］擀~面干甘择~菜(文)䇲~子
　　(文)肝泔~水柑尴~尬杆奸间~断间空~艰监~察、视铜车~涧钳
　　(文)坎乾~湿鼾睡时鼾声(文)［31］砍憨(文)酣(文)竿竹~赶敢
　　秆稻~橄~榄砍(白)簪(文)简祠束拣谏

kʻ　［35］看~守［44］坎刊尴勘堪看(文)［31］砍(文)［53］皂

（训）"枧"

ŋ [35] 颜 [44] 安鞍 [53] 银

h [35] 銲限汉(文) 汗(文) 翰阎(文) 旱(文) 限欢欢喜 □反胃 [23] 寒韩闲 [31] 罕看

Ø [31] 玩古~腕

27. ian

ɓ [35] 鞭辨汴便~宜(文) 便方~辫辩变 [44] 边(文) 蝙 [31] 贬扁匾

pʻ [35] 单骗欺~骗~马片 [44] 偏编篇遍一~、~地 [53] 便~宜(白)

m [35] □躲(白) 面(文) 缅挤(训) 麵(文) 渑~池 [23] 绵(文) 眠(文) 棉(文) [31] 娩分~免勉

tθ [35] 羡箭拴(文) 栓(文) 贱綫全饯~行 [44] 千(文) 迁暂(文) 宣喧仙先(文) 鲜新~(文) 轩楦鞋~(文) [23] 前(文) 钱(文) 全 [31] 选癣溅展濺溅

ɗ [35] 墊~钱佃殿电奠店(新) [44] 颠

t' [44] 搌田(又) [23] 田(文)

n [35] 年(文) [31] 碾(文) 輦(文)

l [35] 练楝~树鍊敛殓莲戀~糊 [23] 连联帘 [31] 连(文) 联(文)

ts [35] 阵践(老) [44] 艦(文) 拈~起来(文) 鲇~鱼(文) [53] 涧 [31] 眷倦剪(文) 笕(文) 卷(文) 遣展

tsʻ [23] 缠 [31] 犬(文)

s [35] 扇(文) 膳(文) 善 [31] 伺(训) 献陷(白) 馅(文) 苋~菜(文) 旋~吃~做(文) 镟~床(文)

ɹ [35] 敛(文) 殓(文) 谚言噢願宴燕~子 [44] 蔫花萎渊庵(文) 淹阉 [23] 炎檐

k [35] 见现键件建荐健腱苋~菜(白) 犍件犍~子 [44] 捲~起(文) 绢捐(文) 砚(老) 坚捐肩 [31] 券卷

kʻ [44] 牵圈猪~圈圆~ [53] 全 [23] 拳(文) 權顴~骨 [31] 虔乾~坤

h [35] 县现宪献 [53] 弦 [23] 衔玄贤眩 [31] 显悬玄（文）陕~西闪

Ø [35] 院腌（文）厌艳 [44] 掩醃阉（新）冤 [53] 员栓原 [23] 俨~然丸肉~圆缘元园（文）源喧原（文）[31] 沿远（文）兖（文）涎（文）铅（新）

28. uan

ɓ [35] 半伴拌绊胖（白）胖（训）"胖" [44] 般搬

pʻ [35] 判叛

m [35] 幔漫 [31] 瞒满

tθ [35] 蒜算 [44] 栅~栏珊老

d [35] 钻断~绝断段决~缎椴锻~炼 [44] 端 [31] 短

v [44] 弯湾 [31] 晚皖阮宛挽剜豌~豆

tʻ [23] 团糰

n [31] 暖

l [35] 乱 [23] 弯 [31] 卵

ts [35] 撰赚传~记（文）[44] 酸（文）专 [31] 纂编~传~记钻转~螺丝转~眼

tsʻ [35] 串窜患（白）[44] 川穿 [53] 揣~度 [23] 船傳传~ [31] 篡喘新

s [35] 闩栓拴

k [35] 惯倒打~（白）灌关~闭（训）"关"冠~军贯罐 [44] 官棺關（文）观参~鳏~寡觀寺冠衣~（文）[31] 冠衣~贯馆管

kʻ [44] 宽 [31] 款

h [35] 幻唤换宦焕 [44] 欢 [23] 桓还~有（白）还~原环 [31] 判

Ø [23] 完 [31] 剜（文）豌~豆（文）碗玩古~

29. ɔn

ɓ [44] 半（文）

h [35] 视（训）"看"看~见 [31] 旱汉汗

30. in

ɓ [35] 边鬓 [44] 宾彬槟~榔殡鬓(文) [31] 禀

pʻ [35] 披(文) 抨~命 [53] 便~宜 [23] 贫频~繁 [31] 品

m [44] 面 [53] 绵棉闽~越 [23] 民 [31] 抿皿敏悯敏

v [53] 园远

tθ [35] 千臻早(文) 剪鲜~少癣鲜新~榛进晋肾信讯迅 [44] 剪淺儘(文) 掀津亲~家辛新薪真 [53] 前先甜(文) 钱 [23] 寻(文) 秦儘尽 [31] 浸侵潛(文) 寝

ɗ [44] 点

t [35] 天 [53] 田(白)

n [53] 奶 [55] 年

ŋ̟ [53] 人

l [53] 鳞 [23] 憐鄰燐 [31] 檀吝~啬赁租~

ts [35] 振镇慎震 [44] 煎

tsʻ [23] 臣芹(文) 陈尘 [35] 锅(训)

s [44] 勋薰熏(文) 申伸身扇膳 [53] 辰 [23] 晨娠神辰(文)

ɹ [35] 刃認靭 [44] 隐(文) [23] 人(文) 仁 [31] 忍引馅饮~酒、米汤

k [35] 斤君劲有~近(文) 筋(文) [44] 巾郡(白) 窘(白) 筋斤(文) 军君(文) 均 [23] 芹 [31] 近紧劲有~(文) 谨锦

kʻ [23] 勤群(文) [44] 均钧匀(文)

ŋ [23] 银(文)

h [44] 欣熏(文)

Ø [35] 烟印燕~京 [44] 因携~手, (训)"牵"姻窨地~子 [53] 殷 [31] 饮~马

31. un

ɓ [44] 本

m [53] 门(文)

tθ [35] 酸(白) [44] 数动词(文) [31] 寸(文)

ʨ [35] 都~是（（白））囤
tɕʰ [23] 豚 [31] 断~绝
n [31] 嫩（文）
ts [31] 準准
tsʰ [44] 蠢春椿~树
s [35] 顺（训）舜殉（文）醇酒味~ [53] 谁（文）[23] 纯唇莼~菜旬荀循 [31] 笋（文）殉
ɹ [35] 韻运孕（文）闰润晕 [31] 隐允（文）[44] 匀 [23] 云雲（文）
k [35] 官（白）棺郡棍 [44] 滚 [31] 滚（文）
kʰ [35] 困綑混相~ [44] 昆崐坤 [53] 混相~（文）[23] 魂馄~饨 [31] 菌
h [35] 棍 [44] 昏荤薰（文）婚 [23] 浑~浊
ʔ [44] 碗

32. ɯn

ɓ [35] 逩奔笨锛囤沌 [44] 奔（文）锛（文）逩（文）[31] 本
pʰ [35] 喷~水喷~香（文）[44] 喷~香（文）[23] 盆（文）[53] 盆
m [35] 闷问 [53] 门 [31] 问（文）
f [35] 愤粪奋份一~ [44] 忿分~开纷芬 [53] 坟（白）[23] 坟（文）焚 [31] 粪（文）粉奋（文）份一~（文）
v [35] 摇（文）[53] 云 [44] 温瘟 [23]（文）蚊纹闻 [31] 吻刎
tθ [35] 衬梭织布~荪（白）孙遁（文）忖寸俊分~开（文）[44] 蒜村数（文）榫抰（文）分~开蹲森尊笋遵撙（文）孙（文）[53] 沌（文）[23] 存巡 [31] 崋挑~损屯稳
ʨ [35] 遁囤钝（文）忖焌（白）黢~黑（（白））盾矛~（文）[44] 敦~厚抰墩抖（文）顿（文）肫~肝（（白））[53] 盾矛~（文）[31] 损抖顿钝饨馄~盾矛~
t [44] 吞

n [35] 嫩 [44] 软

l [35] 论议~论~语 [23] 伦沦轮崙 [31] 论~语（文）、议~（（文））

ts [35] 砖 [44] 颤（文）蒜（文）

ts' [23] 尘新

s [35] 逊 [44] 逊（文）[53] 船

ɹ [35] 移（文）[53] 次（文）

k [44] 根跟狗捲~起 [31] 狗

k' [44] 狗（训）[53] 群裙拳犬 [31] 龈恳垦

h [35] 恨 [53] 痕 [31] 很

33. aŋ

ɓ [35] 谤邦（文）[44] 帮邦 [53] 谤（文）浜—条浜（文）[31] 绑榜房公房（厕所）

p' [23] 滂~沱旁傍（文）螃~蟹彷仿佛庞 [31] 庞（文）棒

m [35] 忘 [44] 蚊（白）[53] 蚊希（训）"望" [23] 忙芒盲茫莽（文）蟒（文）虻牛~

f [35] 放（文）[44] 芳方肪脂~ [53] 防 [23] 纺倣~效房访仿相似肪脂~（文）[31] 访（文）妨~害（文）

v [35] 妄旺兴~望忘枉老 [44] 汪一~水 [23] 亡王 [31] 枉（新）往辋网妄（文）

tθ [35] 丧~失丧婚~赃藏西藏 [44] 仓苍桑 [23] 藏隐藏

ɗ [35] 灯荡放荡当典~（文）[44] 当~时当当作、~作汤（文）[31] 磔党荡放~（文）挡阻~

t [35] 烫（文）眭菜~（白）[44] 汤 [53] 滕 [23] 唐堂棠塘（文）糖（文）螗~螂（文）[31] 趟一~宕延~

l [35] 浪 [53] 举（文）郎女郎（女婿）[23] 郎朗（文）狼廊螂（文）[31] 浪（文）朗

ts [35] 丈（文）伪（文）仗帐杖胀账障保~瘴~气涨脏肮~（文）[44] 脏（文）张章樟 [31] 藏西~脏葬掌（白）掌

ts' [35] 闯老创畅倡提~唱（文）眭 [44] 昌菖~蒲 [23] 长~短（文）

肠场（文）［31］场尝（文）长生~
　　　　［35］上~面尚［44］裳衣~嗓伤商［23］常［31］倘~使躺
（文）尝偿赏饬（白）

k　［44］冈刚钢纲钢（文）缸（文）讲扛（文）杠［31］岗埯坑（文）
港~口埯（训）"坑"

k'　［35］抗炕［44］康慷~慨糠（文）［53］杭［23］航杭（文）

ŋ　［35］岸岩按案［44］骯~脏（文）眼（又）［23］昂

h　［35］掐（文）项鸽（文）陷（文）焰（文）［44］夯打夯［23］行
~列

∅　［35］翁（文）［44］吽（训）［31］弯（文）

34. iaŋ

tɕ　［35］象像橡~树匠厢镶将大~相~貌［44］将~来浆挦~袖（白）巷
（文）厢（文）霜（文）孀（文）相~貌相互~湘将大~（文）箱襄镶
（文）［23］墙（文）详祥［31］奖桨蒋想

n　［35］酿（文）［23］娘

l　［35］谅掠（白）量数~［44］两~个二（训）［23］凉（文）良梁梁
粮量~长短［31］亮（文）谅（文）辆两~个（文）贰（训）"两"

ts　［31］奖（文）酱（文）

ts'　［44］枪［31］抢（文）厂（文）

ɹ　［35］央殃样［44］央秧（文）［53］阳杨［23］羊（文）扬洋烊
疡（文）［31］攘让眼（文）养（文）样（文）疡溃~仰痒（文）壤土~
［33］嚷

k　［35］降~伏降下~［44］缰~绳（文）礓~石（文）疆僵姜（文）羌
江（文）［31］讲（文）

k'　［23］强强勉~［44］腔

ŋ　［23］研

h　［35］饷向［44］乡香（文）［31］享响晌~午饷（文）

35. uaŋ

tɕ　［44］霜

ts   [35] 壮状 [44] 庄赃(文) 装(文) [31] 撞新
tsʻ [35] 闯老 [44] 窗 [23] 床(文) [31] 闯(文)
s   [44] 双~生(文) [31] 爽
k   [35] 况 [44] 光(文) [31] 逛广
kʻ   [35] 矿旷扩~充眶眼~ [44] 筐匡 [23] 狂
ŋ   [31] 顽~皮
h   [44] 荒慌欺(训)"慌"谎 [23] 簧锁~皇蝗谎(文) 黄(文) [31] 晃~眼

36. ɔŋ

f   [44] 放
v   [53] 黄(白)
k   [44] 虹天上的~ [53] 扛
h   [44] 兄(文)

37. uɔŋ

k   [35] 光(白)
ŋ   [35] 衔

38. eŋ，包括 iŋ

ɓ   [35] 并士(训)"兵"并合~病姘~头(类推误读) [44] 冰浜一条~(类推误读) 兵 [31] 丙秉柄饼
pʻ   [35] 聘(文) [53] 瓶屏 [23] 平评坪萍凭 [31] 病(文) 聘拼
m   [35] 命 [23] 萌(白) 名明鸣铭
tθ   [35] 轻~松净靖静姓清性听~见 [44] 青晶赌(白) 睛眼~精蜻蜓清(文) 晴锈铁~(文) 星腥醒牲~畜 [23] 情 [31] 井请醒(文)
d   [35] 钉铁~锭钉~住定绽破~□轻松 [44] 丁疗钉~住靪订~约 [31] 顶鼎锭(文)
t   [35] 听~见 [44] 汀厅 [23] 廷亭庭停蜓蜻~ [31] 挺艇听~其自然

n [23] 宁安~ [31] 宁~可

l [35] 另令(文) 靓 [23] 陵伶零拎(白) 凌冷(文) 菱灵铃翎 [44] 冷(白) [31] 领(文) 楞岭(文) 再(文)

ts [35] 争睁(文) 筝正~月郑政蒸证症令 [44] 贞侦右(文) 征~求蒸(文) [31] 拯~救整 [23] 成

ts' [35] 蹭(文) 铛~光(文) 镡锅(白) [44] 擎卿秤称相~轻~重(文) [53] □tshing53tshi31竖 [23] 呈程逞~能诚城橙(文) 惩 [31] 磬

s [35] 蛏类推误读塍田~(白) 胜~败圣升师先生(训) 剩(文) 胜~任盛~满盛兴~ □siŋ35kɔ44哪个 [44] 声升(文) [23] 乘绳承丞 [31] 剩

ɹ [35] 映 [44] 鹰婴缨 [31] 影仍扔(文)

k [35] 劲~敌竟敬镜茎境(文) [44] 京经经~纬荆惊更~换鲸 [31] 颈顷景陉井~ (白) 竞警境径劲~敌(文)

k' [35] 庆 [44] 轻~重 [31] 倾琼

ŋ [35] 硬(文) [23] 凝(文) 宁~宁 [31] 硬凝佞宁~可

h [35] 兴幸杏高~ [44] 兴~旺 [53] 走(训) "行" [23] 行~为行品~形型刑 [25] 恒(白)

Ø [35] 映荥 [44] 英应~对莺喂(白) 樱~桃鹦~鹉 [53] 蝇 [23] 迎盈萤眠眼虫营茔赢 [31] 颖

39. uŋ，包括 oŋ

ɓ [44] 崩蚌

p' [53] 朋 [23] 彭冯棚膨~胀 [31] 冯(文)

m [35] 孟梦 [44] 懵蠓 [23] 盟 [31] 猛蒙孟(文) 懵(文)

f [35] 凤捧俸奉缝一条~ [44] 丰封峰蜂讽锋风枫疯 [53] 蓬 [23] 篷逢 [31] 缝~衣服(文)

v [44] 瓮(白) 黄(又)

tθ [35] 讼送宋颂诵纵放~葱 [44] 樅松鬃糭囱烟~忽聪宗综踪鬆放~,轻~ [23] 縱~横从~容从跟~ [31] 总

d [35] 冬动冻(文) 栋(文) [44] 东冻(白) 冬(文) [31] 董懂

tʻ	[35] 痛汤疃（文）撞（老）洞 [44] 通烫疼（白）樋（文）[53] 桶糖塘 [23] 同桐铜童瞳 [31] 统童（文）捅~破了筒 [34] 噇（白）	
n	[35] 齉（文）[23] 攮（白）浓侬（文）农脓 [53] 囊曩浊（文）□kau31nuŋ53 猴	
l	[35] 弄□蜗牛：□kok2 luŋ 35 嫂：ɯi 31 luŋ 35，又读 [44] □大□ki 44 luŋ 44 哥（借）□ɯi 31 luŋ 44 嫂 [53] 笼聋□ha 31 luŋ 53 喉 [23] 隆龙角~（蜗牛）陇垄（文）垅宠 [31] 拢漱~口（文）	
ts	[35] 春~米众装钟盅种~树仲中射~ [44] 中忠终锺 [23] 中（文）[31] 肿种~树（文）种~类冢	
tsʻ	[35] 充铳放~ [44] 冲疮 [53] 虫 [23] 虫（文）重~复丛怂~恿（文）茸参~ [31] 怂~恿重轻~	
s	[35] 双~生 [44] 嵩 [53] 床 [31] 崇上~山	
k	[35] 贡缸武（训）"功"公牛公，公牛（文）共工 [44] 蚣~蚣弓公~房工（文）功钢攻~击宫恭䇂~豆躬 [31] 供~给拱~手供~养巩~固（文）汞贡（文）	
kʻ	[35] □抠控 [44] 空~缺空~虚 [53] 穹 [23] 穷（文）[31] 恐孔巩~固吼误推	
ŋ	[53] □kau31 ŋoŋ53 猴子囊曩浊（文）[23] 攮（白）	
h	[35] 閧糠又 [44] 凶吉~、~恶胸 [23] 红哄~骗弘烘~干（文）横蛮~横~直（老）洪虹（文）鸿宏雄熊 [31] 红（文）	
ø	[44] 轰翁	

40_ ioŋ

ɹ	[44] 拥庸瓮（白）雍痈 [31] 永戎（文）绒（文）冗~长咏泳勇涌甬~道 [53] 用冇~（文）[23] 戎绒融荣容熔蓉芙~氄茸参~弘鹿（训）

41. ɯŋ

tθ	[35] 憎蹭赠曾~经 [44] 牲牺~（文）生（文）笙甥僧争（文）[23] 增层曾姓 [31] 拶（训）"赠" 省反~省节~省~长

ɗ　［35］澄邓凳澄瞪~眼镫鞍~［44］灯（文）登［23］橙~子（白）
　　澄［31］等

tʻ　［23］腾藤（文）

n　［23］能

l　［31］冷（文）

tsʻ　［35］撑铛划~船（训）［44］掌秤（白）

s　［35］僧（文）

k　［44］梗~米（白）庚耕衣~羹［31］哽骨~在喉（文）更~加埂田~
　　（文）耿梗~子, 茎（文）

kʻ　［44］坑~害［31］肯耿

ŋ　［44］恩

h　［44］亨烹（白）［23］衡恒

42. iɯŋ

tθ　［53］墙（白）

l　［44］两儿~［53］凉

ts　［31］酱（白）

tsʻ　［35］唱［53］长~短［31］丈

ɹ　［35］秧［44］养［53］羊

k　［35］姜

h　［35］香（文）

43. ap

tθ　［4］杂［5］札（文）［2］闪（训）［3］倒打倒

ɗ　［4］搭（白）答（白）［5］答（文）搭（文）塔札（文）

t　［5］塔［2］什~物

tʻ　［4］拓杂［34］攀（训）

n　［5］纳

l　［31］腊蜡［34］猎

ts　［4］札（白）［5］札（文）紮（文）

tsʻ　［4］拓［5］插

ŋ ［2］轧~棉花（文）
ø ［4］鸭闸［5］鸭（文）

44. iap

tʰ ［5］眨一~纸（文）
k ［4］甲胛肩~［5］匣箱~押［3］夹（白）
h ［4］恤体~［5］峡狭夹（文）裌

45. ɔp

k ［4］鸽（白）［5］鸽（文）
h ［4］哈~腰（训）洽合（白）［5］蛤~蜊（文）恰龛（白）合（文）盒烟~

46. ip

tθ ［5］揖作~
tʰ ［4］眨一~纸（白）［3］㩟~起来（训）
l ［5］泣立笠栗
ts ［5］蛰执直殖植值汁质稙置
s ［2］十揀（训）拾~起来［5］湿［3］滋（训）
ɹ ［2］入
k ［5］极急级及给~你
kʰ ［2］彀往上~
h ［5］吸

47. iəp，包括 ɯp

tθ ［4］接妾
ɗ ［5］牒（新）碟（新）蝶（新）谍（新）叠（新）
tʰ ［5］帖请~贴叠碟牒蝶谍
ɹ ［34］叶页
k ［4］狭闸［5］劫

h [5] 挟~菜胁

48. at

ɓ [4] 八 [5] 拔

pʻ [3] 笪(文) [5] 笪(白)

m [4] 䒷藏(文) [5] 避(白)

f [4] 髮發伐筏罚 [5] 法方法乏眨眨眼

v [2] 匪(训) [5] 袜(文)

tθ [4] 札紮 [2] 遏邋遏匪(训)"贼" [3] 搓(训)

ɗ [4] 达

l [2] 辣(白) 邋邋遢

tsʻ [4] 察 [5] 擦漆

s [4] 杀

ɹ [5] 压

kʻ [3] □鼻(训)

49. uat

k [4] 镢~头辖管~刮(文) 括包~

kʻ [4] 掘(白)

Ø [4] 挖袜(白)

50. ɔt

ɓ [4] 钵拨饽

pʻ [4] 勃泼 [2] 勃

m [4] 抹~布 [5] 末沫抹

ɗ [5] 夺(文)

t [4] 脱 [2] 夺

k [4] 刮(文) 葛(文) 割刈割(训) [5] 割

kʻ [4] 揭阔 [5] 葛渴 [5] 确(文)

h [4] 阔(白) [5] 豁活霍(文) 霍(文)

51. ɛt

s [5] 说~话虱

tɵ [3] 砌(文)

ts [3] 妹(训)

s [4] 舌设 [5] 涩(文)

ø [2] 途(白) 涂(白) 擦(文)

52. iət，原字汇记录为 iɛt

ɓ [4] 鳖别离~别区~

m [4] 灭篾竹~(文) 铁

tɵ [4] 薛绝厥橛~子憋雪 [5] 节切截

ɗ [4] 跌 [34] 秩

n [4] 聂嗫镊~子蹑~脚走业跌捏业

l [4] 列烈裂 [5] 劣掠

ts [4] 摺~叠捷 [5] 哲蜇蝎子~人折~断

tsʻ [4] 彻撤 [5] 辙浙折弄~了

ɹ [4] 热越粤 [5] 月

k [4] 杰决缺诀 [5] 结洁揭现在

kʻ [4] 歇蝎 [34] 揪(训)

ŋ [5] 孽

h [4] 血

53. it

ɓ [5] 必笔毕弼迫(训)"逼"瑟(白)

pʻ [5] 匹一~布/马璧僻辟壁劈

m [4] 篾竹~ [5] 秘泌蜜密觅

tɵ [4] 习蛰(文) 袭 [5] 述褯~子(训) 蟀(白) 漆(文) 摔(文) 术率~领悉膝戌缉~鞋口集七截切~开节辑编~疾术(白) ~

tʻ [4] 铁

n ［4］捏 ［5］□些

l ［4］律率速~

s ［5］實失

ɹ ［4］日 ［5］一

k ［5］吉橘吉（训）髻（文）

k‘ ［4］讫乞 ［5］屈掘（文）曲~折倔~强

h ［4］穴 ［5］域（文）

Ø ［5］乙 ［2］搽涂（训）□托起

54. ut

tθ ［4］猝仓~

v ［3］捣（文）［23］追（文）

t‘ ［4］突脱（又）［2］夺（又）［5］秃

ts ［4］卒兵~

ts‘ ［4］拙（白）猝仓~（文）

k ［4］骨筋~滑猾狡

k‘ ［4］窟~窿（文）

h ［4］忽核

Ø ［5］沃 ［2］核审~（白）

55. ɯt

m ［4］袜

f ［5］彿彷~佛

v ［5］物（文）

tθ ［4］雪 ［5］溅（文）铡~刀（文）［3］鸟（文）

ts‘ ［4］出

ŋ ［2］月

h ［4］血窟~窿

Ø ［4］扳（文）□撕

56. ak

ɓ　［4］北　［2］腹肚(训)"腹"，~(白)肚鱼~，猪~

m　［2］墨

tθ　［2］贼

ɗ　［4］得

l　［2］刺(白)

ts　［35］蘸~酱油(白)

tsʰ　［5］塞

s　［5］理(训)

k　［2］思(训)

kh　［4］刻用刀~

h　［4］黑暗

57. uak

k　［4］镢(白)

58. ɔk

ɓ　［4］卜柏（文）膊鸡~（训）［5］剥朴博（文）驳薄~荷泊（又）［43］缚（文）

pʻ　［2］薄（文）

m　［2］摸［5］莫膜寞枚（文）

f　［2］缚

tθ　［4］作~坊，~（文）凿爵索绳~雀麻~［5］託托拓嚼削［2］绳(训)"索"

ɗ　［5］啄

l　［5］略赂（文）乐音~［43］落乐

ts　［5］着~衣、睡 卓琢豚（文）酌（文）桌（文）

tsʻ　［5］绰宽~

ɹ　［5］若匿(白)药（文）弱疟约岳溺~水［43］诺

k　［4］各阁搁角［5］烙骆酪

k‘　[3] 咳~嗽觉睡~（文）

ŋ　[4] 鄂

h　[4] 霍藿

59. εk

ɓ　[4] 百伯 [2]（白）

m　[2] 脉（文）

v　[4] □fan44vεk4 牛倒嚅

ts　[4] 斩（文）[3] 姊（训）

ts‘　[4] 拆~开

k　[4] 格隔

k‘　[4] 客

ŋ　[2] 额

60. ik

ɓ　[4] 碧擘用手~开（白）饱（训）[5] 檗黄~逼暴（文）避（文）备（文）臂（文）譬~喻（文）

tθ　[4] 息熄箪席（白）席 [5] 绩鹊喜~（白）戌（文）迫（文）媳（文）戚只惜昔夕籍狼~鲫迹积脊

ɗ　[4] 籴狄笛敌 [5] 滴嫡的目~适 [2] 跑（训）[43] 摘

t‘　[4] 赐（文）[5] 踢剔㹴~蹴子（训）"踢"

n　[5] 逆顺~

l　[2] 力

ts　[5] 掷（文）织职刺（文）识 [2] 直

ts‘　[5] 赤斥尺嗽咳~（文）翅（文）

s　[4] 择~菜（白）[5] 室食粮~即蚀 [43] 石

ɹ　[4] 释亦译 [5] 翼益么~二三（文）

k　[4] 菊掬一~~ [5] 激擊橘

k‘　[2] 屐木~

h　[4] 吃喝（训）

Ø　[5] 役疫译隘（文）缢（文）[23] 翅翼（训）

61. ɯk

ɓ [4] 柏百伯 [5] 泊梁山~帛北（白）

tθ [4] 策册 [5] 则责贼泽铎侧择~菜测色塞啬吝~

ɗ [2] 住坐 [5] 德得 [3] 厕

t' [5] 特

l [5] 勒肋

k [4] 胳 [5] 革搁格隔

k' [2] 枚核果子~ [5] 刻时~克刻用刀客~

ŋ [5] 额名~

h [5] 霍（又）赫黑

Ø [43] 鄂

62. iɯk

tθ [4] 雀麻~

ts [4] 酌

ts' [2] 退却（白）

k [4] 脚（又）腿（训）"脚" [2] 窄（又）

k' [2] 退却（又）

ɹ [4] 药 [5] 虐约（文）疟（文）

63. uk，包括 ok

p' [5] 扑仆赴（文）[43] 朴（文）

m [4] 麦脉 [5] 牡（文）木默目穆牧

f [5] 福蝠蝙~（白）幅腹服复~原覆反复复~杂 [2] 綑缚（训）绑（训）

tθ [4] 宿（白）[5] 族谏阻（训）束速缩足促粟俗肃宿（文）[3] 宿星~（文）

ɗ [5] 独犊牛~子（文）泿（文）镯~子（文）督毒逐牍读（文）

tʰ [3] 读（白）

l [2] 六 [5] 禄绿录鹿（文）陆

ts　［4］粥　［5］涿~县 捉啄（文）筑遂（文）豕（文）祝烛逐（文）［3］抓（训）捉捕（训）捉

tsʰ　［5］蓄储~畜~牧触 □ki31tshuk5 瘊子

s　［4］叔弟（训）［5］朔续（文）蜀属熟煮~赎嘱淑续

k　［5］国谷谷［2］复~兴

kʰ　［5］哭（文）

h　［5］或惑获

ø　［4］握屋家（训）

64. iok

ɹ　［5］玉狱欲浴肉（文）郁育辱褥（文）［2］药

ŋ　［2］肉

第四章

付马话词语特点

这一章以词语相关的内容，结合当地的环境来讨论付马话的特色词语，主要是围绕当地的生物、亲属称谓等进行。

本章分三节来介绍。第一节以当地的植物、动物、家居等特色词语系统来说明付马话的词汇特点；第二节以亲属称谓为观察点，通过男性、女性称谓词的观察，可以看到语言接触的一些特点；第三节以图片为主，展示当地的生产生活环境。

第一节 自成系统的方言词

一 丰富的薯类和花生的名称

付马话所在的付马村，是一个以农业为主的村落，主要的农作物除了花生，薯类就是特别重要的作物。薯类的各种品种以及特殊的名称也很发达，据蒙书记叙述，至少有11种不同的红薯，列举如下：

白薯 phεk2sɯi53，白薯，一般的名称。
红薯 hoŋ55sɯi53，红颜色的薯。
紫薯 tθɿ44sɯi53，紫心的薯。
黄薯 vɔŋ53sɯi53，肉为黄色的薯。
红心薯 hoŋ53tθim35sɯi53，内核为红色的薯。
黄心薯 vɔŋ53tθim35sɯi53，内核像蛋黄的薯。
绿心薯 lok2tθim35sɯi53，内核有些绿的薯。
冰淇淋薯 6iŋ44ki31lin23sɯi53，肉质滑嫩的一种薯。

日本薯 ɹi35ɓɯn31sɯi53，肉白、鲜嫩的一种薯。
松薯 tθoŋ44sɯi53，肉质疏松的一种薯。
老板薯 lau44ɓan31sɯi53，价钱最贵的一种薯。

红薯在汉语方言地图集中的词根较常见的有"薯""苕""芋"等，还有少数地区称"地瓜、萝卜、山药"等，浙江、福建、台湾、广东、江西南部、广西东部及沿海多数叫"番薯"，海南闽语也多叫"番薯"，海南西部方言较复杂，有"薯""糖薯""甜薯"等称呼，(《汉语方言地图集》词汇卷015) 这些都是以"薯"为词根构成的。

土豆相对红薯来说较少，名称也只是同一个作物的不同叫法，一般叫"马铃薯" ma33liŋ33su35，也叫"土豆" thu31dɯu35，有点外来的味道。

"薯"是在付马话中涵盖较为宽泛的一个词根。除了红薯、土豆，芋头也是较为常见的叫"～薯"植物，但是名称还是有特色，下面是芋头、芋头叶、芋头杆儿的说法：

火头薯 hɯu31thau53sɯi53 芋（指这种植物的总称）
火头薯叶 hɯu31thau53sɯi53ɹip23 芋头叶
火头薯骨 hɯu31thau53sɯi53kut4 芋头杆

付马话的花生叫 [ham35]，本字不详，是"果实"的意思，这是一个用通名指代专名的例子，"花生米"叫 [ham35ȵiok2]，意思是"果肉（花生果的肉）"，"花生皮"叫 [ham35ȵiok2phɯi53]，是"果肉皮"，"花生壳"叫 [ham35hɔk4]，字面意思是"果壳"。它还可以组成其他的表示"果实"意义的词语，比如，"松球"叫 [tθuŋ44ham35]，是"松果"的意思；桑树的果实"桑葚儿"叫 [saŋ44səu31ham35]，是"桑树果"的意思；"桐子"叫 [thuŋ33ɹiou53səu31ham35]，是"桐油树果"的意思；"干果"叫 [kɔn35ham44]，就是"干的果实"的意思；"桃子"叫 [thau23]"桃"，也叫 [thau32ham35]，就是"桃果"的意思；"石榴"叫 [sik5liu23ham35]，就是"石榴果"的意思； "芒果"叫 [muk4kuɯ31ham35]，意思是"木果果"；"银杏"也叫 [pɛk2ham35]，就是"白果"的意思;"栗子"叫[lit5tθŋ31ham35],就是"栗子果"的意思。

花生是明代以后才传入中国的①,常见的有"花生、落生、地豆、番豆、长(生)果、地生、落果生"等多种说法,官话方言的西部、东北多数叫"花生"、冀鲁官话叫"长果"等,吴语的很多地方叫"长生果",中原官话的一些地方叫"落生、瓜生"等,叫"番豆、地豆"的主要在两广、福建、海南等地;叫"落果、仁果"等的零星分布在粤北、湘南、桂北等地方。②

《客赣方言调查报告》(第236页),花生在客赣方言似乎有分类的意义,多数点的客家话偏好"番豆"或"地豆",赣语偏好"(落)花生、瓜生",下面是《客赣方言调查报告》中"花生"的分布情况,后面标注"g"的是赣语方言点:

番豆—梅县、翁源、连南、武平、长汀、宁化

番豆米—西河、陆川[番豆米/地豆]

地豆—河源、清溪、揭西、秀篆

花生—宁都、三都、赣县、大余、永新g、吉水g、醴陵g、新余g、平江g、修水g、安义g、都昌g、阳新g、宿松g、弋阳g、南城g、建宁g、邵武g

落花生—茶陵g、宜丰g

瓜生—余干g

付马话的"花生"不同于上述任何一个方言,说明付马话传入海南是在"花生"到达江西之前或者尚未普及之前。

二 多种多样的蛇

海南的蛇类非常多,海南各个族群对蛇都有较多的了解。撇开专业上的分类,蛇在当地有不同的种类,我们列举一些如下:

---

① 罗尔纲:《落花生传入中国》,《历史研究》,1956年4月。
② 陈明、王思明:《中国花生史研究的回顾与前瞻》,《科学文化评论》2018年第2期。

蛇 siɯ53 蛇，一般的名称。
南蛇 nam53siɯ53 蟒蛇的一种，体型大，可吃野猪
南丰蛇 nam53foŋ35siɯ53 蟒蛇的一种，吃老鼠。
黄颈蛇 vɔŋ53kiŋ31siɯ53 眼镜王蛇。
白颈蛇 phek2kiŋ31siɯ53 眼镜蛇。
青蛇 tθiŋ35siɯ53 青蛇。
瘦蛇 səu31siɯ53 一种蛇，在树上的，有毒。
白截盒蛇 phek2tsik2hɔp2siɯ53 银环蛇。
□□□蛇 ɓu31kuai44ap2siɯ53 银环蛇。
花蛇 hua35siɯ53 花蛇。
红蛇 hoŋ53siɯ53 颜色偏红，不咬人。
王蛇 vɔŋ53siɯ53 王蛇。
水蛇 sui44siɯ53 水蛇不咬人，可钻入泥土。
水养蛇 sui44iɯŋ44siɯ53 也是一种不咬人的蛇。
黄金蛇 vɔŋ53kim35siɯ53 黄金蛇，金黄色，不咬人。
己阿蛇 ki31a33siɯ53 黄金蛇的另一种。
爹蛇 ɗɛ35siɯ53 爹蛇体型较大，但不伤人。常在庙堂之中。
□□蛇 ki31a33siɯ53 一种爹蛇。
蛤蛇 ɛp2siɯ53 吃青蛙的蛇。

　　蛇有近20种，确实是较为精细的分类了。蜥蜴也有很有意思的名称"老治婆"［lau 31tsɿ 44phɔ 23］，各种小的动物也有很多有意思的名称。
　　蛇在官话方言，尤其是地理上的北方话，大都叫"长虫"之类的名称，西南官话的北部，以"溜"、"索"为词根；东南部的几个大方言，吴语、赣语、湘语、闽语、客家话、粤语等，大都是"蛇"或者是以蛇为词根的复合词。（《汉语方言地图集》词汇卷035）付马话蛇的叫法属于南方方言，并无特别之处，而且也与多数的海南方言叫法一致，但是蛇的种类之多、名称之多，确实是一个明显的特点。

三　桌子和椅子

"桌子"在汉语方言中的叫法，大体上可以分为5个大类。(《汉语方言学大词典》、《汉语方言地图集》词汇卷—113)

第一类是"桌"词根的叫法，最常见的是"桌子"，叫"桌子"的有官话方言区的西安、洛阳、银川、兰州、哈尔滨、乌鲁木齐、太原、忻州、万荣、牟平、济南、徐州、扬州、南京、成都、贵阳、武汉、柳州等地。西宁的桌子叫"桌桌"，与叫桌子具有相同的功用，只是有了不同的形态。

除了官话方言，吴语的温州也把桌子叫"桌"，宁波把桌子叫"桌凳"，而杭州把桌子叫"桌子"，与北方话的说法相同。

把桌子叫"桌"，保留了单音节的词语，除了温州还有梅县、福州、建瓯等地。

把桌子叫"桌子"的南方方言主要集中在赣语和湘语，如于都、南昌、萍乡、黎川、长沙、湘乡、娄底、东安等地。闽南话的厦门、台北等地把桌子叫"桌"或"桌仔"。

第二类是以"台（枱）"为词根的词形。这类词主要集中在吴语、客家话和粤语。把桌子叫"台"的有吴语的上海，其他的多集中在粤语的广州、香港、澳门、东莞、封开、台山、韶关、藤县、南宁。把桌子叫"台子"的主要是吴语的苏州、崇明、丹阳等地。

还有就是综合第一、第二类的，把桌子叫"枱桌"，如吴语的金华，这是综合了两个词根"桌"和"台"的结果。

第三类是桌子的词形以"床"为词根的，这一类主要是福建省之外的闽语，如潮州、雷州、海口、文昌等，都把桌子叫"床"。

第四类是以"盘"为词根的。主要分布在赣东北以及福建西北部。

第五类，以"条"为词根的。主要分布在湖南西北部、浙江北部等少数地区。

"台（枱）"和"桌（桌子）"的分布最为广泛，官话、湘语、赣语等多为"桌"，吴语、赣语、客家话、粤语等多为"台"，闽语较为复杂，既有"桌"，也有"床"，但是闽语几乎没有叫"台（枱）"的。付马话的桌子叫"枱"，跟客家话、粤语等南方方言一致，读音为thai[53]，也有较强的构词能力。跟桌子有关的词语，都用"枱（台）"，如：

轮枱 lɯn44thai53 圆桌
四方枱 tθɯə44fɔŋ35thai53 方桌
长枱 tshiɯŋ53thai53 条案（一种狭长的桌）
办公枱 ɓan35kuŋ44thai53 办公桌
喫粥枱 hik4tsuk4thai53 饭桌
枱布 thai53ɓu55 台布（铺在桌面上的布）
围枱布 vɯi53thai53ɓu44 围桌（挂在桌子前面的布）
枱斗 thai5ɗəu31 抽屉

根据《客赣方言调查报告》（第265页），客赣方言大体上两种说法都有，但是多数点的客家话偏好"台（枱）"，赣语偏好"桌"，下面是《客赣方言调查报告》中"桌子"的分布情况，后面标注"g"的是赣语方言点：

桌儿—梅县、南城 g
枱头—翁源，
枱桌—连南，
桌—河源、揭西，宁化、三都、弋阳 g
枱—清溪、西河、陆川、香港、永新 g
桌子—秀篆、武平、长汀、宁都、茶陵 g、醴陵 g、新余 g、平江 g、修水 g
桌积—宜丰 g
方枱—赣县、
枱哩—大余、安义 g
枱㗂—吉水 g、都昌 g、阳新 g、余干 g、宿松 g
槃—建宁 g、邵武 g

付马话不区分"椅子"和"凳子"，叫"椅"并没有什么特别之处，但是，各种椅子却又有很多特别的叫法。如下：

椅 ɯi44 椅子
挨身椅 ai44sin35ɯi44 躺椅
挨身路 ai44sin35lu31 椅子背儿
椅掌 ɯi44tshiŋ44 椅子掌儿

椅子和板凳似乎没有什么区别，甚至椅子和马扎等低矮的坐具也是一样的，如：

凳椅 ɗaŋ35ɯi44 板凳
四方椅 tθɯi44fɔŋ44ɗəŋ35ɯi44 方凳
椅仔 ɯi44tθai44 小板凳儿
细轮椅 tθai31lɯn53ɯi44
轮凳椅 lɯn53ɗəŋ44ɯi44 圆凳
高椅仔 kau35ɯi44tθai44 高凳子
有交椅仔 jou31kiau35ɯi44tθai44 马扎

根据《客赣方言调查报告》（第264页），客赣方言大都是从"椅"为词根的词语，赣语点的邵武说"靠背凳"，客家话的武平叫"凭凳子"，这说明，"椅"和"凳"在客赣方言中概念意义有交叉。下面是《客赣方言调查报告》中"椅子"的分布情况，后面标注"g"的是赣语方言点：

椅儿—梅县
椅子—宁化、宁都、赣县、茶陵g、平江g、修水g、阳新g、宿松g、余干g
椅哩—大余
椅㖿—都昌g
凭椅—翁源
竹椅—连南
椅—河源、揭西
觉椅—清溪、香港
交椅—秀篆、吉水g、醴陵g、新余g、宜丰g、安义g、南城g、

建宁 g
　　靠背椅—长汀、弋阳 g
　　靠椅—永新 g
　　靠背凳—邵武 g
　　凭凳子—武平

四　舌头和牙齿

"舌头"在汉语方言中的说法主要有两大类——舌和脷，这又可以分为几个小类。

第一，舌头。

舌头分布在官话、吴语、赣语、湘语等方言中，如：北京、哈尔滨、济南、牟平、徐州、万荣、洛阳、西安、西宁、兰州、银川、乌鲁木齐、扬州（叫小舌头）、南京、武汉、贵阳、太原、忻州、苏州、丹阳、上海、崇明、杭州、宁波、南昌、萍乡、于都、东安。成都叫舌头儿。

舌子主要分布在湘语以及桂北，如长沙、湘乡、娄底等地。

第二，舌。

单音节成词的"舌"主要分布在闽语的福建南部、台湾中南部、广东东西两翼、海南，广西的个别地区，江西中部的赣语以及闽浙赣三省接壤地带，如，藤县、建瓯、厦门、台北、潮州、文昌、海口、雷州、黎川等方言点。

第三，口舌。

"口舌"在现代汉语普通话和很多方言中，已经通过隐喻把它变成了"是非、言语"等的替代物了，而吴语的很多方言点把舌头叫"口舌"，反倒是这个词的概念意义了，如温州、金华、绩溪等地。

第四，脷。

以"脷"为词根的，主要分布在两广和湘南地区，如广州、香港、澳门、东莞等，还有一些别的说法，如，脷钱（柳州），舌脷（封开），脷头（韶关）等。

第五，其他。如梅州叫舌嫲，福州叫啄舌、嘴舌仔。

付马话的"舌头"叫"落舌"，确实很有特色，还可以组成别的词语，具有一定的能产性，如下：

落舌 lɔk2sik2 舌头
白落舌 phɛk2lɔk2sik2 舌苔
落舌面 lɔk2sik2min31 舌面
□tshiɯk4 大舌头，口齿不清
大落舌 thai44lɔk2sik2 大舌头

付马话的"牙齿"叫"齿"，多数跟牙有关的词语都是用"齿"为核心语素，如下：

□齿 tθin53tshi44 门牙
门齿 mun53tshi44 门牙
牙床齿 ŋa53sɔŋ53tshi44 大牙
□□齿 fan35laŋ44tshi44 虎牙
老虎齿 lau31hu31tshi44 虎牙
齿拉垢 tshi44lak2ka31 牙垢
黑齿 hak4tshi44 黑牙
齿肉 tshi44nniɯk2 牙床
齿床 tshi44sɔŋ53 牙床
齿喫虫 tshi31hit4tshoŋ53 虫牙
烂齿 lan31tshi44 坏了的牙齿

五 牛和牛肚

牛是农业社会重要的生产工具，各地的牛的名称也高度一致，但是涉及牛的分类，比如大小、雌雄，就呈现了不同地区的特点。大体上，官话方言是"表性别的词语＋牛"，小牛则多数是"牛＋表示小的词语"；闽、粤、客等方言无论是表性别还是表示大小，都是"修饰词＋牛"。付马话在表示雌雄、大小的构词时，与客赣方言差不多，具体如下：

牛 nau35 牛
牛公 nau35kuŋ35 公牛
牛母 nau55mai31 母牛

牛口 ŋau53hi35 牛犊

但是牛的外形、颜色等的分类则是"修饰词＋牛"的格式，如：

阉牛 im35nau35 犍牛，阉过的公牛。
黄牛 vɔŋ33nau35 黄牛
水牛 sui44nau35 水牛

付马话的"放牛"叫"看牛"［hɔn35nau35］，似乎与南方方言不太像，保留了较早词形。牛的"胃"，讲法也比较细，比如：

牛书片 nau23si44phin35 牛肚儿，带毛状物的那种
大腹 thai31ɓak2 牛肚儿，光滑的那种
绣花腹 tθiu44hua44ɓak23 牛百叶
牛大腹 nau23thai31ɓak23 牛大肚
牛细腹 nau23tθai44ɓak23 牛小肚

第二节　付马话的亲属称谓词[①]

一　亲属称谓词与几个方言的对照

《尔雅·释亲第四》将亲属称谓分为四类：宗族、母党、妻党和婚姻[②]，宗族称谓主线有 13 代：高祖王父、王母→曾祖王父、王母→王父、王母→父、母→自己→子→孙→曾孙→玄孙→来孙→晜孙→仍孙→雲孙。这是一个较为复杂的系统。现代汉语的亲属称谓则大体沿袭了古代的亲属称谓体系，大多为三类：父系称谓、母系称谓与夫妻系称谓。本书收

[①] 这一部分是在 2017 年夏天笔者带领两位同学赴海南东方进行词汇调查和核对时完成的，学生陈颖文在笔者的指导下，将笔者调查的材料进行了整理，这一部分其他个别方言点的材料是陈颖文帮忙查阅的，结构和主要观点都是笔者的原创。

[②] ［清］阮元校刻：《十三经注疏》，中华书局 1980 年版，第 2592 页；徐朝华：《尔雅今注》，南开大学出版社 1987 年版，第 155—165 页。

集了付马话中常见的亲属称谓词,分为父系血亲(直系)、父系血亲(旁系)、母系血亲、夫系姻亲、妻系姻亲、其他称谓六类来讨论。

为了比较,我们选择了梅县话、南昌话、文昌话(文城)及村话(哥隆话),它们都与付马话关系密切。我们将付马话与上述四个地点的亲属称谓词相比较,取其表意明显相近或相同者,统计其词条数量,整理表格如下:

表4-1　　　　　　　　亲属称谓词近似数量的统计

	付马话词条数	梅县话	南昌话	文昌话（文城）	村话（哥隆话）
父系血亲称谓（直系）	22	10	8	7	2
父系血亲称谓（旁系）	31	2	2	8	12
母系血亲称谓	12	6	6	6	4
妻系姻亲称谓	12	0	0	0	1
夫系姻亲称谓	7	1	1	1	2
其他亲属称谓	14	3	2	3	0
合计（单位：个）	98	22	19	25	21
百分比	/	22.4	19.3	25.5	21.4

在观察统计表的数据时,若只从整体接近度的百分比上看,付马话亲属称谓词似乎杂乱无章,来源纷杂,同参与比照的每种方言都有类似之处。但若将视线放在与各方言相似词条的种类上,便能看出端倪:

与客、赣方言相似的部分,集中在父系亲属的直系称谓词这一类中;与村话(哥隆话)相接近的部分,集中在父系亲属的旁系称谓、母系亲属称谓这两类中。而与海南闽语相接近的称谓词,则主要集中在父系直、旁系亲属称谓及母系亲属称谓这三类中。表格中看似纷乱的语言现象背后,其实隐藏了较为清晰的规律:父系承袭自客赣、母系多受周围哥隆话的影响,海南闽语则有多方面的浸染。

二 亲属称谓词的构成

付马话一方面保留了客赣方言的一些语词形式，另一方面也接纳吸收了海南西部相邻语言方言的影响。下面我们就讨论一下付马话亲属称谓的来源构成。

（一）承袭自客、赣方言的

付马话亲属称谓词中与梅县话、南昌话相似的部分，多数是父系血亲中的直系亲属。现将付马话与二者相似的部分制表如下：

表4–2　付马话与梅县话、南昌话称亲属谓词相同的词语举例①

付马话	梅县话	南昌话	含义
太公	公太	太公	曾祖父
太婆	婆太	太婆	曾祖母
娭*[ui³¹]	㜷*②[ɔi⁴⁴]	娘	母亲（背称）
姆*[mai³¹]	阿姆	姆妈	母亲（面称）
孙	孙；孙仔	孙子	孙子
女孙	孙女	孙女	孙女
儿息	阿息；息子	曾孙子	曾孙
女息	阿息	曾孙女	曾孙女
儿玄	玄孙；息嬷子	玄孙	玄孙
女玄	玄孙女；息嬷女	玄孙女	玄孙女
新妇	心*舅*	新妇	儿媳
女郎	婿郎	郎	女婿
大姐	阿姊；阿姐	姐姐	姐姐
姐夫	姊丈	姐夫	姐夫
表兄弟	表兄弟	表兄弟	表兄弟
表兄	表兄	表兄	表兄
表弟	表老弟	表老弟	表弟

---

① 表4–2材料来源：黄雪贞《梅县方言词典》，江苏教育出版社1995年版；熊正辉《南昌方言词典》，江苏教育出版社1994年版。
② "㜷"[ɔi⁴⁴]，从女，哀声，是客家人造的形声字，主要在客家人当中使用。哀，广韵乌开切，影咍开一平蟹。参见郭锡良《汉字古音手册》，商务印书馆2010年版。

续表

付马话	梅县话	南昌话	含义
表姊妹	表姊妹	表姊妹	表姐妹
表姊	表姊	表姊	表姐
表妹	表老妹	表老妹	表妹
老公	老公	男客；老公	老公
亲戚	亲戚	亲戚	亲戚
亲家	亲家	亲家	亲家

从表中我们可以看到，付马话亲属称谓词中凡与梅县话相类似者，往往也与南昌话相类似，二者在很大程度上重叠。这种重叠恐怕不是偶然的。《赣方言概要》中，陈昌仪引游汝杰、周振鹤二先生观点指出：原始客赣语于宋元之际形成，今天的客、赣语均自原始客赣语分化而来。客语形成于元，赣语形成不晚于明。从付马话的发展历程上看，付马人主体的语源地是江西庐陵，其南迁时间约为明中叶前后，可推断其最初的语言面貌应接近客、赣方言。这些与客、赣方言相类似的亲属称谓词，正是付马话自古客、赣方言承传至今的词汇，是付马话亲属称谓系统中的主干部分。

从中国传统文化的传承来看，与客、赣方言相似的称谓词中，很大一部分恰与传统中国亲属称谓"九族"中的词语相对应。"九族"的说法由来已久，《书·尧典》："克明俊德，以亲九族。"九族，即以"自己"为基点，上有父、祖父、曾祖、高祖，下有子、孙、曾孙、玄孙。在漫长的父系社会历史中，"九族"及其所属的直系血亲，是整个亲属称谓系统中最核心的部分，代表了传统大家族中最重要、最有权威的若干亲属。这样的语言现象，反映了中华民族宗族制度的悠久历史与深远影响。在证明付马话的系属乃至付马人的族源时，这些保留了较多客、赣方言成分的直系血亲称谓词更是很有力的证据。

（二）付马话与海南闽语的亲属称谓词

付马话到了海南西部沿海之后，亲属称谓词系统应该受到海南闽语、村话（哥隆话）及其他相关方言、语言的影响，下面我们看看与海南闽语亲属称谓的联系。

付马话亲属称谓词与海南闽语相似的部分涵盖的方面比较多，在父系、母系亲属的称谓词中都有分布，具体见表：

表4-3 付马话亲属称谓与文昌话（文城）、海口相似的词语举例①

付马话	文昌话（文城）	海口	含义
爹	爸；爹	阿爸	父亲
新妇	新妇	新妇	儿媳
孙新妇	孙新妇	孙新妇	孙媳
女孙	嬷姥孙；女孙	炸姞孙	孙女
儿息	息	息	曾孙
女息	女息	炸姞息	曾孙女
女郎	郎家	郎家	女婿
伯爹	伯爹	阿爹	伯父
叔爹	叔父、叔爹、阿叔	叔爹	叔父
堂兄弟	堂兄弟，从兄弟	从兄弟	堂兄弟
堂兄	堂兄；阿哥；厝里阿哥	从兄	堂兄
堂弟	堂弟；阿弟；厝里老弟	从弟	堂弟
堂姐妹	堂姐妹，从姐妹	从姐妹	堂姐妹
堂妹	堂妹；厝妹	从妹	堂妹
妗	妗（姈）	阿姑	大姑
表兄弟	表兄弟，表哥弟	表兄弟	表兄弟
表兄	阿哥；表兄	表兄	表兄
表弟	阿弟；表弟	表弟	表弟
表姐妹	表姐妹；表姊妹	表姊妹	表姐妹
表姐	阿姐；表姐	表姐	表姐
表妹	，阿妹	表妹	表妹
老公	老公；枚挚爸	老公	丈夫（呼称）
亲戚	亲戚	亲情	亲戚
亲家	亲家	亲家（爸/妈）	亲家
某*嫂②	婶嫂	婶嫂两依	妯娌

---

① 表4-3 的材料来源：陈鸿迈《海口方言词典》，江苏教育出版社1998年版。文昌话为笔者的田野调查。

② 付马话呼妯娌为某*[məu⁴⁴]，"某*嫂"，即妯娌。

上述词条中，有一些与客、赣方言相同，这部分相似的词汇涵盖了称谓词中较多的方面，尤其是平辈的称谓词语，这些可能是各南方方言中所共同保留下来的古汉语词，这一部分词与语言接触没有太多的关系。

也有个别称谓词带有明显海南闽语的特点，如"伯爹、姩"等，这一部分的词是到了海南后，在与海南闽语接触中而产生的。这与海南闽语在海南岛上的强势地位密不可分。作为强势方言，海南闽语在经济、文化、人口等方面长期占有优势，在方言接触中必然有许多词汇输入弱势方言，替换了弱势方言的一些固有词汇，亲属称谓词也不例外。

此外在付马话中，一些亲属称谓词的词序与现代标准汉语恰好相反。如对于孙辈以下亲属的称谓词，一般的结构是［称谓＋性别］。如"孙子""玄孙女""曾孙女"等；付马话中顺序颠倒为［性别＋称谓］。在现代标准汉语中，对于不同排行的亲属，一般的结构是［排行＋称谓］，如"三嫂""二伯"等；而在付马话中的顺序为［称谓＋排行］。

这种义素义相同或具有同源关系，义素间顺序互逆的词，在语言学上叫作同素逆序词。同素逆序词在南方许多汉语方言如海南闽语、客家话都存在。但值得注意的是，在亲属称谓词中出现同素逆序现象的方言却并不多见。

在亲属称谓词中存在同素逆序现象的，基本只见于海南闽语的文昌话中，而"文昌周围的海南闽语区和其他汉语方言在亲属称谓词上几乎没有正偏结构词语的现象"① 这种现象的出现也可能是因为琼北的海南闽语受到了临高话等壮侗语支语言的影响。在临高话中，当用名词、代词、动词、形容词和词组充当名词的修饰成分时，往往被放在中心语的后面。而在数量词组充当名词的修饰成分时，数量词组也放在名词后面。

这为探究付马话亲属称谓词中的同素逆序现象提供了思路。考虑到临高话与付马话并未直接接触，方言之间的直接接触与渗透可能性较小，很大可能是付马话受到了海南闽语的影响。这种语言特点显然也一定程度影响到了付马话的相关词语。当数量词充当名词的修饰成分时，被置于中心语后，因此才会有"娭三""娭四"等的说法；名词充当中心语的修饰成分时，也被置于中心语后，因此才会有"儿孙""女孙""女息"的说法。

---

① 林春雨：《海南文昌话的逆序称谓法》，《民族语言》2013 年第 6 期。

(三) 付马话与哥隆话的亲属称谓词

付马话亲属称谓词与村话（哥隆话）相似的部分，主要集中于父系亲属的旁系血亲称谓与母系亲属称谓。在付马话形成的早期，这些称谓词应当有一个对应的汉语词。之所以在今天会出现汉语称谓词被少数民族语言词取代、替换的情况，可能与后代的语言习得对象有关。

从地理位置上看，说付马话的人主要生活在付马村，被村话（哥隆话）、海南闽语、军话等多种语言、方言包围。不可避免地要进行对外交流，使付马村难以形成一个封闭的言语社群。在这种多语言长期接触的历史过程中，必然会出现本村村民与外村村民通婚的情况。符昌忠（1997）在分析村话（哥隆话）中为何男性亲属称谓多为汉语词，而女性称谓词多为村话（哥隆话）固有词时，认为其原因是在当操其他少数民族语言的女性初嫁入时，通常尚未熟练掌握夫方的语言。生儿育女后，她们的后代在语言学习的过程中，首先接触的往往是这些操持家务的女性，而不是出外务工、务农的男性。通过这种方式，母系一方的语言得以融入原本汉语成分居多的父系一方语言中。

这种解释用在付马话身上同样可以。由于子孙后代接触、习得的第一语言多为这些外族女性的母语，因此对于母系亲属及一些旁系亲属的称谓，往往会不自觉地以母亲的外族语言进行称呼。长而久之，这些源自外族语言（如村话（哥隆话））的称谓词就在付马话中得到了保留。

现将有关词条整理如下：

表4-4　　与村话（哥隆话）相似的称谓词与临高话的比较①

付马话	村话（哥隆话）	临高话	含义
爹 [ɖɛ^{35}]	dɛ^{35}	ɓe55	父亲
娪* [ɯi^{31}]；姆* [mai^{31}]	ʔɛi^{21}；bai^{13}	ma33	母亲（呼称）
叔伯 [suk^{4}ɓɛk^4]	sok^{33}bɛk^{33}	eŋ13tok33	兄弟
己*隆* [ki^{44}loŋ^{44}]	kɔ^{33}loŋ$^{35\cdot33}$	eŋ13	哥哥
娪* [ɯi^{31}]	ʔɯi^{21}	eŋ13tau33	兄嫂

① 表4-4的材料来源：符昌忠《海南村话》，华南理工大学出版社1996年版；刘剑三《临高汉词典》，四川民族出版社2000年版。

续表

付马话	村话（哥隆话）	临高话	含义
娱*隆* ［ɯi³¹loŋ⁴⁴］	ʔɯi²¹loŋ³⁵·³³	tau33	大嫂
叔 ［suk⁴］	sɔk³³（哥嫂称）	tok33	弟弟
某* ［məu⁴⁴］	mou⁴²	xim21	弟媳
姐夫 ［tθɯi³¹fu³⁵］	tθɛi³¹fu³⁵	eŋ13	姐夫
□ ［tsi（ə）t⁴⁴］	tsɛt³³（兄称）	ko13	妹妹
伯爹 ［ɓɛk⁴ɖɛ³⁵］	ɓɛk³³ɖɛ³⁵	ɓe55ɓeʔ33	伯父
娱* ［ɯi³¹］	ʔɛi²¹；bai13	ɓa33	伯母
叔爹 ［suk⁴ɖɛ³⁵］	sok³³ɖɛ³⁵	ɓe55tok33	叔叔
姩 ［nen³⁵］	nɛn³³	ko13n̠ɔ33	大姑
伯 ［ɓɛt⁴］	ɓɛk³³	ɓe55xu13	舅父
老娱*□ ［lau⁴⁴ɯi³¹nɔ³¹］	ʔɛi²¹nɔ³³	n̠ia21	外祖母
姩 ［nen³⁵］	nɛn³³	xim13	大舅母
姩 ［nen³⁵］	nɛn³³	ɓa33	大姨母
娱*□ ［ɯi³¹nɔ³¹］	ʔɛi²¹nɔ³³	mai21nia21	岳母
爹 ［ɖe³⁵］	ɖe³³·³⁵	ɖa55kuŋ13	公公
老娱* ［lao⁴⁴ɯi³¹］	ʔɛi¹³	mai21fa44	婆婆

付马话与哥隆话有较强的一致性，而与临高话几乎没有交集。需要注意的是，付马话与村话（哥隆话）相似的称谓词中，并不全是村话（哥隆话）中的特有词。如"爹""伯爹""姩"等，都属于海南闽语所特有的称谓。这无疑与海南闽语的强势地位有关，自海南闽语中来的借词不仅存在于付马话中，同样存在于村话（哥隆话）中。借词的存在是语言接触最直接的体现，虽借贷的次序已难以知晓，但依然能看出海南岛上各语言间的密切接触与深刻影响。

此外，村话（哥隆话）的影响不仅表现在称谓词的借用，更深入到称谓词的称谓规则。语言中，都有一套专门针对同辈亲属排行的排序称呼方式，付马话也不例外。但付马话对父辈中男性亲属排辈的称呼方式却极富特色。

表4-5　　　　　　　　付马话对父辈叔伯兄弟称呼

排行	叫法
老大	隆* [loŋ³⁵]
老二	口 [ɯi³¹]
老三	三 [tθam³⁵]
老四	爹 [dɛ³⁵]
老五	口 [ŋɯi³⁵]
老五以后	ŋɯi³⁵ + 排行

付马话的这一套亲属排辈序数词，与已知的南方汉语方言都有所不同，显然不是从汉语方言中承传来的。对比村话（哥隆话）就会发现，付马话的这些称谓，是吸收了村话（哥隆话）中的排行序数称呼方式的结果。村话（哥隆话）中"对父辈（即伯父和叔父及其配偶）的称呼不分亲从，一般均称为父、母"。而具体面称时，按兄弟排辈称呼如下：

表4-6　　　　　　村话（哥隆话）对父辈兄弟的称呼方式

村话（哥隆话）	汉译
loŋ³⁵	（老大）"父亲"
ŋɛi³¹	（老二）"父亲"
tθam³⁵	（老三）"父亲"
tθɛi³³	（老四）"父亲"
ŋɔ³⁵	（老五以后）"父亲"

传统汉民族对于父辈的每一亲属，都对应有明确的专称，辈分、内外有明确的区分。但付马话在称呼父辈亲属时，全盘吸收了村话（哥隆话）中这一套带有非汉语特色、不分亲从的称谓方式。在这套称谓方式下，传统"父亲"的意识被淡化，"父辈"的意识得到强化，在称呼父辈亲属时只注重其排辈，而未将其各自称谓明确专一化。单从这一套称谓上，既无亲出、从出亲属之别，也无法区分"伯"与"叔"的概念。这也反映了付马人南迁后，在村落、家庭结构上出现了变化，其社群体系已能够与村人对接，所以这一整套同辈顺序称谓方式才能原封不动地被搬来使用。

此外，付马话中称呼排行最大者往往不以数字"一"或形容词"大"来修饰，而是以"隆*［loŋ⁴⁴］"作为一个后缀，用来表示不同辈分中之最长者。如呼大嫂/大伯母均为"娭*隆*［ɯi³¹loŋ⁴⁴］"。"隆*［loŋ⁴⁴］"在付马话亲属称谓词中作为后缀用以区分词义，成为标记"同辈之首"的词缀。

这种用法与村话（哥隆话）相类似，显然也是自村话（哥隆话）吸收而来。村话（哥隆话）中表示"老大"也往往不用数词，而是用［loŋ³⁵］或其变体［loŋ³³］加词头表示。如"pʰɔ⁴²loŋ³⁵"（男性）老大、"bai¹³loŋ³⁵"（女性）老大。

付马话亲属称谓词不同程度地趋近、趋同于周围的方言和民族语，这种趋同不仅仅表现在词语的借用上，在词汇层面连带了相应的语言结构，但是这些结构性的东西已经被词汇化了。

三　付马话亲属称谓词性别因素

称谓词的作用是区别人的身份，一个亲属通常与一个称谓语清晰对应。但在付马话中，却出现了几个亲属共用一个称谓词的一词多称现象。如下：

表4-7　　　　　付马话亲属称谓词中一词多称的词语

付马话	对应的亲属一	对应的亲属二	对应的亲属三
娭*［ɯi³¹］	伯母	兄嫂	母亲
某*［mɔu⁴⁴］	叔母	弟媳	
□［tsiət⁴⁴］	小姑	姑奶奶	
姩［nen³⁵］	大姑母	大舅母	大姨母

值得注意的是，所有出现称谓词混用现象者，无一例外都是女性亲属。单从表4-7的共用情况来看，付马话在亲属观念上不重女性亲属称谓的区分，而在付马话男性亲属的称谓词上来看，大多都长幼、从表区分严明，内外对应齐整，既重父系、母系之分，也有血缘、婚姻之辨。

综上所述，付马话在亲属观念层面，以性别为界，存在着明显的差异。

付马人的主体源自江西，其族源中汉族的成分占很大比重。在语言文化上的表现，必然也是以汉语成分为主，奉行传统汉族主流亲属观念。

但并非所有今天被称为"付马人"者,其族源都是汉族。江西距海南逾2000千米,南迁至海南后,为了繁衍生息,对外通婚便不可避免,付马人的族源中固然以汉族为主,但肯定也混合周边其他族群的成分。外族女性嫁入后,通过相互磨合,将非付马话的语言成分融渗入付马话中,也将富有当地特色的亲属观念带入了付马话。

以与付马村关系最近的哥隆人①为例。在哥隆话中,凡与父母同辈的父系、母系亲属,依照年龄是否大于父母分为两类。对于年纪大于父母的这一类亲属,"称呼都一样,不分从表";对于年纪比父母小的这一类,则各自有不同的称呼。

在海南话、哥隆话中称呼比父母年纪大的姑母、婶母、舅母都叫[nɛn^{33}]。付马话也一样,将大姑母、大舅母、大姨母均称作姘[nen^{35}],这是一个有海南特点的词语,因为这些又不同于壮侗语的其他语言②。哥隆话亲属称谓词的另一个特点是"对于父辈亲属的称呼不分亲从,一般均称为父、母",因此村话(哥隆话)中称母亲、伯母及婶母均为 ʔɛi^{21} 或 bai^{13},这也与付马话中称母亲和伯母均为"娭[ɯi^{31}]"相类似。

付马话这种女性亲属称谓上与哥隆话相似的因素,并不出现在男性亲属词上。在村话(哥隆话)中,大于父母的姑父、姨夫、舅父不作区分,均称为 bɛk^{33};同辈之间不分亲从表,从兄弟姐妹、表兄弟姐妹间,都仅以哥哥姐姐、弟弟妹妹相称③。而付马话中通过词头"堂""表"来严格区分亲兄弟与从、表兄弟,以称谓词的不同,对姑父、姨夫、舅父进行区分。

付马话在亲属观念上以男女性别为分野的差异,所展示的恰是付马话为了适应海南的社会环境所做的亲属称谓系统的调整。随着语言接触的深入,外来语言成分只影响了女性亲属称谓的部分,在男性亲属称谓词上,汉族注重长幼、区分从表、严辨内外的传统亲属观念,依然以较为系统的语词形式延续下来,保留了付马话亲属称谓系统及其背后的人文、历史因素。

---

① 哥隆人主要居住在昌化江下游两岸的昌江、东方二县市境内;哥隆人的语言是哥隆话,又叫村话。
② 王钧等编著:《壮侗语族语言简志》,民族出版社1984年版,第820—824页。
③ 符昌忠:《海南村话的数词》,《民族语文》1997年第3期。

四 小结

整体来看，付马话亲属称谓词与海南闽语的相似度最高，达 25.5%，比族源地客、赣语的相似度更高，这与付马话所处的地理条件是不可分割的。付马村处在海南闽语及村话（哥隆话）的包围之中，往来接触频繁。方言词汇间的相互影响与渗透，导致彼此亲属称谓词的异质性较低。付马话与客、赣方言的一致性分别是 22.4% 和 19.3%，它们之间相隔很远，不太可能是方言之间直接接触与渗透的结果，很大可能是因为付马话与客、赣方言之间存在着同源关系使然。

这一节所选的亲属称谓词，是付马话词汇中的一小部分，但依然足够显示出其语言特点：即不仅包含了历史发展的层次问题，更与后天的语言接触与语言变异密切相关。付马话亲属称谓系统可分内部承袭、接触借用两个层次。内部自有的称谓，是从其祖始语——客、赣方言发展而来，是整个亲属称谓系统的核心，尽管经历了数百年的发展演变，我们依然能在今天的付马话中看到源自客赣方言的不少称谓词，词法特征上也有相似的地方。接触借用的称谓，形成于南迁至海南后，其来源包括海南闽语、哥隆话与其他尚不明确的语言。外来借用词语的影响不仅表现在词汇的借用上，更深入语法规则，具体而言就是影响了词语内部的语素构成。原有称谓和借用来的称呼的竞争，反映了语言使用的一个方面，就亲属称谓而言，亲属观念上的性别分野保持得较为清楚，突出了男性主导的社会类型。

综合上述语言事实与特点，再次看到付马话作为混合型方言的特点。付马话底层是古客赣方言，但南迁至海南岛后又受到强势方言海南闽语和村话（哥隆话）的强烈冲击与渗透，吸收了很多当地方言和语言的成分，形成了鲜明的个性特征。

第三节 反映当地社会生活的词语

这一节主要通过图片形式，介绍一下 21 世纪初，付马村当地的生存和生活环境。从这些图片我们可以初步了解当地的自然环境、交通状态、文化建设等方面的情况。

1. 三脚猫，三轮车。这是没有车棚的，还有较多的是有车棚的，是付马村出行的主要交通工具之一。

图 4-1　坐着三脚猫进城归来的人们（2016）

2. 砖窑。目前已经废弃的砖窑。

图 4-2　废弃的砖窑，后面是桉树林；砖窑附近有制作砖坯的场地。目前这种小型的砖窑已经很少了

3. 母鸡和小鸡

图 4-3　多数的母鸡都是半圈养的，这是有木板挡住的母鸡和小鸡

图 4-4　也有些鸡较为自由，还可以在树上休息

4. 母猪和小猪

图 4-5　母猪在哺育小猪，旁边还有巡防的母鸡朋友

5. 厨房 [哈庐]

图 4-6　半废弃的房舍：瓦房和瓦窗

6. 酒饼

图 4-7　这可不是汤圆，是颜色黑灰的都有的酒饼

7. 柴火

图 4-8　木材不能用来做家具造房子，就可以用来当柴火

8. 野生的热带植物

图4-9 野生的仙人掌，反映了付马村所处的地方，气候较为干旱

图4-10 野生的剑麻

9. 村里道路不断改善

图 4-11　村里的道路一角（2009 年 8 月）

图 4-12　村里的一景 2016 年 10 月，路面已经完成水泥硬化

图4-13 进入付马村的路标（2016年10月）

图4-14 付马村的入口，出租车可以直达，交通条件已经大为改善（2016年10月）

10. 村里的老屋

图 4 – 15　村中随处可见废弃的院落、老屋

11. 农具

图 4 – 16　番薯机

图 4 – 17　畚箕

图 4 – 18　箩筐

图 4-19　牛车

图 4-20　钉耙

12. 农家院落

图 4-21　村里普通的农家庭院之一（2009）

图 4-22　普通的农家庭院之二（2009）

图 4-23　普通的农家院落之三（2016 年 10 月）

13. 村里休闲聊天的公共场所

图 4-24　村民休憩、聊天的树下广场（2016 年 10 月）

14. 黄牛和水牛

图 4-25　田地边的黄牛

图 4-26　拉着车的水牛

15. 村里的农田

图 4-27　村里的稻田

图 4-28　村里的农作物之一

图 4-29　村里的农作物之二

16. 村里的政务

图 4-30　村里的计划生育宣传栏（2016）

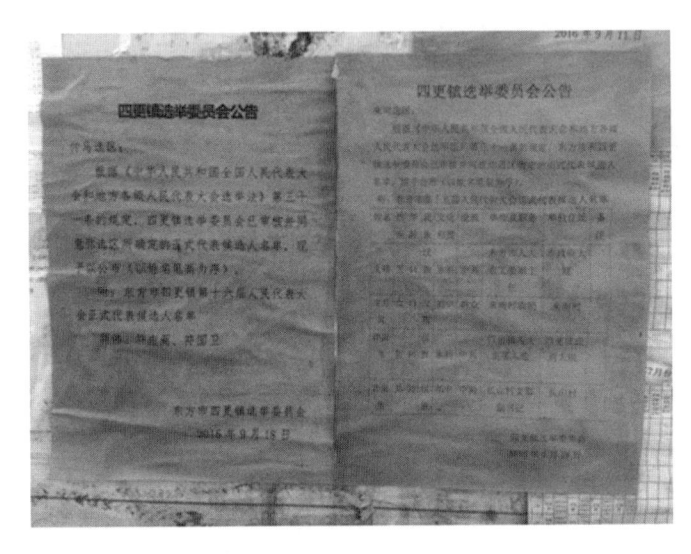

图 4-31　村里所属选区的选举公告（2016）

17. 村里的文化活动

图 4-32　当地文化建设的要求建设的村文化室（2016）

18. 周边的市镇与地理

图 4-33　位于付马村西南的海港灯塔

图 4-34　位于付马村西南东方市市区（2018）

图 4-35　位于付马西南的八所港的鱼市之一

图 4-36　位于付马西南的八所港的鱼市之二

第五章

付马话词语分类表

词汇分类编排说明：

（1）本章分类以《方言词语调查条目表》（《方言》2003 年第 1 期）为基础。收录的付马话词语约 4000 条，按义类分为如下 28 类，主要按照编写的整体要求来安排。

一　天文	十一　身体	二十一　文体活动
二　地理	十二　疾病、医疗	二十二　动词
三　时令、时间	十三　衣服、穿戴	二十三　位置
四　农业	十四　饮食	二十四　代词等
五　植物	十五　红白大事	二十五　形容词
六　动物	十六　日常活动	二十六　副词、介词等
七　房舍	十七　讼事	二十七　量词
八　器具、用品	十八　交际	二十八　数字等
九　称谓	十九　商业、交通	
十　亲属	二十　文化教育	

（2）所收条目是词语，包括一般理解的词汇，也适当收集一些短语。

（3）一般实物性名词只要记音，同时写出字形（即使与普通话相同也要写），但不解释，也不加例句。如有图像，注明见第四章第三节某某图。

（4）非实物性词语（抽象名词、动词等），以及语法性的词语成分，

都要做词典性的注释以及加必要的例句。（参考《现代汉语方言大词典》分卷本）

（5）凡属于第四章范围里的词语，只说词语类别，不作注释。（参看第四章第三节）

（6）本词语分类表主要发音人是老派代表蒙业明、吉呈明两位先生，也适当收了中青年人常用的一些词语，对此会作说明。

（7）本书在词汇的记录上，尽量使用本字，如"狗"写作"犬"，"狗"只有文读的形式，一般的口语都用"犬"。

（8）词语记录酌情使用一些俗字，如"冇 mɔ35 没"。

（9）适当使用同音字或近音字，在右上方加"="表示；合音词用"[汉字部件]"表示合音的两个语素。

（10）没有合适汉字可写的就用"□"表示，如：流星落叫"天星□（落）""thin44tθiŋ44kam31"，"一庹"本字不详，用"□"表示，读音为"tθim53"。

一 天文

(1) 日、月、星

日头 nit2thau53 太阳

日头照到的路 nit2thau53tsiu44tθɔ-44ɖɛ44lu31 太阳地儿（太阳照到的地方）

日头落水 nit2thau53lɔk2sui44 太阳下山

向日头 hiaŋ35nit2thau53 向阳

日头过后 nit2thau53ku44hau31 背阴

凉路 liɯŋ53lu31 背阴

阴 eŋ44 阴

日头（被）喫 nit2thau53θi31hik4 日食

天犬喫日头 thin35khun53hek4nit2thau53 日晕

日头昏 nit2thau53hun44 日晕

日头围栏 nit2thau53vɯi44lan53 日晕

日头光 nit2thau53kuɔŋ35 阳光

日头照 nit2thau53tsiu44 阳光

月 ŋɯt2 月亮

月照到的路 ŋɯt2tsiu44ɖau44ɖə-44lu31 月亮地儿（月亮照到的地方）

月喫 ŋɯt4hit4→ŋɯt4thit44（音变）月食

天犬喫月 thin35khun534hit4ŋɯt4 月食

月围栏 ŋɯt2vɯi44lan53 月晕

天星 thin35tθiŋ35 星星

山伯星 san33ɓɯk4tθiŋ35 牛郎星
英台星 ing44thai31tθiŋ35 织女星
犁尾星 lai44mɯi33tθiŋ35 猎户座
七座星 tθit4tθau44tθiŋ35 北斗星
光星 kɔŋ35tθiŋ35/kuɔŋ44tθiŋ44/ kuɔŋ35tθiŋ35 启明星
启明星 khi32miŋ23tθiŋ35 启明星
喉喫星 həu35hit4tθiŋ35 长庚星
北斗星 ɓak4ɗau44tθiŋ35 北斗星
天河 thin35hoo53 银河
银河 nin32hɔ23 银河
流星 liu33siŋ44 流星（名词）
天星 □（落）thin44tθiŋ44kam31 流星落
扫地星 tθau44thɯi31tθiŋ44 彗星
彗星 hui44tθiŋ35 彗星

（2）风、云、雷、雨

风 foŋ35 风
风大（名词）foŋ35thai33 大风
大风 thai33foŋ35 大风
癫风 tin35foŋ35 狂风
狂风 kuaŋ23foŋ44（文）狂风
台风 thai33foŋ44 台风
风台 foŋ44thai35 台风
细风 tθai33foŋ35 小风
风仔 foŋ35tθai44 小风
冇头鬼 mou31thau53kui44 旋风
旋风 sian31foŋ44 旋风
卷风 kian31foŋ44 旋风
逆风 nik35foŋ44 逆风
顶风 tiŋ31foŋ44 逆风

顺风 sun35foŋ44 顺风
发风 fat4foŋ35 刮风
刮风 kuat35foŋ35 刮风
停风了 foŋ35thiŋ23lə33 风停了
云 vɯn53 云
黑云 hak4vɯn53 黑云
日头烧山 nit2thau53siu44san35 霞（晚上、早上出来的统称）
东明白 ddung44ming33phɛk2 早霞
清晨日头 □□tθiŋ35tθin23nit2-thau53tshəu44kiŋ35 朝霞
日头烧山 nit2thau53siu44san35 晚霞
晚□后日头 □□uan33nɯn35au33 nit2thau53tshəu44kiŋ35 晚霞
雷 lui53 雷
雷响 lui53hiang44 打雷
响雷 hiang44lui53 打雷
打雷 ɗa33lui53 打雷
雷打了 lui53ta23lə31 雷打了（大树被＊＊）
电隙 thin35sik4 闪电（动宾）
雨 vu44 雨（与下面的"雨"不同，声调略升，像34）
落雨了 lɔk2vu44lə331 下雨（了）
滴雨 ddik4vu44 掉点（了）
雨细（仔）vu44tθai44 小雨
毛毛雨 mau44mau53vu44 毛毛雨
大雨（多用）、雨大 thai31vu44 大雨
暴雨 ɓau35ɹi31 暴雨

连续落雨 lian23suk4lɔk2vu44 连阴雨（接连多日阴雨）

雷阵雨 lei31tsin44ɹi31 雷阵雨

停雨了 thiŋ23vu44lə31 雨停了

雨停了 vu44thiŋ23lə31 雨停了

虹 kɔŋ44 虹

天长虹 thin35tshang44kɔŋ44 虹

淋雨 lim53vu44 淋雨

晒 sai34 晒

（3）冰、雪、霜、露

冰 ɓiŋ44 冰

冰锥 wɓiŋ44tsui44 冰锥（挂在屋檐下的）

结冰 kit5ɓiŋ44 结冰

冰雹 ɓiŋ44ɓau35 雹子

雪 tθɯt4 雪

落雪 lɔk2tθɯt4 下雪

鹅毛雪 ŋɔ44mau53tθɯt4 鹅毛雪

雪粒 tθɯt4lip4 雪珠子（米粒状的雪）

雨夹雪 vu44kiəptθɯt4 雨夹雪

雪化了 tθɯt4hua35lə31 雪化了、雪融

面水 min31sui44 露

落面水 lɔk2min31sui44 下露

面水落 min31sui44lɔk2 下露

霜 suaŋ44 霜

落霜 lɔk2suaŋ44 下霜

长脚梦 tshiuŋ53kiɯk4moŋ31 雾

雾 vu35（文）雾

落长脚梦 lɔk2tshiuŋ53kiɯk4moŋ31 下雾

落雾 lɔk2vu35（文）下雾

（4）气候

天气 thian44khi35 天气（最近＊＊不太好）

晴天 tθiŋ24thin35 晴天

天晴 thin35tθiŋ23 天晴

阴天 im35thin44 阴天

天阴/天暗 thin44ʔim35/thin44ʔɔm35 天阴

热 nit23 天气热

□ɓut4 暖

天凉 thin44liɯŋ53 天气冷

天冷 thin44leŋ35 天冷

凉 liɯŋ53 凉

大热 thai31nit23 伏天

入伏 ɹip5fuk25 入伏

初伏 tshɔ44fuk5 初伏

中伏 tsoŋ44fuk5 中伏

尾伏 mɯi44fuk5 末伏

末伏 mɔk5fuk5 末伏

天旱 thin35hɔn31 天旱

天照 thin44tsiu24 天旱

浸 tθim4 涝了

□ɔm31 涝了

□uk5 涝了

天光 thin35kuɔŋ35 天亮了

二 地理

（1）地

平原 phiŋ32ian23 平原

坡园 phɔ35vin53 旱地

水田 sui33thin53 水田
田□thin53ŋian35 田埂
菜园 tθai33vin53 菜地
荒园 huaŋ33vin53 荒地
沙园 sa44thɯi2vin53 沙土地
坡园 phɔ35vin53 坡地
矾碱园 fan53kiam31vin53 盐碱地
滩涂园 than44thəu23vin53 滩地
山园 san35vin53 山地（山上的农业用地）

(2) 山

山 san35 山
山腰 san35ɹiu44（45）山腰
山脚 liŋ31kiɯk2 山脚
岭（山）夹 liŋ44（san34）kiəp2 山坳（山间的平地）
岭谷、岭暗 liŋ44ŋam31 山谷
岭夹水 liŋ44kiəp2sui44 山涧（两山夹水）
山坡 san35phɔ44（45）山坡
山头 san35thau53 山头
岭墙 liŋ31tshaŋ53 山崖

(3) 江、河、湖、海、水

河 hɔ53 河
河头 hɔ53thau53 河里（掉**了）
水利 sui31li35 水渠
沟仔 kau35tθai44/kəu44tθai44 小水沟
湖 hu23 湖
潭 than23 潭（深的天然的）
水塘 sui44thɔŋ53 水塘

□ həu35 池塘、鱼塘
水窟 sui44hɯt4 水坑
潭窟 than31hɯt4 水坑
海 hɔi44 海
河口 hɔ446ɯn53 河岸
坝 ɓa35 堤（沿河或沿海防水的建筑物）
坝 ɓa35 坝（河中拦水的建筑物）
□ ɗɯn44 洲（水中陆地）
洲 tsəu35 洲
河岸夹 hɔ536ɯn53kiəp2 河岸
河滩 hɔ53than44 河滩
水 sui44 水
清水 tθiŋ35sui44 清水
浓水 noŋ53sui44 浑水
雨水 vu44sui44 雨水
洪水 hoŋ53sui44 洪水
发大水 fat4thai31sui44（45）发大水
洪峰 hoŋ31foŋ44 洪峰（涨达最高水位）
水头水 sui44thau53sui44 泉水
泉水 tshian23sui44 泉水
泉水 tshian23sui31 泉水
热水 nnit23sui44 热水
冻水 ddoŋ44sui44 凉水
凉水 liwŋ53sui44 凉水
□水 ɓut23sui44 温水
滚水 kun44sui44 开水（煮沸的水）
洞窟 thoŋ35hɯt4 窟窿
裂□ lai35kiai35 缝儿
地震 ddi35tsin35 地震

(4) 石沙、土地、矿物

石头 sik2thau53 石头
大石头 thai31sik2thau53 大石头
石头细 sik2thau53tθai44 小石块
石板 sik2ɓan44 石板
鸡春石头 kai35tshun35tshɯn35sik31 鹅卵石
鹅春石 ŋɔ53tshɯn35sik31 鹅卵石
沙粒 sa35lip4 沙子
沙 sa35 沙子
沙地 sa35thɯi31 沙土（含沙很多的土）
沙园 sa35vɯn53 沙地
沙滩 sa35than35 沙滩
沙口 ɓɯn53 沙滩
砖坯 tθun44phi44 土坯
土坯 thu31phi45（文）土坯
砖坯 tθun44phi44 砖坯
专坯 tshuan44phi44 专坯
砖 tsɯn35 砖
瓦 ŋua44 瓦
烂瓦 lan31ŋua44 碎瓦
灰 hui35 灰尘
灰粉 hui35fon53 石灰粉
烂泥 lan31nai53 烂泥
泥 nai53 泥土（干的）
泥湿 nai53sip4 湿泥
金 kim35 金（指自然状态下的矿物质，下同）
银 ŋan53 银
铜 thoŋ53 铜
铁 thit4 铁

锡 tθik4 锡
煤 mɛi23 煤
番油 fan35jəu53 煤油
汽油 khi44jəu23 汽油
石头灰 sik2thau53hui35 石灰
水泥 sui44nai53 水泥
水泥 sui44ni23 水泥
吸针铁 tθɳ44tsim35thit4 磁石
磁石 tθɳ44thit4 磁石
玉 jok5 玉
火炭 huɯ44than44 木炭
木炭 mok23than35 木炭
火烟 huɯ44in35 火烟
着火 tshik2huɯ44 失火

（5）城乡处所

甚哪路 sin35nɛ44lu31 地方（他什么地方人？）
城市 tshiŋ31si35 城市（对乡村而言）
城墙 tθiŋ31tθiɯŋ53 城墙
壕（沟）hau23（kau44）壕沟
城头 siŋ53thau53 城内
城外 tshiŋ23uai35thau53 城外
城尾头 siŋ53mwi31thau53 城郊
城门 tshiŋ23mun53 城门
巷 hiaŋ35 胡同
羊沟 jaŋ31kəu 小巷
村 tθun35 乡村（对城市而言）
山沟 san35kau35 山沟（偏僻的山村）
我村 ŋɯn44tθun35 家乡
上市 sɔŋ35si53（赶）集
街 kai35 街道

路 lou31 路
大路 thai44lu31 大路
路细 lu44tɕai45 小路
行路 hiŋ44lu31 走路
集市 tthip4si35 集市

三　时令、时间

(1) 季节

春天 tshɯn35thin35 春天
春　tshun35（文）tshɯn35（白）春
夏天 hia35thian44 夏天
秋天 tɕəu44thin35 秋天
冬天 ɗoŋ44thian44 冬天
交春 kau35tshɯn35 立春
雨水 ȵi31sui31 雨水
惊蛰 kiŋ44tsik5 惊蛰
春分 tsun44fɯn44 春分
清明 tɕiŋ44miŋ53 清明
谷雨 kuk5ȵi31 谷雨
立夏 lip5hia35 立夏
小满 tɕiau53muan31 小满
芒种 maŋ31tsoŋ35 芒种
夏至 hia35tsi35 夏至
小暑 tɕiau31su31 小暑
小暑 tɕiau31tsi35 小暑
大暑 ɗa44su31 大暑
大暑 ɗa44tsi35 大暑
立秋 lip5tɕiu44 立秋
处暑 tshu44tshu31 处暑
处暑 tshu44tsi35 处暑

白露 ɓɯk5lu353 白露
秋分 tɕiu44fɯn44 秋分
寒露 han33lu353 寒露
霜降 suaŋ44kiaŋ35 霜降
立冬 lip5ɗoŋ44 立冬
小雪 tɕau44tɕət4 小雪
大雪 ɗa55tɕət4 大雪
冬至 ɗoŋ44tsi353 冬至
小寒 tɕiau31han23 小寒
大寒 ɗa44han23 大寒
日历 ȵit3lit5 历书
历书 lit5si44 历书
农历 noŋ31li353 农历
阴历 im44li35 阴历
公历 koŋ44li353 公历
阳历 jaŋ31li353 阳历

(2) 节日

大年三十日 thai31nin53sa53a31-nniət4 除夕（农历一年最后一天）
年初一 nin53tshɔ44ik4（大）年初一
大年初一 thai31nin55tshɔ44ik4 大年初一
拜年 ɓai35nin53 拜年
拜年 ɓai35nian23 拜年
过大年节 kuɯ35thai31nin55tɕit4 元宵节（农历正月十五）
正月十五 tsiə35ŋɯt2sip2ŋu44 正月十五
元宵节 ȵian31tɕau33tɕit4 元宵节
缚粽节 fut2tɕoŋ44tɕit4 端午节（农历

五月初五)
端午节 ɗuan44vu31tθit4 端午节
七月初七 tθit4ŋɯt4tshɔ44tθit4 七夕
(农历七月初七的晚上)
烧衫节 siu44sam44tθit4 中元节（农历七月十五)
八月十五节 ɓat4ŋɯt4sip2ŋu44tθit4 中秋节（农历八月十五或十六)
山伯英台来相见 san35ɓɯk4iŋ44-thai23lai53kiŋ35ku55 中秋节
中秋节 tsoŋ44tθiu44tθit4 中秋节
九月初九 kəu44ŋɯt4tshɔ44kəu44 重阳节（农历九月初九)
tshoŋ44ɹiaŋ23tθiɛ44 重阳节
清明节 tθiŋ35miŋ35tθit4 清明节

(3) 年

今年 kim35nin53 今年
去年 khɯl55nin53 去年
明年 meŋ55nin53 明年
前年 tθin55nin53 前年
大前年 thai31tθin55nin53 大前年
曩时 noŋ53si53（白）往年（以往的年头)
往年 uaŋ33nian23 往年
后年 hau31nin53 后年
大后年 thai33hau33nin53 大后年
每年 mɯi31nin53 每年
年头 nin44thau53 年初
年中 nin53tsoŋ35 年中
年尾 nin53mɯi53 年底
上半年 soŋ31ɓuan35nin53 上半年
落半年 hia35ɓuan35nin53 下半年
整年 tsiŋ31nin53 整年

(4) 月

正月 tsiɯ35ŋɯt4 正月
十二月 sip2ŋɯi31ŋɯt4 腊月
十□月 sip3mɯi33ŋɯt4 腊月
闰月 ɹun31ŋɯt4 闰月
月头 ŋɯt4thau53 月初
月初 ŋɯt4tshɔ35 月初
月中 ŋɯt4tsoŋ35 月半
月半 ŋɯt4ɓɔn44 月半
月尾 ŋɯt4mɯi44 月底
月底 ŋɯt4ɗi31 月底
一个月 a24kɔ44ŋɯt4 一个月
前个月 tθin53kɔ44ŋɯt4 前个月
上个月 soŋ31kɔ44ŋɯt4 上个月
上个月 soŋ31kɔ44ɹɛɹ4 上个月
个个月 kɔ35kɔ55ŋɯt4 这个月
下个月 ha31kɔ44ŋɯt4 下个月
每月 mɯi31ŋɯt4 每月
上旬 saŋ35sun23 上旬
中旬 tsoŋ44sun23 中旬
下旬 hia35sun23 下旬
大月 thai31ŋɯt4 大建（农历三十天的月份)
细月 tθai44ŋɯt4 小建（农历二十九天的月份)

(5) 日、时

今日 kim35niət4 今天
当日 taŋ44niət4 昨天
明更 miŋ353kiŋ35 明天

后日 hau33niət4 后天

大后日 thai33hau33niət4 大后天

第二日 thai33ŋɯi33niət4 次日（某日的下一天）

□昏 tu31hun35 昨天

前日 tθin53niət4 前天

大前日 thai31tθin53niət4 大前天

前几日 tθin53kɯi44niət4 前几天

礼拜（日）li33ɓai35（ȵit5）星期天

礼拜天 li33ɓai44thiaŋ44

星期天 siŋ44khi44thiaŋ44

一个星期 a44kɔ55siŋ44khi44 一星期

整日 tsiŋ31niət4 整天

整天 tsiŋ31thian44 整天

每日 mɯi33niət4（35）每天

十零日 sip3liŋ34niət4 十几天（比十天多）

十几日 sip3kɯi44niət4 十几天

上午 saŋ35vu31 上午

下午 hia35vu31 下午

半日 ɓuɔn44niət4 半天

大半日 thai31ɓuɔn44niət4 大半天

乌胧光 vu44loŋ53kuɔŋ35 凌晨（天快亮的时候）

天光 thin35kuɔŋ35 清晨（日出前后的一段时间）

清晨 tθiŋ35tθin35 清晨

清晨 tθiŋ35tθin35 早晨

上午 saŋ55vu31 上午

午前 vu31tθian23 午前

中午 tsɔŋ44vu31 中午

下午 hia35vu31 下午

午后 vu44həu353 午后

昏暗 vun35ɔm35 傍晚

晒日 sai44nniət4 白天

擦擦黑 sa33sa44hak4 黄昏（日落以后星出以前）

午昏暗 vu31hun35ɔm44 傍晚

老夜 lau33ȵiɯ31 夜晚（从天黑到天亮的一段时间）

半夜 ɓuɔn45ȵiɯ31 半夜

上半夜 saŋ55ɓuɔn55ȵiɯ35 上半夜

下半夜 hia35ɓuɔn55ȵiɯ35 下半夜

整夜 tsiŋ31ȵiɯ31 整夜

每日暗道 mɯi31niət4ɔm44ɗau44 每天晚上

每日老夜 mɯi31niət4lau31ȵiɯ31 每天晚上

(6) 其他时间概念

年份 nian23fɯn35 年份（指某一年）

月份 ŋɯt4fɯn35 月份（指某一月）

ȵiət3fɯn35 月份

日子（指日期）mit2tθii31 日子（指日期）

么底时候 mut4ɗə33sii53hau31 什么时候（他什么时候来？）

时候 sa53hau31 时候

曩时 noŋ53si53 先前

以前 i31tθian23 以前

后来 hau31lɯi53 后来

以后 i31həu35 以后
时今 si31kin35（kim35）现在
一世 a44sai44 一辈子

四 农业

(1) 农事

春耕 tshun35kɯŋ44 春耕
春耕 tshun35kɯŋ35 春耕
做工 tok2koŋ35 做工
一件事 a44khin31sʅ31 一件事
夏收 hia35səu44 夏收
早收 tθau31səu44 早收
晚收 uan31suɛ44 晚收
秋收 tθiu44səu44 秋收
早秋 tθau33tθiu44 早秋
晚秋 uan31tθiu44 晚秋
整地 tsiŋ31thɯi31 整地
整地 tsiŋ31ɗi35 整地
落种 lɔk2tsoŋ44 下种
插禾 tshap4vɔ53 插秧
插田 tshap4thin53 插秧
插秧 tshap4ɹiɯŋ35 插秧
铲草 tshan44tθau44 薅草
拔草 ɯt4tθau44 锄草
割草 kɯət4tθau 割草
禾枝 vɔ53tsi35 稻穗
禾 vɔ53 稻
割禾 kɔt4vɔ53 割稻子
割小麦 kɔt4tθiau31muk45 割麦
打谷场 ta31kuk4tshaŋ31 打谷场
打场 ta33tshaŋ31 打场

天井 thin35tθiŋ31 场院
场院 tshaŋ31ɹian35 场院
庭前 thith35tθin53 庭前
挖园 uat4vin53 锄地
挖地 uat4thɯi31 翻地
松土 tθuŋ44thu31 松土
挖地蓬 uat4thɯi44phoŋ44 挖地松
放粪 faŋ44fɯn44 施肥
追肥 tshui44fɛi23 施肥
淋粪 lim53fɯn44 浇粪
粪窟 fɯn44hɯt4 粪坑
粪堆 fɯn44ɗui35 粪堆
栽菜 tθai35tθai44 种菜
积肥 tθik4fɛi23 积肥
拾粪 sip2 fɯn44 拾粪
拾屎 sip2si44 拾粪
扛粪 kɔn35fɯn44 运肥料
粪 fɯn35 粪肥（注意各种粪肥的名称）
肥 fɛi31 肥
肥粪 fɛi31fɯn35 肥料
化肥 hua44fɛi23 化肥（注意务种常见化肥的名称）
肥料 fei31liau44 肥料
淋水 lim55sui44 浇水
灌水 kuan35sui44 灌水（使水入地）
排水 phai23sui44 排水（使水入地）
打水 ɗa44sui44 打水（从井里或河里取水）
水井 sui44tθiŋ44 水井

(2) 农具

木盆 muk4phwneet 水桶（汲水用的木

桶）
水井索 sui44tθiŋ44tθɔk4 井绳
水车 sui44tshiɯ35 水车
年成 nian31tshiŋ35 年成
牛车 ŋau53tshiɯ44 大车
单轳车 ɗan44lu35tshiɯ44 独轮车
轳 lu35 车轮
牛轭 ŋau53εk4 牛轭
牛□笼 ŋau53tu44loŋ44 牛笼嘴
牵牛鼻（笼套）tθat4ma44loŋ53 牛鼻桊儿（穿在牛鼻子里的木棍儿或铁环）
牛放 ŋau53faŋ35 牛笼套
犁 lai53 犁
犁尾 lai53mɯi44 犁尾，犁底部
犁□杆 lai53tam44kɔn35 犁锁
犁头 lai44thou53 犁头，犁铧尖儿
犁□ lai53si31 犁池
犁后 lai53həu44 犁尾
犁壁＝lai44pik4 犁面
犁□□lai44khai31ŋiŋ53 犁中横木
犁□lai44sɔŋ53 犁鞘
犁仔□lai53tθɿ31sɔŋ31 犁鞘
犁磨盘 lai44mu55phuan35 犁调节轴
八耙 ɓat4pha23 耙子
粪围 fɯn44vεi53 苊子（用高粱或芦苇的篾片编的粗而长的席、可以围起来囤粮食）
缸 kɔŋ35 囤（存放粮食的器具）
□谷机 fak31kuk4ki44 扇扇车（使米

粒跟谷壳分离的农具）
轮碌 lɯn53kun53 石碌（圆柱形，用来轧谷物，平场地）
脱粒机 thɔ44lip4ki44 砻（lóŋ 接脱去稻谷外皮的农具）
磨谷磨 mɔ23kuk4mɔ35 石磨
磨粉磨 mɔ23fɯn44mɔ35 石磨
磨公（转动的）mɔ23koŋ35 磨公（转动的磨盘）
磨母（不动的）mɔ23mai31 磨母（不动的磨盘）
磨□ mɔ23khɯn53 磨盘
磨手 mɔ35səu44 磨把儿
磨窟 mɔ35hɯt4 磨脐儿（磨扇中心的铁轴）
米筛 mai44sai35 筛子（筛稻、米用的）
□təu31 罗（筛粉末状细物用的器具）
大□thai35təu31 大罗
□phaŋ44 连枷
□禾 phaŋ44vɔ53 连枷
连枷 lian31kia44 连枷
臼 khəu31 碓（指整体）
□tsap4（一套）碓
舂锤 tsoŋ35tshui44 碓杵
铁耙 thit4pha23 钉耙
□耙 tθɿ4pha23 耙
撞 tshuaŋ35 镐（刨硬地用，一头尖形，一头扁小）
镢头 kɔt4thau53 锄（松土、锄草用，扁形）

铡刀 tsap4ɗau35（旧）铡刀
铡刀 tsap4dau44（新）铡刀
镰刀 lim53dau35 镰刀
砍柴刀 kan53sai53dau35 砍刀（用来劈开或剁断木柴的刀）
刀柄 ɗau35ɓiŋ44ɗɓ 刀把
□□lok2khau35 木锨
（铁）铲（thit4）tshan44 铁锨（口是平的）
簸箕 ɓɔ44kɯi35 簸箕（盛粮食用）
粪箕 fɯn31kɯi35 撮箕（撮垃圾用）
垃圾 lap2tθap2 垃圾
篮 lam53 筐
筐 khuaŋ44
篮 lam53 箩
担扛 ɗam31kɔŋ35 扁担
担担 dam35dam44（kɔn35）挑担子
大扫地 tθai31tθau44thɯi31 扫帚（用竹枝扎成，比笤帚大，扫地用）
扫地细 tθau44thɯi31tθai44 笤帚（用高粱穗、黍子穗等绑成，扫地用）

五 植物

(1) 农作物

百姓 ɓɛk4tθiŋ44 庄稼
岁 sui53 年
□ham35 收成，果实
庄稼 tsuaŋ44kia35 庄稼
百姓 ɓɛk4tθiŋ44 粮食
粮食 liaŋ33sik5 粮食
五谷 ŋu44kuk4 五谷
小麦 tθiau31muk5 麦
大麦 ɗa55muk5 大麦
小麦 tθiau31muk5 荞麦
禾平头 vuɯ53phiŋ35thau53 麦茬儿
小米 tθiau31mi31 小米儿
谷 kuk4 谷子（指植株，籽实是小米）
□□haŋ31ŋiŋ53 麦秸
番贡 fan35koŋ35 玉米
高粱 kau44liaŋ23 高粱
禾 vuɯ53 稻（指植株）
谷 kok4 稻子（指籽实）
□□haŋ31ŋiŋ53 稻草（去掉实的）
禾□□vuɯ33haŋ31ŋiŋ53 稻杆
秋熟禾 tθiu44suk2vuɯ53 早稻
大熟禾 thai31suk2vuɯ53 晚稻
假禾 ka44vuɯ53 稗子
杂草 tθap5tθau31 杂草
瘪谷 ɓɛ31kuk4 秕子（空的或不饱满的籽粒）
米 mai44 米（稻的籽实去壳后）
糯米 nu31mai44 糯米
米 mai44 大米（相对糯米而言）
红毛糯 hoŋ53-55mau53nu31 籼米（米粒长而细，黏性小）
□籼米 ɓɯk4sian23mai44 籼米
老糠米 lau44khaŋ31mai44 粗米
精米 tsiŋ35mai44 精米
秋熟米 tθiu44suk2mai44 早米
新米 tθin35mai44 新米
大熟米 thai31suk31mai44 晚米

老米 lau44mai44 陈米

磨的米 mɔ35ti44mai44 糙米（未舂碾过的米）

粗米 tshu35mai44 粗米

□的米 thoŋ31ti44mai44 白米（经过舂碾的米）

平米 phiŋ33mai44 白米

□布 ki33bu35 棉花

□□苞 ki31ɓui23ɓau35 棉花桃儿

麻秆 ma23kan31 麻秆

苎麻 tsi44ma23 苎麻

□□ ki33hɔ31 脂麻（芝麻）

油麻 jəu55ma53 油麻

向日葵 hiaŋ35ɹit4khui23 向日葵

向日葵核 hiaŋ35ɹit4khui23hɯt2 葵花子儿

白薯 phɛk2sɯi53 白薯

红薯 hoŋ55sɯi53 红薯

紫薯 tθɿ44sɯi53 紫薯

黄薯 vɔŋ53sɯi53 黄薯

红心薯 hoŋ53tθim35sɯi53 红心薯

黄心薯 vɔŋ53tθim35sɯi53 黄心薯

绿心薯 lok2tθim35sɯi53 绿心薯

冰淇淋薯 ɓiŋ44ki31lin23sɯi53 红薯的一种

日本薯（肉白）ɹi35ɓɯn31sɯi53 白薯

松薯 tθoŋ44sɯi53 红薯的一种

老板薯 lau44ɓan31sɯi53 红薯中价钱最贵的一种

马铃薯 ma33liŋ33su35 马铃薯

土豆 2thu31dɯu35 马铃薯

火头薯 hɯu31thau53sɯi53 芋（指这种植物的总称）

火头薯叶 hɯu31thau53sɯi53ɹip23 芋头叶

火头薯骨 hɯu31thau53sɯi53kut4 芋头杆

慈姑 tθɯ31ku44 慈姑

山署 san35sɯi53 山药

淮山 huai31san44 山药

藕 ŋəu31 藕

藕 əu31 藕

莲子 lian23tθɿ31 莲子（莲蓬的子）

（2）豆类、菜蔬

黄豆 vuɯŋ53thau31（老）黄豆

□豆 vuɯ31thau31 黄豆

黄豆 huaŋ33ɗɯu35 黄豆

豆 thau31（文）ɗɜu31（白）豆

菜文 sai/tshai35 菜

菜白 tθai31 菜

绿豆 luk2thau31 绿豆

绿平 lok4ɗɯu35 绿豆

黑豆 hak4thau31 黑豆

黑豆 hɯk4ɗɯu35 黑豆

红豆 huŋ53thau31 红小豆

红豆 hoŋ31ɗɯu35 红豆

豌豆 van33ɗɯu35 豌豆

长豆角 tshiuŋ53thau31kak5 豇豆（细长条的）

扁豆 ɓian31ɗau44 扁豆

蚕豆 tθan23thau31 蚕豆

蚕豆 tshan33ɗɯɯ35 蚕豆
吊茄 ɗiau35khiɯ31 茄子
茄子 kia44tθɤ31 茄子
刀□ɗau35kiɯ31 茄子
黄瓜 vuɯŋ53kua35 黄瓜
黄瓜 huaŋ31kua44 黄瓜
菜瓜 tshai35kua44 菜瓜
菜瓜 sai44kua44 菜瓜
水瓜 sɯi33kua35 丝瓜
水瓜 sɯi44kua31 水瓜
苦瓜 khu31kua44 苦瓜
南瓜 nam53kua35 南瓜
冬瓜 ɗoŋ35kua35 冬瓜
葫芦 ha33ləu53（圆的）葫芦
□□tθam33ɓu35（长的）瓠子
葱 tθoŋ35 葱
洋葱 ȵiŋ53tθuŋ35 洋葱
洋葱 ȵiaŋ31tθuŋ44 洋葱
葱叶 tθuŋ35ȵip23 葱叶
葱白 tθuŋ35thau53 葱白
蒜 tθɯn44（湿蒜头）蒜（指这种植物）
蒜头 tθɯn44thau53（干蒜头）蒜头（蒜的鳞茎、由蒜瓣构成）
蒜头苗 tθɯn44thau53miau23 蒜苗（蒜的花茎）
（青）蒜头（tθiŋ35）tθɯn44thau53 青蒜（嫩的蒜梗和蒜叶）
蒜头（汁）tθɯn44thau53（tsip4）蒜泥
扁骨葱 ɓin31kut4tθuŋ44 韭菜

韭菜 kiu31tshai35 韭菜
黄韭菜 vɔŋ55kiu31tshai35 韭黄
苋菜 hian35tθai44 苋菜
白苋菜 phɛk2hian35tθai44 白苋菜
红苋菜 haŋ53hian35tθai44 红苋菜
□□sa44li53 西红柿
姜 kiɯŋ35 姜
灯笼辣椒 ɗɯŋ44luŋ31lat2tθiu35 柿子椒
菜椒 tθai55tθiu35 菜椒
辣椒 lat2tθiu35 辣椒
辣椒粉 lat2tθiu35fɯn31（fɯn53）辣椒面儿
芥菜 kiɛi44tθai44 芥菜
芥末 kiɛi35mɔk44 芥末
胡椒 hu31tsiau44 胡椒
菠菜 bɔ35tshai55 菠菜
白菜 pɛk2tθai44 白菜
叶子菜 iat31tθɯi44tθai44 洋白菜（叶子卷成球状的）
蕹菜 oŋ31tθai35 空心菜
（小）白菜（tθai44）phɛk2tθai44 小白菜
竹笋 tsuk4sɯn44tθai44 莴笋（茎部）
竹笋菜叶 tsuk4sɯn44tθai44ȵip34 莴笋叶
生菜 siŋ44tθai44 生菜
莙荙菜 kin44（tsin44）ɗat4tθai44 莙荙菜
芹菜 khin31tshai44 芹菜

芹菜 tshiŋ31tθai44 芹菜
香菜 hiɯŋ35tθai44 莞荽
蒿菜 hau44tθai35 蒿子秆儿
蒿菜 hau44tθai44 蒿菜
萝卜薯 la31ɓɔk2sɯi53 萝卜
□ɓuk4（萝卜）糠了
萝卜（薯）菜 lɔ33bɔ33（sɯi53）tθai44 萝卜缨儿
萝卜丝 la33bɔk3tθɿ35 萝卜干儿
红萝卜薯 hʊŋ44la33bɔk3sɯi53 胡萝卜
甘蓝头薯（菜）kan44lan31thau31sɯi53（tθai44）苤蓝
苤蓝（文）phiə31lan23 苤蓝
茭白 kiau44ɓɯk5 茭白
油菜 ɹiou53tθai44 油菜（做蔬菜用）
油菜（苔）ɹiou53tθai44（thai23）油菜苔
油菜核 ɹiou53tθai44hɯt2 油菜籽（榨油用）
荠菜 tsi55tshai44 荠菜
（3）树木
树 səu31 树
木头 muk2thau53 木头
树头 səu31thau53 树林
树苗 səu31miau23 树苗
树骨 tθəu31kuɯt5 树干
树□səu31（pha35）tθɯ35 树梢
树根 səu31kin35 树根
树叶 səu31ɹip23 树叶
树枝 səu31pha35（大的）树枝

树□səu31saŋ31（小的）树枝
栽树 tθai35səu31 种树（动宾）
砍树（动宾）kan44səu31 砍树（动宾）
松树 tθuŋ44səu31 松树
柏树 pɛk3səu31 柏树
松树叶 tθuŋ44səu31ɹip23 松针
松□（果）tθuŋ44ham35 松球
松香 tθuŋ44hiaŋ44 松香
杉木树 san44muk5səu31 杉树
杉木叶 san44muk5ɹip23 杉针
杉木 san44muk5 杉篙
桑树 tθaŋ44səu31 桑树
桑树□（果）saŋ44səu31ham35 桑葚儿
桑树叶 saŋ44səu31ɹip23 桑叶
杨树 ɹiɯŋ53səu31 杨树
柳树 liu23səu31 柳树
藤 thaŋ53 荆条
桐油树 thuŋ33ɹiou53səu31 桐油树
桐油树□（果）thuŋ33ɹiou53səu31ham35 桐子
桐油 thuŋɹiou53 桐油
苦楝树 khu44lim31səu31 苦楝树
红豆树 huŋ53thəu31səu31 红豆树
竹子 tsok4（tsuk4）竹子
竹笋 tsuk4tθsɯn44 竹笋
冬竹笋 ɗuŋ44tsuk4tθɯn44 冬笋
冬笋 ɗuŋ35tθɯn44 冬笋
春竹 tshɯn35tsuk4 春笋
春竹笋 tshɯn35tsuk4sɯn44 春竹笋

笋壳 tθɯn44hɔk4 笋壳
栏蒿 lan31kɔ35 竹竿儿
竹叶 tsuk4ɹip23 竹叶儿
篾 mit5 篾片（竹子劈成的薄片）
竹篾 tsuk4mit5 竹篾
篾肚 mit5thu31 篾黄
竹青 tsuk4tθiŋ35 篾青

(4) 瓜果

水果 sui31kuɯ31 水果
干□ kɔn35ham44 干果
桃 thau23 桃
桃□果 thau32ham35 桃子
杏 hiŋ35 杏
杏 siŋ53 杏
李子 li31tθɤ31 李子
苹果 phiŋ33kuɯ31 苹果
苹果细 phiŋ31kuɯ31tθai44 沙果
枣 tsau31 枣儿
梨 li23 梨
枇杷 phi33pha31 枇杷
柿子 si44tθɤ31 柿子
柿饼 si35ɓiŋ44 柿饼
石榴□ sik5liu23ham35 石榴
柚子 ɹiu35tθɤ31 柚子
橘子 kit5tθɤ31 橘子
橘子筋 kit5lɔk4kin35 橘络（橘瓣上的丝儿）
细柑 maŋ35kim33kit5 金橘
□□□tθai31kɔm44maŋ35 金橘
橙□果 siŋ53ham35 橙子
橙子 tsɯŋ23tθɤ31 橙子

分崖 fɯn44ɹiai35 木瓜
龙眼 luŋ31ɹian31 龙眼
龙眼肉 luŋ31ɹian31nniɯk5 龙眼肉
（去壳去核的龙眼干）
荔枝 li44tsi44 荔枝
木果□ muk4kuɯ31ham35 杧果
番贡□头 fan35ku35ŋɯ31thau53 菠萝
橄榄 kan44lan23 橄榄
白□ pɛk2ham35 银杏
银杏 ŋin33hiŋ35 银杏
栗子□果 lit5tθɤ31ham35 栗子
核桃 khɔt31thau23 核桃
榛子 tsɯn44tsɤ31 榛子
榧子 fei44tθɤ31 榧子
大核瓜 ɗa44hɯt2kua35 西瓜
日本瓜 ɹit56ɯn31kua35 西瓜
瓜核 kua35hɯt23 瓜子儿
甜瓜 thim53kua35 甜瓜
马蹄 ma31thi23 荸荠
荸荠 3tshi23 荸荠
甘蔗 kam35tsiɯ44 甘蔗
□ham35 花生
□□ham35niɯk2 花生米
□肉皮 ham35niɯk2phɯi53 花生皮
（花生米外面的红皮）
□壳 ham35hɔk4 花生壳

(5) 花草、菌类

叶 ɹip23 叶
花 hua35 花
桂花 kui35hua35 桂花

菊花 kiak5hua44 菊花
梅花 mei31hua44 梅花
凤仙花 fɯn55tθian33hua44 凤仙花
牡丹 mɔ31ddan44 牡丹
荷花 hɯ31hua44 荷花
荷叶 hɯ31ɹiɛp35 荷叶
莲蓬 lian31phɔŋ23 莲蓬
水仙（花）sui31tθian44hua44 水仙（花）
茉莉花 mɔ55li55hua44 茉莉花儿
好羞草 hau44tθeu35tθau44 含羞草
□□花 liu55uaŋ31hua35 牵牛花
杜鹃花 du55kian44hua44 杜鹃花
芙蓉花 fu44ɹiuŋ31hua44 芙蓉花
万年青 van55nian31tθiŋ44 万年青
仙人掌 tθin44ɹin31tsaŋ31 仙人掌
掏 thau44 摘（摘朵花儿）
花苞 hua35 6au35 花蕾（没有开放的花）
花叶 hua44ɹip23 花瓣儿
花荫 hua44ɹim44 花瓣
花瓣 hua44 6in35 花瓣
花心 hua35tθim35 花蕊
草 tθau44 草
已欢 ki31hɔn44 芦苇
芦苇 lu33vɛi35 芦苇
香菇 hiaŋ44ku44 香菇
蘑菇 mɔ31ku44 蘑菇
冬菇 ɗuŋ44ku44 冬菇
乌痂 uk4kai35 青苔
青苔 tθiŋ44thai35

藤 thaŋ53 藤
□ lat23 刺

六 动物

（1）牲畜

畜物 tshu44vɯt2 牲口
马 ma44 马
马公 ma44kuŋ35 公马
马母 ma31mai31 母马
阉马 im35ma44 骟马（骟过的马）
牛 nau35 牛
牛公 nau35kuŋ35 公牛
阉牛 im35nau35 犍牛（阉过的公牛）
牛母 nau55mai31 母牛
黄牛 vɔŋ33nau35 黄牛
水牛 sui44nau35 水牛
看牛 hɔn35nau35 放牛
□□ ŋau53hi35 牛犊
驴 lu23 驴
驴公 lu23kuŋ35 公驴
驴母 lu23mai31 母驴
骡 lɔ23 骡
驴骡 lu23lɔ23 驴骡（马父驴母）
马骡 ma44lɔ23 马骡（驴父马母）
骆驼 lɔk5thɔ23 骆驼
羊 ɹiɯŋ53 羊
绵羊 min53ɹiɯŋ53 绵羊
山羊 san35ɹiɯŋ53 山羊
羊仔 ɹiɯŋ53tθai44 羊羔
犬 khun44 狗
犬吠 khun44fɯi31 狗叫

犬公 khɯn44kuŋ35 公狗

犬母 khɯn44mai31 母狗

犬仔 khɯn53tθai44 小狗儿（脱奶后的幼犬）

哈巴狗 ha44ba44kəu31 哈巴狗

猫 miu35 猫

猫公 miu35kuŋ35 公猫

猫母 miu35mai31 母猫

猪公 tsɿ35kuŋ35 公猪

公猪 kuŋ35tsɿ35 公猪

猪 tsɿ35 猪

猪头 tsɯ44thau55 种猪

配种猪 phɛi44tsuŋ31tsɿ35 配种猪

猪母 tsɿ35mai31 母猪

猪□□ tsɿ35nau53mɯi44 猪崽

猪仔 tsɿ35tθai44 小猪

养猪 jiɯŋ31tsɿ35 养猪

阉（猪）ʔim35（tsɿ35）阉猪（动宾）

阉猪头 ʔim35tsɿ35thau53 阉公猪

阉猪母 ʔim35tsɿ35mai31 阉母猪

猪六 tsɿ35lok2 猪栏

兔 thu55 兔子

鸡 kai35 鸡

鸡公 kai35kuŋ35 公鸡（成年的打鸣的公鸡）

鸡仔 kai35tθai44 鸡角（未成年的小公鸡）

鸡公仔 kai35kuŋ35tθai31 阉鸡（阉过的公鸡）

阉鸡 im35kai35 阉鸡（动宾）

鸡母 kai35mai31 母鸡

□鸡母 um53kai35mai31 抱窝鸡（正在孵蛋的母鸡）

鸡项 kai35hɔŋ31 鸡娘（未成年的小母鸡）

鸡仔 kai35tθai44 小鸡儿

鸡□叫 kai35tsiɯŋ44 鸡叫

鸡春 kai35tsɯn35 鸡蛋

屙春 a35tsɯn35 下蛋

□ um53 孵（小鸡儿）

鸡冠 kai35kuan44 鸡冠

鸡□□ kai35ki31tsip4 鸡爪子

鸭 ap4 鸭

鸭公 ap4koŋ35 公鸭

鸭母 ap4mai3 母鸭

鸭仔 ap4tθai44 小鸭子

鸭仔春 ap4tshɯn35 鸭蛋

鹅 ŋɔ53 鹅

鹅仔 ŋɔ53tθai44 小鹅儿

养猪 iɯŋ44tsɯi35 养猪

劏猪 thɔŋ44tsɿ35 杀猪

杀猪 sat4tsɿ35 杀猪

□鱼 kat4ŋɯi53 杀鱼

切鱼 tθit4ŋɯi53 杀鱼

（2）鸟、兽

野兽 ɹiɯ31səu35 野兽

狮子 tθɿ44tθɿ31 狮子

老虎 lau44hu44 老虎

老虎母 lau44hu44mai31 母老虎（雌虎）

猴囝 kau53nɔk2 猴子

熊 hɔŋ35 熊
豹 ɓau35 豹
□□ɗi44mɯt2 狐狸
狐狸 hu23li44 狐狸
红□ huŋ53khau44 黄鼠狼
黄鼠狼 huaŋ44tshu44laŋ23 黄鼠狼
老鼠 lau44tshɿ44 老鼠
蛇 siɯ53 蛇（列举当地的各种蛇）
南蛇 nam53siɯ5 蟒蛇，体型大，可吃野猪
南丰蛇 nam53foŋ35siɯ53 南丰蛇，吃老鼠
黄颈蛇 vɔŋ53kiŋ31siɯ53 眼镜王蛇
白颈蛇 phek2kiŋ31siɯ53 眼镜蛇
青蛇 tθiŋ35siɯ53 青蛇
瘦蛇 səu31-siɯ53 瘦蛇，在树上的，有毒
白截盒蛇 phek2tsik2hɔp2siɯ53 银环蛇
□□□蛇 ɓu31kuai44ap2siɯ53 银环蛇
花蛇 hua35siɯ53 花蛇
红蛇 hoŋ53siɯ53 红蛇，不咬人
王蛇 vɔŋ53siɯ53 王蛇
水蛇 sui44siɯ53 水蛇，不咬人，可钻入泥土
水养蛇 sui44iɯŋ44siɯ53 水养蛇，不咬人
黄金蛇 vɔŋ53-kim35siɯ53 黄金蛇，不咬人，金黄色
己阿蛇 ki31a33siɯ53 黄金蛇

爹蛇 ɗɛ35siɯ53 爹蛇，不咬人
□□蛇 ki31a33siɯ53 爹蛇
蛤蛇 ɛp2siɯ53 青蛙蛇
老治婆 lau31tsɿ44phɔ23 蜥蜴
己□ki44ɹɯi53 蜥蜴
□ɹɯi53 蜥蜴
雀（仔）tθiək4 (tθai44) 鸟儿
老鸹 lau33ua55 乌鸦
□□ ki31vuak5 喜鹊
□雀 fəŋ53tθiək4 麻雀
□雀 ɗɛ35tθiək4 燕子
雷□ liu35ʔuaŋ31 雁
□□ ki31khəu35 斑鸠
鸽 kɔk4 鸽子
□□ ki31khəu35 鹌鹑
□□kip4mut4 鹌鹑
鹧鸪 tsi44ku35 鹧鸪
插杆雀 tshap4kɔn31tθiək4 布谷鸟
□□ku44vu55 布谷鸟
啄木雀 ɗuk44muk4tθiək4 啄木鸟
猫头鹰 miau53thau44ɹiŋ44 猫头鹰
猫头鹰 miau53thau44ɹiŋ44 夜鹰
夜鹰 ɹiə53ɹiŋ44 夜鹰
鹦哥 ɹiŋ44kɔ35 鹦鹉
鹦鹉 ɹiŋ44vɯ31 鹦鹉
鹩哥雀 liau35kɔ44tθiək4 八哥儿
鹩哥 liu35kɔ33 八哥
八哥 ɓa44kɯ44 八哥
白鹤 phɛ2khɯu2 鹤
仙鹤 tθian44huɯ35 仙鹤
老鹰 lau33ʔiŋ44 老鹰

山鸡 san35kai35 野鸡
水鸭 sui35ʔap4 野鸭
山鸭 san35ʔap4 野鸭
捉鱼雀 tsɔk4ŋɯi44tθiək3 鸬鹚
抓鱼雀 tsiu44ŋɯi44tθiək3
长脚雀 tshiɯŋ53kiɯk4tθiɯk4 鹭鸶
鸳鸯 im44ɹiaŋ44 鸳鸯
□□ ki31tsit5 蝙蝠
翼 ɹie35 翅膀
雀□ tθiɯk4khau44 嘴（鸟类的）
雀□□tθiɯk4ki31tsip44 爪子（鸟的）
雀□ tθiɯk4mɯi44 尾（鸟类的）
雀笼 tθiɯk4luŋ53 鸟窝

(3) 虫类

虫 tshoŋ53 虫子
蚕 tθan23 蚕
蚕蛹 tθan31ɹoŋ35 蚕蛹
蚕屎 tθan23（tθŋ44）si44 蚕沙（家蚕的屎）
阿□网 a33uŋ44mɔŋ44 蜘蛛
蚁仔 ŋɯi44tθai44 蚂蚁
坡蝼蛄 pho35lau31kau31 蝼蛄
水蝼蛄 sui44lau31kau31 蝼蛄
粪围虫 fɯŋ31ɯei31tshoŋ53 土鳖
土鳖 thu31piə44 土鳖
元乌 ian31u35 蚯蚓
触角龙 tshut4kɔk4loŋ44 蜗牛
猗角龙 tsi31kɔk4loŋ44 蜗牛
拱屎虫 koŋ44si44tshoŋ53 蜣螂
□屙虫 it4a31tshoŋ53 蜣螂

百足 ɓɛk4tθuk2 蜈蚣
翘尾 khiu35mɯi44 蝎子
马□□ ma33lim33tshiak44 壁虎
多毛虫 ɗɔ44mau44tshuŋ53 毛虫
有毛虫 iəu31mau53tsoŋ53 毛虫
米虫 mai44tshuŋ53 米虫（米里的米色虫）
肉虫 niɯk2tshuŋ53 肉虫（肉里的米色虫）
肉虫 niok4tshoŋ53 肉虫
蚜虫 ia31tshuŋ23 蚜虫
蝇 ɹiŋ53 苍蝇
水百足 sui44ɓɛk3tθuk4 孑孓
蠓 maŋ44 蚊子
虱 sit4 虱子
眠虱 min53sit4 臭虫
□□ ki31ɓa：t23 跳蚤
叮蝇 ɗiŋ35ɹin53 牛虻
山兹 san44tsŋ35 牛虻
□□lau31kau31 蟋蟀
长脚□□tshiɯŋ53kiɯk4lau31kau31 灶蟋蟀（状似蟋蟀，常出没于厨房）
甲由 kit2tsat2 蟑螂
□□tham31thɛ35 蝗虫
□lui53 螳螂
□□tsit4tsit4 蝉
蜜糖 mit2thoŋ53 蜜蜂
□□蜂 ha31lou44foŋ35 马蜂
叮人 ɗiŋ44nniən53（马蜂）蜇人
□□笼 kai35thoŋ53luŋ53 蜂窝
己□笼 ki31hiŋ44loŋ53 蜂窝

蜜糖 mit2thɔŋ53 蜂蜜
□火团 meŋ44huɯ31tθai35 萤火虫
臭气虫 tshu44khɯi44tθai35 臭大姐
碰灯虫 ŋɔŋ44ɗaŋ35tshoŋ53 灯蛾
□□ŋau44ŋan44 蝴蝶
□□ɗam44ɓi53 蜻蜓
七星虫 tθit4tθiŋ35tsoŋ53 花大姐（学名"瓢虫"）
花虫 hua35tshuŋ53 花大姐

(4) 鱼虾类

鱼 ŋɯi53 鱼
鲤鱼 ləi31ŋɯi53 鲤鱼
□鱼 fɯn53ŋɯi53 鲫鱼
鳊鱼 ɓian31ŋɯi53 鳊鱼
草鱼 tθau44ŋɯi53 草鱼
黄身鱼 vɔŋ44sin35ŋɯi53 黄鱼
海带鱼 hai44tai35ŋɯi53 比目鱼
花浪鱼 hua35laŋ23ŋɯi53 鳜鱼
鳜鱼 kui44ŋɯi53 鳜鱼
鳗鱼 muan44ŋɯi53 鳗鱼
鳗鱼 man53ɹi23 鳗鱼
裙带鱼 khɯn44tai44ŋɯi53 带鱼
鲈鱼 lu31ŋɯi53 鲈鱼
□叶鱼 haŋ44ɹip23ŋɯi53 平鱼
鲥鱼 si31ŋɯi53 鲥鱼
塘虱鱼 thɔŋ53tθɿ35ŋɯi53 鲇鱼
鲇鱼 nim53ŋɯi53
鲇鱼 nian31ɹi23 鲇鱼
白鲦鱼 phɛk2thiu53ŋɯi53 白鲦鱼
黑鱼 hak4ŋɯi53 黑鱼
墨鱼 mak4ŋɯi53 墨鱼

墨鱼 mak4ŋɯi53 鱿鱼
大头鲟鱼 thai31thau44ŋɯi53 胖头鱼
鲟鱼 sun31ŋɯi53 鲟鱼
金鱼 kim35ŋɯi53 金鱼
己鳅 ki44ŋɯi53 泥鳅
鳝鱼 ɹin23ŋɯi53 鳝鱼
石头鱼 sik2thau44ŋɯi53 鲞（剖开晒干的鱼）
鱼鳞 ŋɯi53lin53 鱼鳞
鱼□ ŋɯi53lak4 鱼刺
鱼脬 ŋɯi53phau44 鱼鳔儿
鱼鳔 ŋɯi53phiau44 鱼鳔
鱼□ ŋɯi53phiaŋ31 鳍
鱼鳃 ŋɯi53tθɔi35 鱼鳃
鱼春 ŋɯi53tshun35 鱼子（鱼的卵）
鱼□□ ŋɯi53nan44mɯi44 鱼苗儿
鱼苗 ŋɯi53miau23 鱼苗
钓鱼 thiu44ŋɯi53 钓鱼
钓鱼棒 thiu44ŋɯi53phaŋ31 钓鱼竿儿
钓鱼钩 thiu44ŋɯi53kau35 钓鱼钩儿
鱼篓 ŋɯi53ləu35 鱼篓儿
渔网 ŋɯi53mɔŋ44 渔网
虾 ha35 虾
（鲜）虾肉（tθin35）ha35ȵiɯk2（鲜）虾仁儿
干虾仔 kɔn35ha35tθai44（干）虾米
虾春 ha35tshun35 虾子（虾的卵，干

制后做调味品）
虾仔 ha35tθai44 虾子
蟹 hai331 螃蟹
蟹油 hai31ɹiou53 蟹黄
蛤 ɛp2 青蛙
己蛤 ki31ɛp2 青蛙
大头水蛄 thai31thau53sui44ku44 蝌蚪
□□kin44uak4 蟾蜍
牛蟥 ŋau53vɔŋ53 水蛭
干牛蟥 kɔn35ŋau53vɔŋ53 山蚂蟥
螺壳 lɔ31hɔk4 蛤蜊
□□（海星）ki31tshut23 螺蛳
□□（河星）ki31luŋ35 螺蛳
螺壳 lɔ31hɔk3 蚌
阿龟 a44kui35 龟
阿龟鱼 a44kui55ŋɯi53 鳖

七 房舍

（1）房子
村 tθun35 村
屋 uk4 房子（整座）
□屋 ɗɯt2uk4 住宅
住宅庐 tθŋ33tsɯi23lu31 住宅
住宅屋 tθŋ33tsɯi23uk4 住宅
做（屋）tθu35（uk4）造（房子）
天井 thin35tθiŋ53 院子
板墙 ɓan35tθiaŋ53 院墙
影壁 jiŋ316i44 影壁
（一间）屋 a34kan35uk4（单间）屋子
（一□）屋 a34tθu31uk4 房（单间）
房屋 fɔŋ53uk4 卧室
厅屋 thiŋ53uk4 外间
外头屋 mai33thau44uk4 外间
里头屋 lɯi44thau44uk4 里间
房屋 fɔŋ53uk4 房屋
厅屋 thiŋ35uk4 正房
中间房 tsoŋ44kan44fɔŋ23 中堂
房屋 fɔŋ53uk4 厢房
客厅 khɯk4thiŋ33 客厅
平房 phiŋ31faŋ23 平房
楼房 ləu31faŋ23 楼房
楼房 ləu31faŋ23 洋房（旧指新式楼房）
洋房 ɹaŋ23faŋ23 洋房
上头楼 sɔŋ31thau53ləu23 楼上
下底楼 hia35ɗai23ləu23 楼下
门楼 mun31ləu23 门楼儿（大门上边牌楼式的顶）
楼已□tau23ki31phɯi44 楼梯
楼梯 ləu23thi44 楼梯
己梯 ki31phɯi35 梯子（可移动的）
阳台 ɹaŋ31thai23 阳台
晒（衫）台 sai44（sam35）thai23 晒台
草屋 tθau44faŋ23 茅草房（茅草搭起来的房子）
茅屋 mau44uk4 茅草房

（2）房屋结构
屋脊 uk4tθik4 房脊
屋顶 uk4ɗiŋ44 房顶（站在~上）

茅檐 mau53jim53 房檐儿
屋脊 uk4tɕik4 梁
正公横 koŋ35tsiŋ55heŋ53 横梁
顶横 tik4heŋ53 顶梁
□ɓui53 檩
中公横 tsuŋ44kuŋ44heŋ53 横梁
屋角 uk4kook4 椽子
□□hɛ44ɛŋ53 椽子
柱脚 tshəu31kiɯk4 柱
□脚 tan31kiɯk4 柱下石
步级 ɓu35kip4 台阶儿
台阶 thai23kiɛi44 台阶
天花板 thian44hua44ɓan31 天花板
大屋门 thai31uk4mun53 正门
大门 thai31mun53 大门
后门 hau31mun53 后门
房屋门 faŋ44uk4mun53 边门儿
旁边门 phaŋ44ɓian35mun53 边门
门槛 mun53kai35 门坎儿
门樽 mun53tθai44 门台阶
门后 mun53hau31 门后（门扇的后面）
门闩 mun53suan35 门栓
门叶 mun53ȵip23 门扇
锁头 tθŋ44thau53 锁
落匙 lɔk2si53 钥匙
窗 tshuaŋ44 窗子
窗台 tshuaŋ44thai23 窗台
走廊 tθau31laŋ23 走廊
过（楼）路 kuɯ44（ləu33）lu33 过道
楼路 ləu23lu31 楼道

楼板 ləu23ɓan44 楼板
（3）其他设施
哈⁼庐 ha35lu53 厨房
哈⁼庐 ha35lu53 灶
厕屎庐 a35si44ləu53 厕所
公房 koŋ35baŋ31
下磨庐 ha33mɔ35ləu53 磨房
下磨屋 ha33mɔ35uk4
马栏 ma44lan53 马棚
牛栏 nau35lan53 牛圈
猪六 tsʅ35lɔk3 猪圈
猪笼 tsʅ35luŋ44 猪笼
猪槽 tsʅ35tθau53 猪食槽
羊栏 ȵiɯŋ53lan53 羊圈
犬六 khɯn44lɔk4 狗窝
犬笼 khɯn44loŋ53 狗窝
鸡笼 kai35luŋ53 鸡窝
鸡笼 kai35luŋ53 鸡笼
□tshap4 鸡罩（竹子编的、罩鸡的器具）
哈柴庐 ha33sai53lu31 柴草垛

八 器具、用品
（1）一般家具
家具 kia44ki35 家具
柜 kui53 柜（衣柜、书柜、碗柜等的通称）
枱 thai53 桌子
轮枱 lɯn44thai53 圆桌
四方枱 tθɯə44foŋ35thai53 方桌
长枱 tshiɯŋ53thai53 条案（一种狭长的桌）

办公枱 ɓan35kuŋ44thai53 办公桌
喫粥枱 hik4tsuk4thai53 饭桌
枱布 thai53ɓu55 台布（铺在桌面上的布）
围枱布 vɯi53thai53ɓu44 围桌（挂在桌子前面的布）
枱斗 thai5ɗəu31 抽屉
椅 ɯi44 椅子
挨身椅 ai44sin35ɔi44 躺椅
挨身路 ai44sin35lu31 椅子背儿
椅掌 ɯi44tshiŋ44 椅子掌儿
凳椅 ɗaŋ35ɯi44 板凳
椅仔 ɯi44θai44θ
四方椅 tθɯi44fɔŋ44ɗəŋ35ɯi44 方凳
椅仔 ɯi44tθai44 小板凳儿
细轮椅 tθai31lɯn53ɔi44
轮凳椅 lɯn53ɗəŋ44ɯi44 圆凳
高椅仔 kau35ɯi44θai44 高凳子
有交椅仔 jou31kiau35ɯi44θai44θ 马扎
马扎 ma31tsap5
坐垫 ɗɯt2ɗiam55 蒲团
草椅垫 tθau44ɯi44thim31 椅垫
蒲团 phu31thuan23 草垫
（2）卧室用具
（木）床（muk2）sɔŋ53 床
睡板 sui35ɓan31 铺板（一块块的木板，用平拼搭床铺）
棕绷 tθuŋ44phɯŋ23 棕绷
竹床 tsuk4sɔŋ53 竹床

蠓帐 maŋ31tsaŋ35 蚊帐
蠓帐钩 maŋ31tsaŋ35kau35 蚊帐钩
蠓帐裙 maŋ31tsaŋ35khɯn53 蚊帐边儿
床毯 sɔŋ53than23 毯子
布盖 ɓu35kai35
被 phɯi31 被子
被窟 phɯi44hɔk4 被窝儿（为睡觉叠成的长筒形的被子）
被笼 phɯi31loŋ53 被罩
被头 phɯi33thau53 被里
被肉 phɯi31miɯk4 棉絮
棉被壳 min33phɯi31hɔk4 被面
棉被肉 min33phɯi31niɯk4 棉花胎（棉被的胎）
布盖 ɓu55kai35 床单
床单 tshuaŋ23ɗan44 床单
布盖 ɓu55kai35 褥子
垫床面 thim44sɔŋ53min31 床单
草席 tθau44tθik2 草席（草编的）
席 tθik2 席
竹席 tsuk4tθik2 竹席（竹蔑编的）
枕头 tsim44thau53 枕头
垫头 thim44thau53 枕头
枕头笼 thim44thau53luŋ53 枕头套儿
枕头肉 tsim44than53niɯk4 枕头芯儿
梳头台 sɯ44thau53thai23 梳妆台
镜 kiŋ55 镜子
手提箱 sən31thi23tθiaŋ44 手提箱

挂衫架 kua44sam35（kəu44）kia35 衣架（立在地上）
晒衫架 sai44sam35（mit2）kia35 晾衣架
屎尿桶 a35si44thuŋ53 马桶
盛尿壶 siŋ53niu31hu23 夜壶
手炉 səu31lu23 手炉
火盆 huɯ44phɯn53 火盆
（热水）□ ɓan31 汤壶（盛热水后放在被中取暖用的）
□□水壶 ɯ44min31sui44hu23 暖水瓶
水壶 sui31hu23 暖壶（保暖用的旧式茶壶）
暖壶 nuan31hu23 暖壶

（3）炊事用具

风箱 foŋ44θiaŋ44 风箱
挑火棒 thiu44huɯ44phaŋ31 通条（通炉子的）
火钳 huɯ44khiam23 火钳
钳火钳 khiam44huɯ44kham23 火筷子
火铲 huɯ44tshan44 火铲
柴（草）sai53（tθau44）柴草
柴 sai53 柴火（统称）
□□ han31ŋin53 稻秆
□禾草 lu44vuɯ44tθau31 稻秆
禾枝头 vuɯ53ki35thau53 麦秸
高粱骨 kau44liaŋ23kut4 高粱秆儿
豆骨 thau31kut4 豆秸
木细 muk4si55 锯末

刨木细 phau35muk4si55 刨花
火刷 huɯ31suat5 火柴
甑烟 tshiŋ35in35 锅烟子
烟筒 ian44tθuŋ44 烟囱
甑 tshiŋ35 锅
煨饭甑 uei44fan31tshiŋ35 煮饭锅
炒菜甑 tshau44θai44tshiŋ35 炒菜锅
锡甑 tθik4tshiŋ35 铝锅
铝甑 li23tshiŋ35 铝锅
泥甑 nai53（thit4）tshiŋ35 砂锅
煨头 ut4thau23 锅
大甑 thai31tshiŋ35 大锅
甑仔 tshiŋ44θai44 小锅
细甑 tθai44tshiŋ35 小锅
（甑）□盖（tshiŋ35）kam35kɔi44 锅盖
翻勺 fan35tθiau44 锅铲
水壶 sui31hu23 水壶（烧开水用）
碗 un44 碗
大碗 thai31un44（31-33）海碗
（噢）茶盅（hit4）tsha53tsuŋ35 茶杯（瓷的带把儿的）
茶杯 tsha53ɓei35 茶杯
碟仔 ɗiəp23tθai44 碟子
盘 phuan23 盘子
饭勺 fan35tθiau44 饭勺（盛饭用的）
瓢羹（thau31）kɯŋ44 羹匙
箸 tshɯi31 筷子
箸笼 tshɯi31luŋ53 筷笼（放筷子用的）
茶垫 tsha53ɗiam31—53 茶托（瓷的

碟形的）

垫茶物 thim44tsha53mit2 茶托

茶盅（盖）tsha53tsuŋ35（kɔi44）盖碗儿（喝茶用，有盖不带把儿，下有茶托儿）

酒盅 tθəu44tsuŋ35 酒杯

装酒罐 tsɔŋ35tθəu44kuan35 酒杯

盘 phuan23 盘子

酒瓶 tθəu44phiŋ53 酒壶（茶壶形的）

酒壶 tθəu44hu23 酒壶

□酒甑 ɯ23tθəu44tshiŋ53 酒坛子

□□□酒 ɯŋ23tθəu44kuaŋ33tθiəu35 酒坛

□酒 kuaŋ33tθiəu35 坛子

甑 tshiŋ53 罐子

瓢 phiu53 瓢（舀水用的）

捞篱 lau44li31 笊篱

舀水物 jiu44sui44mit2 水瓢

篱□ lɯi31khau35 笊篱

筲箕 sau35kɯi35 筲箕

罂 ɛŋ35 瓶子

瓶 phiŋ53 瓶子

罂盖 ɛŋ35kɯi44 瓶盖儿

瓶盖 lau44li31kɯi44 瓶盖

派丝刨 phai41tθ14̣4phau35 礤床

（切）菜刀（tθit4）tθai35ɗau44 菜刀

砧板 tsim35ɓan44 砧板

面板 mian35ɓan31 面板（做面食用的）

木盆 muk5hɯŋ35 水桶（挑水用的）

研礤磨 ŋan31tsha44mɔ35 研船（铁制研药材用具。船形）

磨礤磨 mɔ35tsha44mɔ35 研船

礤砻 tsha44luŋ53 研船

□饭盆 ɯn35fan31phun53 饭桶（装饭的桶）

蒸笼 tsiŋ35luŋ53 蒸笼

□ tshui35 箅子（蒸食物用的）

蒸□□ tsiŋ35tθɯi31sɛk2 蒸笼

缸 kɔŋ35 缸

水缸 sui44kɔŋ35 水缸

□□□水缸 ɯŋ35a44lau53sui44-kɔŋ35 泔水缸

垃圾水缸 lɛ44kak4sui44kɔŋ35 泔水缸

阿老水 a44lau53sui44 泔水

垃圾水 lɛ44kak4sui44 泔水

□台布 it4thai53ɓu44 抹布

□布帕 it4ɓu44phɛ31 抹布

扫地 tθau44thɯi31 扫把

拖把 thɔ44ɓa31 拖把

（4）工匠用具

刨 phau35 刨子

手斧 sθu44fu44 斧子

锛 ɓun35 锛子

锯 kɯi35 锯子

凿 tθɔk2 凿子

尺 tshik4 尺子

曲尺 khiak4tshik4 曲尺

摺尺 tsip2tshik4 摺尺

卷尺 kian31tshik4 卷尺

墨斗 mak2ɗau44 墨斗

墨斗线 mak2ɗau44tθin44 墨斗线
钉 ɗiŋ35 钉子
钳 khiam23 钳子
铁钳 thit4khiam23 钳子
铁钳 thit4khiam23 老虎钳
老虎钳 lau44hu44khiam23 老虎钳
胶钳 kiau44khiam23 老虎钳
螺丝刀 lɔ31tθŋ35ɗau44 螺丝刀
锤 tshui53 钉锤
（物□）钳 （mit4hua4）khiam23 镊子
索 tθɔk4 绳子
棒 phaŋ31 棍子
门交 mun53kiau35 合叶
窗交 tshuaŋ44kiau35 窗合叶
灰刀 hui35ɗau35 瓦刀
刷板 suat5ɓan31 抹子
刷板 suat5ɓan31 泥板（瓦工用来盛抹墙物的木板）
□□桶 ɯ35hui35thuŋ53 泥桶
□□稻草灰 han31ŋin53hui44 麻刀（抹墙用的碎麻，放在泥灰中增加凝聚力）
灰斗 hui35ɗəu31 灰兜子
灰斗 hui35ɗəu31 灰斗子
灰盒 hui35hɔp23 泥盒
錾 tθan35 錾子
打铁垫 ɗa31thit4ɗiam53 砧子（打铁时垫铁块用）
垫铁物 thim31thit4mit2 铁砧
剃头刀 thai44thau53ɗau35 剃刀
车 sia44 推子

剪头毛剪刀 tθin33thau53mau53tθin33ɗau35 理发剪
梳 sɔ35 梳子
霍刀布 huɯt4ɗau35ɓu55 鐾刀布
磨刀布 mɔ44ɗau35ɓu55 鐾刀布
剪头毛椅 tθin44thau44mau53ɔi44 理发椅
踏□□ thap2tshi44tsim35 缝纫机
剪刀 tθin44ɗau35 剪子
烫斗 thɔŋ55ɗəu31 熨斗
烫锥 thɔŋ55tsui35 烙铁
弹棉被把 than53min53ɓɯi44ɓa31（弹棉花）弓子
布机 ɓu35kɯi35 纺车
纺车 faŋ23tshiɯ35 纺车
织布机 tsik44ɓu55ki44 织布机（旧式的）
织布梭 tskik4ɓu44sɔ35 梭（织布用的）
织布梭 tskik4ɓu44sua55 梭
（5）其他生活用品
（七）物（mɛi44）mit2 东西
洗面水 sau53min31sui44 洗脸水
铜盆 thuŋ53phun53 脸盆
洗面盆 sau44min31phun53 脸盆
面盆 min31phun53 脸盆
盆架 phun53kia35 脸盆架
洗身木盆 sau53sin44muk5phun31 澡盆
番枧 fan44kan31 香皂
番□ fan44tθai35 肥皂

洗衣粉 tθi44i44fɯn31 洗衣粉
布帕 ɓu35phɛ31 毛巾
洗面布帕 sau44min31ɓu35phɛ31 毛巾
脚盆（sau53）kiɯk4phun53 脚盆
擦脚布 tθat4kiɯk4ɓu55 擦脚布
气灯 khi35ɗɯŋ44 气灯
蜡烛 lap2tsuk5 蜡烛
番油灯 fan35ɹiu33daŋ35 煤油灯（有玻璃罩的）
灯芯 ɗaŋ35tθim35 灯芯
灯芯 ɗɯŋ35tθim35 灯芯
灯桶 ɗaŋ35thuŋ35 灯罩
（一个）灯（a44kɔ31）ɗaŋ35 灯盏
灯草 ɗaŋ35tθau44 灯草
灯油 ɗaŋ35ɹiu53 灯油
灯笼 ɗaŋ35luŋ53（文）灯笼
灯筒 ɗɯŋ44thuŋ44 灯罩
手提包 səu31thi23ɓau44 手提包
银包 ɲin53ɓau44 钱包
私章 tθɿ44tsaŋ44 图章（私人用的）
望远镜 vaŋ44ɹian31kiŋ55 望远镜
糨糊 tsiaŋ44hu23 糨糊
踏衫针 thap2sam44tsim35 缝衣针
顶针皮 ɗiŋ31tsim35phɯi53 顶针儿
顶针套 ɗiŋ31tsim35thau44 顶针儿
顶针 ɗiŋ31tsim35 顶针
线辘 tθin55lu35 线轴儿
辘线 lu35tθin55 线轴儿
针□ tsim35ɓɯk23 针鼻儿

针口 tsim35khau44 针尖
针脚 tsim35kiɯk4 针脚
针针 tsim44tsim35 穿针（动宾）
穿针（动宾）tshɯn35tsim35
锥 tsui35 锥子
针衫锥 tsim35sam44tsui35 锥子
针核 tsim44hət4 针眼
揩耳屎杆 khai44ŋɯi44si44kan31 耳挖子
洗衫板 sau53sam35ɓan44 洗衣板儿
洗衫槌 sau53sam44tshui53 棒槌（洗衣服用的）
洗衫棒 sau53sam44phaŋ31 棒槌
鸡毛扫地 kai35mau53tθau44thɯi31 鸡毛掸子
葵扇 ffu31sian35 扇子
蒲扇 ffui31sian35 蒲扇
葵扇 khui31sian35 葵扇
拐棍 kai31kun35 拐杖（中式的）
（手）拐棍（səu44）kai31kun35 手杖（西式的）
卫生纸 vei31sɯŋ44tsi31 手纸
□□纸 i31tsɿ53tsi44 手纸
手电筒 səu31ɗian35thuŋ31 手电筒
手电筒 səu31ɗian35thuŋ53 手电筒

九　称谓

（1）一般称谓

阿个人 a44kɔ31nin53 一个人
厂风人 tshaŋ31fuŋ35nin53 男人
凤毛人 foŋ35mɔ31nin53 女人

依仔/囡仔 noŋ31tθai44 婴儿（刚生下不久的）

男尾仔 nam53mɯi31tθai44 小孩儿

长风仔 tshaŋ31fɯŋ35tθai44 男孩儿

凤毛仔 foŋ35mɔ31tθai44 女孩儿

老人 lau44nin53 老人

老大人 lau44thai31nin53 老头儿

老大人 lau44thai31nnin53 老头子

你好死过去 nei44h44tθŋ44kuɯ44hui55 老头子（带贬义）

老太婆 lau31thai55phɔ23 老太婆

男尾 nam53mɯi44 小伙子

多须老爹 ɗɔ44tθəu35lau31ɗɛ35 多胡须男子

城头的人 siŋ53thəu53tɯi31nin53 城里人

城头的人 tshiŋ31thəu53tɯi31nin53 城里人

痴老爹（男） tshi53lau31ɗɛ35 乡巴佬（带贬义）

痴老□（女） tshi31lau31vɯi35 乡婆子

农村人 noŋ31tshun44nin53 乡下人

一屋人 a44ok5nin53 一家子（同宗同姓的）

外头人 mai31thau53nin53 外地人

本地人 ɓɯn31ɗi35nin52 本地人

外国人 vai44kɔk5nin53 外国人

己家人 tθi31ka35nin53 自己人

外头人（非自己） mai31thau53nin53外人（不是自己人）

客人 khɛk5nin53 客人

同年人 thoŋ31nian23nin53 同庚

同□龄人 thoŋ31ni55nin53

内行 nei55haŋ23 内行

外行 vai55haŋ23 外行

半桶水 ɓuan44thoŋ53sui44 半瓶醋

介绍人 kiɛi55sau55nin53 荐头（介绍佣人、奶妈等的介绍人）

单身人 ɗan35sin35nin53 单身汉

单身凤毛人 ɗan35sin35fɯŋ44mɔ31nin53 老姑娘

□□凤毛人 thap2lo31fɯŋ44mɔ31nin53 童养媳

二婚人 ɯ55hun44nin53 二婚头

没有老公的凤毛人 məu44jəu31lau44koŋ44ɗui44fɯŋ44mɔ31nin53 寡妇

孃 niaŋ44 婊子

孃 niaŋ33【声调略降】姘头

野种 ɹiɯ31tsoŋ53 私生子

囚人 fan55nin23 囚犯

暴发户 ɓau55fat4hu44 暴发户儿

干屎人 kan44tθai31nin53 吝啬鬼

败家仔 phai31ka35tθai44 败家子

叫花仔 khau44ɯa44tθai44 乞丐

骗子 phian55tθŋ31 走江湖的

走江湖□人 tθəu31kiaŋ44hu35#nin53

骗子 phian55tθŋ31 骗子

流氓 liu23maŋ23 流氓

贼仔 tθak2tθai44 拍花子的（专门拐

带小孩的）
土匪 thu31fei31 土匪
强盗 tshiaŋ31ɗau35 强盗
贼 tθak2 贼
插手 tshap4səɯ31 扒手
邻舍 lim53siɯ44 邻居
癫人 ɗin35nin53 疯子
笨蛋 ɓɯn55ɗan35 笨蛋
（2）职业称谓
生 siŋ35 师傅
师父 tθŋ35fu35 师父
徒弟 thu31ɗi35 徒弟
工作 koŋ31tθɔk4 工作
工人 koŋ44nin53 工人
工人 koŋ44ɹin23 工人
雇工 ku31koŋ44 雇工
长工 tsaŋ31koŋ44 长工
短工 ɗuan31koŋ44 短工
零工 liŋ23koŋ23 零工
农民 noŋ23min23 农民
卖买人 mai31mai55nin53 做买卖的
老板 lau31ɓan31 老板
东家 ɗoŋ44kia44 东家
老板娘 lau31ɓan31niaŋ23 老板娘
店员 ɗiau53ɹian23 伙计（店员或长工）
学徒 hɔk5thu23 学徒
顾客 ku55khɯk4 顾客
细贩 tθai44fan31 小贩
摊贩 than44fan53 摊贩
生 siŋ35（私塾）教书先生
先生 tθian44tθiŋ44 教书先生

生 siŋ35（学校）教员
教员 kiau44ɹian23
学生 hɔk5tθiŋ44 学生
同学 thoŋ31hɔk5 同学
朋友 phoŋ53jiau44 朋友
兵 ɓiŋ35 兵（相对百姓而言）
警察 kiŋ31tshat4 警察
医生 ɹi44tθŋ44［ɹ→ɹ̺］医生
司机 tθŋ44ki44 司机
手艺人 səu31ɹi35nin53 手艺人
木工生 muk4koŋ44siŋ35 木匠
木匠 muk5tsiaŋ35
灰工生 hui44koŋ44siŋ35 瓦匠（砌墙、抹墙的）
锡生 tθik4siŋ35 锡匠
打铁生 ɗa31thit4siŋ44 铁匠
铜生 thoŋ53siŋ35 铜匠
补甄的 bu44tshiŋ35ɗɯi44 补锅的
焊铁 han35thit4 焊洋铁壶的
踏衫生 thap2sam35siŋ44 裁缝（做衣服的）
剪头毛人 tθin44thəu53məu53nin53 理发员（调查旧名称）
做生意人 ɗo44saŋ35ŋɯi31nin53 屠户
刣杀猪杀牛人 thɔŋ44tsʔ33sat4nau35 ȵin53 屠户
苦恼人 khu44nau44nin53 脚夫（搬运夫的旧称）
辛苦人 tθin44khu44ȵin53 脚夫
担物人 ɗam44ɗam44ȵin53 挑夫

担担人 ɗam53mit2ɲin53 挑夫
扛轿人 kɔŋ35khiɔ31ɲin53 轿夫
撑船人 tshiŋ35sin44ɲin53 艄工
管家 kuan31kia44 管家
店人 ɗian35ɲin53 伙计（合作的人）
店员
厨师 tshi31tθɿ44 厨师
养物人 iɯŋ44mit2ɲin53 饲养员（调查旧名称）
饲养员 tθɿ44ɹaɹ31jian23 饲养员
□借奶 hat4nen31 奶妈
保姆 bau31mu31 保姆
□借奶 hat4nen31 奶爷（奶妈之夫）
保姆的老公 bau31mu31tɯi31lau31-kɔŋ35 保姆丈夫
雇的人 ku44ɗɯi44nin53 仆人
请的人 tθiŋ31ɗɯi44nin53 打工者
女雇人 ni31ku35ɹin23 女仆丫鬟
接生员 tθɯp4səŋ44naiɹ 接生婆
和尚 huɯ31saŋ35 和尚
尼姑 ni31ku44 尼姑
道爹 thau31ɗɛ35 道士（出家的道教徒）
tsi31muŋ35 道士（家居的道教徒）
名 miŋ53 名字
花名 hua44miŋ23 绰号

十　亲属

（1）长辈
长辈 tsaŋ36ei53 长辈
太台 thɯi31thai53 曾祖父母

太公 thai55kɔŋ44 曾祖父
太婆 thai55phɔ23 曾祖母
老隆 lau31lɔŋ44 祖父
老姆 lau44mai31 祖母
老翁 lau31aŋ53 外祖父
老娭□ lau44ɯi31nɔ31 外祖母
爹娭 ɗɛ35ɯi31 父母
爹 ɗɛ35 父亲
娭 ɯi31 母亲
姆 mai31 母亲
翁 aŋ53 岳父
□娭 ɯi31nɔ31 岳母
爹 ɗɛ35 公公（夫之父）
老娭 lao44ɯi31 婆婆（夫之母）
隆 lɔŋ35 爸爸排行老大的呼称
二 ŋɯi31 爸爸排行老二的呼称
三 tθam35 爸爸排行老三的呼称
爹 ɗɛ35 爸爸排行老四的呼称
□ŋɔi35 爸爸排行老五的呼称
后爹 hau31ɗɛ35 继父
后娭 hau31ɯi31 继母
隆 lɔŋ55 伯父
伯爹 ɓɛk4ɗɛ35 伯父
娭 ɯi31 伯母
叔爹 suk4ɗɛ35 叔父
□uei35 幺叔
□məu44 叔母
伯 bɛk4 舅父
姩 nen35（大）舅母
□məu44（小）舅妈
姩 nen35 姑妈

□tsiɯt44 姑
姩 nen35 姨妈
姨 ɹi 姨
伯 ɓɛk4 姑夫
欸爹 ɯi44ɗɛɹ35 姑丈
姨夫 ɹi53fu35 姨夫
翁 aŋ53 姻伯（弟兄的岳父、姐妹的公公）
爹 ɗɛ35 叔
□tsiɯt4 姑奶奶（父之姑母）
老母 lau44mai31 姨奶奶（父之姨母）

（2）平辈
平般 phiŋ31ɓan35 平辈
老公分人 lau31koŋ44fun44nin53 夫妻
老公 lau44koŋ44 夫
分某 fun44məu44 妻
细娭 tθai44ɯi31 小老婆
老公的己隆 lau31koŋ44ɗɯi44ki-44loŋ44 大伯子（夫之兄）
老公的叔 lau31koŋ44ɗɯi44suk4 小叔子（夫之弟）
老公的大姐 lau31koŋ44ɗɯ44thai31tsɛk2 大姑子（夫之姐）
老公的妹 lau31koŋ44ɗɯi44tsɛk2 小姑子（夫之妹）
分某的叔伯 fun44məu44ɗɯi44-suk4ɓɛk4suk4 内兄弟（妻之兄弟）
分某的伯 fun44məu44ɗɯi44ɓɛk4 内兄
分某的叔 fun44məu44ɗɯi44suk4 内弟
分某的大姐 fun44məu31ɗɯi44-thai31tθɯi31 大姨子
分某的姨 fun44məu31ɗɯi44ɹi53 小姨子
叔伯 suk4ɓɛk4 弟兄
姨姩 ɹi53nen23 姊妹
己隆 ki44loŋ55 哥哥
娛 ɯi31（总称）嫂子
娛隆 ɯi31loŋ55 大嫂
娛□ ɯi31ŋɯi31 二嫂
二嫂 [新] ŋɯi31θau44 二嫂
娛三 ɯi31tθam35 三嫂
三嫂 tθam35θau44 三嫂 [新]
娛四 ɯi31tθɿ55 四嫂
四嫂 tθɯi44θau44 四嫂 [新]
娛五 ɯi31ŋui35 五嫂
五嫂 ŋɯi35θau44 五嫂 [新]
隆（大叔/伯）loŋ35 大叔/伯（面称）
二（二叔/伯）ŋɯ31 二叔/伯（面称）
三（三叔/伯）tθam35 三叔/伯（面称）
爹（四叔/伯）ɗɛ35 四叔/伯（面称）
五（五叔/伯）ŋɯi31 五叔/伯（面称）
五隆（六叔/伯）ŋɯi31loŋ31 六叔/伯（面称）
五七（七叔/伯）ŋɯi31tθit4 七叔/

伯（面称）
五八（八叔/伯）ŋɯi31ɓat4 八叔/伯（面称）
叔 suk4 弟弟
□məu44 弟媳
大姐 thai31tθɯi31 姐姐
姐夫 tθɯi44fu35 姐夫
□tsiɯt4 妹妹
□爹 ɯi44ɗɛ35［213］妹夫
堂兄弟 thaŋ31ŋɔŋ44ɗi35［h被同化为ŋ］堂兄弟
堂兄 thaŋ31ŋɔŋ44［h被同化为ŋ］堂兄
堂弟 thaŋ31ɗi35 堂弟
堂姊妹 thaŋtsiɯ31mei35 堂姊妹
堂姐 thaŋ31tsiɯ31 堂姐
堂妹 thaŋ31mei35 堂妹
表兄弟 biau31hɔŋ44ɗi35 表兄弟
表兄 biau31hɔŋ44 表兄
表嫂 biau31sau31 表嫂
表弟 biau31ɗi35 表弟
表姊妹 biau31tsiɯ31mei35 表姊妹
表姐 biautsiɯ31 表姐
表妹 biau31mei35 表妹

（3）晚辈
细晚辈 tθai44uan44ɓei35 晚辈
男尾分某 nam53mɯi44fɯn35məu44 子女（儿子和女儿的总称）
男女 nam53nɯi44 男女孩子
男尾 nam53mɯi44 儿子
大儿 thai3ni53 大儿子

细儿 tθai35ni53 小儿子
养的男尾 ɹiɯŋ44ɗɯi44nam44mɯi-44 养子
新妇 tθin35fu31 儿媳妇（儿子之妻）
女 nɯi44 女儿
女郎 nɯi31laŋ53 女婿
孙 tθun35 孙子
孙新妇 tθun35tθin44fu31 孙媳妇
女孙 nɯi44tθun35 孙女
儿孙女郎 nni53tθun35nɯi31laŋ31 孙女婿
女孙女郎 nɯi44tθun35nɯi31laŋ31 孙女婿
□息 mi55tθak4 重孙
显男 hian31nam23 重孙
女息 nɯi44tθak4 重孙女
显女 hian31ni31 重孙女
女孙 nɯi44tθun35 外孙（女之子）（以下四条注意孙甥是否同音）
女女孙 nɯi44nɯi44tθun35 外孙女（女之女）
□□tθiək44tθɯi44 外甥
□□tθiək44ɹɯi44 外甥女（姐妹之女）
己隆的男尾 ki44loŋ55ɗɯi44na-m53mɯi44 侄子
己隆的女 ki44loŋ55ɗɯi44nɯi44 侄女
分某己隆的男尾 fun23mon31ki44 loŋ55ɗɯi44nam31mɯi44 内侄（妻的兄弟之子）

分某己隆的女 fun23mon31ki44-loŋ44 ɗɯi44nɯi44 内侄女（妻的兄弟之妇）

(4) 其他

大细姨夫 thai31tθai44i53fu44 连襟

亲家 tθin44kia44 亲家（子之岳父、女婿之父）

亲家娭 tθin44kia35ɯi31 亲家母

亲家隆 tθin44kia35loŋ35 亲家翁

亲戚 tθin44tθik5 亲戚

去亲戚屋 hui44tθin31tθik5ok4 走亲戚

随母 sui53mu31 带犊儿（妇女改嫁带的儿女）

厂分人 tsaŋ31fɯn44nin53 爷们儿（男子通称）

□我们厂分人 ŋɯn53tsaŋ31fɯn44nin53 爷们儿

妇女 fu55ni31 娘儿们（妇女通称）

娭□屋 ɯi31no44ok4 娘家

老公屋 lau31koŋ35ok4 婆家

老公屋 lau31koŋ44ok4 男家（从外人角度说，婚姻关系中的男方）

娭□屋 ɯi31no31ok4 女家（从外人角度说，婚姻关系中的女方）

娭□屋 ɯi31no31ok4 姥姥家

翁屋 aŋ53ok4 丈人家

某嫂 məu44tθau44 妯娌

十一 身体

(1) 五官

身 sin35 身体

身材 sin35tθai53 身材

身材 sin35tθai23 身材

头 thau53 头

人头 nnin53thau53 人头

凸额 thut4ŋɛk2 奔儿头（前额生得向前突）

光头 kɔŋ35thau53 秃头（头发掉光了的头）

光头壳 kɔŋ35thau53hɔk4 秃顶（掉了大量头发的头）

光头顶 kɔŋ35thau53ɗiŋ44 秃顶

头顶 thau53ɗiŋ44 头顶

后脑 həu35nau31 后脑勺子

颈 kiŋ44 颈

颈□窟 kiŋ44ɓat2hɯt4 后脑窝子（颈后凹处）

头毛 thau53mau53 头发

少白毛 siu44pɛk2mau53 少白头

白头毛 phɛk2thau53mau53 白头发

□头毛 kam31thau53mau53 掉头发（动宾）

掉头毛 thiu33thau44mau53 掉头发

□ ŋɛk2 额

□ ɗəu35 囟门

□□毛 sui44ɓik4mau53 鬓角

毛头脚 thau53mau53kiɯk4 鬓角

头皮 thau53phɯi31 辫子

（分某人）髻（fun44mou44nin53）kai44 髻（中老年盘在脑后的髮）

头□尾（thau53）ɗu53mui31 刘

海儿

面 min31 脸

面廓 min31kuɯk4 脸蛋儿

鸡春面 kai35tshun35min31 脸蛋儿

面骨 min31（ŋɛ44）kut4 颧骨

酒窟 tθəu44hɯt4 酒窝

□□□鼻涕沟 mau44nam31khat4 sai31 人中

□□ki31jiŋ31uat4 腮帮子

眼 ŋan44 眼

眼眶 ŋan44khuaŋ35 眼眶

眼核 ŋan44hɯt2 眼珠儿

白眼核 phek2ŋan44hɯt2 眼白

黑眼核 hak4ŋan44hɯt2 黑眼珠儿

眼□仔 ŋan31ɗiət2tθai44 瞳仁儿

眼尾 ŋan31mui44 眼角儿（上下眼帘的接合处）

眼头角 thai31ŋan44thau53 大眼角（眼角儿靠近鼻子的部位）

眼己铲 ŋan31ki53lu35 眼圈儿

眼泪 ŋan44lui31 眼泪

眼□ ŋan44iak2 眼眵

眼皮 ŋan44phɯi53 眼皮儿

单眼皮 ɗan35ŋan31phɯi53 单眼皮儿

双眼皮 sɔŋ35ŋan44phɯi53 双眼皮儿

眼睫眉 ŋan44kit2mɯi44 眼睫毛

眼毛 ŋan44mau53 眉毛

皱额 niau44ŋɛk4 皱眉头（动宾）

□ khat4 鼻子（五官之一）

□水□鼻 nam44khat4 鼻涕（液体）

（干）□鼻屎（kɔn35）khat4si44 干鼻涕（鼻垢）

鼻窟 khat4hɯt4 鼻孔

□毛 khan44mau53 鼻毛

□鼻梁 khat4liɯŋ53 鼻子尖儿（鼻子顶端）

鼻尖头 khat4tsin35thau53 鼻子尖儿

精鼻 tθiŋ35khat4 鼻子尖（嗅觉灵敏）

鼻梁 khat4liɯŋ53 鼻梁儿

鼻□骨 khat4khiu44kut4 鼻翅儿

翘鼻 khiu44khat4 翘鼻

红鼻（梁）huŋ53khat4 酒糟鼻子

口 khau44 嘴

（口）□皮（khau44）khan44 phɯi53 嘴唇儿

□□nam53san53 唾沫

□□□tθin31sam53san53 唾沫星儿

□□nam53san53 涎水

口水 khau44sui44 口水

落舌 lɔk2sik2 舌头

白落舌 phɛk2lɔk2sik2 舌苔

落舌面 lɔk2sik2min31 舌面

□tshiɯk4 大舌头（口齿不清）

大落舌 thai44lɔk2sik2 口齿不清

齿 tshi44 牙

□齿 tθin53tshi44 门牙

门齿 mun53tshi44 门牙

牙床齿 ŋa53sɔŋ53tshi44 大牙

□□齿 fan35laŋ44tshi44 虎牙

老虎齿 lau31hu31tshi44 虎牙

齿拉垢 tshi44lak2ka31 牙垢
黑齿 hak4tshi44 黑牙
齿肉 tshi44nniɯk2 牙床
齿床 tshi44sɔŋ53 牙床
齿喫虫 tshi31hit4tshoŋ53 虫牙
烂齿 lan31tshi44 坏牙
耳 ŋɯi44 耳朵
耳窟 ŋɯi44hɯt4 耳朵眼儿
耳屎 ŋɯi44si44 耳屎
聋耳 loŋ53ŋɯi44 耳背（听不清）
听唔着 thiŋ44mau44tshəu31 耳背
□□ki31heŋ35 下巴
□□ki44ɗɔk44 喉结
哈咙 ha31luŋ53 喉咙
喉咙君 la31luŋ53kun44 喉结
喉咙骨 la31luŋ53kut4
（口）鬚（khau44）tθəu35 胡子
面（口）髻 min31（khau44）tθəu35 络腮胡子
八字胡 ɓat4tθŋ55hu31 八字胡子
羊髻 iɯŋ53tθəu44 下巴鬚 山羊胡
（2）手、脚、胸、背
□ɓɔk4 肩膀
□骨 ɓɔk4kut4 肩胛骨
□□骨 tshiŋ35ŋɛ31kut4 肩胛骨
掉□骨 thiu31ɓɔk4kut4 溜肩膀儿
手 səu44 胳膊
手拐 səu44kuai31 胳膊肘儿
□肢窟 lat4tsi44hɯt4 胳肢窝
手夹 səu44kap2 手腕子
手腕 səu44van31 手腕

朴手 phu31səu44 左手
精手 tsiŋ44səu44 右手
指儿 tsi44n̩i53 手指
指儿夹 tsi44n̩i53kap2（指头）关节
关节 kuan44tθiət4 关节
指儿夹 tsi44n̩i53kiai35 手指缝儿
手眼 səu44ŋan31 虎口
手己口 siau44ki44ɗut4 手趼子
指儿母 tsi44n̩i53mai31 大拇指
□蘸盐指儿 tsak4im44tsi44n̩i53 食指
中间指儿 tsuŋ44kan35tsi44n̩i53 中指
指儿仔 tsi44ni53tθai44 无名指
□□指儿 in31ŋɯi35tsi44n̩i53 小拇指
指甲 tsi44kap4 指甲
指甲根 tsi44kap4kin35 指甲心儿（指甲盖和指尖肌肉连接处）
指儿肚 tsi44n̩i53thu31 手指头肚儿（手指末端有指纹的略微隆起的部分）
指儿肉 tsi44n̩i53niɔk2（n̩iɯk2）指头肚儿
拳 khɯn53 拳头
手板 səu44ɓan44 手掌
巴掌 ɓa35tsiɯŋ44 巴掌（打一巴掌）
手板心 səu44ɓan31tθim35 手心
手板面 səu44ɓan31min31 手背
脚 kiɯk4 腿（整条腿）
大腿 thai31thui44 大腿

大腿根 thai31thui44kin35 大腿根儿
大腿肉 thai31thui34ȵiɔk4
细腿 tθai44thui44 小腿
脚肚 kiɯk4thu44 腿肚子
□□□nɔ44vɔ31hɔn44 胫骨
脚骨
膝□头 tθɿ44kɯt4thau53 膝盖
□□kip4kit4 膝盖
粪门骨 fɯn44mun53kut4 胯骨
大腿骨 thai31thui44kut4
裤窿 khu44long31 裆（两条腿的中间）
粪门夹
□□ tshɿ53ɯt4 屁股
粪门 fɯn35mun53 肛门
粪门肉 fun35mun53ȵiɯk2 屁股蛋儿
粪门□fɯn35mun53ŋam31 屁股
□□夹 tshɿ53ɯt4kiai35 屁股沟儿
尾骨 mɯi44kut4 尾骨
□lun44 鸡巴（男阴）
下阴 hia35im44 下阴
（□□仔嘅）□（nam44mɯi44 tθai44ai33）lun44 鸡鸡（赤子阴）
□ mui35 女阴
屌□ɗiu44mui35 交合
□□khwi31khwn53 交合
□□tθən31mui35 交合
□ ai31 精液
精子 tθiŋ44tθɿ31 精子
做分某人 to31fun44məu31nin53 月经

月经 nit4king44 月经
放屁 fɔng44phi44 放屁
脚夹 kiɯk4kap2 脚腕子
□骨 uat4kut4 脚踝骨
胫眼 kiŋ44ŋan44 踝子骨
脚 kiɯk4 脚
光脚 kuɔŋ35kiɯk4 赤脚
空脚 huŋ35kiɯk4 光脚
脚面 kiɯk4min31 脚背
脚板 kiɯk4ɓan44 脚掌
脚板心 kiɯk4ɓan31tθim35 脚心
脚尖 kiɯk4tsim35 脚尖
□脚 miŋ31kiɯk4 踮脚尖
脚指儿头 kiɯk4tsi44nni44thau53 脚趾头
脚趾甲 kiɯk4tsi44kap4 脚指甲
脚根 kiɯk4kin35 脚跟（儿）
脚印 kiɯk4ʔin44 脚印儿
踮脚 ɗin31kiɯk4 踮脚
鱼眼 ŋɯi53ŋan44 鸡眼（一种脚病）
胸口□huŋ35khau44hɯt4 心口窝儿
心□tθim35hɯt4 心口窝儿
胸口 huŋ35khau44 胸脯
勤骨 khin53kut4 肋骨
奶 nin31 乳房
奶水 nin31sui44 奶汁
肚 thu31 肚子（腹部）
肚仔 thu31tθai44 小肚子（小腹）
肚脐 thu31tθai53 肚脐眼
腰 iu44 腰
背脊 ɓui31tθik4 脊背

腰骨 iu44kut4 脊梁骨
(3) 其他
头旋 thau53tɵɯn44 头发旋儿
双（头）旋 suɔŋ44（thau53）tɵɯn44 双旋儿
指儿茄 tsi44ni53kiɛi44 指纹
手印 səu44ʔin44 指纹
己轮□ki44lun44（tsi53）kiai35 斗（圆形的指纹）
□□□siɯ53tsɿ44ɯt4 箕（簸箕形的指纹）
长脚茄 tshiɯŋ53kiɯk4kiai35 箕
身毛 sin35mau53 寒毛
毛根窟 mau53kin35hɯt4 寒毛眼儿
痣 kui44 痣
骨 kut4 骨
筋 kin35 筋
血 hɯt4/hit4 血
血管 hɯt4kuan31 血管
血管 hiɔk4kuan31 血管
脉 mɛk2 脉
五脏 vu31tɵaŋ35 五脏
心 tɵim35 心
肝 kɔn35 肝
肺 fai44 肺
胆 ɗam44 胆
镰刀 lim53ɗau35 脾
脾 phi23 脾
大腹 thai31ɓak2 胃
胃 vɛi35 胃
腰子 ɹiau44tɵɿ44 肾

肠 tshaŋ23 肠
大肠 thai31tshaŋ23 大肠
肠仔 tshaŋ23tɵai44 小肠
盲肠 maŋ31tshaŋ23 盲肠

十二 疾病、医疗
(1) 一般用语
病了 phiŋ31lə44 病了
细病 tɵai35phiŋ31 小病
重病 tshuŋ31phiŋ31 重病
病轻了 phiŋ31khiŋ35lə44 病轻了
病好了 phiŋ31lau44lə44 病好了
请医生 tɵiŋ44i44tɵəŋ44 请医生
□治病 ɯi35（kɯi35）phiŋ31 医（~病）
看病 hɔn35phiŋ31 看病
望脉 mɔŋ44mɛk2 号脉
打脉 ɗa44mɛk2 把脉
喫药 hik4ɹɯk4 吃药
汤药 tɵŋ35ɹɯk4 汤药
开药方 khɯi44iɯk2fɔŋ44 开药方子
秘方 mit4fɔŋ44 偏方儿
偏药方 phian44iɯk2fɔŋ35 偏方
买药 mai35ɹiɯk2 抓药（中药）
拾药 sip2iɯk2 抓药
买药 mai35iɯk2 买药（西药）
（中）药铺（tsɔŋ44）iɯk5phu55（中）药铺
西药铺 tɵi44iɯk5phu55 药房（西药）
药房 iɯk2faŋ23 药房
喫物先于喫药 hit4mit2hian23-

nɯi31hit4iɯk2 药引子
药引子 iɔ53in31tɤ31 药引子
煨药罐 ɯui44iɯk2kuan35 药罐子
煨茶瓶 vei44tsha53phiŋ53 药罐子
煎药 tsin35iɯk2 煎药（动宾）
药膏 ɹiɯk2kau35 药膏（西药）
药粉 ɹiɯk2fɯn31 药面儿
药面 ɹiɯk2mian44 药粉
膏药 kau31ɹiɯk2 膏药（中药）
□药 it4iɯk5 搽药膏
□药 it2iɯk2 上药（动宾）
□药 ɓak4iɯk2 上药
□药 it23ɹiɯk2 抹药
贴药 thiəp4ɹiɯk2 贴药
冒汗 mau35hɔn31 发汗
发冷汗 fat4ləŋ31nchɔn31 出虚汗
去风 khi31foŋ44 去风
头退 thau53thui44 去风
去火 khi3hɯɯ31 去火
退火 thui44huɯ44 退烧
去湿 khi31sip4 去湿
退汗 thui44hɔn31 去湿
去毒 ki55thuk2 去毒
退毒 thui55thuk2 去毒
消化 tθiau44hua35 消食
打针 ɗa31tsim35 打针
针灸 tsim44kiu35 扎针
吊针 ɗiau55tsim35 打吊针
拔火罐 ɓa44huɯ31kuan35 拔火罐子
（2）内科

丢屎 ɗiu35si44 泻肚
发烧 fat4sau44 发烧
发热 fat4nit4 发烧
颤手 ɗɯn44səu44 发抖
发冷 fat4leŋ44 发冷
□鸡皮 lin31kai35phɯi53 起鸡皮疙瘩
肿 tsoŋ31 疙瘩
伤风 saŋ44foŋ44 伤风
咳 haʔ35 咳嗽
喘气 tθɯn44khɯi44 气喘
凑呼吸 tsəu44hu31ɦi35 气喘
气管炎 khi44kuan31ian23 气管炎
中热 tshoŋ44nit4 中暑
中暑 tsoŋ55su31 中暑
生热 tshut4nit4 上火
发热 fat4nnit4 发热
□肚 ɓit4thu31 积滞
痛肚 thuŋ44thu31 肚子疼
肚痛 thu31thuŋ44 腹痛
胸口痛 huŋ35khau44thuŋ44 胸口疼
头晕 thau53hun44 头晕
昏车 hun44tsiɯ35 晕车
昏船 hun44sɯn53 晕船
头痛 thau53thuŋ55 头疼
□吐 kat2thu44 恶心（要呕吐）
□喉咙颈 thai44ha31luŋ53kiŋ35
吐 thu44 吐了（呕吐）
已恶 ki31ok4 干哕
哕 ua31 哕
疝气 san31khi35 疝气

掉肚头 thiu31thu31thau53 脱肛
屙肚头 ɯt4thu31thau53 脱肛
子宫掉喽 tsʅ31koŋ44thiu31lə44 子宫脱垂
发水 fat4sui44 发疟子（疟疾发作）
发冷 fat4leŋ44 发疟疾
霍乱 khɔk4luan35 霍乱
发麻 fat4ma23 出麻疹
出麻疹 tshut4ma31tsin31 出麻疹
□□□tsuk2aŋ44maŋ35 出水痘
种水痘 tsuŋ44sui31ɗəu35 出水痘
生天花 siŋ35thian44hua44 （出）天花
□□im31mam35 种痘
种牛痘 tsuŋ44niu31ɗəu35 种牛痘
伤寒 siɔŋ44hɔn53 伤寒
伤寒 saŋ44han23 伤寒
□tθit4 黄疸
黄疸 huaŋ44ɗan31 黄疸
黄疸 vɔŋ53ɗam44 黄疸
肝病 kan44ɓiŋ35 肝炎
肝炎 kan44ian23 肝炎
肺病 phei35ɓiŋ35 肺炎
肺炎 phei31ɹian23 肺炎
胃病 vɯi44ɓiŋ35 胃病
胃痛 vɯi35thuŋ44 胃痛
盲肠炎 maŋ31tshaŋ31ɹian23 盲肠炎
盲肠痛 maŋ31tshaŋ23thuŋ44 盲肠痛
肺痨（病）phɛi35lau23（ɓiŋ35）痨病

(3) 外科

掼伤 kuan35saŋ44 跌伤
□伤 uat2saŋ44 扭伤
碰伤 phoŋ35saŋ44 碰伤
□皮 lau31phɯi53 蹭破皮儿
擦□破皮 tθat4thu4phɯi53 碰破皮儿
□皮 lai35phɯi53 刺个口子
扎了皮 tθat4lɔ31phɯi53 皮扎破了
扎出血 tθat4thut44hɯt4 皮扎出血
冒血 mau35hɯt4 出血
出血 tsɯt4hɯt4 出血
□血 kit4hɯt4→ki44khɯt45 瘀血
乏血 fam53hɯt4 瘀血
红肿 hoŋ44tsoŋ31 红肿
溃脓 khɯi55nuŋ53 溃脓
包身 ɓau44sin44 结痂
结痂 kit4kia44 结痂
疮 tshɔŋ35 疤
腮腺炎 sai31sian31ian23 腮腺炎
生疮 seŋ35tshɔŋ35 长疮（动宾）
生疔 seŋ35ɗiŋ35 长疔（动宾）
痔疮 tsʅ44tshɔŋ35 痔疮
疥疮 kiɛi35tshɔŋ35 疥疮
菌 khun44 癣
痱泡 fɛi44phau35 痱子
红斑点 hoŋ53bban44ddiam31 痱子
菌癍 khun53ɓa35 汗斑
（汗）斑（hɔn31）ɓan35 汗斑
己□ki31tshɯt4 瘊子
□眼 ŋɯi53ŋan44 瘊子
痣 kui44 痦子

□□□□khun35tshutam31han35 瘊子

□□屎 ki31ɓat4si44 雀斑

己□ki31ɹen35 粉刺

垃圾臭 lak4tsi31tshu44 狐臭

垃圾汗 rak4tsi31hɔn31 狐臭

口臭气 khau44tshu44khɯi35 口臭

喉咙风 ha31loŋ53foŋ35 大脖子（甲状腺肿）

□□kiəp2khaŋ35 大脖子

□鼻 tshi35khat4 鼻子不灵（嗅觉不灵）

齉鼻 luŋ53kat4 鼻子不通

□鼻 tsha31khat4 囔鼻儿（鼻不通气、发音不清）

□声 iɯk3siŋ35 哑声

□身 iɯk2sin35 水蛇腰

水蛇腰 sui44siɯ31iu45 水蛇腰

□声 it2siŋ35 公鸭嗓儿（嗓音沙哑）

（盲）一边眼（miŋ53）a31ɓin35ŋan44 一只眼儿（一只眼睛是瞎的）

近睉眼 khin31ləu31ŋan44 近视眼

远睉眼 vin44ləu31ŋan44 远视眼

老花眼 lau31hua44ŋan44 老花眼

□眼核 tsuŋ44ŋan44hɯt2 鼓眼泡儿

□眼□tsuŋ53ŋan44nau44 眼泡

□眼 tshi35ŋan44 斗鸡眼儿（内斜视）

鸡眼 kai35ŋan44 鸡眼

惊光眼 kiŋ35kuɔŋ44ŋan44 羞明

（4）残疾等

抽羊疯 tshəu35iɯŋ31foŋ35 癫痫

惊风 kiŋ44foŋ35 惊风（小儿病）

抽风 tshəu35foŋ35 抽风

着风 tshok2foŋ35 中风

中风 tsoŋ31foŋ44 中风

瘫 than44 瘫痪

□脚 nin31kiɯk4 瘸子

瘸脚 khɛ33kiɯk4 瘸子

拱腰 hom31iu44 罗锅儿

骨腰 kuk4iu44 罗锅儿

聋耳 luŋ53ŋɯi44 聋子

喑声 ik4siŋ35 哑巴

喑 nam35 哑

□tshiɯk4 结巴

隘＝ɯk4 结巴

瞑眼 miŋ53ŋan44 瞎子

痴 tshi35 傻子

痴男尾 tshi35nam44mɯi44 傻子

拱腰 koŋ44iu44 驼子

抽手筋 tshəu35səu44kin35 拽（阴平）子（手残者）

光头人 kuɔŋ44thau31nin53 秃子（头发脱光的人）

掉头发 thiu31thau53mau53 掉头发

花标 hua35bbiu35 麻子（人出天花后留下的疤痕）

花标人 hua35bbiu35niu53 麻子（脸上有麻子的人）

兔口 thu44khau44 豁唇子

癞口人 lai33khau44nin53 兔唇

掉齿人 thiu31tshi44nin53 豁牙子

□齿人 kaŋ21tshi23nin53 豁牙子

光须老爹 koŋ45tθau23lau31ɗɛ35 老公嘴儿（成人不生须）

光头鬓 kuaŋ35thau31tθŋ31 老公嘴儿

六条指儿（人）lok2thiu31tsi44-ni53 nin53 六指儿

朴手（公）子 phu31səu44（kuŋ35）tθɯi31 左撇子

十三 衣服、穿戴

(1) 服装

装样 tsɔŋ35iɔŋ31 穿戴

装样 tsɔŋ35iɔŋ31 打扮

衫 sam35 衣服

制服 tsi4fuk4 制服

中式衫 tsoŋ44si44sam35 中装

西装 tθi44tsuaŋ44 西装

长衫 tshiɯŋ53sam35 长衫

长裙衫 tshiɯŋ53khɯn53sam35 马褂儿

□□kuɯ44lak4 马褂

旗袍 khi31phau23 旗袍（女装）

棉衫 min53sam35 棉衣

棉袄 mau31lak4 棉袄

棉衫 min53sam35 棉袄

皮衫 phɯi53sam35 皮袄

大衫 thai31sam35 大衣

细裙衫 tθai31khɯn53sam35 短大衣

底衫 ɗɯi44sam35 衬衫

短袖衫 ɗɯn44tθəu31san35 短袖衫

衬衫 tshiɯn53san35 衬衫

面衫 min31sam35 外衣

外衣 vai44i44 外衣

底衫 ɗai44sam35 内衣

衫领 sam35liŋ31 领子

路细衫 lu35tθai44sam35 坎肩

轮领衫 lun44liŋ44sam35 针织圆领衫

挂□ kua55lat4 汗背心

挂□ kua55lat4 背心

衫襟 sam41khiam35 衣襟儿

衫面襟 sam35min31tθin53 衣襟

衫襟 sam35khiam35 大襟

分某人衬襟 fun44məu31nnin53-sam35khiam44 女衫襟

细衫襟 tthai44sam35khiam44 小襟

双衫襟 suɔŋsam35khiam44 对襟儿

衫脚 sam35kiɯk4 下摆

衫领 sam35liŋ44 领子

衫袖 sam35tθəu31 袖子

长袖 tshiɯŋ53tθəu31 长袖

短袖 ɗun44tθəu31 短袖

衫边 sam35ɓin35 贴边

裙 khɯn53 裙子

底裙 ɗai44khɯn53 衬裙

裤 khu44 裤子

单裤 ɗan35khu44 单裤

短裤 ɗun44khu44 裤衩儿（贴身穿的）

装短裤 tsaŋ44ɗun44khu44 短裤（穿在外面的）

亚财裤 a44tθai31khu44 短裤

裤 khu44 裤子（中式的）
连脚裤 lin53kiɯk4khu44 连脚裤
开□裤 khai35nɔŋ31khu44 开裆裤
通□裤 thuŋ35nɔŋ31khu44 开裆裤
缝□裤 fuŋ44nɔŋ31khu44 死裆裤（相对开裆裤而言）
裤□khu35nɔŋ31 裤裆
裤头 khu44thau53 裤腰
缚裤皮 fɔk2khu44phɯi53 裤腰带
裤脚 khu44kiɯk4 裤腿儿
衫己蚕 sam35ki31tsham53 兜儿（衣服上的口袋）
衫口 sam44tsham53 兜儿
衫纽 sam35nau44 纽扣（中式的）
衫纽窟 sam35nau44hɯt4 扣襻（中式的）
衫纽 sam35nau44 扣儿（西式的）
衫纽 thap4sam35nau44 扣眼儿（西式的）

（2）鞋帽
鞋 hai53 鞋
披鞋 phi31hai23 拖鞋
拖鞋 thɯ44hai53 拖鞋
棉鞋 min44hai53 棉鞋
皮鞋 phɯi53hai53 皮鞋
毛鞋 mau53hai53 毡鞋
布鞋 ɓu55hai53 布鞋
鞋底 hai53ɗɯi44 鞋底儿
鞋包 hai3ɓau35 鞋帮儿
鞋框 hai53khuaŋ44 鞋楦子
水鞋 sui44hai53 雨鞋（橡胶做的）

胶鞋 kiau44hai53 雨鞋
屐 khik32 木屐
□kam53 木屐
鞋索 hai44tθɔk4 鞋带儿
缚 fɔk2 系（鞋带）
袜 uat4 袜子
线袜 tθian35uat4 线袜
肉袜 niok2uat4 丝袜
长袜 tshiɯŋ53uat4 长袜
短袜 ɗun44uat4 短袜
缚袜索 fok2uat4tθɔk4 袜带
包脚鞋 ɓau35kiɯk4hai53 弓鞋（旧时裹脚妇女穿的鞋）
（布）包脚（ɓu44）ɓau35kiɯk4 裹脚（旧时妇女裹脚的布）
□脚 iau35kiɯk4 裹腿（军人用的）
笠 lip23 帽子
皮帽 phɯi53lip23 皮帽
呢笠 ni23lip4 礼帽
瓜壳笠 kua44hɔk4lip42 瓜皮帽
笠落舌 lip4lau44sik2 鸭舌帽
军笠 kin44lip2 军帽
草笠 tθau44lip2 草帽
吹口笠 tshui44ɓat2lip4 斗笠
笠脚 lip2kiɯk4 帽檐儿

（3）装饰品
首饰 səu31si35 首饰
手镯 səu44khau35 镯子
套银 thau53ŋan53 银镯
戒指 kai44tsi31 戒指
项链 haŋ44lian53 项链

颈箍 kiŋ55khu35 项圈
侬浪 noŋ44lɔŋ44 百家锁（小儿佩戴的）
夹针 kiəp4tsim44 别针儿
簪 kan31 簪子
耳钳 ŋɯi44khiam23 耳环
耳环 ŋɯi44huan23 耳环
胭脂 ian44tsi44 胭脂
（打）（白）粉（phɛk2）fɯn31 粉

（4）其他穿戴用品

围裙 vɛi53khɯn53 围裙
围口 vɛi53khau31 围嘴儿
包口 ɓau35kau44 围嘴儿
尿布 niu31ɓu55 尿布
手帕 səu44phɛ35 手绢儿
手巾 səu44kin44 手帕
围巾 veei31kin44 围巾（长条的）
布帕 ɓu55phɛ31 毛巾
手套 səu44thau35 手套
眼镜 ŋan44kiŋ55 眼镜
伞 tθan44 伞
伞 san44 伞
雷醉（衫）lui53tθɯi35（sam35）蓑衣
油衫 iəu53sam35 雨衣（新式的）
雨衫 u44sam35 雨衣
手表 səu31ɓiau31 手表

十四 饮食

（1）伙食

喫饭 hit4fan31 吃饭

五更粥 ŋu31keŋ35tsuk4 早饭
□午粥 nian35tsuk4 午饭
晚昏粥 uan44hun35tsuk4 晚饭
半路粥 ɓan35lu31tsok4 打尖（途中吃点东西）
中途粥 tsoŋ44thu31tsok4 打尖
喫的物 hit4ɗɯi44mit2 食物
喫口头 hit4khəu31thəu23 零食
糕点 kau35ɗiam31 点心 糕饼之类的食品
糕点 kau35ɗiam31 茶点
夜宵 iɯ23tθiau44 夜宵
宵夜 tθiau44iɯ55 夜宵
宵夜 tθiau44iɯ55 消夜（吃夜宵）

（2）米食

饭 fan31 米饭
剩饭 siŋ31fan31 剩饭（吃剩下的饭）
便饭 phin31fan31 现饭（不是本餐新做的饭）
焦 tsau35（饭）糊了
馊 sau35（饭）馊了
蒸焦 tsiŋ44tsau35 锅巴
粥 tsok4 粥
清粥 tθiŋ35tsok4 稀饭（用米熬的，统称）
米汤 mai44thɔŋ35 米汤（煮饭滗出来的）
米□mai44ɛt4 米糊（用米磨成的糊状食物）
粽 tθoŋ44 粽子
年糕 nian31kau44 年糕

（3）面食

面粉 mian44fɯn31 面粉

面粉 mi44fɯn31 面粉

面 mi55 面条儿

挂面 kua55mian35 挂面（像线状的干面条）

干面 kɔn35min35 干切面（机制的宽的干面条）

面汤 mi55thɔŋ35 汤面（带汤的面条）

拌面菜 ɓuan35mi55tθai55 臊子（肉末）

面□mi55phak4 面片儿（面做的片状食物，吃法与汤面同）

面□mi55ɛt44 面糊（用面做成的糊状食物）

面糊 mian55hu23 面糊

馒头 man44thəu35 馒头（没馅的）

包子 ɓau35tθɿ31 包子（有馅的）

油条 iu31thiau23 油条

烧饼 sau44ɓiŋ31 烧饼

煎饼 tsi35ɓiŋ44 烙饼（名词）

花卷 hua44khian44 花卷儿

饺子 kiau44tθɿ31 饺子（饺子的总称）

饺子心 kiau44tθɿ31tθin35 ［不是 im］（饺子）馅儿

饺子 kiau44tθɿ31 馄饨

馄饨 hun31ɗɯn35 馄饨

烧卖 siu35mai55 烧卖

蛋糕 ɗan35kau44 蛋糕（老式小圆形的）

□ɛt4 元宵（用干粉淋水反复多次摇成，有馅）

□ɛt4 汤圆（用湿粉团搓成的、有馅）

八月饼 ɓat4ȵiɯt4ɓiŋ21 月饼

饼 ɓiŋ44 饼干

发酵饼 fat4hiau35ɓiŋ31 酵子（发酵用的面团）

（4）肉、蛋（以下调查的动物身体部位的条目，都是从食物角度而言的）

肉块（丁、块一样）niok4khuai44 肉丁

肉□niok4phak4 肉片

细肉 tθi35niok4 肉丝

□肉 ɗom44niok4 肉末

肉皮 niok4phɯi53 肉皮

□肉 ɗom35iok2 肉松

猪手拐 tsɿ44səu44kuai31 肘子（猪腿靠近身体的部位）

猪脚拐 tsɿ44kiɯk4kuai31 猪肘子

猪□□tθɿ44ki31tship4 猪蹄儿

里油肉 lio31iou44niok4 里脊

巳□筋 ki31tship4kin35 蹄筋

猪筋 tsɿ35kin35 猪蹄筋

牛落舌 ŋau35lɔk2sik2 牛舌头

猪落舌 tsɿ35lɔk2sik2 猪舌头

（猪）上水（tsɿ44）sɔŋ31sui44 下水（猪牛羊的内脏）

（猪）下水（tsɿ44）hia35sui44 下水

内脏 nei55tsaŋ35 内脏

（猪）肺（tsɿ35）fai55 肺（猪的）

内脏（总称）nei44tɕhɔŋ35 肠子

（猪的）
大腹 thai31ɓak23 猪肚
大肚 hai31thu31 猪肚
肚仔 thu31tθai44 猪肚
粉肠 fɯn31tshaŋ23 肥肠
□筒骨 khin53kut4 腔骨（猪的）
排骨 phai31kut4 排骨（猪的）
排骨 ɓai31kut4 排骨（猪的）
牛书片 nau23si44phin35 牛肚儿（带毛状物的那种）
绣花腹 tθiu44hua44ɓak23 牛肚
牛大腹 nau23thai31ɓak23 牛肚
牛细腹 nau23tθai44ɓak23 牛肚
大腹 thai31ɓak2 牛肚儿（光滑的那种）
（猪）肝（tsɿ35）kɔn35 肝（猪的）
腰子 iau44tθɿ44 腰子（猪的）
鸡内脏 kai35nei44tθaŋ35 鸡杂儿
鸡肚头 kai35thu31thau53 鸡杂儿
鸡胗 kai35tsim44 鸡肫
猪血 tsɿ44hɯt4 猪血
鸡血 kai35hɯt4 鸡血
炒鸡春 tshau31kai35tshɯn35 炒鸡蛋
煎鸡春 tsi35kai44tshɯn35 煎鸡蛋
煨鸡春 uei44kai44tshɯn35 卧鸡子儿（水煮的鸡蛋不带壳）
煮鸡春 tsɿ31kai44tshɯn35 煮鸡子儿连壳煮的鸡蛋
蛋羹 ɗan35kuŋ44 蛋羹（加水均蒸）
淹鸡蛋 up4lə44kai35tshɯn35 松花蛋
咸鸡春 ham53kai44tshɯn35 咸鸡蛋
咸鸭春 ham53ap4tshɯn35 咸鸭蛋
香肠 hiɯŋ44tshaŋ23 香肠
香肠 hiaŋ44tshaŋ23 香肠

（5）菜
下餕 ha31tθoŋ55（下饭的菜）菜
菜 tθai55 菜
空菜 huŋ35tθai55 素菜
干菜 kɔn35tθai55 干菜
肉菜 niok2tθai55 荤菜
咸菜 ham53tθai55 咸菜
简单菜 kan31ɗan44tθai44 小菜儿（非正式菜总称）
送酒菜 tθuŋ44tθou44tθai44 下酒菜
豆腐 ɗəu44fu35 豆腐
豆腐皮 ɗəu44fu35phɯi53 豆腐皮（可以用来做腐竹的）
腐竹 fu44suk4 腐竹
豆腐皮 ɗəu44fu35phɯi53 千张（薄的豆腐干片）
干豆腐 kɔn35ɗəu44fu35 豆腐干儿
炸豆腐 tsa35dəu44fu35 豆腐泡儿
豆腐脑 ɗəu55fu35nau31 豆腐脑儿
豆浆 ɗəu55tsiaŋ44 豆浆
南乳 nam31ɹui53 豆腐乳
细丝粉 tθi35si44hun35 粉丝（绿豆做的，细条的）
粗丝粉 tθu35si44hun35 粉条（白薯做的，粗条的）
粉皮 fɯn31phɯi53 粉皮（绿豆做的，

片状的)
面筋 mian55kin44 面筋
凉粉 liaŋ31fɯn31 凉粉（绿豆做的，凝冻状的）
藕粉 ŋəu31fɯn31 藕粉
豆豉 ɗəu44si35 豆豉
肉粉 niok4fɯn31 芡粉
米粉 mai44fɯn53 米粉
老鼠耳 lau44tshu44ŋɯi44 木耳
白老鼠耳 phɛk2lau44tshu44ŋɯi44 银耳
金针菜 kim44tsim44tθai44 金针
海参 hai31tθan44 海参
海带 hai31ɗai35 海带
海母 hai31mu31 海蜇
（6）油盐作料
味 mɯi31 滋味（吃的滋味）
味道 vei44ɗau35 味道
香味 hiɯŋ44mɯi31 气味（闻的气味）
彩色 tθai31tθɯt4 颜色
颜色 ŋan44tθɯt4 颜色
猪油 tsȵ44ɹɛuɛ53 荤油
□花生油 ham35ɹɛuɛ53 素油
□油 ham35ɹɛuɛ53 花生油
茶油 tsha53ɹɛuɛ53 茶油
菜油 tθai44ɹɛuɛ53 菜籽油
香油 hiɯŋ35ɹɛuɛ53 芝麻油（可以拌凉菜的那种）
麻油 ma31ɹɛuɛ53 芝麻油
盐 ɹim53 盐
粗盐 tθu35im53 粗盐

细盐 tθi35im53 精盐
酱油 tsiɯ55ɹəu31 酱油
芝麻酱 tsi44ma31tsiaŋ53 芝麻酱
甜面酱 thian31mian53tsiaŋ53 甜面酱
豆瓣酱 ɗəu55ɓan31tsiaŋ53 豆瓣儿酱
辣椒酱 lat2tsiu35tsiaŋ55 辣酱
酸醋 tui31səu35 醋
料酒 liau44tθəu44 料酒
料酒 liau31tsiu31 料酒
黑糖 hak4thɔŋ53 红糖
砂糖 sa44thɔŋ23 红糖的一种
盐糖 im44thɔŋ53 白糖
白砂糖 phɛk2sa44thɔŋ53 白糖
冰糖 ɓiŋ44thaŋ23 冰糖
冰糖 ɓiŋ44thɔŋ53 冰糖
筒糖 thuŋ44thɔŋ53 糖块（一块块用纸包装好的）
□糖 ham35thɔŋ53 花生糖
麦芽糖 mai53ia23thɔŋ53 麦芽糖
配料 phei55liau44 作料
八角 ɓat4kɔk4 八角
桂皮 kui55phi23 桂皮
花椒 hua44tsiu35 花椒
花椒 hua44tsiau44 花椒
胡椒粉 hu31tsiau44fɯn31 胡椒粉
辣椒粉 lat2tsiu35fɯn31 辣椒面儿
辣椒□lat2tsiu35foŋ53 辣椒粉
番贡粉 fan44koŋ55fɯn31 玉米面儿
番贡□fan44koŋ55foŋ53 玉米面儿

(7) 烟、茶、酒

烟 in35 烟

烟叶 in44ip23 烟叶

烟丝 in44tθɿ44 烟丝

烟仔 in35kia35 香烟

旱烟 han35ian44 旱烟

黄大烟 vɔŋ53thai31in35 黄烟

旱烟袋 han35ian44dai35 水烟袋（铜制的）

旱烟袋 in35tshan53 旱烟袋（细竹杆儿做的烟具）

旱烟袋 han35in35ɗai44 旱烟袋

烟盒 in35hɔp2 烟盒（装香烟的金属盒，有的还带打火机）

烟屎 in35si35 烟油子

烟灰 in35hui35 烟灰

打火石 ɗa31huɯ31sik5 火镰（旧时取火的用具）

打火石 ɗa31huɯ31sik5 火石（用火打的那种石）

引火头 in31huɯ31thau53 纸媒儿

茶 tsha53（沏好的）茶

茶叶 tsha53ip23 茶叶

绿茶 luk4tsha23 绿茶

滚水 kun44sui44 开水

冲茶 tshoŋ44tsha53 沏茶（动宾）

斟茶 tsim44tsha53 倒茶

□茶 tsɯi31tsha53 倒茶

白酒 pɛk2tθəu44 白酒

米酒 mai44tθəu44 江米酒

黄酒 vɔŋ53tθəu44 黄酒

十五　红白大事

(1) 婚姻、生育

亲事 tθin44tθɿ55 亲事

做媒 tu44mɯi23 做媒

媒（人）婆 mei31（nin53）phɔ35 媒人

谋面 mɛ44min31 相亲（男女双方见面，看是否合意）

相亲 tθiaŋ44tθin44 相亲

样 ɹioŋ53 相貌

岁 tθui35 年龄

出命 tsɯt44miŋ31 订婚

识命 sik4miŋ31 订婚

礼□ li31lai44 定礼

结婚的日 kiɯt4hun31ɗɯi44nnit4 喜期（结婚的日子）

□□酒 han35nɯi44tθəu44 喜酒

嫁礼 ka55li31 嫁妆

送嫁礼 tθuŋ44ka55li31 过嫁妆

娶 tθəu44（男子）娶亲

嫁 ka55（女了）出嫁

娶新妇 tθəu31tθin35fu31 娶新妇

嫁老公 ka44lau44koŋ35 嫁老公

嫁女 ka55nɯi44 嫁闺女

结婚 kɛt4hun44 结婚

轿 khiu31 花轿

花轿 hua44kiɔ35 花轿

拜爹 ɓai55ɗɛ35 拜堂

新郎 tθin44laŋ23 新郎

新娘 tθin44niaŋ23 新娘

新房 tɵin35faŋ23 新房
交趣酒 kiau44tɵi35tsiu31 交杯酒
交杯酒 kau44ɓei44tɵəu44 交杯酒
热床 nit2sɔŋ53 暖房
回门 hui53mun53 回门
回过□□屋 hu55guɯ35a44nau31 ok5 回门
另嫁老公 liŋ31ka55lau44koŋ35 再醮（寡妇再嫁）
另要分某 liŋ31iu44fun42məu44 续弦（从男方说）
填房 thin53faŋ53 填房（从女方说）
拼侬 phin35noŋ 怀孕了
怀孕 huai31ɹun35 怀孕
拼男尾人 phin35nam31mɯi44nnin53 孕妇
□□ kiŋ44ŋɯt4 害喜
流产 liu31tshan31 小产
生男尾 siŋ35nam44mui44 生孩子
接侬 tɵit4noŋ31 接生
侬盘 noŋ53phun53 胎盘
坐□ ɗɯt4lum53 坐月子
满月 muan44ŋɯt4 满月
头胎 thau53thai44 头胎
双生 suɔŋ35siŋ35 双胞胎
打胎 ɗa31thai44 打胎
没□见爹的男尾 məu44mɛk2ȡɛ35ɗɯi44nam44mɯi44 遗腹子（父死后才出生的）
喫奶 hit4nen44 吃奶
奶头 nen44thau53 奶头

□奶 kiai35nen31 断奶
赖尿 lai55niu53（小孩子）尿床
（2）寿辰、丧葬
生日 siŋ44nit4 生日
生日 tɵŋ44tit4 生日
做生日 tɵo31tɵŋ44ɹit4tit5 做生日
祝寿 tsuk4səu35 祝寿
寿星 səu44tɵiŋ44 寿星
黑事 hak4sŋ31 丧事
回来办丧事 hui44lai31phan31tɵaŋ35sŋ31 奔丧
死 tɵɯi44 死了
死去 tɵŋ44hui44 死了
败去 phai31hui44 死了
上天去 sɔŋ31thin35hui44 死了
过世去 kuɯ55si35hui44 死了
□气 ut4khɯi55 咽气
断气 thun44khɯi55 死了
死人床 tɵɯi44nin53suɔŋ53 灵床
棺材 kun35tɵai53 棺材
棺材 kun35tɵai53 寿材（生前预制的棺材）
入殓 ȵip2lim53 入殓
厅堂 thiŋ35thɔŋ53 灵堂
牌位 phai31vɛi35 灵位
守孝 səu31hiau35 守灵
做七 tɵok4tɵit4 做七
守孝 səu31hiau35 守孝
戴孝 ɗai55hiau35 戴孝
除孝 tshi31hiau35 除孝
孝子 hiau44tɵŋ31 孝子

孝孙 hiau35tθun35 孝孙
出葬 tshɯt4tθɔŋ35 出殡
出山 tshɯt4san35 出殡
送葬 tθoŋ55tθaŋ35 送葬
哭丧棒 khuk4saŋ44phaŋ31 哭丧棒
葬礼 tθaŋ35li31 葬礼
鬼银 kui31ŋan53 纸钱
坟地 fɯn53thɯi31 坟地（坟墓所在的地方）
坟山 fɯn53san35 坟场
坟 fɯn53 坟墓
坟头 fɯn53thau53 碑（不单指墓碑）
坟头 fɯn53thau53 墓碑
铲坟 tshan31fɯn31 上坟
下坟 ha31fɯn53 上坟
舍命 siɯ23miŋ31 自杀
挑水舍命 thiau35sui44siɯ44miŋ31 投水（自杀）
喫农药舍命 hit4nong31ɹiwk4siɯ44miŋ31 吃农药自杀
割颈舍命 kuɯt4kiŋ44siɯ44miŋ31 抹脖子
□颈舍命 vin44kiŋ44siɯ44miŋ31 上吊
尸体 si35thi31 尸骨
□骨灰甑 ɯn35kut4hui44tshiŋ53 骨灰坛子

（3）迷信

老天爷 lau31thian44iɛ23 老天爷
哈庐爹 ha44lu53ɖɛ35 灶王爷
佛 fut2 佛

佛祖 fut4tθu31 佛祖
佛堂 fut4thaŋ53 佛堂
菩萨 phu31tθai44 菩萨
做佛 to44fut2 做佛
观音菩萨 kuan44im44phu31tθai44 观世音
土地爹屋 thu35thɯi31ɖɛ35ok4 土地庙
城隍庙 tshiŋ31huaŋ31miau53 城隍庙
阎罗王 ian31luɯ31vaŋ23 阎王
神山爹 sin31san44ɖɛ35 峻灵王
祠堂 tθɿ31thaŋ23 祠堂
爹笼 ɖɛ35loŋ53 佛龛
祭神台 kai35sin53thai53 香案
下爹 ha31ɖɛ35 上供
蜡烛炉 lap2tsuk4lu53 烛台
蜡烛台 lap2tsuk4thai53 烛台
蜡烛 lap2tsuk4 蜡烛（敬神的那种）
香 hiɯŋ35 线香（敬神的那种）
香炉 hiɯŋ35ləu53 香炉
烫香 thɔŋ55hiɯŋ35 烧香（动宾）
爹签 ɖɛ35tθim35 签诗（印有谈言吉凶的诗文的纸条）
抽签 tshəu35tθim35 求签
卜珓 ɓuk4kau35 打卦
卜（杯筊）珓 ɓuk41kau35 爻（占卜用，通常用一正一反两片竹片制成）
阴卜珓 im35ɓuk4kau44 阴爻（两面都朝下）
阳卜珓 iaŋ31ɓuk4kau44 阳爻（两面

都朝上）
圣卜玲 siŋ35ɓuk4kau44 圣爻（一正一反）
办爹酒 phan31ɖɛ35tθeu44 庙会
做佛场 tθu44fut2tshaŋ23 做道场
参爹 tsham44ɖɛ35 念经
看命 hɔn35miŋ31 测字
看风水 hɔn35foŋ35sui44 看风水
看面 hɔn35min31 算命
看面生 hɔn44min31seŋ35 算命先生
看相生 hɔn44tθiɯŋ31seŋ44 看相的
看相生 kɔntθiaŋ44seŋ2 算命先生
做觋人 tu44tθian44nin53 巫婆
做法 tu55fat4 跳神
保惠 ɓau35hui31 许愿
奉神 foŋ35sin31 还愿
保惠 ɓau35hui31 保佑
运气 ɹun55khɯi35 运气

十六 日常活动

（1）衣

着 tsiɯk2 穿衣服
解 kai44 脱衣服
脱鞋 thut4hai53 脱鞋
量衫 liɯŋ53sam35 量衣服
踏衫 thap2sam35（ttham35）做衣服
挟边 kiap2ɓin35 贴边（缝在衣服里子边上的窄条）
添边 thinɓin35 滚边（在衣服、布鞋等的边缘特别缝制的一种圆棱的边儿）
浆边 tsiaŋ31ɓin35 缝边
横边 haŋ35ɓin35 缲边儿
做鞋旁 to44hai53phoŋ53 鞔鞋帮子
做鞋底 to44hai53dɯi44 纳鞋底子
钉衫钮 ɖiŋ35sam44nau44 钉扣子
针衫钮 tsim35sam44nau44 钉纽扣
绣花 tθiu31hua35 绣花儿
补衫 ɓu44sam35 打补丁
做被 tu55phɯi31 做被卧
洗衫 sau31sam35 洗衣服
洗一阵 sau31a44tθɯn53 洗一水（一次）
□ lɯi35 投（用清水漂洗）
晒衫 sai44sam35 晒衣服
晾衫 lɔŋ31sam35 晾衣服
浸衫 tθin35sam35 浆衣服
烫衫 thɔŋ55sam35 熨衣服

（2）食

烧火 siu35huɯ44 生火
己□ ki31niom53 纸媒
煨粥 ui35tsok4 做饭（总称）
淘米 thiau23mai44 淘米
发面 fat4mian35 发面
做面 tθo35mi55 和面
揉面 nok4mi55 揉面
□面 tsiɯk4mi55 揉面
□面 iak3mi55 揉面
做面 tθo35mi55 擀面条
□面条 ɯt4mi44thiu53 押面条
蒸馒头 tsiŋ44man53thəu23 蒸馒头
拣菜 kan44tθai44 择菜

做菜 tθo55tθai44 做菜（总称）
炒菜 tshau44tθai44 炒菜
做汤 tθo31thɔŋ35 做汤
煨食餟熟个了 ui35sik2tθoŋ44su-k2kɔ44lə44 饭好了（包括饭菜）
参插 tsham44tshiak4 （饭）生
起食粥喽 hit34sik4tsok4lɔ44 开饭
舀饭 iu44fan53 盛饭
喫饭 hit4fan31 吃饭
撳菜 khiam35tθai44 撳菜
□□un35ɗi53 蘸料
舀汤 iu44thɔŋ35 舀汤
喫□更 hit4nu31keŋ35 吃早饭
喫□午 hit4nian23 吃午饭
喫晚昏 hit4uan44hun35 吃晚饭
喫口头 hit4khəu31thəu23 吃零食
□拿箸 taŋ31tshɯi31 使筷子
钳 khiam23 用筷子夹
肉冇烂 niok2bəu44lan31 肉不烂
□niət4 嚼不动
□ŋɛŋ35 （吃饭）噎住了
打已嗝 ɗa44ki31ɯt4 打嗝儿（吃饱后）
□肚皮 tshəu44du31phɯi53（吃得太多了）撑着了
□口 ɓeŋ53khau44 嘴没味儿
喫茶 hit4tsha53 喝茶
喫酒 hit4tθəu44 喝酒
喫烟 hit4in35 抽烟
饥 kɯi35 饿了
渴 hɔt4 渴

煮 tsɿ44 煮
煎 tsi35 煎
炸 tsa35 炸
蒸 tsiŋ35 蒸
冰棍 ɓiŋ44kun35 冰棍

（3）住
起身 khɯi31sin35 起床
洗手 sau31səu44 洗手
洗面 sau44min31 洗脸
洗口 sau31khau44 漱口
洗口 sau31khau44 刷牙
梳头 suɔ35thau53 梳头
梳头皮 sɔ44thau44phɯi31 梳辫子
结髻 kit2kai44 梳髻
剪指甲 tθin44tsi44kap4 剪指甲
揩耳屎 khai44ŋɯi53si44 掏耳朵
洗垢 sau31khɯi35 洗澡
洗身 sau31sin35 洗澡
□擦身 it2sin35 擦澡
屙尿 a35niu31 小便（动词）
屙屎 a35si44 大便（动词）
□ɗɯt2 乘凉
□凉 ɗɯt2liɯŋ53 乘凉
乘凉 siŋ31liɯŋ53 乘凉
晒日头 sai31nit2thau53 晒太阳
向火 heŋ35huɯ44 烤火（取暖）
点灯 ɗim31ɗaŋ35 点灯
吹灯过 tshui35ɗaŋ35kuɯ44 熄灯
关灯 kuan35ɗaŋ35 关灯
歇一下 hiɯk41a44ha31 歇歇（休息一会儿）

摆□ɓai44ɗɛ35 打盹儿
□□ham35loŋ53 打哈欠
困顿 hun35ɗɯn44 困了
歇 hiɯk4 休息
铺床 phui44soŋ53 铺床
歇腰 it2iu44 躺下
睡 sui31 睡
睡着 sui31tshiɯk2 睡着了
行大气 haŋ53thai31khɯi44 打呼
睡不着 sui31mout44tshiɯk2 睡不着
睡中午 sui31tsoŋ35vu31 睡午觉
翻腹睡 fan35ɓak2sui31 仰面睡
睡轮身 sui31lun53sin35 侧着睡
□□盖下睡 ŋum31həu53sui31 趴着睡
掉枕头 thiu31tsim35thəu53 落枕
抽筋 tshəu35kin35 抽筋了
梦 moŋ31 做梦
做梦 tθ35moŋ31 做梦
懂 ɗoŋ44 说梦话
懵懂 moŋ44ɗoŋ44 说梦话
鬼压 kui44at4 魇住了
熬夜 ŋau53ɹiɯ31 熬夜
挨夜 ŋai55ɹiɯ31 熬夜
开老夜车 khɯi44lau31ɹiɯ31tsiɯ44 开夜车
熬夜 ŋau44ɹiɯ31 熬夜
（4）行
去园 hui44vin53 下地（去地里干活）
做工 tθo4koŋ35 上工
上工 soŋ31koŋ35 上工

收工 səu44koŋ35 收工
放工 foŋ44koŋ35 下班
出去 tshɯt4hui44 出去了
回屋 hui44ok4 回家了
遛街 ləu44kai35 逛街
散步 tθan44ɓu35 散步

十七　讼事

打官司 da31kuan44tθŋ44 打官司
告状 kau44tsuaŋ35 告状（动宾）
原告 ian31kau35 原告
被告 ɓi44kau35 被告
告状书 kau44tsuoŋ44sʅ35 状子
审事 sim31sʅ31 坐堂
审堂 sim31thoŋ23 审案
审事了 sim31sʅ31liu44 退堂
退堂 thɯi44thoŋ23 退堂
（审案）问事 min31sʅ31 问案
审问 sin31vɯn35 审问
被审 ɓi35sim31 过堂
证人 tsiŋ44ɹin23 证人
人证 ɹin31tsiŋ35 人证
物证 vɯt4tsiŋ35 物证
对告 ɗui55kau55 对质
刑事 hiŋ31tθŋ35 刑事
民事 min31tθŋ35 民事
家务事 ka41vu44tθŋ35 家务事（清官难断＊＊）
律师 lit5tθŋ44 律师
代笔 ɗai55ɓit5 代书（代人写状子）
服 fuk2 服

唔服 məu44fuk2 不服
上诉 saŋ55tθu35 上诉
宣判 tθian44phuan35 宣判
承认 siŋ31ɹin55 招认
口供 khau44koŋ31 口供
口讲 khau44kaŋ44
讲 kaŋ44 供（~出同谋）
同谋 thoŋ53məu35 同谋
□故意事犯 ɗɯt4tθŋ44fan31 故犯
唔心犯 mɔi44tθim44fan31 误犯
犯法 fam31fat4 犯法
犯罪 fam31tui31 犯罪
乱讲告 lun31koŋ44kau44 诬告
（连累）牵连 khian44lian23 连坐
保（出来）ɓau44（tshɯt4lɯi53）保释
保（出来）ɓau44（tshɯt4lɯi53）取保
捉 tsuɯk4 逮捕
□□牵走 hin35ɗik4 押解
犯人车 fam33ɹin31tshiɯ35 囚车
青天老爷 tθiŋ44thian44lau31ɹiɯ23 青天老爷、清官
贪官 tham44kun35 赃官
要物 iu44mit2 受贿
出物 tshut4mit2 行贿
罚银 fat4ŋan53 罚款
砍头 kan44thau53 斩首
打靶 ɗa4ɓa31 枪毙
撑令 thoŋ44liŋ35 斩条（插在死囚背后验明正身的木条）

打 ɗa44 拷打
打屎窟 ɗa44tθŋ44hɯɯt4 打屁股（旧时刑罚）
担枷 ɗam35ka35 上枷
手镣 səu31liau31 手铐
骹镣 khaliau31 脚镣
脚镣 kiɯk4liau31 脚镣
缚起身 fuk2khɯi44sin35 绑起来
拦起身 lan31khɯi44sin35 囚禁起来
坐牢 ɗɯt4lau53 坐牢
寻牢人 tθim53lau44nin53 探监
偷口牢（thau44）ɗit2lau53 越狱
立字据 lip2tθŋ44ki35 立字据
立字条 lip2 tθŋ44thiau35 立字据
签名 tθian44miŋ23 画押
盖手拇 kai35səu31mu35 按手印
交税 kau44tθɯi35 捐税
地租 ɗi55tu44 地租
法园书 fat4vin53sŋ35 地契
法书交税 fat4sŋ35kau35tθɯi35 税契（持契交税盖印，使契有效）
交税 kau35tθɯi35 纳税
执照 tsip23tsau35 执照
告示 kau55si35 告示
通知 thoŋ44tsi44 通知
通行证明 thuŋ44hiŋ31tsiŋ35miŋ23 路条
命令 miŋ31liŋ35 命令
印 en31 印（官方图章）
□□秘密□寻路 ɛm23ɛm23mui31 tθim53lu31 私访

交代 kiau44ɗai35 交代（把经手的事务移交给接替的人）
上任 sɔŋ31en44 上任
落台 lɔk2thai23 卸任
罢免 ɓa35mian31 罢免
案卷 ŋan55kian35 案卷
传票 tshuan31phiau35 传票

十八　交际

应酬 iŋ55tshəu35 应酬
交往 kiau44vɔŋ31 来往
寻人 tθim53nin53 看人（去看望人）
寻人 tθim53nin53 拜访
还访 van53fɔŋ31 回拜
客 khɛk4 客人
请客 tθiŋ44 khɛk4 请客
招待 tsau44ɗai35 招待
□人客 tshɯ44ŋin53khɛk4 男客
分某人客 fun44məu31nin53khɛk4 女客
送礼 thuŋ55li31 送礼
礼物 li31vɯt5 礼物
人情 ŋin53tθiŋ53 人情
做客 tθo44 khɛk4 做客
待客 ɗai35khɛk4 待客
陪客 phui23khɛk4 陪客（陪客人）
送客 thuŋ44khɛk4 送客
唔送了 məu44thuŋ44lə44 不送了（主人说的客气话）
谢谢 tθiɯ55tθiɯ35 谢谢
□不用客气 mɔŋ31khɯ44khɯi35 不客气

客茶 tshui31tsha53 倒茶
糕点 kau44ɗim44 茶点
排酒台 phai23tθəu44thai53 摆酒席
一台酒 aa44thai53tθəu44 一桌酒席
请帖 tθiŋ31thiəp5 请帖
送请帖 tθoŋ44tθiŋ31thiəp5 下请帖
上台 sɔŋ31thai53 入席
出菜 tshət4tθai44 上菜
□酒 tsui31tθəu44 斟酒
压迫喫酒 at4phɔ31hit4tθəu44 劝酒
干杯 kan35ɓei44 干杯
打拳 ɗa44khɯn53 行酒令
喫白烟 hit4phɛk5in35 抽鸦片
唔名帖 mau31miŋ53thiəp2 匿名帖子
仇家 tshəu31kia44 冤家
冇平 məu31phiŋ53 不平（路见不平）
冤枉 ian44vaŋ31 冤枉
多口 ɗɔ35khau31 插嘴
找错 tθau35tθɔ31 吹毛求疵
做模做样 tθo31mu53tθo31iɔŋ31 做作
摆架子 phai31kia55tθŋ31 摆架子
装痴 tsɔŋ44tshi35 装傻
出洋相 tshət4iaŋ31tθiaŋ35 出洋相
丑显人 tshu31hin44nin53 丢人
奉承 fɔŋ55siŋ31 巴结
上屋 sɔŋ31ok4 串门儿
买熟 mai35suk2 拉近乎
看得起 hɔn35ɗak4khɯi44 看得起

看唔起 hɔn35məu31khɯi44 看不起
合伴 kɔp2phɔn31 合伙儿
承应 siŋ35eŋ44 答应
唔承应 məu44siŋ41eŋ44 不答应
口出去 ut4tshət4hui44 撵出去

十九　商业、交通

(1) 经商行业

铺名 phu44miŋ53 字号
招牌 tsau44phai23 招牌
广告 kuaŋ31kau35 广告
开铺 khai35phu44 开铺子
铺面 phu31mian35 铺面（商店的门面）
摆摊 ɓai31than44 摆摊子
自家担货 tθŋ31ka35ɗik2huɯ44 跑单帮
走江湖 tθau31kiaŋ44hu23 走江湖
打工 ɗa31koŋ35 打工
做生意 tθo31saŋ35ɯi44 做生意
旅舍 li31siɯ35 旅馆
饭店 fan31ɗian35 饭馆
饭馆 fan35kuan31 饭馆
去饭店 hui44an31ɗian35 下馆子
服务员 fu44vu44ian23 堂倌儿
商店 saŋ44ɗian35 商店
卖布店 mai55ɓu55ɗin35 布店
百货 ɓɯk4huɯ35 百货店
杂货店 tθap3huɯ44ɗian35 杂货店
食品店 sik2phin31ɗian35 油盐店
粮店 liaŋ31ɗian35 粮店
瓷器店 tθŋ44khi ɗian35 瓷器店

杂铺店 tθap2huɯ55phu31
文具店 vən31ki55ɗian35 文具店
茶店 tsha31ɗian35 茶馆儿
剪头毛店 tθin44thau53mau53ɗian35
　理发店
剪头毛 tθin44thau53mau53 理发
镰去毛 lim31hui44mau31 刮脸
剔口鬓 thai44khau44tθəu35 刮胡子
卖肉铺 mai31nniok2phu44 肉铺
劏猪 thɔŋ44tsɿ35 杀猪
杀猪 sat4tsɿ35 杀猪
压油庐 at4iəu53lu31 油坊
当铺 ɗaŋ35phu44 当铺
租屋 tu44ok4 租房子
当屋 ɗaŋ35ok4 典房子
卖煤铺（庐）mai31mei23phu44
　煤铺
煤球 mei31khiu35 煤球
蜂窝煤 foŋ44uə44mei23 蜂窝煤

(2) 经营、交易

开张 khai44ŋiəp5 开业
开张 khai44tsaŋ44 开张
停业 thiŋ31niəp5 停业
做数 tθo55su55 盘点
清点 tθiŋ44ɗim44 清点
柜台 kui44thai23 柜台
开价 kɯi44ka44 开价
还价 van53ka44 还价
便宜 phin44ŋɯi53（价钱）便宜
贵 kui55（价钱）贵
公平 koŋ44phiŋ23（价钱）公道

着数 tshiɯk2su55 合算
打折 ɗa31tsiək5 打折
□□□ 买了 ham31baŋ44laŋ44mai-44lə31 包圆儿（剩下的全部买了）
好生意 hau31saŋ44nɯi35 买卖好
生意唔好 saŋ41ŋɯi31mat4hau31 买卖清淡
工钱 koŋ44tθin53 工钱
本银 ɓun44ŋan53 本钱
本钱 ɓun44tθin53 本钱
保本 ɓau31ɓun44 保本
挣银 tθɯŋ35ŋan53 赚钱
挣 tθɯŋ35 赚
讨银 thau44ŋan53 挣钱
蚀本 sik2ɓun44 亏本
路费 lu31fɯi35 路费
利 lɯi31 利息
运气好 ɹun31khi31hau44 运气好
好运气 hau44ɹun31khi31 好运
费银 fɯi35ŋan53 花钱
欠银 khum44ŋan53 欠（欠他三元钱）
欠数 khum44su41 欠债
差 tsha35 差（~五角十元，九元五角）
打□银 ɗa31ɗai44ŋan53 押金
（3）账目、度量衡
做数庐 tθo44su44lu31 账房
开支 khai44tsi44 开销
收数 səu35su44 收账（记收入的账）
付数 fu35su44 出账（记付出的账）
欠数 khum44su44 欠账
讨数 thau44su44 要账

烂数 lan31su44 烂账（不要的账）
出牌 tshɯt4phai23 水牌（临时记账用的木牌或铁牌）
发票 fat4phiau35 发票
收据 səu35ki35 收据
收条 səu44thiau23 收条
银 ŋan53 钱
存银 tθɯn23ŋan53 存款
已轮数 ki31lun53su44 整钱（十元、百元的钱）
烂散银 lan31tθan31ŋan53 零钱
银纸 ŋan53tsi44 钞票（纸币）
钱仔 tθin53tθai44 铜板儿
投子 thau31tθɤ31 钢镚儿
白银 phɛk2ŋan53 银元
一□钱 a44tθɯk4tsi44 一分钱
一角钱 a44kɔk4tsi44 一角钱
一个银 a44kɔ44ŋan53 一块钱
十个银 sip2kɔ44ŋan53 十块钱
一百银 a44ɓɛk4ŋan53 一百块钱
一片银 a44phin31ŋan53 一张票子（钞票）
一个钱仔 a31kɔ44thin53tθai44 一个铜子儿
一个投子 a31kɔ44thau31tθɤ31 一个硬币
算盘 tθɯn44phɔn53 算盘
天平 thian44phiŋ35 天平
戥 ɗɯŋ31 戥子（等子）
秤 tshiŋ55 秤
地磅 ɗi35ɓaŋ31 磅秤

称盘 tshiŋ44phuan23 称盘

秤星 tshiŋ44tθiŋ35 秤星儿

秤骨 tshiŋ31kut4 秤杆儿

秤钩 tshiŋ31kau35 秤钩子

秤砣 tshiŋ31thɔ53 秤锤

秤耳 tshiŋ31ŋɯi44 秤毫

高秤尾 kau35tshuŋ31mɯi44（称物时）称尾高

低秤尾 ɗɯi35tshiŋ31mɯi44（称物时）称尾低

平口板 phiŋ31khau44bban44 刮板（平斗斛的木片）

（4）交通

铁路 thit4lu35 铁路

铁轨 thit4kui31 铁轨

火车 huɯ31tshiɯ35 火车

火车站 huɯ31tshiɯ44tsan35 火车站

公路 koŋ44lu35 公路

公路车 koŋ44lu35tshiɯ35 汽车

客车 khɛk4tshiɯ35 客车（指汽车的）

货车 huɯ55tshiɯ35 货车（指汽车的）

公共汽车 koŋ31koŋ31khi44tshiɯ44 公共汽车

车仔 tshiɯ35tθai44 小轿车

摩托车 ma31thɔ44tshiɯ35 摩托车

风采车 tθam35lun31tshiɯ35 三轮车（载人的）

风采车 44tshai41tshiɯ44 三轮车

平板三轮车 phiŋ31bban31tθam-44lun31tshiɯ35 平板三轮车（拉货的）

单车 ɗan35tshiɯ35 自行车

大车 thai31tshiɯ35 大车（牛马拉的运货的车）

单轮车 ɗau35lɯn31tshiɯ23 鸡公车（多用于南方）

船 sɯn53 船（总称）

船篷 sɯn53phoŋ53 帆

船篷 sɯn53phoŋ53 篷（织竹夹覆舟）

桅杆 vɛi31kan53 桅杆

船舵 sɯn53ɗɔ53 舵

船摇 sɯn53ɹiau23 橹

船桨 sɯn53tsiaŋ31 桨

船棒 sɯn5phaŋ31 篙

船栏篙 sɯn53lan31kɔn35 篙

上落船板 sɔŋ31lɔk2sɯn53ɓan44 跳板（上下船用）

油篷船 iau31phoŋ53sɯn53 帆船

单板船 ɗan44ɓan31sɯn53 舢船（三板）

抓渔船 tsok4ŋɯi53sɯn53 渔船

过海船 kɯɯ31hɔi31sɯn53 渡船

轮船 lun31tshuan23 轮船

过海 kɯɯ44hɔi44 过摆渡（坐船过河、海）

船港 sɯn53kɔŋ44 渡口

二十 文化、教育

（1）学校

学屋 hɔk2ok4 学校

上学 sɔŋ31hɔk2 上学（开始上小学）

去学屋 hui44hɔk2ok4 上学（去学校上课）
放学 fɔŋ23hɔk2 放学（上完课回家）
□学 ɗik2hɔk2 逃学
走学 tθau23hɔk2 逃学
幼儿园 iu55ɯ31ian23 幼儿园（年龄较大）
托儿所 thɔ44ɯ31tθɔ44 托儿所（年龄较小）
义学 ȵi35hɔk5 义学
请教生 tθiŋ44kau44seŋ35 私塾
学费 hɔk5fɯi35 学费
放假 faŋ44kia31 放假
散学 san35hɔk2 放学
热假 nit4kia31 暑假
冷假 leŋ44kia31 寒假
请假 tθiŋ31kia31 请假
（2）教室、文具
教室 kiau23si55 教室
上堂 sɔŋ31thɔŋ23 上课
落堂 lɔk2thɔŋ23 下课
讲台 kiaŋ31thai23 讲台
黑板 hɯk4ɓan31 黑板
粉笔 fɯn31ɓit4 粉笔
□擦黑板布 it2hei44ɓan31ɓu44 板擦儿
点名簿 ɗim31miŋ53ɓu44 点名册
打手板尺 ɗa44sɔu44ɓan44tshik4 戒尺
本 ɓun44 本
笔记本 ɓit4ki35ɓun44 笔记本

书 sɿ35 课本
铅笔 kuɔn23ɓit4 铅笔
擦字□□ tθat4tθɯi31sui44miu31 橡皮
铅笔刀 kɔn35ɓit4ɗau35 铅笔刀（指旋着削的那种）
圆规 ȵian31kui44 圆规
三角尺 tθam44kɔk4tshik4 三角板
三角板 tθam44kɔk4ɓan31 三角板
压纸物 at4tsi44mit2 镇纸
作文本 tok4vun23ɓun44 作文本
大字本 thai31tθɯi31ɓun44 大字本
描纸骨 vɔ44tsi44kut4（thau35）红模子
水笔 sui44ɓit4 钢笔
毛笔 mau31ɓit4 毛笔
□笔 u31ɓit5 毛笔
笔□ ɓit4thap2 笔帽（保护毛笔头的）
笔身 ɓit4sin35 笔身
笔口 ɓit4khau44 笔尖
笔芯 ɓit4tθim35 笔芯
笔筒 ɓit4thoŋ53 笔筒
砚 ŋin53 砚台
磨墨 mɔ53mak4 研墨（动宾）
砚 ŋin53 墨盒儿
墨水 mak4sui44 墨汁（毛笔用的）
□毛笔□ it2mau31ɓit4khau44 捺笔（动宾）
墨水儿 muk5sui31 墨水儿（钢笔用的）
书包 si44ɓau44 书包

信 tθin55 信
爹仔 ɖiɛ35tθai44 连环画
(3) 读书识字
读书人 thuk2sɿ35nin53 读书人
识字人 sik4tθɯi31nin53 识字的
唔识字人 mou23sik4tθɯi31nin53 不识字的
读书 thuk2sɿ35 读书
温习 vun35tθit5 温书
背诵 ɓui31sɿ35 背书
背诵 ɓui44tθoŋ35 背诵
报考 ɓau35khau31 报考
考场 khau31tshɔŋ35 考场
入场 ȵip2tshaŋ23 入场（进考场）
考试 khau31si35 考试
考卷 khau31kian31 考卷
满分 muan31fɯn44 满分
零分 liŋ31fɯn44 零分
张榜 tsaŋ44ɓaŋ31 发榜
贴榜 thip4ɓɔŋ44 张榜
头名 thau53miŋ53 头名
尾名 mui44miŋ53 末名
毕业 ɓit4niət4 毕业
莫毕业 mɔ35ɓit4niət4 肄业
文凭 vun31phiŋ35 文凭
(4) 写字
大正楷字 thai31tsiŋ55khai31tθɯi31 大楷
细正楷字 tθai44tsiŋ44khai31tθɯi31 小楷
字帖 tθɯi31thiəp4 字帖
□描字骨头 vɔ35tsi31kut4thau53 临帖
□擦蒙 it4miŋ53 涂了
便字 phin31tθɯi53 写白字
(写) 差□字 (tθiɯ31) tsha44vɛk2 (tθɯi31) 写門字（笔顺不对）
掉字 thiu31tθɯi31 掉字
草稿 tθau31kau31 草稿
起稿 khi31kau31 起稿子
誊过 thɯŋ23kuɯ55 誊清
一点 a44ɗim35 一点
□□a31ȵit5 一点
一横 lau44viŋ53 一横
长直 tshiɯŋ53tshik2 一竖
一撇 a44phit4 一撇
一捺 a44na44 一捺
一勾 a44kau35 一勾
一挑 a44thiu35 一挑
一笔 a44ɓit4 一画（王字是四画）
一别 a44vɛk2 一画
字旁 tθɯi31phɔŋ31 偏旁儿
偏旁 ɓianphɔŋ23 偏旁
单立旁 ɗan44lip4phɔŋ23 单立人儿（亻）
双立人 suɔŋ44lip4ȵin23 双立人儿（彳）
弓长张 koŋ44tshaŋ31tsaŋ44 弯弓张
立早章 lip5tθau31tsaŋ44 立早章
禾旁程 hɔ31phɔŋ23tshiŋ23 禾旁程
四方框 tθɯi44fɔŋ35khɔŋ31 四框栏儿（囗）

□□khop31phɔn53 宝盖儿（宀）
光盖旁 kuɔŋ31khɔp2phon53 秃宝盖儿（冖）
□心旁 thik5tɕim44phaŋ25 竖心旁（忄）
反狗旁 fan44kəu31phɔŋ23 反犬旁（犭）
单耳旁 ɖan44ŋɯi44phɔŋ23 单耳刀儿（卩）
□旁 khəu44phaŋ23 双耳刀儿（阝）
反文旁 fan44vɔn31phɔŋ23 反文旁（攵）
王字旁 vɔŋ31tɕɯi31phaŋ23 斜玉儿（王）
土旁 thu31phɔŋ23 提土旁（土）
土字旁 thu31tɕɯi3phɔŋ23 提土旁（土）
竹字头 tsuk4tɕɿ55thəu23 竹字头儿（⺮）
火字旁 huɯ31tɕɯi55phɔŋ23 火字旁
四点仔 tɕɯi44ɖim44tɕai44 四点水（灬）
三点水 tɕam35ɖim44sui44 三点水儿（氵）
两点水 liaŋ31ɖian44sui44 两点水儿（冫）
病字旁 phiŋ31tɕɿ55phɔŋ23 病旁儿（疒）
走之旁 tsəu31tsi44phɔŋ23 走之儿（辶）
绞丝旁 kiau44tɕɿ44phɔŋ23 绞丝旁（纟）
提仔旁 thit4tɕai31phɔŋ23 提手旁（扌）
草字头 tɕau31tɕɿ55thəu23 草字头（艹）

二十一 文体活动

（1）游戏、玩具

风筝 foŋ44tɕɯŋ35 风筝
□□ut4at4 捉迷藏
觅伴 mit4phɔn31 捉迷藏
觅伴 mit4phɔn31 藏老蒙儿（寻找预先藏匿在某个角落的同伴）
鸡毛球 kai35mau53khiu23 毽子
踢鸡毛球 thik4kai35mau53khiu23 踢毽子
跳索 thiau35sɔk4 跳绳
跳子 thiau35tɕɿ31 抓子儿（用几个小沙包或石子儿，扔起其一，做规定动作后再接住）
□□thik4ut2 弹球儿
□□lɯ35tɕɿ31 弹球
撇水 phit4sui44 打水漂儿（在水面上掷瓦片）
跳丁双 thiau35ɖiŋ44suɔŋ44 跳房子
跳屋 thiau35ok4 跳房子
翻索 fan35tɕɔk4 翻绳（两人轮换翻动手指头上的细绳，变出各种花样）
打拳 ɖa44khɯn53 划拳（喝酒时）
唱歌 tshiɯŋ55kɔ35 唱歌
□ləu31 玩

□ ləu55 玩
出谜 tshɯt4mi23 出谜语
猜谜 tθai44mi23 猜谜儿
不倒翁 ɓu35ɗau31oŋ44 不倒翁
牌九 phai31kiu31 牌九
麻雀 ma31tshɔk4 麻将
打麻雀 ɗa44ma31tshɔk4 打麻将
打牌 ɗa44phai23 打牌
□□ tθa44ɗik4 掷色子
下银 ha31ŋan53 押宝
炮仗 ɓau35tsaŋ31 爆竹
放炮仗 fɔŋ31ɓau35tsaŋ31 放鞭炮
□炮仗 tshit4phau35tsaŋ31 二踢脚、电光炮
烟花 ian44hua44 烟火
放烟花 fɔŋ55ian44hua44 放花炮
（2）体育
象棋 tθiaŋ55khi35 象棋
走棋 tθau44khɯi53 下棋
走线 tθau44sin31
将—帅 tθiaŋ35—suai35 将、帅（分别说音）
士 tθɿ35 士
象、相 tθiaŋ35 象、相
车 ki44 车
马 ma44 马
炮 phau35 炮
兵—卒 ɓiŋ44-tsuk5 兵、卒（分别说音）
走卒 tθau44tθuk5 拱卒
上士 sɔŋ31tsɿ35 上士（士走上去）

落士 lɔk2tθɿ35 落士（士走下来）
飞象 fɛi31tθiaŋ35 飞象
落象 lɔk2tθiaŋ35 飞象
将军 tsiaŋ44kun45 将军
围棋 vɛi31khi35 围棋
黑子 hak4tsɿ31 黑子
白子 phɛk4tsɿ31 白子
平棋 phiŋ53khi35 和棋
拔河 ɓat4hɔ23 拔河
泗水 tθəu53sui44（手脚齐动）游泳
□水 vai53sui44 游水（手拨、脚打崩唪）
睡水 sui31sui44 仰泳
泗蛤水 tθəu44ɛp2sui44 蛙泳
□水 ɗim53sui44 自由泳
□水 tsui35sui44 潜水
打球 ɗa44khiu23 打球
赛球 tshai44khiu23 赛球
比赛球 ɓi31tshai44khiu23
乒乓球 ɓiŋ44ɓaŋ44khiu23 乒乓球
篮球 lam31khiu23 篮球
排球 phai31khiu23 排球
足球 tθok5khiu23 足球
羽毛球 ɹi31mau31khiu23 羽毛球
跳远 thiau35ian31 跳远
跳高 thiau35kau44 跳高
（3）武术、舞蹈
立就 lip2tθiu44 翻跟头（翻一个跟头）
立就 lip2tθiu35 打车轮子（连续翻好几个跟头）

立就行路 lip2tɵiu35heŋ53lu31 倒立
立就 lip2tɵiu35 倒立
舞狮子 vu31tɵɿ44 舞狮子
跑干船 phau31kɔn44sɯn53 跑旱船
长脚马 tshiɯŋ53kiɯk4ma44 高跷
高脚马 kaukiɯk4ma44 高跷
对刀 ɗui31ɗau35 对刀
耍刀 suai31ɗau35 耍刀
对红缨枪 ɗɯi44hoŋ31iŋ44tshiaŋ44 对枪
耍红缨枪 suai31hoŋ31iŋ44tshiaŋ44 耍枪
耍流星锤 suai31liu31tɵiŋ44tshui53 耍流星
扭秧歌 nau44iaŋkɔ44 扭秧歌儿
打腰鼓 ɗa31ɹiau44ku31 打腰鼓
跳舞 thiau35mou44 跳舞

(4) 戏剧

锣鼓 lɔ53ku44 锣鼓
做戏 tɵɔ31hi35 演戏
二胡 ɯ44hu31 二胡
箫（横吹）tɵiau44 笛子
笛 ɗik5 笛子
箫（竖吹）tɵiu44 箫
木偶戏 muk22ŋəu31hi35 木偶戏
皮影戏 phi31iŋ35hi35 皮影戏
大戏 thai31hi35 大戏（大型戏曲、角色多、乐器多、演唱内容复杂）
京剧 kiŋ44hi35 京剧
话剧 hua44ki35 话剧
戏院 hi31ian23 戏院
戏台 hi35thai35 戏台
演员 in31ian23 演员
作法 tɵok4fat4 变戏法（魔术）
讲书 kɔŋ31sɿ35 说书
学古 hɔk2ku44 讲故事
猫虎面 miu55hu44min31 花脸
杂脚 tap2khiak4（海南戏来的）小丑
老爷 lau31ɹiɛ23 老生
少爷 sau44ɹiɛ23 小生
武生 vu31tɵɯŋ44 武生
刀马旦 ɗau44ma31ɗan53 刀马旦
老□ lau31ɓɯi35 老旦
青衣 tshiŋ44i44 青衣
花旦 hua31ɗan35 花旦
烂女 lan31lɯi31 泼辣妇女
小旦 tɵiau31ɗan35 小旦
□□ tɵiŋ44kiŋ31 年轻的女子
跑龙套 phau31loŋ53thau53 跑龙套的

二十二 动词

(1) 一般动作

徛 khɯi31 站
倚 ai35 靠
□ tshiŋ35 蹲
坐 ɗɯt4 坐，~下
跳 thiau35 跳，青蛙~起来
□ lap23 迈，跨过高物：从门槛上~过去
踏 thap4 踩，脚~在牛粪上
跌 tɵap4 跌，~倒了

爬起身 pha44khɯi31sin35 爬起来
□头 vin35thau53 摇头
□头 tθau44thau53 摇头
点头 ɗim44thau53 点头
□头 laŋ53thau53 抬头
低头 ɗɯi35thau53 低头
回头 hui44thau53 回头
扭面 nau44min31 脸转过去
开眼 khɯi35ŋan44 睁眼
瞪眼 ɗɯŋ35ŋan44 瞪眼
瞪咒 ɗuŋ35tsəu35 瞪眼
眨眼 tsap4ŋan44 闭眼
打眼角 ɗa44ŋan44kɔk4 挤眼儿
眨眼 tsap2ŋan44 眨眼
冲面目 tshoŋ35min31mak2 遇见
冲口 tshoŋ35mɛk4 遇见
看 hɔn35 看
听 thiŋ35 听，用耳朵~
吸 hip4 吸，~气
□闪眼 sip4ŋan44 眼睛乱转
冒眼泪 mau35ŋan44lui31 流眼泪
□□ɓiŋ35khau44 张嘴
关□kuan35khau44 闭嘴
（扭）□指 khau44tsi44 努嘴
翘□ khiu35khau44 噘嘴
咬 ŋau44 咬，狗~人
□thut2 嚼，把肉~碎
□ut4 咽，~下去
□liam35 舔，人用舌头~
含 hɔm53 含，~在嘴里
□口 tsuk5khau44 亲嘴

□tsuk4 吮吸，用嘴唇聚拢吸取液体
吐 thu44 吐，上声，把果核儿~掉
己□ki31lɯn35 吐呕吐：喝酒喝~了
界 ɓui44 拿，用手把苹果~过来
要 iu35 要
□hɔi44 给，他~我一个苹果
□mɔk4 摸，~头
举手 laŋ44səu44 举手
摆手 vin35səu44 摆手
放手 fɔŋ55səu44 撒手
□手 it4səu44 伸手
动手 thoŋ31səu44 动手（只许动口，不许~）
打已□ɗa35ki31tshiak4 拍手
抄手过后底 tshau35səu44kuɯ44-hau31ɗɯi35 背着手儿
伸手过面前 tshau44sau44kuɯ44-min31tθin53 叉着手儿（两手交叉伸在胸前）
叉腰 tha44iu35 叉腰
□手 lut23səu44 笼着手（双手交叉又伸到袖筒里）
□khom35 挠，~痒痒
□nim35 掐，用拇指和食指的指甲~皮肉
扭 nau44 拧，~螺丝
□ɓuat4 拧，~毛巾
□tɔ35 捻，用拇指和食指来回~碎
□ɗeŋ53 掰，把橘子~开，把馒头~开
□ɗeŋ53 剥，~花生
□ɯt4 撕，把纸~了
拗 ɛu53 折，把树枝~断

□ɯt4 拔，~萝卜
□ɓɔk4 拔
掏 thau44 摘，~花
□nim35 摘
拨 ɓuɔt23 拨拉
□om53 捂住
□mɯt2 摩挲（用手~猫背）
托 thɔk4 搁（用手托着向上）
□屎 suk4si44 把屎（抱持小儿双腿，哄他大便）
□尿 suk4niu31 把尿
攀 phan35 扶着
扶 fu53 扶
弹指儿 than44tsi44ni53 弹指头
□指儿 thik4tsi44ni53 弹指
□拳 vak2khɯn53 攥起拳头
弹脚 tham44kiɯk4 跺脚
□脚 min31kiɯk4 踮脚
跷腿 khəu31kiɯk4 跷二郎腿
跷脚 khəu31kiɯk4 翘，~腿
□脚 lut23kiɯk 蜷腿
动脚 thoŋ31kiɯk4 抖腿
踢脚 thik4kiɯk4 踢腿
□腰 ŋom31iu44 弯腰
□腰 ȵit2iu44 伸腰
垫腰 thim31iu44 撑腰（支持）
支持 tsi44tshi35 支撑
□胸 tsiaŋ31hoŋ35 挺，~胸
□胸 nioŋ31hoŋ35 挺胸
□ŋom31 趴，~着睡
□mau35 爬，小孩~在地上

□ŋom35 爬
□fit2 撅（屁股）
浪屎窟 laŋ31sʅ44hɯt4 撅屁股
搊身 tθəu44sin35 捶背1
捶腰 tshui31iu35 捶背2
捶身 tshui31sin35 捶背3
砍腰 kan44iu35 捶背4
劈腰 phit4iu35 捶背5
手跺身 tθəu44tshui31sin35 捶背6
□fit2 擤（鼻涕）
收□水□鼻 səu35nam31khat4 吸溜鼻涕
啊嚏 a44tshi53 打喷嚏
□hiɯn35 闻（用鼻子~）
嫌 him53 嫌弃
哭 hok4 哭
□tshɔi31 扔（把没用的东西~了）
□vin35 扔
□sɛk4 扔
讲 kaŋ44 说
□ɗik4 跑
行 heŋ53 走
逃□thau23ɗik4 逃跑：小偷~走了
□vut4 追，追赶：~小偷
捉 tsuk4 抓，~小偷
抱 phau31 抱，把小孩~在怀里
□mɛ35 背，~孩子
推 thui35 推，几个人一起~汽车
掼 kuan35 摔，跌：小孩~倒了
碰 phaŋ44 撞，人~到电线杆上
碰 phoŋ35 碰

□（遮住）ɗai44 挡，你~住我了，我看不见

□kɛk2 挡

□（自己藏起来）mat4 躲，躲藏：他~在床底下

□ut4 躲藏

储 tshut2（人）藏（起来）

储 tshut2（把东西）藏（起来）-藏放，收藏：钱~在枕头下面

放 foŋ55 放（~在桌上）

□thau53 掺（酒里~水）

牵 hin35 搀，~老人

□ɓa31 扶

收拾 səu35 sip2 收拾（东西）

拣 kan44 选择

选 tθian31 选

□ɓui44 提起（东西）

拾 sip2 捡起来

擦 tθat4 擦掉

掉 thiu31 丢失

□□忘掉 man35 hiɯt2 落（因忘而把东西遗放在某处）

寻□回个了 tθim53 ɓɛ44 kɔ44 lɔ44 找着了

叠 thip2 码起来

齐 tθai53 叠

叠 thip2 摞，把砖~起来

埋 mai53 埋，~在地下

□khop2 盖，把茶杯~上

压 at4 压，用石头~住

揿 tshən53 摁，用手指按：~图钉

□nok4 摁

印 en44 印

标 ɓiu35 捅，用棍子~鸟窝

插 tshap4 插，把香~到香炉里

□nip2 插

□tshaŋ53 插

标 ɓiu35 戳，~一个洞

砍 kan53 砍，~树

剁 ɗɔk4 剁，把肉~碎做馅儿

□phai35 削，~苹果

裂 lai35 裂，木板~开了

□niau44 皱，皮~起来

烂 lan31 腐烂，死鱼~了

□it4 擦，用毛巾~手

□tsɔi53 倒，把碗里的剩饭~掉

□□ɗit4 lɔk4 掉，掉落，坠落：树上~下一个梨

掉 thiu31 掉

滴 ɗik2 滴，水~下来

寻 tθim53 找，寻找：钥匙~到

拾 sip2 捡，~到十元钱

担 ɗam35 挑，~担

扛 kɔŋ35 扛，把锄头在~肩上

扛 kɔŋ35 抬，~轿

擎 tshiŋ35 举，~旗子

□ɗai44 撑，~伞

撬 khiau44 撬，把门~开

□tsip4 挽，~袖子

洗 sau31 涮，把杯子~一下

□lɯi53 捞，~鱼

□thau53 拴，~牛

缚 fɔk2 捆，~起来
解 kai35 解，~绳子
运 ɿun35 挪，~桌子
捧 phaŋ31 端，~碗
掼 kuan35 摔，碗~碎了
□ɓɐŋ53 摔
□碗 fat4un44 摔碗
烧 siu35 烧，~柴
拆 tshɛk4 拆，~房子
转 tsɯn44 转，~圈儿
捶 tshui53 捶，用拳头~
打 ɗa44 打，统称：他~了我一下
（2）心理活动
识 sik4 知道
唔识 məu44sik4 不知道
识 sik4 懂了
唔识 məu44sik4 不懂
识 sik4 会了
会 hui31 会
□kɯi44 认得
□ni53 认得
冇□mou44kɯi44 不认得
冇□mou44nin31 不认识
识字 sik4tθɯi31 识字
□kak2 想
□□下 kak2kak4ha31 想想
念 nin53 想念
挂 kua55 想念
打算 ɗa44tθun55 打算
估 ku53 估量
出主张 tshɯt2tsi44tsaŋ44 想主意

猜（□）tθai44（kak2）猜想
料倒 liau35ɗau44 料定
主张 tsi31tsaŋ44 主张
信 tθin44 相信
相信 tθiaŋ44tθin44 相信
怄 əu35（担心）发愁
怄气 əu44khɯi44 担心
莫信 mou44tθin44 怀疑
□□□em44em44kak2 沉思
冇定 mou35thiŋ31 犹疑
细心 tθai44tθim35 留神、注意
惊 kiŋ35 害怕
□□lun31tsɯŋ44 吓着了
嚇□hɔt2tsɯŋ44 吓
紧 kin44 着急
挂 kua44 挂念
放心 fɔŋ31tθim35 放心
望 mɔŋ53 盼望
□想快快 kak3khuaikhuai44 巴不得
记噢 kɯi35ɔu31 记着（不要忘）
□□man53hiɯk4 忘记了
□到了 kak2ɗau44lə44 想起来了
红眼 hoŋ44ŋan44 眼红（嫉妒）
细心 tθai44tθim35 小心
厌 iam35 讨
恨 hɯn35 恨
□想 kak2 羡慕
偏心 phian44tθim44 偏心
恶眼 ɔk4ŋan44 忌妒
丑眼 tshəu44ŋan44 忌妒
怄气 əu44khɯi44 怄气

恼怒 nau31nu35 抱怨
囗气 mat4khɯi44 憋气
发气 fat4khɯi44 生气
爱 ŋai35（对物）爱惜
痛 thoŋ44（对人）疼爱
欢喜 han35hi44 喜欢
恶过 ɔk4kuɯ44 难过，心理的
欢喜 han35hi44 高兴
怪 kuai44 责怪
囗囗 mai31ɯn35 后悔
好羞 hau44tθəu35 害羞
冇识好羞 mou44sik4hau44tθəu35 丢脸
欺瞒 khɯi44mɔn53 欺负
装 tsɔŋ35 装，~病
要 iu44 要，我~这个
有 iou44 有，我~一个孩子
冇有 mou35iou44 没有，他~孩子
是 si31 是，我~老师
冇是 mou35si31 不是，他~老师
在 tshəu31 在，他~家
冇在 mou44tshəu31 不在，他~家
做得 tθu35ɗak4 行，应答语
冇做得 mou44tθu35ɗak4 不行，应答语
肯 khaŋ44 肯，~来
应该 iŋ44kai44 应该，~去
可以 khə44ɹi44 可以，~去
感谢 kam31tθɯ35 感谢
惯世 kuan44sai44 娇惯
太痛 thai35thoŋ44 宠爱

护 huɯ31 迁就
（3）语言动作
讲话 kaŋ44va31 说
话 va31 话
讲话 kaŋ44va31 聊天
喊 ham44 喊（~他来）
喝 huɔt4 吆喝，大声喊
插口 tshap4khau44 搭茬儿
冇做声 məu44tθo44siŋ35 不做声
冇讲话 məu44kɔŋ44va31 不说话
囗囗 em44em44 不吱声
骗 phin44 骗（我~你玩的，不是真的）
谎 huaŋ44 哄（~小孩）
讲谎 kɔŋ44huaŋ44 撒谎
大口 thai31kau44 吹牛
奉承 foŋ44siŋ31 拍马屁
讲好话 kɔŋ44hau44va31 拍马
讲笑 kɔŋ44siu44 开玩笑
谓 vai35 告诉
拗伴 ɔu44phɔŋ31 抬杠
拗口 ɔu44khau44 顶嘴
恼伴 nnau33phɔn53 吵架
打伴 da35phɔn31 打架
囗 nnau53 骂（破口骂）
受囗 səu35nnau31 挨骂
受批评 səu44phi44phiŋ23 挨批评
吩咐 fɯn35fu44 嘱咐
该当 kɯidaŋ31 挨说（挨批评）
受批评 səu44phi44phiŋ23 受批评
囗囗 tsham44tshiak4 叨唠
多话 ɗɔ35va31 叨唠

对冇起 ɗui44mou44khɯi44 对不起 致歉语

再□ tθai44mɛk4 再见 告别语

再见 tθai44kian35

二十三 位置

上头 sɔŋ31thau53 上面

下底 ha31ɗai35 下面

地 thɯi31 地下（当心！别掉~下了）

地 thɯi31 地上（~上脏极了）

天上 thin35sɔŋ31 天上

山上 san35sɔŋ31 山上

路上 lu31sɔŋ31 路上

街上 kai35sɔŋ31 街上

墙上 tθiɯŋ53sɔŋ31 墙上

门上 mun53sɔŋ31 门上

台上 thai53sɔŋ31 桌上

椅上 ɯi44sɔŋ31 椅子上

□上 khin53sɔŋ31 边儿上

里头 lɯi31thau53 里面

外头 mai31thau53 外面

手头 səu44thau53 手里

心头 tθim35thau53 心里

路上 lu31sɔŋ31 野外

大门外头 thai31mun53mai31thau53 大门外

外头门 mai31thau53mun53 门儿外

门外头 mun53mai31thau53 门外头

墙外头 tθiɯŋ53mai31thau53 墙外

窗外头 tshuaŋ35mai31thau53 窗户外头

车上 tshiɯ35sɔŋ31 车上（~坐着人）

车外头 tshiɯ35mai31thau53 车外（~下着雨）

车面前 tshiɯ35min31tθin53 车前

车后底 tshiɯ35hau31ɗɯi35 车后

前 tθin53 前边

后 hau31 后边

山面前 san35min31tθin53 山前

山后底 san35hau31ɗɯi35 山后

屋后底 ok4həu31ɗɯi35 房后

对面 ɗui35min31 对面

面前 min31tθin53 面前

后底 hau31ɗɯi35 背后

曩时 nɔŋ53si53 以前

□□□ vɔ35kiɯn44hui44 以后

□以上 vau53sɔŋ31 以上

□以落 vau53lɔk2 以下

后来 hau31lɯi53 后来（指过去某事之后）

从今时 tθoŋ23kim35si53 从今以后（将来）

从今开始 tθoŋ23kim35khai44si31 今后

从□□□开始 tθoŋ23mɔ35iu44ui44khai44si31 从此以后（不拘过去将来）

东 ɗoŋ35 东

西 tθai35 西

南 nam53 南

北 ɓak4 北

东南 ɗoŋ35nam53 东南
东北 ɗoŋ35ɓak4 东北
西南 tθai35nam53 西南
西北 tθai35ɓak4 西北
路裙 lu31khin53 路边儿
中间 tsoŋ35kan35 当间（儿）
床下底 soŋ44ha31ɗɯi35 床底下
楼下底 ləu23ha31ɗɯi35 楼底下
脚底 kiɯk4ɗɯi44 脚底下
碗底（里）un44ɗok4 碗底儿（以下三条指器物底部）
碗底（外底）un44ɗɯi44 碗底
甑（里）tshɯŋ35ɗok4 锅底儿
甑底（外）tshɯŋ35ɗɯi44
缸底（里）kɔŋ35ɗok4 缸底儿
缸底（外）kɔŋ35ɗɯi44
旁边 phɔŋ53ɓin35 旁边
上 soŋ31 上，碗在桌子~
下底 ha31ɗɯi35 下凳子在桌子~
裙 khin53 边儿桌子的~
角 kɔk4 角儿桌子的~
上去 soŋ31hui44 上去他~了
落来 lɔk2lɯi53 下来他~了
入去 ɹip2hui44 进去他~了
出来 tshɯt4lɯi53 出来他~了
出去 tshɯt4hui44 出去他~了
回来 hui44lɯi53 回来他~了
起身 khɯi31sin35 起来天冷~了
近旁 khin31phɔŋ53 附近
面前 min31tθin53 跟前儿
么的路 mɯɯ53ɗɯ44lu31 什么地方

屋头 ok4thau53 家里
城头 siŋ53tau53 城里
村上 tθun35soŋ31 乡下
朴边 phu31ɓin35 左边
精边 tsiŋ44ɓin35 右边
中间 tsoŋ44kan44 中间排队排在~
□尾 vɔ35mɯi44 末尾排队排在~
望里头行 vɔ35lɯi31thau44heŋ53 望里走
望外头行 vɔ35mai31thau44heŋ53 望外走
望东行 vɔ35ɗoŋ35heŋ53 望东走
望西行 vɔ35tθai35heŋ53 望西走
望回行 vɔ35hui44heŋ53 望回走
返回行 fan35hui44heŋ35 望回走
望前行 vɔ35tθin44heŋ53 望前走
□东 vɔ35ɗoŋ35……以东
□西 vɔ35tθai35……以西
□南 vɔ35nam53……以南
□北 vɔ35ɓak4……以北
□内 vɔ35nei3……以内
□外 vɔ35vai35……以外
以来 i31lai23……以来
以后 i31həu35……之后
之前 tsi44tθian23……之前
之外 tsi44uai35……之外
之内 tsi44nei35……之内
之间 tsi44kan44……之间
之上 tsi44saŋ35……之上
之下 tsi44hia35……之下

二十四　代词等

我 ŋɔ44-34 我
你 nɯi44-34 你
佢 kɛ31 他
阮 ŋɯn53 我们
恩 ŋɯn35 咱们
恁 nɯn53 你们
□kok4 他们
你 nɯi44 您（尊称"你"）
佢 kɛ31 偲（尊称"他"）
我 ŋɔ 我的
我的 ŋɔ44ɗɯi44 我的
□nok2 人家
自家 tθŋ31ka35 自己 我~做的
有伴 iu44phɔn31 大家
□爹 ŋɯn53ɗɛ35 我爸 ~今年八十岁
□爹 nɯn53ɗɛ35 你爸 ~在家吗？
□爹 kok2ɗɛ35 他爸 ~去世了
□sun53 谁
个个 kɔ44kɔ44 这个
那个 na44kɔ44 那个
甚个 sin35kɔ44 哪个
这□ kɔ35nik5 这些
那□ na44nit5 那些
甚□ sin44nit5 哪些
个里 ki44lɯi44 这里
已里 ki44lɯi44 这里
那里 na44lɯi44 那里
甚里 sin35lɯi44 哪里
□样 kin53iɔŋ31 这样 事情是~的，不

是那样的
□样 nin53iɔŋ31 那样 事情是这样的，不是~的
样样 iɔŋ53iɔŋ31 怎样 什么样：你要~的？
□（个样合音）koŋ45 这么（高）
□样 kiɯ31ɹiaŋ31 这么（做）
□样 kin44iɔŋ31 这么（做）~贵啊
□nin53iaŋ31 那么（高）
□样 nnin53isŋ31 那么（做）
样样 iɔŋ53iɔŋ31 怎么（做）
样样办 iaŋ53iaŋ31phan31 怎么办
为么底 vuɛ31mɯn44ɗɯi44 为什么
么底 mɯn53ɗɯi44 什么
么底 mɯn53ɗɯi44 什么，你找~
做么底 to44mɯn53ɗɯi44 干什么，你在~
多少 ɗɔ35siu44 多少（钱）
几 kɯi44 多（久、高、大、厚、重）
阮两个 ŋɯn53liaŋ31kɔ44 我们俩
恩两个 ŋɯn35liaŋ31kɔ44 咱们俩
恁两个 nɯn53liaŋ31kɔ44 你们俩
□两个 kok4liaŋ31kɔ44 他们俩
老公分人 lau44koŋ44fɯn55nin53 夫妻俩
老公分某 lau44koŋ44fɯn55mou44
两□ liaŋ44ɯi31ni53 娘儿俩（母亲和子女）
两□ liaŋ44ɯi31nɯi44 母女俩
两爹儿 liaŋ31ɗɛ35ni53 爷儿俩（父

亲和子女）

两爹女 liaŋ31ɗɛ35nɯi44 父女俩

老隆幼孙两个 lau31loŋ44iu44 tθun35liaŋ31kɔ44 爷孙俩

两□嫂 liaŋ44mau44tθau44 妯娌俩

两□嫂 liaŋ44kɔtsiɯt4tθau44 姑嫂俩

□□□新妇 lau44ɯi31iu44tθin35-fu31 婆媳俩

两叔伯 liaŋ44suk4ɓɛk4 兄弟俩

两叔伯 liaŋ44suk4ɓɛk4 哥儿俩

两姨姊 liaŋ44i44nen35 姐妹俩

两姨姊 liaŋ44i44nen35 姐儿俩

两□伯 liaŋ44tsiɯt44ɓɛk4 兄妹俩

两□姊 liaŋ44ou31nen35 姐弟俩

两爹儿 liaŋ31ɗɛ35ni53 舅甥俩

两□□liaŋtsiɯt44tsi35 姑侄俩

两爹儿 liaŋ44ɗɛ35ni53 叔侄俩

师徒俩 tθɿ44thu23liaŋ31 师徒俩

甚人 sin53nin53 谁们

有伴 iu44phɔn31 人们

□□群 mou44tθau44khɯn53 妯娌们

□□群 tsiɯt4tθau44khɯn53 姑嫂们

师徒群 tθɿ44thu23khɯn53 师徒们

生要师群 seŋ44iu44tθl31khɯn43 先生学生们

个□道理 kɔ44nit5thau31lɯi44 这些个理儿们

那□事 na31nit44si31 那些个事儿们

一□堆台 a44ɗum44thai53 桌子们

一堆木椅 a44ɗum35ɯi44 椅子们

一堆书 a44ɗum44sl35 书们

二十五　形容词

好 hau44 好（这个比那个~些）

冇（有）差 mou31tsha35 不错（颇好之意）

差冇多 tsha35mou31ɗɔ35 差不多

冇样样 mou44iɔŋ53iɔŋ31 不怎么样

冇顶用 mou35ɗiŋ31ioŋ53 不顶事

丑 tshəu44 坏（不好）

莫够好 mɔ31kəu44hau44 次（人头儿很~///东西很~）

对数 ɗui44su44 对账算~了

差数 tsha35su44 错账算~了

□□lim31kun44 凑合

好靓 hau44liŋ35 美

好爱 hau44ŋai35 漂亮

好靓 hau44liŋ35 漂亮

丑行 tshəu44heŋ53 丑（难看）

□ɯn53 勤快

懒 lan44 懒

要紧 iau44kin31 要紧

热闹 ɹit4nau35 热闹

烂 lan31 烂肉煮得~

焦甑 tθau35tshɯŋ 糊饭烧~了

□ŋɯn35 结实家具~

壮 tsuaŋ44 结实人~

结实 kit4sik4 结实抽象

烂 lan31 破衣服~

有 iu44 富他家很~
穷 khoŋ53 穷他家很~
忙 mɔŋ35 忙最近很~
闲 han53 闲最近比较~
顿 ɗun44 累走路走得很~
痛 thoŋ44 疼摔~了
□khum45 痒皮肤~
坚固 kian44ku35 坚固
硬 ŋɯn53 硬
软 nun44 软
干 kɔn35 干干燥：衣服晒~了
湿 sip4 湿潮湿：衣服淋~了
干净 khan35tθiŋ31 干净
邋遢 lat2tθak2 脏（不干净）
利 lɯi35 快锋利：刀子~
□ɓaŋ44 钝刀~
快 khuai44 快坐车比走路~
慢 man31 慢走路比坐车~
迟 tshi53 慢
松 tθoŋ35 松捆得~
紧 kin44 紧捆得~
容易 ɹioŋ44ɹi31 容易这道题~
难 nan53 难这道题~
新 tθin35 新衣服~
旧 khəu31 旧衣服~
老 lau44 老人~
后生人 hau31seŋ35nnin53 年轻人
熟悉 suk4tθik4 熟悉这个地方我很~
生 seŋ35 陌生这个地方我很~
咸 ham53 咸
淡 tham31 淡（不咸）

香 hiɯŋ35 香
臭 tshu44 臭
酸 tθun35 酸
甜 thim53 甜
□hu44 苦
苦 khu44 苦
辣 lat4 辣
鲜 tθin35 鲜鱼汤~
馊 sau35 馊饭~
腥 tθiŋ35 腥鱼~
洇 in35 发臭
洇沤 in35au31 发臭
□am44 稀（粥太~了）
□khɯt4 稠（粥太~了）
疏 sɔ35 稀（不密）
密 mit4 密
光 kɔŋ35 亮指光线，明亮
黑 hak4 黑指光线，完全看不见
肥 fɯi53 肥（指动物：鸡很~）
肥 fɯi53 胖（指人）
肥□ fɯi53noŋ31 胖
瘦 sau44 瘦（不肥，不胖）
瘦 sau44 瘦（指肉不肥）
轻松 tθiŋ35tθoŋ44 舒服
难受 nan53sexu35 难受
端面 ɗun35min31 腼腆
乖 kuai35 乖（小孩儿真~）
皮 phɯi53 皮
做得 tθo44ɗak4（这小伙子）真行
莫做得 mou44tθo44ɗak4（那个家伙）不行

缺德 khɯt4ɗuk5 缺德
精 tθiŋ35 机灵
灵活 liŋ31hɔk4 灵巧（她有一双~的手）
糊涂 hu44thu35 糊涂
死板 tθŋ44ɓan31 死心眼儿
痴□ tshi35phɔi31 脓包（无用的人）
痴种 tshi35tsoŋ44 孬种
干屎 kau44tθai31 吝啬鬼
贱□ kin44tsin35 吝啬
干屎 kan44tθai31 小气
真见个 ɗa35fɔŋ44 大方
唔贱□ mou44kin44tsin35 不小气
老实 lau31sik5 老实
痴 tshi35 傻痴呆
笨 ɓɯn35 笨蠢
□ lum31 笨
直□ tshik2lu31 直爽，性格~
硬爱 ŋiŋ31ŋai44 犟，脾气~
硬志 ŋiŋ31tsi35 倔犟
整 tsiŋ53 整（鸡蛋吃整的）
一身 a44sin35 浑（浑身是汗）
凸 thɯt4 凸
□ luk4 凹
凉 liɯŋ53 凉快
静 tθiŋ35 背静
□ huaŋ35 活络（活动的、不稳定）
正牌 tsiŋ44phai23 地道（~海南风味）
整齐 tsiŋ31tθi23 整齐
□心 ŋap4tθim35 称心
清 tθiŋ35 早来得~

迟 tshi53 晚来晚了
暗 ɔm35 晚天色晚了，夜晚
多 ɗɔ35 多
少 siu44 少
重 tshoŋ31 重
重 tshoŋ35 重
轻 khiŋ35 轻
大 thai31 大
小 tθai44 小
粗 tθu35 粗绳子~
细 tθi35 细
长 tshiɯŋ53 长绳子~
短 ɗun44 短绳子~
□ ɗuk4 短（外形）
长 tshiɯŋ53 长时间~
短 ɗun44 短时间~
□ ɗuk4 短（时间）
阔 khuk4 宽
窄 tθɛk4 窄
□□ɓiŋ35ɓa31 宽敞房子~
厚 hau31 厚
薄 phɔk2 薄
深 sim35 深
浅 tθin44 浅
清 tθiŋ35 清水~
浓 noŋ53si53 浑水~
热 nit4 热（水）
凉 liɯŋ53 凉（水）
囝 lun53 圆
扁 ɓen53 扁
对方 ɗui44fɔŋ35 方

尖 tsim35 尖
平 phiŋ53 平
高 kau35 高飞得~
低 ɗɯi35 低飞得~
高 kau35 高个子~
低 ɗɯi35 矮个子~
远 vin44 远路~
近 khin53 近路~
直 tshik2 直线~
长 tshaŋ 陡坡~，楼梯~
枉 uaŋ31 弯弯曲：这条路是~的
正 tsiŋ44 正
斜 tshɔi44 歪
斜 tθiɯ23【文】斜
红 hoŋ53 红
红 鲜 鲜 hoŋ53ɗan31tθin44tθin35 朱红
粉红 fɯn31hoŋ23 粉红
红到鲜鲜 hoŋ44ɗau31tθin44tθin35 深红
红色 hoŋ53tθik4 浅红
蓝 lan23 蓝
□□蓝 phɔ33phɔ34lan23 浅蓝
深蓝 sim35lan23 深蓝
天蓝 thian35lan23 天蓝
绿 lok2 绿
青绿 tθiŋ35lok2 葱心儿绿
青绿 tθiŋ35lok2 草绿
水绿 sui44lok2 水绿
浅绿 tθin44lok2 浅绿
白 phɛk2 白

灰白 hui44phɛk2 灰白
青 tθiŋ35 苍白
漂白 phiau316ɯk4 漂白
火灰 huɯ31hui44 灰
深灰 sim35hui35 深灰
浅灰 tθin44hui35 浅灰
银灰 ŋan53hui35 银灰
黄 vɔŋ53 黄
杏黄 vɔŋ53 杏黄
黄到赤赤 vɔŋ53ɗau44tshik4thik4 深黄
□□黄 thim44thim44vɔŋ53 浅黄
青 tθiŋ35 青
青 tθiŋ35 豆青
深青 sim35tθiŋ35 藏青
蟹青 hai31tθiŋ35 蟹青
鸭春青 sp4tshɯn35tθiŋ35 鸭蛋青
紫 tθɿ35 紫
紫 tθɿ35 品紫
紫 tθɿ35 玫瑰紫
浅紫色 tθian31tθɿ31tθɯk4 藕荷色
红铜色 hoŋ31thoŋ31tθɯk4 古铜色
黑色 hɯk4tθɯk4 黑色

二十六 副词、介词等

好 hau44 很今天~热
相当 tθiaŋ44ɗaŋ44 非常比上条程度深：今天~热
更 kɯŋ35 更今天比昨天~热
太 thai35 太这个东西~贵，买不起
最 tθui35 最弟兄三个中他~高

□ɗoŋ35 都大家~来了

□nəu53 才你怎么~来啊？

就 tθiu31 就我吃了饭~去

经常 kiŋ44saŋ23 经常我~去

另 liŋ31 又他~来了

□kan35 还他~没回家

另 liŋ31 再你明天~来

□ɗoŋ35 也我~去；我~是老师

反正 fan31tsiŋ35 反正不用急，~还来得及

冇 mou35 没有昨天我~去

冇 mou35 不明天我~去

□（冇用合音）moŋ31 别你~去

□（冇用合音）moŋ31 甭不用，不必：你~客气

快 khuai44 快天~亮了

□宁可 liŋ31khɔ31 宁可~买贵的

随便 sui31ɓian35 随便~弄一下

肯定 khɯn31ɗiŋ35 肯定~是他干的

可能 khɔ31nɯŋ23 可能~是他干的

一路 a44lu31 一边~走，~说

时今 si31kin35 刚（我刚来，没赶上）

□□laŋ31laŋ31 刚

刚好 koŋ35hau31 刚好（刚好拾块钱）

啱啱 ŋam44ŋam44 刚（不大不小，刚合适）

刚好 koŋ35hau31 刚巧（刚巧我在那儿）

光 kuaŋ44 净（~吃米，不吃面）

有一尼 iəu31a44nit5 有点儿（天~冷）

惊 kiŋ35 怕（也许：~要下雨）

惊 kiŋ35 也许（明天~要下雨）

差尼 tsha44nit5 差点儿（~摔了）

冇 mou31 非……不（~到九点不开会）

马上 ma31sɔŋ35 马上（~就来）

□□khɛp2tθiŋ44 趁早儿（~走吧）

清暗 tθiŋ35ɔm31 早晚（随时：~来都行）

看到 hɔn35ɗau31 眼看（~就到期了）

□□a44tθuɛ44 幸亏（~你来了，要不然我们就走错了）

当面 ɗoŋ35min31 当面（有话~面说）

偷爹 □thəu44ȝɛ35ɹa31 背地（不要~说）

一并会 a44phin53hui44 一块儿（咱们~去）

已家 ki31ka35 一个人（自己：他~去）

自家 tθŋ31ka35

顺路 sun44lu35 顺便儿（请他~给我买本书）

故意 ku44ɹi35 故意（~捣乱）

到 ɗau44 到了（他~走了没有，你要问清楚）

□□□mu44sin31mak4 压根儿（他~不知道）

实在 sik4tθai35 实在（这人~好）

啱啱 ŋam44ŋam44 平（平四十，接近四十：这人已经~四十了）

刚好 koŋ44hau31 刚好

一并 a44phin31 一共（~才十个人）

总共 tθoŋ31koŋ35 总共

□nɯ31 只我 ~去过一趟

□（冇用合音）moŋ31 不要（慢慢走，~跑）

混混 hun44hun35 白（不要钱：~吃）

白（phɛk2）phai31 白（空：~跑一趟）

硬 ŋeŋ31 偏（你不叫我去，我~去）

乱 lin31 胡（胡搞，~说）

过前 kuɯ31tθin53 先（你~行，我随后就来）

前 tθin53 先（他~不知道，后来才听人说的）

另另 liŋ31liŋ31 另外（~还有一个人）

另外 liŋ31vai35 另外

□lәu53 被（~狗咬了一口）

被 ɓi35 被

把 ɓui44 把（~门关上）

要 iu44 和

对 ɗui44 对（你~他好，他就对你好）

对 □ɗui35hәu31 对着（他~着我直笑）

□vәu35 往 ~东走

到 ɗau44 到到哪儿去

到 ɗau44 到到哪天为止

□落 tshɔi31lɔk2 到扔到水里

前 tθian23 头在…之前：~吃饭，先洗手

在 tshәu31 在 ~哪儿住家

□vәu35 从 ~哪儿走

自从 tθŋ31tθɯŋ23 自从（~他走后我一直不放心）

照 tsau35 照 ~这样做就好

照 tsau35 照 ~我看不算错

要 iu44 用你~毛笔写

□□ vәu35hәu31 顺着 ~这条大路一直走

□□ vәu35hәu31 顺着（沿着：~河边走）

□vәu35 朝 ~后头看看

按 ŋan35 按，~他的要求做

替 thai44 替你~我写封信

如果 ɹi31kuɯ31 如果 ~忙你就别来了

冇管 mou31kuan31 不管 ~怎么劝他都不听

要 iu44 给（~大家办事）

要 iu44 给我（虚用，加重语气：你~我吃了这碗饭）

要 iu44 和（这个~那个一样）

要 iu44 问（~他打听一下）

问 min31 问（~他借本书）

把 ɓui44 管…叫（有些地方~白薯叫山药）

把 ɓui44 拿…当（有些地方~麦秸当柴烧）

从细 tθoŋ31tθai44 从小（他~就能吃苦）

□细 vәu35tθai44 从小

林君 lim31kun44 望外老王钱多，不~拿

□vut35 赶你得天黑以前~到

二十七　量词

张 tsuɔŋ35 一把（椅子）

个 kɔ44 一枚（奖章）

本 ɓun44 一本（书）
笔 ɓit5 一笔（款）
匹 phɯi31 一匹（马）
个 kɔ44 一头（牛）
封 foŋ35 一封（信）
帖 thip23 一服（药）
帖 thip23 一帖（药）
件 khin31 一味（药）
帖 thip23 剂
条 thiu53 一道（河）
条 thiu53 一条（河）
条 thiu53 一条（路）
顶 ɗiŋ44 一顶（帽子）
条 thiu53 一锭（墨）
件 khin53 一档子（事）
□tsui35 一朵（花儿）
顿 ɗun44 一顿（饭）
条 thiu53 一（手巾）
条 thiu53 一条（鱼）
条 thiu53 一条（蛇）
乘 siŋ31 一辆（车）
□tshɯk4 一子儿（香）
条 thiu53 条
□tsui44 一枝（花儿）
边 ɓin44 一只（手）
个 kɔ44 只，一~狗
个 kɔ44 只，一~鸡
个 kɔ44 只，一~蚊子
个 kɔ44 一盏（灯）
张 tsɔŋ35 一张（桌子）
个 kɔ44 张，一~嘴

台 thai31 一桌（酒席）
场 tshiɯŋ31 一场（雨）
场 tsaŋ31 一出（戏）
番 fan35 一床（被子）
番 fan35 领，一~席子
身 sin35 一身（棉衣）
把 ɓa44 一杆（枪）
管 khun44 一管（笔）
条 thiu53 一根（头发）
条 thiu53 根，一~绳子
昆 khun44 支一~毛笔
头 thau53 一棵（树）
粒 lip4 一颗（米）
粒 lip4 一粒（米）
个 kɔ44 一块（砖）
个 kɔ44 一块（香皂）
个 kɔ4 块一~钱
角 kɔk4 毛，角：一~钱
个 kɔ44 一口（猪）
个 kɔ4 一口（人）
一对老公分某 a44ɗui44lau31 koŋ44fɯn44məu44 两口子（夫妻俩）
个 kɔ44 一家（铺子）
只 tsik4 一架（飞机）
间 kan35 一间（屋子）
座 tθu31 一所（房子）
条 thiu53 一件儿（衣裳）
行 haŋ53 一行（字）
篇 phin44 一篇（文章）
面 min 一叶（书）

段 dˀuan35 一节（文章）
段 dˀuan35 一段（文章）
个 kɔ44 一片（好心）
□ pha44 一片儿（肉）
番 fan35 一面（旗）
个 kɔ44 一面（镜子）
面 min31 面
层 tθəŋ31 一层（纸）
气 khɯi44 一股（香味儿）
条 thiu53 一座（桥）
盘 phan53 一盘（棋）
件 khin31 一门（亲事）
令 liŋ31 一刀（纸）
叠 thip2 一沓儿（纸）
件 khin31 一桩（事情）
桩 tsuaŋ44 桩
缸 kɔŋ35 一缸（水）
碗 un31 一碗（饭）
盅 tsoŋ44 一杯（茶）
□ khɔp2 一把（米）
把 ba44 一把（刀）
把 ba44 一把（锁）
手 səu44 一把儿（萝卜）
□ 把 tshuk4 把
包 ɓau35 一包（花生）
梱 khɯn31 一卷儿（纸）
个 kɔ44 一捆（行李）
担 dˀam44 一担（米）
担 dˀam44 一挑（水）
行 hɔŋ53 一排（桌子）
一个前庭 a44kɔ44 一进（院子），一个前庭
封 foŋ44 一挂（鞭炮）
两个牛 liaŋ44kɔ44nau35 一犋（牛两头叫一犋）
句 kɯi44 一句（话）
个 kɔ44 一位（客人）
双 soŋ44 一双（鞋）
对 dˀui31 一对（花瓶）
副 fu44 一副（眼镜）
套 thau35 一套（书）
种 tθoŋ31 一种（虫子）
群 khɯn53 一伙儿（人）
群 khɯn53 一帮（人）
批 phi44 一批（货）
批 phi44 一拨儿（人）
个 kɔ44 一个（人）
一并 a444phin53 一起
笼 loŋ53 一窝（蜂）
□（thɔi44）tsui35 一嘟噜（葡萄）
□□ a44ŋup4 一拃（大拇指与食指张开的长度）
拃 tsa44 一虎口（大拇指与食指张开的长度）
□ tθim53 一庹（两臂平伸两手伸直的长度）
指儿长 tsl44ni53tshiɯŋsj 一指（长）
部分 ɓu44fən35 一停儿
成 tshiŋ23 一成儿
面 min31 一脸（土）

身 sin35 一身（土）
肚 thu31 一肚子（气）
顿 ɗun44（吃）一顿
次（单程）tθɯŋ44（走）一趟
□（包来回）tθɯŋ53
一下 ha31（打）一下
两□liaŋ44tθɯŋ53
三□sam35tθɯŋ53
眼 ŋan4（看）一眼
口 khau44（吃）一口
下 ha31（谈）一会儿
阵 tshən41（下）一阵（雨）
场 tshaŋ31（闹）一场
面 min31（见）一面
个 kɔ44 一尊（佛像）
边 ɓin35 一扇（门）
副 fu44 副
幅 fu35 一幅（画儿）
身 sin35 一堵（墙）
条 thiu53 条
片 phin31 一瓣（花瓣）
个 kɔ44 一个（路），一处（地方）
冲 tshoŋ35 一冲（园）
本 ɓɯn 一部（书）
套 thau35 套
班 ɓan35 一班（车）
层 tθɯŋ53（洗）一水（衣裳）
炉 lu53（烧）一炉（陶器）
札 tsa44 一打（鸡蛋）
团 thun53 一团（泥）
团 thun44 一堆（雪）

副 fu44 一槽（牙）
乘 siŋ31 一列（火车）
一□□a31pha44la44 一系列（问题）
路 lu35 一路（公共汽车）
师 tθɿ44 一师（兵）
旅 li31 一旅（兵）
团 thuan23 一团（兵）
营 ȵiŋ23 一营（兵）
连 lian23 一连（兵）
排 phai23 一排（兵）
班 ɓan44 一班（兵）
组 tu31 一组
团 thun53 一撮（毛）
铲 lu23 一轴儿（线）
缚 fuk2 一绺（头发）
好字脚 hau44tθɯi31kiɯk4（写）一手（好字）
好字脚 hau44tθɯi31kiɯk4（写）一笔（好字）
片 phin44（当）一票（当）
届 kiai35（开）一届（会议）
届 kiai35（做）一任（官）
盘 pun44（下）一盘（棋）
台 thai31（请）一桌（客）
转 tsɯn44（打）一圈（麻将）
大令 ɗa44liŋ44（打）一将（麻将）
场 tshaŋ31（唱）一台（戏）
小条 tθai44thiu44 一丝儿（肉）
□nit5 一点儿（面粉）

点 ɗim44 一滴（雨）
股 ku31 一盒儿（火柴）
笼 loŋ53 一包（火柴）
封 foŋ44 封
盒 hɔp2 一匣子（首饰）
箱 tθiaŋ44 一箱子（衣裳）
书架 si44kia35 一架子（小说）
柜 kui53 一橱（书）
台斗 thai44ɗəu31 一抽屉（文件）
篮 lam53 一筐子（菠菜）
篮 lam53 一篮子（梨）
篓 ləu44 一篓子（炭）
炉 lu53 一炉子（灰）
包 ɓau44 一包（书）
己⁼蚕⁼ ki31tsham53 一口袋（干粮）
□həu44 一池子（水）
缸 kɔŋ35 一缸（金鱼）
甑 kiŋ44 一瓶子（醋）
罐 kuan35 一罐子（荔枝）
甑 tshiŋ 一坛子（酒）
□□kuəŋ31tsəu44 一坛
桶 thoŋ53 一桶（汽油）
盆/盘 phun53 一盆（洗澡水）
壶 hu23 一壶（茶）
□ɓan31 壶
甑 tshiŋ35 一锅（饭）
笼 loŋ53 一笼（包子）
□tham44 一吊子（开水）
盆 phun53 一盆（水果）
盘 phan23 盘

壶 hu23 一壶（茶）
甑 tshiŋ35 一锅（饭）
笼 loŋ53 一笼（包子）
盘 phan23 一盘（水果）
盘 phuan23 一碟儿（小菜）
碗 un44 一碗（饭）
盅 tsoŋ35 一杯（茶）
盅 tsoŋ35 一盅（烧酒）
瓢 phiu31 一瓢（汤）
□khau44 一勺子（汤）
□khau44 一勺儿（酱油）
一个两个 a44kɔ44liəŋ44kɔ44 个把、两个
百零人 ɓɛk4liŋ53nin53 百把来个
一千零人 a31thin35liŋ53nin53 千把人
一万零银 a31van31liŋ53nin53 万把块钱
一里路 a31li44lu31 大约一里路
一里两里路 a31li44liəŋ44li4lu31 大约一二里路
一亩两亩 a31mou31liəŋ44mou31 大约两亩

二十八 附加成分

（1）后加成分之一

极 kik5—极了
相当 tθiaŋ44ɗaŋ44—得很（太、极）
要命 iu44miŋ31—要命（要死）
有受得□mou44səu31ɗɯk4həu31—

不行

气死人 tɵɯi44nin53a31—死了（死人坏了）

冇受得□mou44səu31ɗɯk4həu31—不了（不得了）

□□lau44lu44—的慌

烂额 lan53ŋɯ44—拉瓜（巴）哕的

懵懂 moŋ44ɗoŋ44—不愣登的

湿得□phak2phak2—不唶的（不唶唶的）

再好冇过 tsɯi23hau44mou44kɯ44 最好不过

冇好喫 mou44hau44hit4 吃头儿（这个菜没~）

个酒冇好喫 mou44hau44hit4 喝头儿（那个酒没~）

好看 hau44hɔn35 看头儿（这出戏有个~）

有劲头 kin44thau23 干头儿

有奔头 iu44ɓɯn44thəu23 奔头儿

苦头 khu31thəu23 苦头儿

甜头 thiam31thəu23 甜头儿

（2）后加成分之二

硬邦邦 ŋiŋ31khaŋ44khaŋ53 硬邦邦

浮肿 fɔk2tsoŋ53 胖

红旗□□hoŋ53khɯi53liŋ44liŋ44 红旗飘飘

到映映 liɯŋ44（滑）ɹiaŋ31ɹiaŋ31 滑溜溜

到映映 liɯŋ44（滑）ɹiaŋ31ɹiaŋ31 锃亮

搬死命 phɔn53tɵɹ44min31 死、拼命

映死命 ɹiaŋ31tɵɹ44min31 拚命

新到靓靓 tɵin35ɗau31liɯŋ53liɯŋ-53崭新

新到映映 tɵin35ɗau31ɹiaŋ31ɹiaŋ31 崭新

硬硬 ŋiŋ53ŋiŋ53 硬生生

到□□ɗau31kɔŋ35kɔŋ35 躺

精 tɵiŋ35 精

□□mɯŋ53mat4 黑黢黢

稀–

光到白白 kuɔŋ44ɗau44phɛk2phɛk2 特别光

够好 kau44hau44 怪—

够好 kau44hau44 老—

老好 lau44hau44 特别好

（3）虚字

喫粥了了 liu44lə31 把粥吃光了

着 tshəu 着

□həu31 着

得 ɗɯk4 得

的 ɗək4 的

底 ɗɯi44 的

二十九　数字等

（1）数量

一号水 it5hau35 一号（指日期，下同）

二号 ɯ31hau35 二号

三号 tɵam35 三号

四号 tɵɹ44 四号

五号 vu31 五号
六号 lok2 六号
七号 tθit4 七号
八号 ɓat4 八号
九号 kiu31 九号
十号 sip2 十号
初一 tsho44it4 初一
初二 tsho44ŋɯi31 初二
初三 tshɔ44tθam35 初三
初四 tshɔ44tθɯi44 初四
初五 tshɔ44ŋu44 初五
初六 tshɔ44lok2 初六
初七 tshɔ44tθit4 初七
初八 tshɔ44ɓat4 初八
初九 tshɔ44kəu44 初九
初十 tshɔ44sip2 初十
隆 loŋ44 老大
二 ŋɯi31 老二
三 tθam35 老三
爹 ɗɛ35 老四
□ ŋɯi35 老五
□六 ŋɯi35lok2 老六
□七 ŋɯi35tθit4 老七
□八 ŋɯi35ɓat4 老八
□九 ŋɯi35kəu44 老九
□十 ŋɯi35sip2 老十
□细 ŋɯi44tθai44 老幺
细□ tθai31ŋɯi35 老幺
已隆 ki44loŋ35 大哥
二 ŋɯi31 二哥
已二 ki44ŋɯi31 老二

□细 ŋɯi35tθai44 老末儿
一个 a44kɔ44 一个
两个 lioŋ44kɔ44 两个
三个 tθam35kɔ44 三个
四个 tθɯi44kɔ44 四个
五个 ŋu44kɔ44 五个
六个 lok2kɔ44 六个
七个 tθit4kɔ44 七个
八个 ɓat4kɔ44 八个
九个 kəu44kɔ44 九个
十个 sip2kɔ44 十个
第一 thai31it4 第一
第二 thai31ŋɯi31 第二
第三 thai31tθam35 第三
第四 thai31tθɯi44 第四
第五 thai31nu44 第五
第六 thai31lok2 第六
第七 thai31tθit4 第七
第八 thai31ɓat4 第八
第九 thai31kəu44 第九
第十 thai31sip2 第十
第一个 thai31it4kɔ44 第一个
第二个 thai31ŋɯi31kɔ44 第二个
第三个 thai31tθam35kɔ44 第三个
第四个 thai31tθɯi35kɔ44 第四个
第五个 thai31ŋu44kɔ44 第五个
第六个 thai31lok2kɔ44 第六个
第七个 thai31tθit4kɔ44 第七个
第八个 thai31ɓat4kɔ44 第八个
第九个 thai31kəu44kɔ44 第九个
第十个 thai31sip2kɔ44 第十个

一 a44 一
二 liɔŋ44 二
三 tθam35 三
四 tθɯi44 四
五 ŋu44 五
六 lok2 六
七 tθit4 七
八 ɓat4 八
九 kəu44 九
十 sip2 十
十一 sip2it4 十一
二十 ŋɯi31sip2 二十
二十一 gɯi44sip2it 二十一
三十 tθam35sip2 三十
三十一 tθam53a33it4 三十一
四十 tθɯi44sip2 四十
四十一 tθɯi44sip2it4 四十一
五十 ŋu44sip2 五十
五十一 ŋu44sip2it4 五十一
六十 lok2sip2 六十
六十一 lok2sipit4 六十一
七十 tθit4sip2 七十
七十一 tθit4sip2it4 七十一
八十 ɓat4sip2 八十
八十一 ɓat4sip2it4 八十一
九十 kəu44sip2 九十
九十一 kəu44sip2it4 九十一
一百 a23ɓɛk4 一百
一千 a23tθin35 一千
一百一十 a44ɓɛk4it35 一百一十
一百一十个 a44ɓɛk4it4sip2kɔ35 一百一十个

一百一十一（一百十一）a44ɓɛk4it3-sip2it4 一百一十一（一百十一）
一百一十二（一百十二）a44ɓɛk4it3-sip2ŋɯi31 一百一十二（一百十二）
一百二十（一百二）a44ɓɛk4ŋɯi31 一百二十（一百二）
一百三十（一百三）a44ɓɛk4tθam35 一百三十（一百三）
一百空五 a44ɓɛk4khoŋ35ŋu44 一百零五
一百五 a44ɓɛk4ŋu44 一百五十（一百五）
一百五个 a44ɓɛk4ŋu44kɔ44 一百五十个
二百五十 ŋɯi31ɓɛk4ŋu44sip2 二百五十（二百五，当地没有"二百五"当作傻瓜的用法。）
二百五十个 ŋɯi31ɓɛk4ŋu44sip2-kɔ44 二百五十个
三百一 tθam35ɓɛk4it4 三百一十（三百一）
三百三 tθam35ɓɛk4tθam35 三百三十（三百三）
三百六 tθam35ɓɛk4lok2 三百六十（三百六）
三百八 tθam35ɓɛk4ɓat4 三百八十（三百八）
一千一 a44tθin35it4 一千一百（一千一）
一千一百个 a44tθin35it4ɓɛk4kɔ44

一千一百个

一千九 a44tθin35kəu44 一千九百（一千九）

一千九百个 a44tθin35kəu44ɕɛk4kɔ44 一千九百个

三千 tθam35tθin35 三千

五千 ŋu44tθin35 五千

八千 ɓat4tθin35 八千

一万 a44uan31 一万

一万二 a44uan31ŋɯi31 一万二千（一万二）

一万二千个 a44uan31ŋɯi31tθin35kɔ44 一万二千个

三万五 tθam35van31ŋu44 三万五千（三万五）

三万五千个 tθam35van31ŋu44tθin35kɔ44 三万五千个

零 liŋ23 零

两斤 liaŋ44kin35 二斤（两斤）

两两 liaŋ44liɯŋ44 二两 重量

两钱 liɔŋ44tθin53 二钱（两钱）

两分 liaŋ53fɯn35 二分（两分）

两厘 liaŋ44lɯi53 二厘（两厘）

两厘 liaŋ44li23 二厘

两丈 liɔŋ44tshiɯŋ31 两丈（二丈）

两厘 liɔŋ44li23 两厘

两尺 liaŋ44tshik4 二尺（两尺）

两寸 liɔŋ44tθun44 二寸（两寸）

两分 liaŋ44fɯn31 二分（两分）

两里 liɔŋ44lɯn53 二里（两里）

两担 liɔŋ44ɗam44 两担（二担）

两斗 liɔŋ44ɗau44 二斗（两斗）

两升 liaŋ44siŋ35 二升（两升）

两合 liɔŋ44hɔp2 二合（两合）

两项 liaŋ44haŋ35 两项（二项）

两亩 liaŋ44məu31 二亩（两亩）

几多 ki31ɗɔ35 几个你有~孩子？

恁两个 nɯn53liaŋ44kɔ44 俩你们~

恁三个 nɯn53tθam35kɔ44 仨你们~

一个两个 a44kɔ44liaŋ44kɔ44 个把

好多个 hau44ɗɔ35kɔ44 好多个

好多个 hau44ɗɔ35kɔ44 好几个

好多个 hau44ɗɔ35kɔ44 好些个

一□□a44nit5nit5 一些些（两个些字有无语音上的区别）

好一□hau44a33nit5 好一些

大一□thai31a33nit5 大一些

一□a33nit5 一点儿

一□□a33nit5nit5 一点点（大点儿）

十零个 sip2liŋ53kɔ44 十多个（比十个多）

一百零个 a44ɕɛk4liŋ53kɔ44 一百多个

大概十个 ɗa44khai35sip2kɔ44 十来个（不到十个）

一千个左右 a44tθin35kɔ44tθɔ31iu35 千数个

一百个左右 a44ɕɛk4kɔ44tθɔ31iu35 百把个

半个 ɓɔn44kɔ44 半个

一半 a44ɓɔn44 一半

两边 liɔŋ44ɓin35 两半儿

一边多 a44ɓin35ɗɔ35 多半儿

一边多 a44ɓin35ɗɔ35 一大半儿

一个半 a44kɔ44ɓn44 一个半

左右 tθɔ31iu35…上下

左右 tθɔ31iu35…左右

一来两去 a44lɯi44liɔŋ44hui35 一来二去

一清二白 it44ttθiŋ44ɯ55ɓɯk5 一清二白

一清二楚 i44ttθiŋ44ɯ55tθu31 一清二楚

一干二净 it44ttθiŋ44ɯ55tθiŋ35 一干二净

一差三错 it44tsha44tθam35tθɔ35 一差三错

一刀两断 it44ɗau44liaŋ31ɗuan35 一刀两断

一举两得 it4tshi31liaŋ44ɗɯk5 一举两得

三番五次 tθam35fan44ŋu31tθɯ35 三番五次

三番二次 tθam35fan33ɯ44tθɯ35 三番两次

三年两年 tθam44nin53liaŋ31nin53 三年二年

三年两年 tθam44nin53liaŋ31nin53 三年两年

三年五载 tθam44nian53ŋu31tsai35 三年五载

三天两头 tθam44thian44liaŋ31thou35 三天两头

三天两早 tθam44thian35liaŋ31tθau31 三天两早起

三天两夜 tθam35thian44liaŋ31ȵɯ31 三天两夜

三长两短 tθam35tshiɯŋ53liaŋ44ɗun44 三长两短

三言两语 tθam35ian34liaŋ43ȵi31 三言两语

三心二意 tθam35tθim44ɯ44ȵi35 三心二意

三心两意 tθam35tθim44liaŋ43ȵi35 三心两意

三三两两 tθam35tθam44liaŋ43liaŋ31 三三两两

四平八稳 tθŋ44phiŋ33ɓat4vun31 四平八稳

四通八达 tθŋ44thoŋ33ɓat4ɗat4 四通八达

四面八方 tθŋ44min44ɓat4fɔŋ33 四面八方

四邻八舍 tθŋ44lim31ɓat4siɯ353 四邻八舍

四时八节 tθŋ44si31ɓat4tθiɯt4 四时八节

五零四散 vu33liŋ31tθŋ44san34 五零四散

五湖四海 vu33hu35tθŋ55hai31 五湖四海

五花八门 vu33hua35ɓat5mɯn35 五

花八门

七上八下 tθit4sɔŋ44ɓat5hia35 七上八下

七颠八倒 tθit4ɖian33ɓat4ɖau31 七颠八倒

颠七倒八 ɖian33tθit4ɖau31ɓat4 颠七倒八

乱七八糟 luan34tθit4ɓat4tθau33 乱七八糟

七乱八糟 tθit4luan44ɓat4tθau33 七乱八糟

乌七八糟 vu34tθit4ɓat4tθau33 乌七八糟

七长八短 tθit4tshaŋ23ɓat4ɖuan31 七长八短

长七短八 tshaŋ23tθit4ɖuan31ɓat4 长七短八

七拼八凑 tθit4phiŋ34ɓat4tθəu453 七拼八凑

七手八骹 tθit4səu31ɓat4kha44 七手八脚

七嘴八舌 tθit4tsui31ɓat4sə44 七嘴八舌

七言八语 tθit4ȵian23ɓat4ȵi31 七言八语

千辛万苦 tθian33sin33uan44khu31 千辛万苦

千真万确 tθian33tsin33uan44khɔt4 千真万确

千军万马 tθian33tsin33uan44ma31 千军万马

千人万马 tθian33ȵin23uan44ma31 千人万马

千变万化 tθian33ɓian34uan44hua34 千变万化

千家万户 tθian44kia44uan55hu35 千家万户

千门万户 tθian44mun23uan55hu35 千门万户

千言万语 tθian44ȵian23uan55ȵi31 千言万语

万众一心 uan55tsoŋ55it5tθim44 万众一心

万家灯火 uan55kia44ɖɯŋ44huɯ31 万家灯火

甲 kiəp5 甲
乙 it4 乙
丙 ɓiŋ31 丙
丁 ɖiŋ44 丁
戊 vu35 戊
己 ki31 己
庚 kɯŋ44 庚
辛 tθin44 辛
壬 ȵim31 壬
癸 khui35 癸
子 tθɿ44 子
丑 tshəu31 丑
寅 in31 寅
卯 mau35 卯
辰 sin23 辰
巳 tθɿ35 巳
午 vu31 午

未 vɛi35 未
申 sin44 申
酉 iəu31 酉

戌 tθit5 戌
亥 hai35 亥

第六章

付马话语法

第一节 词法

构词法,包括派生构词法、复合构词法、逆序词等,还有其他特殊构词方式和口头成语的结构。

构词法主要讨论词根和词缀的组成以及成词后的结构关系。词根是词语结构的基本成分,一般有具体的意义;词缀是词语的附加成分,具有类化的作用,没有实在的意义,主要作用是构词或者构形,表示某种类化的形态。

按照语素的数量构词法分为单纯词和合成词;单纯词是由一个语素构成的词语,合成词是由两个以上的语素构成的词语。合成词通常有三种构词方式——重叠、附加、复合。下面我们列举付马话的不同的构词情况。

一 单纯词

有一个语素的单纯词,最直接的就是口头中常用的单音节的词语,有很多老资格的词语都保留了单音节的形式,举例如下:

山 san35 山

雷 lui53 雷

风 foŋ35 风

雨 vu44 雨

霜 suaŋ44 霜

砖 tsɯn35 砖
瓦 ŋua44 瓦

上面的词在普通话中也是单音节的，但是有很多词语在普通话中是双音节或多音节的，在付马话中依然是单音节的，如：

月 ŋɯt2 月亮
禾 vɔ53 稻秧
谷 kok4 稻子（指籽实）
村 tθun35 村子
屋 uk4 （整座）房子
镜 kiŋ55 镜子
车 sia44 推子
罋 εŋ35 瓶子
妡 nen35 舅母（比母亲大）
□məu44 舅母（比母亲小）
妡 nen35 姑妈
□tsiɯt44 姑妈
妡 nen35 姨妈
生 siŋ35 （学校）教员
生 siŋ35 （私塾）教书先生
生 siŋ35 师傅
孃 niaŋ44 婊子
孃 niaŋ33【声调略降】姘头
眼 ŋan44 眼睛
耳 ŋɯi44 耳朵
口鼻 khat4 鼻子
手 səu44 胳膊
身 sin35 身体
头 thau53 头
颈 kiŋ44 脖子

也有一些单音节的词语，虽然还是单音节，但是意义内涵已经有了不同，如：

面 min31 脸
脚 kiɯk4 脚＋腿（整条腿）

单音节的词语分布在很多词类当中，下面是形容词类的单音节词语：

凉 liɯŋ53 凉
浸 tθim4 涝了
□om31 涝
□uk5 涝
肥 fɛi31
壮 tsuaŋ44 结实人~
烂 lan31 破衣服~
有 iu44 富他家很~
穷 khoŋ53 穷他家很~
光 kɔŋ35 亮指光线，明亮
黑 hak4 黑指光线，完全看不见
肥 fɯi53 肥（指动物：鸡很~）
肥 fɯi53 胖（指人）

下面是单音节动词举例：

晒 sai34 晒
徛 khɯi31 站
倚 ai35 靠
□ tshiŋ35 蹲
坐 ɗɯt4 坐~下
跳 thiau35 跳青蛙~起来

□lap23 迈跨过高物：从门槛上～过去
踏 thap4 踩脚～在牛粪上
跌 tθap4 跌～倒了

二　合成词

1. 重叠构词

付马话中的重叠词较少，如：

啱啱 ŋam44ŋam44 刚（不大不小，刚合适）

有些看起来像是重叠，但是它是同一个词语承担了两个词的功能，如：

针针 tsim44tsim35 穿针（动宾）

这个例子中，第一个"针"已经是动词了，第二个是名词的"针"，它不是重叠，而是名词动词化。

重叠主要指作为构词手段的重叠，而非普通话"VV"那样的重叠式，有些具有指代作用的词的连用，不能算重叠，比如：

个个月 kɔ35kɔ55ŋɯt4 这个月

2. 附加构词

付马话中有不少附加构成的词语，但是它们词缀的虚化程度还不高。比如"生"有三个义项，学校的教员、私塾的教书先生、某个行业的师傅；当"生"变成从事某个专门行业的人的时候，它就类化成了词缀，如：

木工生 muk4koŋ44siŋ35 木匠
灰工生 hui44koŋ44siŋ35 瓦匠（砌墙、抹墙的）
锡生 tθik4siŋ35 锡匠

打铁生 ɗa31thit4siŋ44 铁匠
铜生 thoŋ53siŋ35 铜匠
看面生 hɔn44min31seŋ35 算命先生
看相生 hɔn44tɕiɯŋ31seŋ44 看相的

付马话的"人"和"生"一样，也类化成了表示某一类人的词缀，如：

剪头毛人 tɕin44thəu53məu53nin53 理发师
做生意人 ɗo44saŋ35ŋɯi31nin53 屠户
苦恼人 khu44nau44nin53 脚夫（搬运夫的旧称）
辛苦人 tɕin44khu44nin53 挑夫
担担人 ɗam44ɗam44nin53 挑夫
担物人 ɗam53mit2nin53 挑夫
扛轿人 kɔŋ35khiɔ31nin53 轿夫
撑船人 tshiŋ35sin44nin53 艄工
店人 ɗian35nin53 伙计（合作的人）
花标人 hua35bbiu35niu53 麻子（脸上有麻子的人）
癞口人 lai33khau44nin53 豁嘴唇的人
掉齿人 thiu31tshi44nin53 豁牙子
口齿人 kaŋ21tshi23nin53 豁牙子
做觋人 tu44tɕian44nin53 巫婆

词缀"鬼"有很强的构词能力，组成了一系列带贬义的蔑称词语，如：

痴鬼—傻子
诈骗鬼—骗子
大屁鬼—爱放屁的人
大腹鬼—大腹便便的人
黄腹鬼—大肚子

垃圾鬼—脏的人
长脚鬼—大个子
矮个鬼—矬子
弯脚鬼—拐脚
掉牙鬼—掉牙的人
长颈鬼—长脖子的人
贪吃鬼—贪吃的人

还有一些新近借来的说法，可能不能算原本就有的"词根+词缀"，如：

碟仔 ɗiəp23tθai44 碟子
竹子 tsok4tɤ31 竹子（注意当地各种竹子的叫名儿）
李子 li31tɤ31 李子
柿子 si44tɤ31 柿子
柚子 ɹiu35tɤ31 柚子
橘子 kit5tɤ31 橘子
橙子 tsɯŋ23tɤ31 橙子

这些带"子"缀的词，多数是从外面借来的。

3. 复合构词法

常见的复合构词有联合、主谓、偏正、述宾、后补等，下面就是付马话几种常见构词法举例。

（1）主谓

就是"主语+谓词"组成的格式，有的是词，有的是固定短语，如

日头照 nit2tʰau53tsiu44 阳光
月喫 ŋɯt4hit4→ŋɯt4tʰit44 （音变）月食
天犬喫月 tʰin35kʰun534hit4ŋɯt4 月食
天晴 tʰin35tθiŋ23 天晴
天凉 tʰin44liɯŋ53 天气冷

天旱 thin35hɔn31 天旱
天照 thin44tsiu24 天旱

(2) 述宾
一般是"动词+宾语"的形式，如：

割禾 kɔt4vɔ53 割稻子
挖园 uat4vin53 锄地
放粪 faŋ44fɯn44 施肥
追肥 tshui44fɛi23 施肥
淋粪 lim53fɯn44 浇粪
落雪 lɔk2tθɯət4 下雪
落霜 lɔk2suaŋ44 下霜
落雾 lɔk2vu35 下雾
落长脚梦 lɔk2tshiɯŋ53kiɯk4moŋ31 下雾
发大水 fat4thai31sui44 发大水
着火 tshik2huɯ44 失火
抽羊疯 tshəu35iɯŋ31foŋ35 癫痫
惊风 kiŋ44foŋ35 惊风(小儿病)
抽风 tshəu35foŋ35 抽风
着风 tshok2foŋ35 中风
中风 tsoŋ31foŋ44 中风
冲茶 tshoŋ44tsha53 沏茶
斟茶 tsim44tsha53 倒茶
晒衫 sai44sam35 晒衣服
晾衫 lɔŋ31sam35 晾衣服
浸衫 tθin35sam35 浆衣服
烫衫 thɔŋ55sam35 熨衣服
挣银 tθɯŋ35ŋan53 赚钱
讨银 thau44ŋan53 赚钱

还有一些词语表面上是重叠，实际上是"名词转化成的动词+原有的名词"，如：

担担 dam35dam44（kɔn35）挑担子

(3) 偏正

偏正结构较多见的是"修饰语+名词性中心语"，如：

日头昏 nit2thau53hun44 日晕
日头围栏 nit2thau53vɯi44lan53 日晕
日头光 nit2thau53kuɔŋ35 阳光
日头 nit2thau53 太阳
天星 thin35tθiŋ35 星星
山伯星 San33ɓɯk4tθiŋ35 牛郎星
英台星 ing44thai31tθiŋ35 织女星
犁尾星 lai44mɯi33tθiŋ35 猎户座
七座星 tθit4tθau44tθiŋ35 北斗星
光星 kɔŋ35tθiŋ35/kuɔŋ44tθiŋ44/kuɔŋ35tθiŋ35 启明星
启明星 khi32miŋ23tθiŋ35 启明星
喉喫星 həu35hit4tθiŋ35 长庚星
北斗星 ɓak4ɗau44tθiŋ35 北斗星
天河 thin35ho53 银河
银河 nin32hɔ23 银河
流星 liu33siŋ44 流星(名词)
扫地星 tθau44thɯi31tθiŋ44 彗星
彗星 hui44tθiŋ35

(4) 后补

在付马话中很少见到量补的结构形式，常见的是中心语在前、修饰语在后的格式，这是南方方言、壮侗语等许多语言的特性，付马话也是如此，举例如下：

马公 ma44kuŋ35 公马
马母 ma31mai31 母马
牛公 nau35kuŋ35 公牛
牛母 nau55mai31 母牛
驴公 lu23kuŋ35 公驴
驴母 lu23mai31 母驴
犬公 khɯn44kuŋ35 公狗
犬母 khɯn44mai31 母狗
犬仔 khɯn53tθai44 小狗儿（脱奶后的幼犬）
猫公 miu35kuŋ35 公猫
猫母 miu35mai31 母猫
猪公 tsʅ35kuŋ35 公猪
猪头 tsɯ44thau55 种猪
猪母 tsʅ35mai31 母猪
猪口口 tsʅ35nau53mɯi44 猪崽
猪仔 tsʅ35tθai44 猪崽
猪六 tsʅ35lok2 猪栏
鸡公 kai35kuŋ35 公鸡（成年的打鸣的公鸡）
鸡仔 kai35tθai44 鸡角（未成年的小公鸡）
鸡公仔 kai35kuŋ35tθai31 阉鸡（阉过的公鸡）
鸡母 kai35mai31 母鸡
鸡项 kai35hɔŋ31 鸡娘（未成年的小母鸡）
鸡仔 kai35tθai44 小鸡儿
鸭公 ap4koŋ35 公鸭
鸭母 ap4mai3 母鸭

  这种"名词+修饰性词语"的格式只限于表示动物的性别，超过这个范围，其他区分动物功能、颜色等的修饰成分，还是中心语在后、修饰语在前的格式，如：

阉马 im35ma44 骟马（骟过的马）
黄牛 vɔŋ33nau35 黄牛
驴骡 lu23lɔ23 驴骡（马父驴母）
马骡 ma44lɔ23 马骡（驴父马母）
绵羊 min53ɹiɯŋ53 绵羊
山羊 san35iɯŋ53 山羊
羊仔 ɹiɯŋ53tθai44 羊羔
哈巴狗 ha44ba44kəu31 哈巴狗
阉（猪）ʔim35（tsɿ35）阉猪（动宾）
阉猪头 ʔim35tsɿ35thau53 阉公猪
阉猪母 ʔim35tsɿ35mai31 阉母猪
阉鸡 im35kai35 阉鸡（动宾）
□春鸡 um53kai35mai31 抱窝鸡（正在孵蛋的母鸡）
鸡春 kai35tsɯn35 鸡蛋
鸡冠 kai35kuan44 鸡冠
鸡□□ kai35ki31tsip4 鸡爪子
鸭仔春 ap4tshɯn35 鸭蛋

(5) 联合

联合短语在付马话中较为少见，现举例如下：

奉承 foŋ44siŋ31 拍马屁
吩咐 fɯn35fu44 嘱咐
担扛 ɗam31kɔŋ35 扁担
老公分人 lau31koŋ44fun44nin53 夫妻

(6) 逆序

"逆序"是相对普通话的或者其他方言而言的，这些词多集中在描写、状物的方面，如下：

风大（非形容词）foŋ35thai33 大风，这个词也叫"大

风"thai33foŋ35

响雷 hiang44lui53 打雷，这个词也叫"雷响"lui53hiang44

面水落 min31sui44lɔk2 下露，也说"落面水"lɔk2min31sui44

好运气 hau44ɹun31khi31 运气好

欢喜 han35hi44 喜欢；高兴

多话 dɔ35va31 话多，叨唠

三　数量、方所、指代

1. 量词

量词的重要功能是为名词等分类，付马话中有一些有音无字的量词，具体如下：

□（thɔi44）tsui35 一嘟噜（葡萄）

□tθɯŋ53 一趟（包来回）

□hɤu44 一池子（水）

□khau44 一勺儿（酱油）

□khau44 一勺子（汤）

□khɔp2 一把（米）

□nit5 一点儿（面粉）

□pha44 一片儿（肉）

□tham44 一吊子（开水）

□tshɯk4 一子儿（香）

□tsui35 一朵（花儿）

□tsui44 一枝（花儿）

□tθim53 一庹（两臂平伸两手伸直的长度）

"个"是付马话中使用比较多的一个量词，有很多功能。

（1）指人的量词

个 kɔ44 一个（人）

个 kɔ44 一位（客人）
个 kɔ4 一口（人）

(2) 动物的量词

个 kɔ44 头，一~猪
个 kɔ44 头 一~牛
个 kɔ44 只，一~狗
个 kɔ44 只，一~鸡
个 kɔ44 只，一~蚊子
两个牛 liaŋ44kɔ44nau35 一犋（牛两头叫一犋）

(3) 其他的，包括店铺、物件及一些抽象词语。

个 kɔ44 一家（铺子）
个 kɔ44 一块（香皂）
个 kɔ44 一块（砖）
个 kɔ44 一捆（行李）
个 kɔ44 一枚（奖章）
个 kɔ44 一面（镜子）
个 kɔ44 一盏（灯）
个 kɔ44 一尊（佛像）
个 kɔ4 一块（钱）
个 ko44 一片（好心）

"条"也是一个使用较多的量词，带有长条形的都可以用"条"来界定，如：

条 thiu53 一根（绳子）
条 thiu53 一条（手巾）
条 thiu53 一道（河）

条 thiu53 一锭（墨）

条 thiu53 一根（头发）

条 thiu53 一件儿（衣裳）

条 thiu53 一条（河）

条 thiu53 一条（路）

条 thiu53 一条（蛇）

条 thiu53 一条（鱼）

条 thiu53 一座（桥）

下面是使用较为分散，但较为常见的一些量词：

把 ba44 一把（刀）

把 ba44 一把（锁）

把 ɓa44 一杆（枪）

包 ɓau35 一包（花生）

包 ɓau44 一包（书）

本 ɓɯn 一部（书）

本 ɓun44 一本（书）

边 ɓin35 一扇（门）

边 ɓin44 一只（手）

层 tθəŋ31 一层（纸）

层 tθɯŋ53（洗）一水（衣裳）

场 tsaŋ31 一出（戏）

场 tshaŋ31（唱）一台（戏）

场 tshaŋ31（闹）一场

场 tshiɯŋ31 一场（雨）

乘 siŋ31 一辆（车）

乘 siŋ31 一列（火车）

次（单程）tθɯŋ44（走）一趟

大令 ɗa44liŋ44（打）一将（麻将）

叠 thip2 一沓儿（纸）

顶 diŋ44 一顶（帽子）

肚 thu31 一肚子（气）

段 dʻuan35 一段（文章）

段 dʻuan35 一节（文章）

对 dʻui31 一对（花瓶）

顿 dʻun44（吃）一顿

顿 dʻun44 一顿（饭）

番 fan35 领，一~席子

番 fan35 一床（被子）

番 fan35 一面（旗）

封 foŋ35 一封（信）

封 foŋ44 一挂（鞭炮）

幅 fu35 一幅（画儿）

副 fu44 一槽（牙）

副 fu44 一副（眼镜）

缚 fuk2 一绺（头发）

缸 kɔŋ35 一缸（金鱼）

缸 kɔŋ35 一缸（水）

股 ku31 一盒儿（火柴）

管 khun44 一管（笔）

罐 kuan35 一罐子（荔枝）

柜 kui53 一橱（书）

行 haŋ53 一行（字）

行 hɔŋ53 一排（桌子）

盒 hɔp2 一匣子（首饰）

壶 hu23 一壶（茶）

壶 hu23 一壶（酒）

间 kan35 一间（屋子）

件 khin31 一门（亲事）

件 khin31 一味（药）

件 khin31 一桩（事情）

件 khin53 一档子（事）

角 kɔk4 毛，角：一~钱

届 kiai35（开）一届（会议）

届 kiai35（做）一任（官）

句 kɯi44 一句（话）

口 khau44（吃）一口

昆 khun44 支一~毛笔

梱 khɯn31 一卷儿（纸）

篮 lam53 一筐子（菠菜）

篮 lam53 一篮子（梨）

粒 lip4 一颗（米）

粒 lip4 一粒（米）

连 lian23 一连（兵）

令 liŋ31 一刀（纸）

笼 loŋ53 一包（火柴）

笼 loŋ53 一笼（包子）

笼 loŋ53 一笼（包子）

笼 loŋ53 一窝（蜂）

篓 ləu44 一篓子（炭）

炉 lu53（烧）一炉（陶器）

炉 lu53 一炉子（灰）

辂 lu23 一轴儿（线）

路 lu35 一路（公共汽车）

旅 li31 一旅（兵）

面 min31（见）一面

面 min31 一脸（土）

面 min 一叶（书）

排 phai23 一排（兵）

盘 phan23 一盘（水果）

盘 phan53 一盘（棋）

盘 phuan23 一碟儿（小菜）

盘 pun44（下）一盘（棋）

盆 phun53 一盆（洗澡水）

盆 phun53 一盆（水果）

批 phi44 一拨儿（人）

批 phi44 一批（货）

匹 phɯi31 一匹（马）

篇 phin44 一篇（文章）

片 phin31 一瓣（花瓣）

片 phin44（当）一票（当）

瓢 phiu31 一瓢（汤）

气 khɯi44 一股（香味儿）

群 khɯn53 一帮（人）

群 khɯn53 一伙儿（人）

身 sin35 一堵（墙）

身 sin35 一身（棉衣）

身 sin35 一身（土）

师 tθɿ44 一师（兵）

手 səu31 一把儿（萝卜）

书架 si44kia35 一架子（小说）

双 sɔŋ44 一双（鞋）

台 thai31（请）一桌（客）

台 thai31 一桌（酒席）

台斗 thai44ɗuə31 一抽屉（文件）

套 thau35 一套（书）

帖 thip23 剂

帖 thip23 一服（药）

帖 thip23 一帖（药）

桶 thoŋ53 一桶（汽油）

头 thau53 一棵（树）

团 thuan23 一团（兵）

团 thun44 一堆（雪）

团 thun53 一撮（毛）

团 thun53 一团（泥）

碗 un31 一碗（饭）

碗 un44 一碗（饭）

□□ a44ŋup4 一拃（大拇指与食指张开的长度）

下 ha31（谈）一会儿

箱 tɵiaŋ44 一箱子（衣裳）

小条 tɵai44thiu44 一丝儿（肉）

眼 ŋan4（看）一眼

一□□ a31pha44la44 一系列（问题）

一并 a444phin53 一起

一冲园 tshoŋ35 一块田地

一对老公分某 a44ɗui44lau31koŋ44fɯn44məu44 两口子（夫妻俩）

一个路 kɔ44 一处（地方）

一下 ha31（打）一下

营 ɹiŋ23 一营（兵）

甀 kiŋ44 一瓶子（醋）

甀 tshiŋ35 一锅（饭）

甀 tshiŋ35 一锅（饭）

甀 tshiŋ 一坛子（酒）

札 tsa44 一打（鸡蛋）

拃 tsa44 一虎口（大拇指与食指张开的长度）

张 tsɔŋ35 一张（桌子）

张 tsuɔŋ35 一把（椅子）

阵 tshən41（下）一阵（雨）

只 tsik4 一架（飞机）

指儿 tsi44ni53 一指（长）

盅 tsoŋ35 一杯（茶）

盅 tsoŋ35 一盅（烧酒）

盅 tsoŋ44 一杯（茶）

种 tɵoŋ31 一种（虫子）

转 tsɯn44（打）一圈（麻将）
桩 tsuaŋ44 一桩（事情）
组 tu31 一组（队员）
座 tθu31 一所（房子）

2. 方所词

付马话中的方位词一般有四种：（1）单独表示方位的词语；（2）附加在名词之后，表示处所；（3）方位词加上人体部位等词语；（4）其他。

（1）单独的方位词，如下：

东 ɗoŋ35 东
西 tθai35 西
南 nam53 南
北 ɓak4 北
上 sɔŋ31 上，碗在桌子~
地 thɯi31 地下（当心！别掉地下了）
地 thɯi31 地上（地上脏极了）
前 tθin53 前边
后 hau31 后边

还有一般常见的方位词组合：

东南 ɗoŋ354nam53 东南
东北 ɗoŋ35ɓak4 东北
西南 tθai35nam53 西南
西北 tθai35ɓak4 西北

（2）附加在名词之后，表示处所，这是最常见数量最多的一类。

上头 sɔŋ31thau53 上面
下底 ha31ɗai35 下面

天上 thin35sɔŋ31 天上
山上 san35sɔŋ31 山上
路上 lu31sɔŋ31 路上
街上 kai35sɔŋ31 街上
墙上 tθiɯŋ53sɔŋ31 墙上
门上 mun53sɔŋ31 门上
台上 thai53sɔŋ31 桌上
椅上 ɯi44sɔŋ31 椅子上
□上 khin53sɔŋ31 边儿上
里头 lɯi31thau53 里面
外头 mai31thau53 外面
路上 lu31sɔŋ31 野外
外头门 thai31mun53mai31thau53 大门外
□外头 mai31thau53mun53 门儿外
门外头 mun53mai31thau53 门儿外
墙外头 tθiɯŋ53mai31thau53 墙外
窗外头 tshuaŋ35mai31thau53 窗户外头
车上 tshiɯ35sɔŋ31 车上（~坐着人）
车外头 tshiɯ35mai31thau53 车外（~下着雪）
车面前 tshiɯ35min31tθin53 车前
车后底 tshiɯ35hau31ɗai35 车后
山面前 san35min31tθin53 山前
山后底 san35hau31ɗai35 山后
屋后底 ok4həu31ɗai35 房后
对面 ɗui35min31 对面
面前 min31tθin53 面前
后底 hau31ɗai35 背后
近旁 khin31phɔŋ53 附近
面前 min31tθin53 跟前儿
村上 tθun35sɔŋ31 乡下

还有一些表示具体、微观的方位的词语，这些词大都与客赣方言有较为密切的关系。具体如下：

中间 tsoŋ35kan35 当间（儿）
中间 tsoŋ44kan44 中间，排队排在~
床下底 sɔŋ44ha31ɗai35 床底下
楼下底 ləu23ha31ɗai35 楼底下
脚底 kiɯk4ɗai44 脚底下
碗底（里）un44ɗok4 碗底儿
碗底（外底）un44ɗai44
甑（里）tshɯŋ35ɗok4 锅底儿
甑底（外）tshɯŋ35ɗai44
缸底（里）kɔŋ35ɗok4 缸底儿
缸底（外）kɔŋ35ɗai44
旁边 phɔŋ53ɓin35 旁边
下底 ha31ɗai35 下，凳子在桌子~

（3）用人体、动物部位甚至衣着外形表示方位的，如：

路裙 lu31khin53 路边儿
手头 səu44thau53 手里
心头 tθim35thau53 心里
屋头 ok4thau53 家里
城头 siŋ53tau53 城里
□尾 vɔ35mɯi44 末尾，排队排在~

还有一些借自海南闽语的方位表示的词语，如

朴边 phu31ɓin35 左边
精边 tsiŋ44ɓin35 右边

（4）其他。

我们还看到一些富有特色的表示方向范围的词语，如：

□东 vɔ35ɗoŋ35 以东
□西 vɔ35tθai35 以西
□南 vɔ35nnam53 以南
□北 vɔ35ɓak4 以北
□内 vɔ35nei3 以内
□外 vɔ35vai35 以外
以来 i31lai23 以来
以后 i31həu35 之后
之前 tsi44tθian23 之前
之外 tsi44uai35 之外
之内 tsi44nei35 之内
之间 tsi44kan44 之间
之上 tsi44saŋ35 之上
之下 tsi44hia35 之下

3. 代词

代词是指有指称和替代作用的词，它主要分为三类：（1）人称代词；（2）指示代词；（3）疑问代词。下面我们就看看这三类代词在付马话中的情况。

（1）付马话的人称代词

你 nɯi44–34 你
我 ŋɔ44–34 我
佢 kɛ31 他

付马话人称代词的复数是用语音的内部曲折来表示的，就是调整韵母结构，将阴声韵变成辅音结尾的阳声韵或入声韵，具体如下：

阮 ŋɯɯ53 我们
恩 ŋɯɯ35 咱们
恁 nɯɯ53 你们

人称代词没有敬称，调查"您""恁"还是回答为原本的人称代词，具体如下：

你 nɯi44 您（尊称"你"）
佢 kɛ31 恁（尊称"他"）

人称代词的所有格形式，也是通过形态变化来表现的，具体形式与人称代词的复数形式一样，如：

□爹 ŋɯɯ53ɗɛ35 我爸，~今年八十岁
□爹 nɯɯ53ɗɛ35 你爸，~在家吗？
□爹 kok2ɗɛ35 他爸，~去世了

但有的时候用"我""我的"表示第一人称的所有格，如：

我 ŋɔ 我的
我的 ŋɔ44ɗɯi44 我的

人称代词用来修饰后面的数量词时，也是通过形态变化来表现的，具体形式与人称代词的复数形式一样，如：

阮两个 ŋɯɯ53liaŋ31kɔ44 我们俩
恩两个 ŋɯɯ35liaŋ31kɔ44 咱们俩
恁两个 nɯɯ53liaŋ31kɔ44 你们俩
□两个 kok4liaŋ31kɔ44 他们俩

第一人称有类似反身代词的只有一个词，"自家"tθɿ31ka35，是"自

己"的意思，比如"我自家做的"。你我他之外还有一个他称，有音无字，读音为 nok2，是"人家"的意思。在付马话中"大家"叫"有伴"iu44phɔn31，是一个包括式的复数形式。

（2）付马话的指示代词

指示代词的作用是指称、区别人或事物，付马话基本用"个"表示"这"和"那"，近指和远指区分不明显。付马话也用"这"和"那"，这应该是后面借来的近指和远指，如下：

个个 kɔ44kɔ44 这个
个里 kɔ44lɯi44 这里
那个 na44kɔ44 那个
那里 na44lɯi44 那里
这□ kɔ35nit5 这些
那□ na44nit5 那些

此外还有"己"和有音无字的指示词，如：

己里 ki44lɯi44 这里
□样 kin53iɔŋ31 这样，事情是~的，不是那样的
□样 nin53iɔŋ31 那样，事情是这样的，不是~的

（3）付马话的疑问代词

疑问代词是表示疑问或提出问题的词。具体如下：

□sun53 谁？
甚个 sin35kɔ44 哪个？
甚□ sin44nit5 哪些？
甚里 sin35lɯi44 哪里？
么的路 muɯ53dɯ44lu31 什么地方
样样 iɔŋ53iɔŋ31 怎样，什么样：你要~的？
样样 iɔŋ53iɔŋ31 怎么（做）

样样办 iaŋ53iaŋ31phan31 怎么办？
为么底 vuɛ31muɯ44ɗɯi44 为什么？
么底 muɯ53ɗɯi44 什么？
么底 muɯ53ɗɯi44 什么，你找~？
做么底 to44muɯ53ɗɯi44 干什么，你在~？
多少 ɗɔ35siu44 多少（钱）？
几 kɯi44 多（久、高、大、厚、重）？

（4）付马话中相当于"名词+俩"的并列称谓

夫妻并列的称呼，是直接把夫妻的称呼并列在一起，如，

老公分人 lau44koŋ44fɯn55nin53 夫妻俩
老公分毛 lau44koŋ44fɯn55mou44

更常见的是"两+并列的称呼"：

两□儿 liaŋ44ɯi31ni53 娘儿俩（母亲和儿子）
两□女 liaŋ44ɯi31nɯi44 母女俩（母亲和女儿）
两爹儿 liaŋ31ɗɛ35ni53 爷儿俩（父亲和儿子）
两爹女 liaŋ31ɗɛ35nɯi44 父女俩（父亲和女儿）
老隆幼孙两个 lau31loŋ44iu44tθun35liaŋ31kɔ44 爷孙俩
两□嫂 liaŋ44mau44tθau44 妯娌俩
两□嫂 liaŋ44kɔ44tsiɯt4tθau44 姑嫂俩
□□□新妇 lau44ɯi31iu44tθin35fu31 婆媳俩
两叔伯 liaŋ44suk4ɓɛk4 兄弟俩
两叔伯 liaŋ44suk4ɓɛk4 哥儿俩
两姨姊 tiaŋ44i44nen35 姐妹俩
两姨姊 liaŋ44i44nen35 姐儿俩
两□伯 liaŋ44tsiɯt44ɓɛk4 兄妹俩
两□姊 liaŋ44ou31nen35 姐弟俩
两爹儿 liaŋ31ɗɛ35ni53 舅甥俩

两□□liaŋtsiɯt44tsi35 姑侄俩
两爹儿 liaŋ44ɖɛ35ni4453 叔侄俩
师徒俩 tθɿ44thu23liaŋ31 师徒俩

4. 代词的复数以及词缀"群"表示的复数形式

付马话下面的这两个词，形式上看不出单复数，但实际上可以表示复数：

甚人 sin53nin53 谁们
有伴 iu44phɔn31 人们

付马话表称谓的名词，加词缀"群"之后变成复数，如：

□□群 mou44tθau44khɯn53 妯娌们
□□群 tsiɯt4tθau44khɯn53 姑嫂们
师徒群 tθɿ44thu23khɯn53 师徒们
生要师群 seŋ44iu44tθɿ31khɯn43 先生学生们

付马话表示"一些"的词是 nit5，它与后面的名词组合也表示复数，如：

个□道理 kɔ44nit5thau31lɯi44 这些个理儿们
那□事 na44ni44tsɿ31 那些个事儿们

付马话还有一个意为"堆"的词语□ɖum44，它也是表示复数的，如：

一□_堆台 a44ɖum44thai53 桌子们
一□_堆木椅 a44ɖum35ɯi44 椅子们
一□_堆书 a44ɖum44sii35 书们

5. 表示动作趋向的词语

和普通话一样，付马话也用"来、去"表示动作的趋向，如：

上去 sɔŋ31hui44 上去
落来 lɔk2lɯi53 下来
入去 ȵip2hui44 进去
出来 tshɯt4lɯi53 出来
出去 tshɯt4hui44 出去
回来 hui44lɯi53 回来

有的"去"并不表示趋向，而更像是结果，比如下面的句子中的"去"：

窗□都被颤破去。tshuaŋ44ɗuŋ44bi55ɗɯn55phɔ55hui44. 窗户都被震碎了。

有一些普通话中要用趋向动词"来、去"的，在付马话中用其他的表达方式，如：

起身 khɯi31sin35 起来，天冷~了

四 性状与程度

表示颜色的词语红、黄、黑、白等，都可以加一个重叠的形式，变成"生动形式"，通过这种方式表示程度，一般的颜色就用简单的颜色词语，颜色加强时就在颜色词后面加一个表示程度的重叠词语，程度加强到极端时就用"颜色词＋到＋重叠语素"，如：

白→白嘤嘤→白到嘤嘤
黄→黄澄澄→黄到澄澄
红→红鲜鲜→红到鲜鲜
黑→黑嘛嘛→黑到嘛嘛

蓝→蓝绿绿→蓝到绿绿
光→光样样→光到样样

在普通话中"这么、这样"再加形容词、动词的，在付马话中有一系列词语与之对应，有合音的，也有意为"这样"的一些词语，它们一般都有表示较强的程度的意义。如：

□(个样合音)koŋ45 这么（高）
□样 kiɯ31ȵaiȵ31 这么（做）
□样 kin44ioȵ31 这么（做），~贵啊
□样 nin53iaŋ31 那么（高）
□样 nin53iaŋ31 那么（做）

五 介引与关联

介词是放在名词、代词或其他一些短语前组成介词短语，介词的重要功能是介引，介引的对象有空间、时间、对象、依据、缘由等。在付马话中，除上述这些功能，介引方向的词比较有特色，比如"望"，它与方位词、动词构成表方向的状中结构，如：

望里头行 vɔ35lɯi31thau44heŋ53 望里走
望外头行 vɔ35mai31thau44heŋ53 望外走
望东行 vɔ35ɗoŋ35heŋ53 望东走
望西行 vɔ35tθai35heŋ53 望西走
望回行 vɔ35hui44heŋ53 望回走，也叫"返回行"fan35hui44heŋ35
望前行 vɔ35tθin44heŋ53 望前走

六 体貌系统

体貌范畴主要包括时和体。"时"是动词的语法范畴，表示动作、行为发生的时间。"体"表示动作行为进行的各种阶段和状态。

表完成的也多用"了"，表示经历了的用"过"，如：

王平昨天写了一篇文章。
voŋ53phiŋ23tθa31nit4tθiɯ44lə44a44phin31uən31tsaŋ44.
王 平　　昨 日 写 了 一 篇　　文章。

A：我吃过螃蟹，你吃过没有？B：没吃过。
ŋɔ44hit4kuɯ44hai31, nɯi44hit4kuɯ44məu35? məu35hit4.
我 喫 过 蟹， 你 喫 过 冇 　 冇 喫。

这本书我看了两个月了，终于把它看完了。
kɔ44bɯn44sʅ35ŋɔ44hɔn35liu44liaŋ44kɔ44ŋɯt4, tsuŋ44ɹi31hnɔ35liu44lə31.
个 本 书 我 看了 两 个 月， 终 于 看 了 了。

这本书我看了两个月了，还没看完。
kɔ44bɯn44sʅ35ŋɔ44hɔn35liu44liaŋ44kɔ44ŋɯt2, kaŋ35məu44hɔn35liu44.
个 本 书 我 看了 两 个 月， □还 冇 看 了。

表示正在进行的，也用副词"正在"等置于动词之前，也有一些句子没有明确的形式，但从语境还是能够判断的，如：

她正做作业呢，你一个人去玩儿吧。
kɛ31tθiŋ35tθai35tθɔ31tθɔ55niəp4,
佢 正 在 做 作 业
nɯi44iak2kɔ31nin53tshɯt4liu44uk5khi44liu44.
你 一 个 人 出 了 屋 去 了。

付马话也可以通过动词重叠的方式表示持续，如：

我一说她，她笑着跑了。
ŋɔ44kɔŋ44kɛ31a44ha35, kɛ31ɗu44ɗu44ɗɯi44hui55.
我 讲 佢 一 下， 佢 □□ 的 去。

七 语气词

付马话的语气词比较丰富，常见的有"呢""咪""喽"等。

A：老张走了吗？B：没有。
A：lau31tsɔŋ44hui44le44mi55? B：məu35.
A：老 张 去 了 咪？ B：冇。

你找谁？／你找谁呢？
nɯi44tθim53sun53? ／ nɯi44tθim53sun53ni55 ?

你 寻 □谁？／你 寻 □谁 呢？

语气词"哦""啦"等有强调完成的含义，如下：

lau31tsaŋ44ɗɯi44ɗəu44lip2hɯi44fuŋ35tshui44ɗik4liu44ɔ31.

老张 的 斗笠 □被 风 吹 □走 了 哦。（老张被风吹走了草帽。）

kai35tθai44ɓi44huŋ44khau44uan35ɗik4ku44la31.

鸡仔被 红口 □叼□走□ 啦。（小鸡被黄鼠狼给叼走了。）

ŋɔ44ji31kiŋ44ɓi55lu55tshi31la31

我 已经 被录 取 啦。（我们已经被录取了。）

付马话乃至海南西部的许多方言，都有一个较为常见的语气词"呢"，有表示疑问的，也有表示强调，如：

ŋɯn53ɗuŋ31ham44ke31lau31vɔŋ23ni53.

□我们都 喊 佢 老王 呢。（我们都叫他老王呀。）

第二节 句法

一 "把"字句和"被"字句

这一部分，包括处置式与被动式套合的句式。处置式主要是通过 ɓui44（畀）把名词提到动作之前，如下面的例子：

谁把那瓶酒给喝完了？

sun53ɓui44na44phiŋ53tθəu44hit4liu44hui44?

□谁 畀 那 瓶 酒 喫 了 去？

你把地板拖一下。

nɯi44 ɓui44 ɗi55ɓan31thuɯ44a44ha31.

你 畀 地板 拖 阿 下。

他把橘子剥了皮。

nɯi44ɓui44kɔm44ham35lim55phai44tsɯi35.

你 畀 柑 □果□ 抂 斫。

他们把每个房间都装上了电话。

kuk2ɓui44ɗian55hua35tsɔŋ44ɹip2mɛi31kɔ44faŋ23.

□　畀　电话　　装　入　每个　　房。

我和弟弟一直把老张当我们自己的长辈。

　　ŋɔ44iu55ŋɔ44ɗɯi44suk4a44thiu44lu31lɯi53,

　　我　要我　的　叔　阿条　路　来，

　　ɓui44lau31tsaŋ44ɗaŋ44tsɿ44ka35ɗɯi44tsaŋ31ɓui35.

　　畀　老张　当　自家　的　长辈。

除了用"畀"，有时候也用别的动词，比如下面的"做"也起到了一样的作用。

　　老张把村长气疯了。

　　lau44tsɔŋ35tθtu55tθun44tsaŋ31ku31ɗau35ɗin35ui44.

　　老张　做　村长　□气　到　癫　喂。

被动句式口语中少用"被"，有一个相当于"给"的词 hɯi44，跟在受动的主语之后，介引主动者。

　　老张被风吹走了草帽。

　　lau31tsaŋ44ɗɯi44ɗəu44lip2hɯi44fuŋ35tshui44ɗik4liu44ɔ31.

　　老张　　的　　斗笠　□被　风　吹　□走　了哦。

现在，被动句式中用"被"，介引主动者，跟在受动的主语之后的现象已经很常见了。

　　小鸡被黄鼠狼给叼走了。

　　kai35tθai44ɓi44huŋ44khau44uan35ɗik4ku44la31.

　　鸡仔被　红口　　□叼□走□　啦。

　　我被村长批评了，他被村长表扬了。

　　ŋɔ44ɓi55tθun44tsaŋ44phi44phiŋ23, kɛ31ɓi55tθun44tsaŋ31ɓiau31iaŋ23.

　　我　被　村长　　批评，　佢　被　村长　　表扬。

有的被动句式中出现"被"，但是不出现介引的主动者，如：

　　窗户都被震碎了。

　　tsuaŋ44ɗuŋ44bi55ɗɯn55phɔ55hui44.

　　窗　　□都被颤　　破　去。

　　我已经被录取了。

　　ŋɔ44ji31kiŋ44ɓi55lu55tshi31la31

　　我　已经　被录　取　啦。

二 双宾句

又叫"双及物句",就是有一个指物、一个指人的双宾语。下面是一些相关的例子。

老张给了老李一千块钱。

lau31tsɔŋ35hɛ44a44tθin35ŋan53 lau44li44

老张　　□给　一千　银　老李。

这个例子中,指物的宾语放在了指人的宾语前面,这与普通话的语序不同,与南方闽粤客诸方言一致。后面的多数例子,都是这样的语序。

他抢了我一千块钱呢。

kɛ31thut2ŋɔ44a44tθin35ŋan53hui44

佢　夺　我　一千　　银　去。

小张奖励了自己一辆新车。

tθiau31tsɔŋ35kiaŋ31li55tsɿ31ka35a44siŋ53tθin35tshɯ35

小张　　　奖励　　自家　一乘　新　车。

他送了我这块表。

kɛ31tθuŋ55kua53kɔ44ɓiau31ŋɔ44.

佢　送　　□　个　表　我。

老张借了老李一百块钱。(老张从老李处借入一百元)

lau31tsɔŋ35tθiɯ31lau31li31a44ɓɛk4ŋan53.

老张　　借　　老李　一百　　银。

老张借了老李一百块钱(老张借给老李钱。)

lau31tsaŋ44hɛ44tθam35ɓɛk4ŋan53hɛ44lau31li31tθiɯ44.

老张　□给　　三百　银　□给　老李　　借。

老张给老李借了三百块钱。(老张给老李借出钱。)

lau31li44tθiɯ44lau31tsaŋ44tθam35ɓɛk4ŋan53.

老李　　借　老张　　　三百　　银。

上面这个句子中,处在主语位置上的是负债者。

汽车刚开过去,溅了我一身泥。

khi35tshiɯ44nuŋ44 nuŋ44khɯi35kuɯ44liu44,

汽车　　　曩曩　　　开　过　了,

tθin31soŋ31ŋɔ55a44sin44nuŋ53nai53liu44.
溅 上 我 一身 浓 泥 了。
我们都叫他老王。
ŋɯn53ɗuŋ31ham44kɛ31lau31voŋ23ni53.
□我们 都 喊 佢 老王 呢。

三 比较句

比较事物的形状、程度等的差别，这里主要介绍平比和差比两种。

1. 平比句

付马话平比句的形式主要是"A + 要 + B + 共 + 比较的内容"，表示两者都是一样的。如：

lau31vɔŋ23iu55lau31tsaŋ35ɗuŋ55kuŋ31kau35.
老王要老张□共高。老王跟老张一样高。

ŋɔ44ɗɯi44thau53mau53iu55nɯi44ɗɯi44thau53mau53ɗuŋ44kuŋ31tshiɯŋ53.
我的头毛要你的头毛□都共长。我的头发跟你的一样长。

kɛ31heŋ44lu31iu55kuk2ɗɛ35ɗuŋ35kuŋ31khuai55.
佢行路要□他的爹□都共快。他走路跟她爸爸一样快。

也有些平比句用"A + 要 + B + 一样 + 比较的内容"的格式，比如：

lau31vɔŋ23nuŋ53si31iu55lau31tsaŋ35ji31jiɔŋ35jəu44ŋan53.
老王曩时要老张一样有银。老王从前跟老张一样有钱。

2. 差比句

付马话差比句的形式有，第一是"A + 过 + 较差的一方"，表示前者在程度、形状等方面比后者强。如：

nɯi44kau35kuɯ44ŋɔ44.
你高过我。你比我高。

kɛ31ɓi31nɯi44keŋ35kau35ɔ31.
佢比你更高哦。他比你还要高。

第二是含有否定词的比较，形式是"A + ng + 较好的一方"，如，

kɛ31məu35jəu44nɯi44kau35.
佢没有你高。他不比你高。

ŋɔ44mɔ55ɓi31kɛ31tθuŋ44miŋ23.

我莫比佢聪明。我不如他聪明。

ŋɔ44mɔ55jəu31kɛ31tθuŋ44miŋ23.

我莫有佢聪明。我不如他聪明。

ŋɔ44ɗɯi44thau53mau53mɔ55jəu44nɯi44ɗɯi44thau53mau53tshiɯŋ53.

我的头毛莫有你的头毛长。我的头发没你（的）长。

kɛ31heŋ44lu31məu44jəu44kuk2ɗɛ35khuai55.

佢行路没有□她的爹快。她走路没有她爸爸快。

ŋɔ44mɔ55ɓui44ɗak4kɛ31.

我莫比得佢。我不如她。

heŋ44lu31mɔ55ɹi31ɗɯk4tshiɯ35.

行路莫如□坐车。走路不如坐车。

heŋ44lu31ɓi44ɓɔ44sɔŋ31ɗɯk4tshiɯ35.

行路比不上□坐车。走路不如坐车。

四 疑问句（包括是非问、特指问、选择问、正反问）

1. 疑问

（1）是非问

是非问由陈述句加上疑问语气或疑问词构成，常见的疑问词有"冇、咪"等，如：

nɯi44hit4kuɯ44ham35məu35?

A：你喫过□果冇? 你吃橘子吗?

hit4／məu35hit4.

B：喫／冇喫。吃／没吃。

lau31vɔŋ23ɗa31thai-55kik5khian31məu?

A：老王打太极拳冇? 老王打太极拳吗?

ɗa45.／mɔ55ɗa35.

B：打／不打。

nɯi44jəu44nɯn53ɗɛ35kau35məu35?

A：你有□你的爹高冇? 你有你爸爸高吗?

jəu44.

B1：有。

məu35jəu44.

B2：冇有。没有。

lau31tsɔŋ44hui44lə44mi55？

A：老张去了咪？老张走了吗？

məu35.

B：冇。没有。

(2) 特指问

特指问是针对疑问焦点提问和回答的疑问句，一般涉及提问的人、事情、地点等，疑问焦点指人的时候，疑问词就是疑问代词"谁"，问时间的有"甚日（哪一天）、么的时候（什么时候）"等，如：

nɯi44tθim53sun53？／nɯi44tθim53sun53ni55？

你寻□谁？／你寻□谁呢？你找谁？你找谁呢？

A：sun53tθa53nit4lɯi53liu44？ B：lau31tsɔŋ44.

A：□谁昨日来了？B：老张。A：谁昨天来了？B：老张。

A：tθu31hun35uk4thau53lɯi53ɗɯi44nin53si31sun53？B：lau31tsɔŋ44.

A：昨昏屋头来的人是□谁？B：老张。A：昨天家里来的是谁？B：老张。

A：nɯi44sin31nit4hui44ɓɛk4kiŋ44？ B：tθu31hun35.

A：你甚日去北京？B：昨昏。A：你哪天去的北京？B：昨天。

nɯi44mɯt4ɗɯi44si53hau31hit4uan44hun35？

你么的时候喫晚昏。你什么时候吃的晚饭？

(3) 选择问

选择问提出两种或两种以上的可能，希望听话人选择一项来回答。付马话的选择问在两个或多个选项之间用"啊"连接，"啊"的后面常常有一个动词，如：

nɯi44kak4hit4phu31thau23a44si35kɔm44ham35（kɔ44mam35）？

你□想喫葡萄啊是柑□果？你想吃葡萄还是橘子？

nɯi44a44si44kɛ31hui55ɓɛk4kiŋ44？

你啊是佢去北京？你还是他要去北京？

nɯi44iu55kɛ31sin44kɔ44a44hui55ɓɛk4kiŋ44？

你要佢甚个啊去北京？你还是他要去北京？

(4) 正反问

正反问提出正反两个方面,希望听话人选择一项来回答,付马话选择问的主要形式是"V冇V",也有句末有"冇"的形式,表达的意义与"V冇V"的一样,如:

你喫冇喫?你喫啊是冇喫?你吃不吃?/你吃还是不吃?

nɯi44hit4məu31hit4kɔm44ham35?

你喫冇喫柑□果?你吃还是不吃橘子?

nɯi44hit4kɔm44ham35məu35?

你喫柑□果冇?你吃橘子还是不吃?

(5) 其他形式的问句

其他形式的问句还有附加问、回声问等,如:

kɛ31ji44kiŋ44hui53kuk2uk4la31, si44məu31si44?

佢已经回□她的屋啦,是冇是?她已经回家了,是不是?

kɛ31ji44kiŋ44hui53kuk2uk4la31, məu31si44ma55?

佢已经回□她的屋啦,冇是吗?她已经回家了,不是吗?

kɛ31ji44kiŋ44hui53kuk2uk4la31, si44məu35?

佢已经回□她的屋啦,是冇?她已经回家了,是吗?

ŋɔ44ŋai55huŋ44tθɯk4ɗɯi44, nɯi44ni55?

我爱红色的,你呢?我喜欢红色的,你呢?

五 否定句

否定句是表达否定意义的句子。一般都由否定词语扮演主要的角色。

在付马话中,我们看到有一些不同角色的否定词,我们先看两个,一个是"莫",一个是"冇"。它们有着不同的分工。"莫"字句中,"莫"位于动词或形容词前面,否定后面的行为或状态。如:

ŋɯn53mɔ44jəu44ɗian55si35.

□我们莫有电视。我们家没有电视。

lau31tsɔŋ35phiŋ53si31mɔ55hɔn44ɗian55si35.

老张平时莫看电视。老张平时不看电视。

tsuk4kaŋ35mɔ55suk2kɔ44.

粥□还莫熟哦。饭还没熟。

"莫"对行为的否定,既包括一般情况,也包括对过去行为的否定，如：

ŋɔ44ji31kiŋ44mai44tθai44lə44lɔ44，kim44nit4ŋɔ44mɔ55hui55si55tshaŋ31lɔ44.
我已经买菜了喽，今日我莫去市场喽。我买好菜了，今天不去菜市场了。

lau31tsɔŋ35tθu44hun44mai44mɔ55jəu44ɓɛk4tθai44.
老张昨昏买莫有白菜。老张昨天没有买到白菜。

除了"莫"还有一个特别常用的否定词"冇"，它表示对一般情况的否定，也可以是对以往行为的描述，如：

A：nɯi44phiŋ53si31hit4jin44məu35？B：məu35，ŋɔ44məu31hit4jin44。
A：你平时喫烟吗？你平时抽烟吗？B：冇，我冇喫烟。不，我不抽烟。

A：kɛ31laŋ44laŋ31hit4tθəu44lə44mi53？B：məu35，kɛ31məu31hit4tθəu44。
A：佢□□喫酒了咪？他刚才喝酒了吧？B：冇，佢冇喫酒。没有，他没喝酒。

"冇"还可以放在句末，担任否定疑问的角色，如：

nɯn44hit4məu35？(连读音变 nɯ44nim44məu35？)
□你们喫冇？你们吃不？

nɯn44hit4kɔm44ham35məu35？
□你们喫柑□果冇？你们吃橘子不？

nɯn44hit4lə44məu35？
□你们喫了冇？你们吃没有？

nɯn44hit4kɔm44ham35məu35？
□你们喫柑□果冇？你们吃橘子没有？

除了"莫"和"冇"，还有一个表示劝阻的否定词，它是一个合音词"莫+用"，读为 muŋ31，它的作用和普通话的"不要""别""不用"相似，如：

nɯi44muŋ31hit4tθəu44.
你□不用喫酒。你不要喝酒/你不用喝酒/你别喝酒。

六 可能句

付马话可能句的基本形式是"动词+（得）+结果/状态等"，表示可能的句子成分，主要是能性补语，简单补语时，动词直接加状态，不一定要有补语的标志"得"。

hit4 ɓik4，hit4 məu55 ɓik4.

喫□饱，喫冇□饱。吃得饱、吃不饱。

表示可能性的句子里，表示否定的词语是"莫"，它一般都位于动词的前面，如：

ɓui44ɗak4kuɯ44lɯi53，mɔ55ɓui44ɗak4kuɯ44lɯi53.

□拿得过来。莫□拿得过来。拿得过来。拿不过来。

nɯi44kɔŋ44dak4kuɯ44kɛ31，kɛ31mɔ55kɔŋ44dak4kuɯ44ŋɔ44.

你讲得过佢，佢莫讲得过我。你说得过他、他说不过我。

否定词加在动词之后，如：

siɯ44mau31ɗak5.

舍冇得 舍不得

siɯ44ɗak5.

舍得 舍得

七　动补句

动补结构表示的意义有很多，常见的有结果、趋向、程度、数量等，这里主要介绍动结式和动趋式。

1. 动结式

付马话的动结式可以不加辅助成分，动词直接加结果补语，如：

hit4ɓik4.

喫□饱。吃饱。

hit4ɓik4ɓik4.

喫□饱□饱。吃得很饱。

səu44sip3kan35tsiŋ31.

收拾干净。

此外更常见的动结式是"动词+动作对象+结果"，如：

ɗa44kɛ31tθɯi44.

打佢死。打死他。

kəu44kɛ31sɯŋ35.

救佢活。把他救活。

hit4liu44a44kɔ44ɓau44tθɯi31.

喫了一个包子。吃掉一个包子。

fɯi44liu44a44kin35ŋan53.

费了一斤银。用了一斤银子。

ɓui44a44ɓɯn44sɿ35tshɯt4lɯi53.

□拿一本书出来。拿一本书出来。

2. 动趋式

付马话的趋向补语主要由动词加上"来、去"等表示趋向的词语组成，如：

ɗik4kuɯ55hui44。

□走过去。走过去。

ɓui44kuɯ44lɯi53。

□带过来。带过来。

tθuŋ31ŋu44kui35。

送□归。送回去。

iu55lɯi53。

要来。拿来。

iu44tshɯt4lɯi53。

要出来。拿出来。

heŋ53kuɯ44hui44。

行过去。走过去。

海南各方言都有"看看一下、走走一下"的说法，付马话也有。这里就不展开讨论了。

第七章

付马话语法例句

为便于方言点之间比较，本章排列顺序统一为：一、《中国语言资源调查手册·汉语方言》50个语法例句。二、《方言词汇调查手册》248个语法例句。句子排列的顺序，先出普通话的引导句，再写当地方言的注音，注音下标出对应的词。一些字音记录保留了不同发音人的变体，比如"肉、油、人、做"等较为常用的词。

一 《中国语言资源调查手册·汉语方言》50个语法例句

1. 小张昨天钓了一条大鱼，我没有钓到鱼。
tθu31hun35tθiau31tsiaŋ44thiu44liu44a44kɔ44thai31ŋɯi53，
昨　昏　小　　张　　钓　了　一　个　大　鱼，
ŋɔ44thiu44məu35iəu44。
我　钓　　冇　　有。

2. a. 你平时抽烟吗？b. 不，我不抽烟。
a. nɯi44phiŋ53si23hit4in35məu35？b. məu35，ŋɔ31mɔ31hit4in35。
a. 你　平　　时　喫　烟　冇？　b. 冇，　我　冇　喫　烟。

3. a. 你告诉他这件事了吗？b. 是，我告诉他了。
a. nɯi44va35kɔ31khin31sʅ31kɛ31thiŋ35liu31məu35？
a. 你　话　个　件　事　渠　听　了　冇？
b. va35，ŋɔ31va35kɛ31thiŋ35lɔ44lɔ44。
b. 话，　我　话　渠　听　了　喽。

4. 你吃米饭还是吃馒头？
nɯi44hit4fan31a4si35hit4man53thɛu35？

你　喫饭　还是　喫馒　头？.

5. 你到底答应不答应他？

nɯi44ɗau35ɗi31ɗap4məu31ɗap4iŋ44kɛ31？

你　　到　底　答　冇　答　应　佢？

6. a. 叫小强一起去电影院看《刘三姐》。

b. 这部电影他看过了。

a. ham44tθiau31khiaŋ35a44phiŋ53hui44ɗian44iŋ31ɹian35 hɔn35-liu23tθam44tθiɛ31。

a. 喊小强一并去电影院看《刘三姐》。

b. kɔ44ɓu44ɗian44ɵiŋ31kɛ31hɔn35kɯ44lɔ44。

b. 个部电影佢看过了。

7. 你把碗洗一下。

nɯi44ɓui44vun44sat4ɵa31.

你　□把　碗　刷　一。

8. 他把橘子剥了皮，但是没吃。

kɛ31ɓui44kɔm44ham44ɗim53phɯi53tshut4lɔ44，si44məu35hit4kəu31.

□把柑　□果　剥皮□剥了，是冇喫喽。

9. 他们把教室都装上了空调。

kuk31ɓui44kau44si44ɗun44tsɔŋ44khuŋ44thiau31ɔ35lɔ44.

□他们　□把　教　室　□都　装　空　调　噢喽。

10. 帽子被风吹走了。

lip23phɛi44fuŋ35tshui35fɯi35ɗɯ44kɯ31lɔ44.

笠　被　风　吹　飞　□□喽。

11. 张明被坏人抢走了一个包，人也差点儿被打伤。

tsaŋ44miŋ23hɯi44tshəu35nin53thu31liau31kɯ44ɓau35fu31，

张明□被丑人盗走了一个包袱，

nin53tsha35ni44ɗik4fuŋ44hɯi31ta31siaŋ35əu53.

人差呢滴□□被打伤唔。

12. 快要下雨了，你们别出去了。

thin35na31lɔ31vu35luɯ44，nɯn53mɔ31tshut4hui44ləu44.

天□将落雨啰，□你们莫出去喽。

第七章 付马话语法例句

13. 这毛巾很脏了，扔了它吧。

kɔ35 ɓu35 phɛk4 siaŋ44 taŋ44 lat2 tsat2, ɓui35 kɛ31 tshɔi31 kuɯ31 lɔ44.

个 布 帕 相 当 邋 遢，□把 渠 □扔 过 喽。

14. 我们是在车站买的车票。

ŋɯn31 si31 tshɔi31 tshɛ44 tsam35 mai31 ɗik4 tshɛ44 phiau35.

□我们是 在 车站 买 的 车票。

15. 墙上贴着一张地图。

kɔ35 tθiɔŋ53 ɗi44 ma31 ɓi44 ɗi35 thu31 tθai44 sɔŋ31.

个 墙 □上面□□贴着地图 在 上。

16. 床上躺着一个老人。

iak4 kɔ44 lau31 nin53 su31 kɔ31 sɔŋ53 sɔŋ31.

一 个 老 人 睡 个 床上。

17. 河里游着好多小鱼。

kɔ31 hɔ53 iəu44 ɗ44 ŋɯi53 liu44 tsɯ31 thau53.

个河 有 多 鱼 游□着头。

18. 前面走来了一个胖胖的小男孩。

min31 tθin44 tθan44 lai53 a44 kɔ31 fɯi44 fɯi53 ɗɯ44 nam44 mui44 tθai44.

面 尽 前 来 一 个 肥 肥 的 男尾仔。

19. 他家一下子死了三头猪。

kuk2 uk4 i35 mu31 vui31 tθɯi44 tθam35 kɔ31 tsŋ35.

□屋 一 □ □死 三 个 猪。

20. 这辆汽车要开到广州去。/这辆汽车要开去广州。

kɔ35 seŋ31 khi44 tshiɯ31 a44 khɯi35 ɯ31 kuaŋ31 tsiu44.

个 乘 汽 车 阿 开 □去 广州。

21. 学生们坐汽车坐了两整天了。

kɔ31 kɔ31 khɯ53 map4 tθuŋ44 ɗɯt2 khi31 tshiɯ44 ɗɯt2 liu31 tsiŋ31 tsiŋ31 liɔŋ44 nit2.

个 个 □□学生 生 坐 汽 车 坐 了 整 整 两 日。

22. 你尝尝他做的点心再走吧。

nɯi44 si44 si44 kɛ31 tθu44 ɗɛ44 kau44 ɗiam31 na31 hui44.

你 试试 佢 做的 糕点 □去。

23. a. 你在唱什么？b. 我没在唱，我放着录音呢。

a. nɯi44tθai35tshiɯŋ44mət4ɗɯi44？

a. 你 在 唱 乜□歌？

b. ŋɔ31məu44tshiɯŋ44，ŋɔ44fɔŋ35lu53in31ki35i53。

b. 我 冇 唱， 我 放 录音机 咦。

24. a. 我吃过兔子肉，你吃过没有？b. 没有，我没吃过。

a. ŋɔ44hit4kuɯ44thu44ŋəu44，nɯi44hit4kuɯ44muɯ35？

a. 我 喫 过 兔肉， 你 喫 过 冇？

b. məu35，ŋɔ44məu35hit4kuɯ44.

b. 冇， 我 冇 喫 过。

25. 我洗过澡了，今天不打篮球了。

ŋɔ31sau53liɯŋ53kuɯ31la44，ŋɔ31kim44nit2mɔ44ɗa31lan31khiu35la44。

我 洗凉 过啦， 我 今日 莫 打 篮球 啦。

26. 我算得太快算错了，让我重新算一遍。

ŋɔ44tθun44thai35khuai44tθun44tsha35a44lɔ44，

我 算 太快， 算差啊喽，

ȵiɔŋ44ŋɔ31liŋ31liŋ31tθun31a44tθɯn53。

让 我 另另 算一趟。

27. 他一高兴就唱起歌来了。

kɛ31hɔn35hi31khɯi31tsiu44tsiɯŋ31kɔ35ia31.

渠 欢喜 起 就 唱歌 呀。

28. 谁刚才议论我老师来着？

sun44nai44nai31i35lun31ŋɔ31ɗɛ31seŋ35lə44ni44。

□谁 啱啱 议论 我的 生了 呢？

29. 只写了一半，还得写下去。

nɔ31tθiɯ44liu44ɓa44ɓuɔn44，kaŋ35tθiɯ44lɔ31hui35a31。

□才写了 一半， □就写 落去 啊。

30. 你才吃了一碗米饭，再吃一碗吧。

nɯi31nɔ31hit4a31un44fan31，liŋ31liŋ31hit4a31un44thin35。

你 □才 喫 一碗饭， 另另 喫 一碗 添。

31. 让孩子们先走，你再把展览仔仔细细地看一遍。

lɔ44nam53mɯi31khɯn44tθian53hui35,
□让 男尾群　　先　　去,

nɯi44liŋ33liŋ316ui44tsiam33lan44tθai35tθi44hɔn35a44tθɯn。
你　另另　　□展览　　仔细　　　看　一　　阵。

32. 他在电视机前看着看着睡着了。

kɛ31hɔn44ɗian44si44hɔn44hɔn44hui31sui31tshiu31nɔ44.
佢　看　电视　　看看　　去睡觉　　　啦

33. 你算算看，这点钱够不够花？

nɯi44tθun31tθun44muɔn35, hɔn35kɔ31ɗi44ŋan53kau31hua35məu35?
你　算算　　□看, 　看　个　滴　银　够　花　冇?

34. 老师给了你一本很厚的书吧？

seŋ35kɯi31nɯi44ɵa446un44hau44hau44ɗi44sɿ35ma44?
生　给　　你　一本　　厚厚　　　的　书　吗?

35. 那个卖药的骗了他一千块钱呢。

na31kɔ44mai31ɵiɯk4nin53phin44kɛ31a31tθin35ŋan53lɔ44.
那　个　卖药人　　　骗　佢　一　千　　银　喽。

36. a. 我上个月借了他三百块钱。b. 我上个月借了他三百块钱。
a. 借入。b. 借出。

a. ŋɔ31sɔŋ44kɔ44iɯk4ɵiu35kɛ31kɛ44tθam446ɛk4ŋan53.
a. 我 上个月　　　要　佢　个　三百银。

b. ŋɔ31sɔŋ44kɔ44iɯk4hɯi35tθam356ɛk4ŋan53kɛi31kɛ44a44.
b. 我　上个　月　　开　三百银　　　给　佢。

37. a. 王先生的刀开得很好。b. 王先生的刀开得很好。

a. lau31vɔŋ53seŋ35ɗi31səu31si44tθu44ɗɯ44siɔŋ44ɗaŋ44hau31。
a. 老王生的手术做得相当好。a. 王先生是医生（施事）。

b. lau31vɔŋ53seŋ35ɗi31səu31si44tθu44ɗɯ44siɔŋ44ɗaŋ44hau44。
b. 老王生的手术做得相当好。b. 王先生是病人（受事）。

38. 我不能怪人家，只能怪自己。

ŋɔ31mɔ35kuai44tθaŋ44lu31, tsi31kuai44ŋɔ31tθɿ31ka35.
我　莫怪　　□□别人, 只　怪　我　自家。

39. a. 明天王经理会来公司吗？b. 我看他不会来。

a. miŋ53keŋ35vɔŋ31kiŋ44li31lɯi44kuŋ44tθŋ44məu35。

a. 明更　　王经理　　来　公司　　冇？

b. ŋɔ31hɔn35kɛ31məu35ɯi53lai53.

b. 我　看　佢　冇　　会　来。

40. 我们用什么车从南京往这里运家具呢？

ŋɯn44ɹioŋ53mɯt2ɗɯi31tshiɯ35ɓui31ka31ki35？

□我们用　　　乜□种　车　□把 家具

tθuŋ31nam31tsiŋ44tshɯŋ44hui31lai31？

从　南京　　盛　　回来？

41. 他像个病人似的靠在沙发上。

kɛ31uɯ35tsŋ44kɔ31phiŋ31nin31tθiŋ44，ai35tsiɔ31kɔ31sa31fa44sɔŋ31.

佢　好似　个　病人精，　　倚　着　个　沙发上。

42. 这么干活连小伙子都会累坏的.

tsi53iɔŋ31tθu44kuŋ35liau31hau31seŋ35nin53ɗuŋ55tθun35tθɯi31a31.

这样　做工　　连　后生人　　　□都□累　死　啊。

43. 他跳上末班车走了。我迟到一步，只能自己慢慢走回学校了。

kɛ44kan44sɔŋ31ɓan44tsiu44hui35ɛ44lɔ44，ŋɔ31tshi53a44phu31，

佢　赶　上　班　就　去　呃喽，　我　迟 一　步，

ŋɔ44tsi31neŋ35tsŋ31ka35man31man31heŋ53kuɯ44hɔk2hiau35.

我　只能　　自家　慢慢　　行　过　学校。

44. 这是谁写的诗？谁猜出来我就奖励谁十块钱。

kɔ31sun53tθiɯ44ɗɯi44tθŋ44？

个 谁　写　的 诗？

sun52tθai44tshɯt4ŋɔ31tsiaŋ53li44kɛ31sip2ɓɔ31ŋan53.

谁　猜　出　我　奖励　佢 十□块　银。

45. 我给你的书是我教中学的舅舅写的。

ŋɔ44hɔi44nɯi31kɔ31ɓui31sŋ35，

我　□给 你　个□那书，

si31tθu44tsuŋ44hɔk5seŋ35ɗɯi44ŋɯn35ɵəu31tθiɯ44ɗɯi44.

是　教　中学生　　　的　　□□舅舅　写　的。

46. 你比我高，他比你还要高。

nɯi44ɓi31ŋɔ44kau35，kɛ31ɓi31nɯi44keŋ35kau35.

你　　比我　高，　伲　比　你　　更　高。

47. 老王跟老张一样高。

lau31vɔŋ35ŋɛ44lau31tsaŋ44liu44liu44nɔ44kuŋ31kau35.

老王　　□和 老张　　□□□一样　共　　高。

48. 我走了，你们俩再多坐一会儿。

ŋɔ44hui44lə44，nɯn44lioŋ53kɔ44tθai35ɗɔ44ɗɯt2ia44ha3.

我　 去 了，□你们　两个　　再多　　坐　一下。

49. 我说不过他，谁都说不过这个家伙。

ŋɔ35kɔŋ44mɔ31kɯ35kɛ31，sin44nin44ɗuŋ44kɔŋ44mɔ31kɯ35kəu31mi31.

我　讲　莫　过　渠，　谁人　□都　讲　莫　过　□家伙。

50. 上次只买了一本书，今天要多买几本。

ku31tθin53ŋɔ31nɔ31mai44a44ɓɯn31sɿ44，

过前　　我 只 买　　一　本 书，

ɓim44nit2ŋɔ31iau44mai31ɗɔ35kɯi44ɓun44.

今日　　我 要　买多　　几　本。

二 《方言词汇调查手册》248 个语法例句。

1. 这句话用付马话怎么说？

kɔ44kɯi44va31ɹioŋ31ŋɯn53tθɯn35va31ɹioŋ31kɔŋ？

个　句　话 用　恩我们村　话 样　讲？

2. 你还会说别的地方的话吗？

nɯi34 kɔŋ44si53kɔŋ44khi31tha44ɗi44faŋ44ɗɯi44va31məu35？

你　讲 时讲　其　他 地方　的　话　有？

3. 不会了，我从小就没出过门，只会说××话。

mɔ44sik4lɔ31，ŋɔ44tθuŋ31tθai44tθiu44mɔ44tshut4mun53kɯ44，

莫　识　喽，我 从　细　　就　莫　出　门　过，

tsi31sik4 kɔŋ44ŋɯn44va31ɹi51.

只　识 讲　恩我们 话　咦。

4. 会，还会说××话、××话，不过说得不怎么好。

sik4, kaŋ35sik4kɔŋ44tθɯn44va31,
识，□还识讲　　村　话，
han44va31ɓu44kuɯ31kɔŋ44mu-44kau31hau44
汉　话　不　过　讲　莫　够　好。

5. 会说普通话吗？

sik4 kɔŋ44phu31thuŋ44hua35mau?
识 讲 普 通　话 冇？

6. 不会说，没有学过。

mɔ44sik4kɔŋ44, mɔ44hɔk2kɯu44
莫 识 讲，　莫 学 过。

7. 会说一点儿，不标准就是了。

sik4kɔŋ44a44nit5, ɓu44kuɯ44mɔ23kau31ɓiau44tsun31.
识 讲 一 □些，不 过 莫 够　标　准。

8. 在什么地方学的普通话？

tshɔi31sin44nɛ53lu44hɔk2ɗɯi44phu44thuŋ44va31?
在　甚　哪 路 学 的　普　通　话？

9. 上小学中学都学普通话。

sɔŋ44tθiau31hɔŋ5tsuŋ44hɔk5ɗun44kɔŋ44phu31thuŋ44va31.
上　小　学 中 学 □都 讲 普　通　话。

10. 谁呀？我是老王。

sun44ni55, ŋɔ31si44lau53vɔŋ53.
谁 呢， 我 是 老 五。

11. 您贵姓？我姓王，您呢？

nɯi44mə44ɗɯi55siŋ44? ŋɔ44lau44vɔŋ53uk4, mɯi44 ni55?
你 么 的 姓？ 我 老 王 屋，你 呢？

12. 我也姓王，咱俩都姓王。

ŋɔ44ɗuŋ35lau44vɔŋ53uk5, ŋɯn44 liɔŋ31kɔ31ɗuŋ35lau44vɔŋ53uk4.
我 □也是老 王 屋，　恩我们　两 个　□都是老 王 屋。

13. 巧了，他也姓王，本来是一家嘛。

khiau31la53, kɛ31ɗuŋ35lau31vɔŋ53uk4, ɓun31lai23si44a44uk4nin53ma31.
巧　啦，佢 □也 老 王 屋，本　来 是　一 屋 人 嘛。

14. 老张来了吗？说好他也来的！

lau31tsuɔŋ44lai53liu44məu35, kɔŋ44kɛ31ɗuŋ35lai44lɛ55!

老　张　来　了　冇，讲　佢　□会 来 哩！

15. 他没来，还没到吧。

kɛ44məu44sik4lai53məu31lai53, kɔm44mɛi44tau44ɔ55.

佢　冇　识 来　冇　来，今　没　到　哦。

16. 他上哪儿了？还在家里呢。

kɛ44hui44khi55na44ni55, kɔn35 siɔŋ31uk4 thau53ɔ31.

佢　去　去 哪　里，□正 □正在 屋 头　噢。

17. 在家做什么？在家吃饭呢。

tshɔi31tsu44tɔ44mɯ53ɗɯi44? tshɔi31tsu44hit4tsuk4.

在　□厝 做 么 的？　在　　□厝 喫 粥。

18. 都几点了，怎么还没吃完？

kɯi44ɗim31la44, vɛ31mɯ44ɗɯi44məu31hit4tsuk4?

19. 还没有呢，再有一会儿就吃完了。

kɔŋ35məu31ɔ31, tθai35kuɯ31ɓu44lɯ44ɗɛ53viu44la44.

□还 冇 喽，再　过　□　□　□　□完 啦。

20. 他在哪儿吃的饭？

kɛ31tshɔi44sin35ni44 hit4tsuk4?

佢　在　甚 □地 喫 粥？

21. 他是在我家吃的饭。

kɛ31tshɔi44ŋɯn44uk4hit4tsuk4.

佢　在　恩我 屋 喫　粥。

22. 真的吗？真的，他是在我家吃的饭。

si44mi53, si31, kɛ44tshɔi31ŋɯn44 uk4hit4tsuk4.

是 咪，是， 佢 在　　恩我 屋 喫　粥。

23. 先喝一杯茶再说吧！

tθin44hian44tshuŋ44tsha53tθai35kɔŋ44va31.

前　先　冲　茶　再 讲　话。

24. 说好了就走的，怎么半天了还不走？

kɔŋ44hau44lə44 kaŋ35hui44,

讲 好 了 □ 就 去,

ɹiɔŋ53ɹiɔŋ31a44tθai44ɹɯi44liu44kaŋ35məu31 hui44ɔ31?

样 样 一 仔 □ 了 □还 冇 去 噢?

25. 他磨磨蹭蹭的，做什么呢?

kɛ44mɔk4mɔk4ɗɔk2ɗɔk2，tu44mat5ni55?

佢 □ □ □ □磨磨蹭蹭，做 乜 呢?

26. 他正在那儿跟一个朋友说话呢。

kɛ31sin45ɔ31na44lɯi44iu44a44kɔ44phɯŋ53ɹiau31kɔŋ44va31ni55.

佢 □ □ 那 里 要 一 个 朋 友 讲 话 呢。

27. 还没说完啊? 催他快点儿!

kɔŋ44mɔ31kɔŋ44liau44ɔ31a31，tshɔi44kɛ31khuai44nit5.

□还 莫 讲 了 啊啦， 催 佢 快 □滴。

28. 好，好，他就来了。

hau44，hau44，kɛ44tθiu44lai53lə31.

好， 好， 佢 就 来 了。

29. 你上哪儿去? 我上街去。

nɯi44hui35nɛ53lu31，ŋɔ44hui35kai35.

你 去 哪 路， 我 去 街。

30. 你多会儿去? 我马上就去。

nɯi44mɯ44ɗɯi44si53hau31hui44，ŋɔ44si31kim35tθiu31hui44.

你 么 的 时 候 去， 我 时 今 就 去。

31. 做什么去呀? 家里来客人了，买点儿菜去。

nɯi44hui44tu44mat5? uk4thau53ɹuɛɹ44khɛk44lai53，hui44mai44nit5 tθai44.

你 去 做 乜? 屋 头 有 客 来， 去 买 □滴 菜。

32. 你先去吧，我们一会儿再去。

nɯn31hui44kuɯ44tθin53，ŋɯn44a31phu31hin35na31 hui35.

恩你们 去 过 前， 恩你们一 朴 先 □再 去。

33. 好好儿走，别跑! 小心摔跤了。

hau44hau44heŋ53，muŋ31ɓik4，tθiau31tθim35muŋ31kuan35.

好 好 行， □不要 □跑，小 心 □不要 掼摔。

34. 小心点儿，不然的话摔下去爬都爬不起来。

tɕiau31tɕim44man53nit5,
小　心　　□滴，

muŋ44kuan44lɔk2lai53pha44məu44pha44məu31khɯi44.
□不然　掼　落　来　爬　冇　爬　冇　起。

35. 不早了，快去吧！

mɔ35tθin35lɔ31，khuai31ɗit4hui35!
莫　晨　喽，　快　滴　去！

36. 这会儿还早呢，过一会儿再去吧。

si31kim44kaŋ44tθin44ɔ31，a31phɔŋ53hin44na31hui35.
时　今　□　晨　噢，　一　旁　先　□再去。

37. 吃了饭再去好不好？

hit4tsuk4liu44nɔ31hui44，hau44mɔ31hau44?
喫　粥　了　□再去，　好　莫　好？

38. 不行，那可就来不及了。

mɔ31tθu44ɗɯk4，na53kiɯŋ53tθiu31məu31khit4tə31lɔ31.
莫　做　得，　那　将　就　冇　及　的　喽。

39. 不管你去不去，反正我是要去的。

mɔ44kuan31nɯi44hui44mɔ31hui44，fan31tsiŋ44ŋɔ44ɹiau44hui44ɗɯi31.
莫　管　你　去　莫去，　反　正　我　要　去　的。

40. 你爱去不去。你爱去就去，不爱去就不去。

ɓut5kuan31nɯi44hui44mɔ31hui44，nɯi44ŋai35tsiu31hui44,
不　管　你　去　莫去，　你　爱　就　去，

mɔ31ŋai35tsiu31mɔ31hui44.
莫　爱　就　莫　去。

41. 那我非去不可！

na44ŋɔ44mɔ31hui35mɔ31tu44ɗak4!
那　我　莫　去　莫　做　得！

42. 那个东西不在那儿，也不在这儿。

na44kɔ44mit2mɔ44tshɔi31na44lɯi44，ɗuŋ35mɔ31tshɔi31ki44lɯi44.
那　个　物　莫　在　那　里，　□也莫　在　□这里。

43. 那到底在哪儿？

na44ɗau55ɗi31tshɔi31sin55lɯi44?
那　到　底　在　甚　里？

44. 我也说不清楚，你问他去！

ŋɔ44ɗuŋ35mɔ31tθiŋ44tθu31，nɯi44hui35min31kɛ31.
我　□也　莫　清　楚，　你　去　问　佢。

45. 怎么办呢？不是那么办，要这么办才对。

ȵiɔŋ53ȵiɔŋ31phan31ni55？
样　样　办　呢？

mɔ44si31ȵiɔŋ53ȵiɔŋ31phan3，kiɯŋ53ȵiɔŋ31phan31tθue31tshiɯk2.
莫　是　样　样　办，　□这　样　办　　就　着。

46. 要多少才够呢？

iu44ɗɔ35siu31nəu31kau35ni55？
要　多　少　□才　够　呢？

47. 太多了，要不了那么多，只要这么多就够了。

thai35ɗɔ35la31，muŋ44iu44kɔm44ɗɔ35，tsi44iu44kɔm44ɗɔ35tsiu44kau44la31.
太　多　啦，□不用　要　咁　多，只　要　咁　多　就　够　啦。

48. 不管怎么忙，也得好好儿学习。

ɓut5kuan31kɯi44maŋ23，ɗuŋ35 ŋɔ31hau44hau44tθit5.
不　管　几　忙，　□都　□要　好　好　习。

49. 你闻闻这朵花香不香？

nɯi44hin35hin35kɔ31tsu44hua44hiɯŋ35məu31hiɯŋ35？
你　□闻　□闻　个　□朵花　香　冇　香？

50. 好香呀，是不是？

hau44hiɯŋ35a31，si31ɓut5si31？
好　香　啊，　是　不　是？

51. 你是抽烟呢，还是喝茶？

nɯi44hit4in44a31hit2tsha53？
你　喫　烟　啊　喫　茶？

52. 烟也好，茶也好，我都不会。

in44ȵiɯ31hau31，tsha53ȵiɯ31hau44，ŋɔ44ɗun35mɔ31hit4.
烟　也　好，　茶　也　　好，　我□都　莫　喫。

53. 医生叫你多睡一睡，抽烟喝茶都不行。

ȵi35sɯŋ44tshai35nɯi44sui31ɖɔ35a31nit5.

医　生　　□让　你　睡　多　一　滴。

54. 咱们一边走一边说。

ŋɯn35a44lu31heŋ53，a44lu31kɔŋ44.

恩我们 一　路　　行，　一　路　讲。

55. 这个东西好是好，就是太贵了。

kɔ44mit2hau44si31hau44，si44si31thai35kui44Øui44.

个　物　好　是　好，　是　是　太　贵　喂。

56. 这个东西虽说贵了点儿，不过挺结实的。

kɔ44kɔ44mit2，tθɯi44ȵian31kui44a44nit5，si44si31thai44hau44lɔ44.

个　个　物，　虽　然　贵　一　滴，　是　是　太　好　喽。

57. 他今年多大了？

kɛ31kim44nin53kɯi44thai31lɔ44？

佢　今　年　几　大　喽？

58. 也就是三十来说吧。

ɖuŋ35si31tθam35sip2kɯɯ53ɖɯi44lɔ31.

□就是　三　十　　过　的　喽。

59. 看上去不过三十多岁的样子。

hɔn35khɛ44mɔ35kɯɯ44tθam35sip2tθui44ɖɯi44ȵiɔŋ31.

看　佢　莫　过　三　十　岁　的　样。

60. 这个东西有多重呢？

kɔ44kɔ44mit2ȵəu31kɯi44tshuŋ31ni55？

个　个　物　有　几　重　　呢？

61. 怕有五十多斤吧。

kiŋ35ȵəu53ŋu44sip2liŋ53kin35ɓa31.

惊　有　五　十　零　斤　吧。

62. 我五点半就起来了，你怎么七点了还不起来？

ŋɔ44ŋu44ɖiam44ɓan44tsuŋ35tsiu44khi31sɯn35la31，

我　五　点　半　钟　就　起　身　啦，

nɯi44ȵiɔŋ53ȵiɔŋ31tθit4ɖiam35kaŋ44mɔ31khɯi44ɔ31？

你 样 样 七 点 □还 莫 起 噢?

63. 三四个人盖一床被。一床被盖三四个人。

tθam35tɕɯi44kɔ44nin53lau31 a31fan35phɯi31.

三 四 个 人 □盖 一 番 被。

a44fan35phɯi31lau35tθam35tɕɯi31kɔ44nin53.

一 番 被 □盖 三 四 个 人。

64. 一个大饼夹一根油条。一根油条外加一个大饼。

a44kɔ44thai31ɓiŋ35kiəp2ɓau44a44thiu53ɹəu31thiau23.

一 个 大 饼 夹 包 一 条 油 条。

a44thiu55ɹəu31thiau23liŋ44ka44a44kɔ44thai31ɓiŋ44.

一 条 油 条 另 加 一 个 大 饼。

65. 两个人坐一张凳子。一张凳子坐了两个人。

liɔŋ44kɔ44nin53ɗɯt4a44tsɔŋ35ɯi44.

两 个 人 □坐 一 张 椅。

a44tsɔŋ35ɯi44ɗɯt4liɔŋ31kɔ44nin53.

一 张 椅 □坐 两 个 人。

66. 一辆车装三千斤麦子。三千斤麦子刚好够装一辆车。

a44liaŋ31tshiɯ35tsuaŋ44tθam35tθin35mai35.

一 辆 车 装 三 千 麦。

tθam35tθin35kin44mai35ŋam44ŋam44tsuaŋ44a44tshiɯ35.

三 千 斤麦 啱 啱 装 一 车。

67. 十个人吃一锅饭。一锅饭够吃十个人。

sip2kɔ44nin53hit4a44tshɯŋ35fan31.

十 个 人 喫 一 甑 饭。

a44tshɯŋ35fan31kau44sip2kɔ44nin53hit4.

一 甑 饭 够 十 人 喫。

68. 十个人吃不了这锅饭。这锅饭吃不了十个人。

sip2kɔ44nin55hit4məu31liu44kɔ44tshɯŋ35fan31.

十 个 人 喫 冇 了 个 甑 饭。

kɔ44tshɯŋ35fan31məu35kau44sip2kɔ44nin53hit4.

个 甑 饭 冇 够 十 个 人 喫。

69. 这个屋子住不下十个人。
kɔ44kɔ31uk4mɔ44ɗɯt2 ɗak4sip2kɔ31nin33.
个　个　屋　莫　□住　得　十　个　人。

70. 小屋堆东西，大屋住人。
uk4tθai44ha31 mit2，thai44uk4nin53ɗɯt2
屋　细　□放　物，　大　屋　人　□住。

71. 他们几个人正说着话呢。
kɔ31kɯi44kɔ44nin53tsiŋ35tθai44kɔŋ44va31ni55.
个　几　个　人　正　在　讲　话呢。

72. 桌上放着一碗水，小心别碰倒了。
a44un44sui44fɔŋ31thai53sɔŋ31，tθiau31tθim44muŋ31phuŋ35phua44ɗɔi44.
一　碗　水　放　台　上，小　心　□不要 碰　破　□。

73. 门口站着一帮人，在说着什么。
a44khɯn53nin53tshɔi31mun53kheu44，mɔ44sik4kɔŋ44mat。
一　群　人　在　门　口，莫　识　讲　乜。

74. 坐着吃好，还是站着吃好？
ɗɯt4thɔi44hit4hau44a44si31khɯi31ɔi31hit4hau44？
□坐　着　喫　好　阿是　倚　□着　喫　好？

75. 想着说，不要抢着说。
kak4ha31nɔ44kɔŋ44，muŋ31thut2ɹiau31kɔŋ44.
□想下　□再 讲，　□不要　夺　要　讲。

76. 说着说着就笑起来了。
kɔŋ44kɔŋ44kɔŋ44kɔŋ44ut2thiu53khɯi53siŋ35.
讲　讲　讲　讲　□调　气　声。

77. 别怕! 你大着胆子说吧。
muŋ31kiŋ35，nɯi44thai31ɗam44kɔŋ44ma31.
□不要 惊，你　大　胆　讲　嘛。

78. 这个东西重着呢，足有一百来斤。
kɔ44kɔ44mit2hau44tshuŋ31a31，kɯm31ɗiŋ35ɹɐ31a44ɓɛk4tshɯt4kin35.
个　个　物　好　重　啊，肯　定　有　一　百　出　斤。

79. 他对人可好着呢。

kɛ44ɗui35nin53tsin35hau44a31!

佢 对 人 真 好 啊!

80. 这小伙子可有劲着呢。

kɔ44ham44mɯi44tsin35ɹuɛɹ31lit2khɯi44a31.

个 □ □小伙子 真 有 力 气 啊。

81. 别跑，你给我站着!

muŋ44 ɗik4, nɯi44khɯi44hau31!

□不要 □跑, 你 徛 好!

82. 下雨了，路上小心着!

lɔk2vu35la31, lu31sɔŋ31ɹau35tθiau31tθim44（m） a31!

落 雨 啦, 路 上 要 小 心 啊!

83. 着凉了。

(ŋɔ44) səu35liɯŋ.

(我) 受 冷。

84. 甭着急，慢慢儿来。

muŋ44luŋ31kun44kin44, man34man31kai53.

□不要 □ □ 紧, 慢 慢 来。

85. 我正在这儿找着你，还没找着。

ŋɔ44tsiŋ44tθau55tshɔi31kɔ44lɯi44tθim53ma31, kaŋ35tθim53mɔ53mɛ44a31.

我 正 在 在 个 里 寻 嘛, □还 寻 莫 乜 啊。

86. 她呀，可厉害着呢!

kɛ31kɔ44nin53hau44li55hai55ɹa31!

佢 个 人 好 历 害 呀!

87. 这本书好看着呢。

kɔ44ɓɯn44sɿ35hau44hɔn35na31!

个 本 书 好 看 哪!

88. 饭好了，快来吃吧。

tsuk4suk4lɔ31, kuai44lai44hit4lɔ31.

粥 熟 喽, 快 来 喫 喽。

89. 锅里还有饭没有？你去看一看。

tshɯŋ35thau44mɔ44sik4ɹuɛɹ44fan31nə44məu35, nɯi44hui35hɔn44hɔn35.

甑 头 莫 识 有 饭 呢 冇, 你 去 看 看。
90. 我去看了，没有饭了。

ŋɔ44hui55hɔn35liu44, məu35ɹəu44fan31thau53.

我 去 看 了， 冇 有 饭 头。

91. 就剩一点儿了，吃了得了。

nəu44 si44a44ɖi55thau53, hit4liu44kuɯ53lɔ44.

□只 是 一 滴 头， 喫 了 过 喽。

92. 吃了饭要慢慢儿地走，别跑，小心肚子疼。

hit4si44tsuk4liu44man31man44heŋ53, muŋ44 ɖik4tθiau31tθim44ɓak2thuŋ44.

喫□ 粥 了 慢 慢 行， □不要□跑 小 心 腹 痛。

93. 他吃了饭了，你吃了饭没有呢？

kɛ44hit4tsuk4liu44lɔ55, nɯi44hit4məu33ni55?

佢 喫 粥 了 喽，你 喫 冇 呢？

94. 我喝了茶还是渴。

ŋɔ44hit4tsha53liu44lɔ44, kaŋ35hɔt4sui44ɔ31.

我 喫 茶 了 喽， □还 渴 水 噢。

95. 我吃了晚饭，出去溜达了一会儿，回来就睡下了，还做了个梦。

ŋɔ44hit4uan44hun35liu, tshut4hui44ɛ44a44phu55a31,

我 喫 晚 昏 了，出 去 □下 步 啊，

hui44lɯi53sui31lɔk2lɯi53, kaŋ35tu44a44 kɔ44muŋ55a31.

回 来 睡 落 来，□就 做 一 个 梦 啊。

96. 吃了这碗饭再说。

hit4kuɯ44ɵun44tsuk4liu44nəu31tθai35kɔŋ44.

喫 过 碗 粥 了 □就 再 讲。

97. 我昨天照了相了。

ŋɔ44tθu31hun35hui44iŋ33tθiaŋ35liu44.

我 昨 昏 去 映 相 了。

98. 有了人，什么事都好办。

ɹiau44nin44thau53, mɯt4ɖɯi44sɿ44ɖəu35hau31phən31.

有 人 头， 么 的 事 都 好 办。

99. 不要把茶杯打碎了。

ɓuŋ44　ɓui55tsha53tsuŋ35ɗa31phɔ31ɔ44iɔ5.
□不要　畀　茶　盅　　打　破　喽呦。

100. 你快把这碗饭吃了，饭都凉了。
nɯi41khuai44nit5ɓui44kɔ44Øun44fan31hit4kuɯ44hui44,
你　快　滴　畀　个　碗　饭　喫　过　去，
fan31ɗuŋ44ɔ44lɔ44.
饭　冻　噢　喽。

101. 下雨了。冇下雨了，天晴开了。
lɔk2vu35la44, məu35lɔk2vu35la31, thin35tθiŋ35tshɯt4lɯi53la31.
落　雨　啦，冇　落　雨　啦，天　　星　出　来　啦。

102. 打了一下。去了一趟。
ɗa44a44ha31, hui44liu44a44thaŋ55.
打　一　下，　去　了　一　趟。

103. 晚了就不好了，咱们快点儿走吧！
ɔm44lɔ31, tθiu44məu31hau44lɔ31, ŋɯn44 khuai44nit5heŋ44a31!
暗　喽，　就　冇　好　喽，　恩咱们 快　滴　行　啊！

104. 给你三天时间做得了做不了？
hui44nɯi44tθam35nit2si31kan44, tu44ɗak4məu31tu44ɗak4?
开　你　三　　日　时　间，　做　得　冇　做　得？

105. 你做得了，我做不了。
nɯi44tu44ɗak4, ŋɔ44mɔ35tu44ɗak4.
你　做　得，　我　莫　做　得。

106. 你骗不了我。
nɯi31məu35phin44ɗak4ŋɔ442.
你　冇　骗　得　我。

107. 了了这桩事情再说。
tu44kuɯ44khin31sʅ31liu44nəu31kɔŋ44.
做　过　件　事　了　□再讲。

108. 这间房没住过人。
kɔ44kan35uk4məu35nin53ɗɯt4kuɯ44.
个　间　屋　没　人　□住　过。

109. 这牛拉过车，没骑过人。

kɔ44nau35thau44tshiɯ35kuɯ44，si44məu44nin53khɯi31kuɯ44.

个　牛　头　车　过，　是　冇　人　骑　过。

110. 这小马海没骑过人，你小心点儿。

kɔ44ma44tθai44mɔ44nin53khɯi53kuɯ44，nɯi44tθiau31tθim44ma44nit5.

个　马　仔　莫　人　骑　过，　你　小　心　嘛　滴。

111. 以前我坐过船，可从来没骑过马。

ŋɔ44nuŋ53si53ɗɯt4sun53kuɯ44，si44tθuŋ31mɔ44khɯi44ma44.

我　曩　时　□坐　船　过，　始　终　莫　骑　马。

112. 丢在街上了。搁在桌上了。

tshɔi44tshəu44kai35sɔŋ31. fɔŋ44tshɔi31thai53sɔŋ3.

□丢　在　街　上。　放　在　台　上。

113. 掉到地上了，怎么都没找着。

thiu44liu31khɯi44hui55，iɔŋ53iɔŋ31luŋ44tθip4mɔ31mɛ44.

掉　了　开　去，　样　样　□　□□　□。

114. 今晚别走了，就在我家住下吧！

kim44man35muŋ31hui44lɔ44，ɗɯt4 tshɔi31ŋɯn44lu53lɔ44.

今　晚　□不要　去　喽，　□住在　恩我的　庐　喽。

115. 这些果子吃得吃不得？

kɔ44ɗit4tham35hit4ɗak4mɔ31hit4ɗak4？

个　滴　□果　喫　得　莫　喫　得？

116. 这是熟的，吃得。那是生的，吃不得。

kɔ44si31suk2ɗɯi44, hit4ɗak4. na44kɔ44si31sɯŋ35ɗɯi44, mɔ35hit4ɗak4.

个　是　熟　的，喫得。那　个　是　生　的，　莫　喫　得。

117. 你们来得了来不了？

nɯn44lɯi53ɗak4mɔ31lɯi53ɗak4？

恁你的　来　得　莫　来　得？

118. 我没事，来得了，他太忙，来不了。

ŋɔ44məu53sɿ31, lɯi53ɗak4, kɛ31thai35maŋ23, mɔ35lɯi53ɗak4.

我　冇　事，　来　得，　佢　太　忙，　莫　来　得。

119. 这个东西很重，拿得动拿不动？

kɔ44kɔ44mit2tθiaŋ44ɗaŋ44tshuŋ31, ut4ɓik4khɯi44məu35?

个　个　物　相　当　重，　□移□动　起　冇？

120. 我拿得动，他拿不动。

ŋɔ44ut4ɓik4thuŋ31, kɛ31məu35ut4bik4thuŋ31.

我　□移□动　动，　佢　冇　□移□动　动。

121. 真不轻，重得连我都拿不动了。

tsin35mɔ31khiŋ35, tshuŋ31ɗɯk4lian44ŋɔ44tuŋ55ut4mɔ31thuŋ31.

真　莫　轻，　重　得　连　我　□都　□拿 莫 动。

122. 他手巧，画得很好看。

kɛ31səu44liu35, hua35ɗɯk4tsin44hau31liɯŋ35.

佢　手　□巧，画　得　真　好　靓。

123. 他忙得很，忙得连吃过饭没有都忘了。

kɛ31tθiaŋ4taŋ44maŋ23,

佢　相　当　忙，

maŋ23ɗau44lian23hit4si55ɗun44ɗun55maŋ31thiu44hui44.

忙　到　连　喫□东西□　□都　忘　掉　去。

124. 我看他急得，急得脸都红了。

ŋɔ44hɔn35kɛ31kin44ɗau44mɔ44ɓan44fat4,

我　看　佢　紧　到　莫　办　法，

kin44ɗau44min31huŋ55huŋ53.

紧　到　面　红　红。

125. 你说得很好，你还会说些什么呢？

nɯi44kɔŋ44ɗɯk4tθiaŋ44taŋ44hau44,

你　讲　得　相　当　好，

nɯi44kaŋ35 si31kɔŋ44mɯt4ɗɯi44ɔ31?

你　□还　试　讲　么　的　噢？

126. 说得到，做得了，真棒！

kɔŋ44ɗək4ɗau44, tu44ɗək4ɗau44, tsin35hui31!

讲　得　到，　做　得　到，　真　会！

127. 这个事情说得说不得呀？

kɔ44kɔ44sŋ31kɔŋ44ɗun55kɔŋ44mɔ31ɗək4.

个 个 事 讲 □都 讲 莫 得。

128. 他说得快不快？听清楚了吗？

kɛ31kɔŋ44khuai35mɔ31khuai35, thiŋ35ɗək4tθiŋ44tshu31məu35?

佢 讲 快 莫 快， 听 得 清 楚 冇？

129. 他说得快不快？只有五分钟时间了。

kɛ31kɔŋ44ɗɔk4khuai55mɔ31khuai35,

佢 讲 得 快 莫 快，

nəu31 ɹəu44vu44fən31tsuŋ35si53kan35ni53.

□只 有 五 分 钟 时 间 呢。

130. 这是他的书。

kɔ44si31kɛ31ɗɯi44sɿ35.

个 是 佢 的 书。

131. 那本书是他哥哥的。

na44ɓɯn44sɿ35si31kuk2kui44luŋ44ɗɯi44.

那 本 书 是 □他的□ 隆哥 的。

132. 桌子上的书是谁的？是老王的。

thai53sɔŋ31ɗɯi44sɿ35si31sun53ɗɯi44? si44lau44vɔŋ53ɗɯi44.

台 上 的 书 是 □谁 的？ 是 老 王 的。

133. 屋子里坐着很多人，看书的看书，看报的看报，写字的写字。

hau44ɗɔ35nin53ɗɯt2tshɔi31uk4thau53, hɔn35sɿ35ɗɯi44hɔn35sɿ35,

好 多 人 □坐 在 屋 头， 看 书 的 看 书，

hɔn35ɓau35ɗɯi44hɔn35ɓau35, tθiɯ44tθɯi31ɗɯi44tθiɯ44tθɯi31

看 报 的 看 报， 写 字 的 写 字。

134. 要说他的好话，不要说他的坏话。

ɹau35kɔŋ44kɛ31ɗɯi44hau44va31, muŋ31kɔŋ44kɛ31ɗɯi44tshəu44va31.

要 讲 佢 的 好 话， □不要 讲 佢 的 丑 话。

135. 上次是谁请的客？是我请的。

tθian53tθɯn53si31sun44tθiŋ44ɗɯi44khɛk4? si31ŋɔ44tθiŋ44ɗɯi44.

前 □次 是 □谁 请 的 客？ 是 我 请 的。

136. 你是哪年来的？

nɯi44sɿ31mut4ɗɯi44sɿ53hau31lɯi31ɓɯk4kiŋ44ɗɯi31?

你　是　么　底　　时候　　来　北京　　的？

137. 我是前年到的北京。

ŋɔ44si31tθin44nin53ɗau44ɓɯk4kiŋ44ɗɯi31.

我　是　前　年　　到　北　京　　的。

138. 你说的是谁？

nɯi44kɔŋ44ɗək4sɿ31sun53？

你　讲　的　是　□谁？

139. 我反正不是说的你。

fan44tsiŋ35ŋɔ44mɔ35kɔŋ44nɯi44.

反　正　我　莫　讲　你。

140. 他那天是见的老张，不是见的老王。

kɛ31na44nit4mɛ44ɗɯi44si31lau44tsaŋ44，mɔ44si31lau31vɔŋ23.

佢　那　日　□见　的　是　王　张，莫　是　老　王。

141. 只要他肯来，我就没的说了。

tsi44ɹau35kɛ31ɹan44lɯi53，ŋɔ44tθiu44mɔ31mat4kɔŋ44lə31.

只　要　佢　愿　来，　我　就　莫　乜　讲　了。

142. 以前是有的做，没的吃。

nuŋ53si53ɹuɛɹ44tu44mɔ35ɹuɛɹ44hit4.

曩　时　有　做　莫　有　喫。

143. 现在是有的做，也有的吃。

si31kim35ɹuɛɹ44tu44aŋ35ɹuɛɹ44hit4.

时　今　有　做　□也　有　喫。

144. 上街买个蒜啊葱的，也方便。

sɔŋ31si44mai44tθɯn31thau53a44tθuŋ35a44，ɗuŋ35faŋ31ɓian35.

上　市　买　蒜　头　啊　葱　啊，□也　方　便。

145. 柴米油盐什么的，都有的是。

sai44mai44ɹuɛɹ53im53mɯt2ɗɯi44ɗuŋ44ɹuɛɹ31.

柴　米　油　盐　乜　的　　□都　有。

146. 写字算账什么的，他都能行。

tθiɯ44tθɯi31tu31su55mɯt2ɗɯi44，kɛ31ɗuŋ35tu44ɗak4.

写　字　做　数　乜　的，　佢　□都　做　得。

147. 把那个东西递给我。

ɓui44na44kɔ44mit2ȵiɯ33lɯi53ŋɔ44.

界　那　个　物　掭　来　我。

148. 是他把那个杯子打碎了。

si44kɛ31ɓui35na44kɔ44tsuŋ35ɗa31phɔ44ȵa31.

是　佢　□把　那　个　盅　打　破　呀。

149. 把人家脑袋都打出血了，你还笑！

ɓui35nɔu31ɗɯi44thau53khak4，

□把　□别人的　头　壳，

ɗuŋ35ɗa31ɓau35tsut4hɯt4nɯi44kaŋ35tθiu44ɔ44.

□都　打　包　出　血　你　□还　笑　噢。

150. 快去把书还给他。

khuai44nit35ɓui35sɿ35uan31liu31kɛ31.

快　□点□把　书　还　了　佢。

151. 我真后悔当时没把他留住。

ŋɔ44tsin35mai53ŋɯn35，ɗaŋ44si23mɔ31tshai35 kɛ31khɯi31ɔ31.

我　真　□　□后悔，当　时　莫　□让　佢　居　啊。

152. 你怎么能不把人当人呢？

nɯi44iɔŋ55iɔŋ31nɔ31mɔ44ɓui35nin53tu44nin53hɔn35ni55.

你　样　样　□　莫　□把　人　做　人　看　呢。

153. 有的地方管太阳叫日头。

ɹɔu44ɗɯi44lu31ɓui35nit4thau53ham44thai55iaŋ23.

有　的　路　□把　日　头　喊　太　阳。

154. 什么？她管你叫爸爸！

mɯt4ɗɯi44？kɛ31ɓui35nɯi44ham44ɓɛ35.

么　的？　佢　□把　你　喊　爹。

155. 你拿什么都当真的，我看没必要。

nɯi44tu44mat4ɗuŋ35ȵin55tsin44ɗɯi44，ŋɔ44hɔn44mɔ44ɓi55ȵiau35.

你　做　乜　□都　认　真　的，我　看　莫　必　要。

156. 真拿他没办法，烦死我了。

iu44kɛ31tsin44mɔ55ɓan55fat4，fan ŋɔ44tθɯi44ȵa31.

要 佢 真 莫 办 法， 烦 我 死 啦。

157. 看你现在拿什么还人家。

hɔn35 nɯi44 si31 kim35 ɹəu44 mɯm4 ɗə44 uan53 nɛ31 nu31.

看 你 时 今 有 么 的 还 □ □人家。

158. 他被妈妈说哭了。

kɛ31ɓi35 kuk2 mai31 nau31 huk4 la31.

佢 被 □他的 母 闹 哭 啦。

159. 所有的书信都被火烧了，一点儿剩的都没有。

tθ31ɹəu31ɗɯi44 sɿ35 tθin44 ɗuŋ35 ɓi35 huɯ31 siu44 ɔ44 la31，

所 有 的 书 信 □都 被 火 烧 噢啦，

a44 nit5 ɗuŋ35 mɔ31 ɹəu44 siŋ31.

一 □点□都 莫 有 剩。

160. 被他缠了一下午，什么都没做成。

ɓi35 kɛ31 tshin53 liu44 a44 tθai31 niɔŋ35， mɯm4 ɗə31 ɗuŋ55 mɔ31 sɯŋ53.

被 佢 缠 了 一 □ □下午， 么 的 □都 莫 成。

161. 让人给打懵了，一下子没明白过来。

hɛ44 nuŋ31 ɗa44 muŋ31 mɔŋ31 liu44 la31，

□给 □人 打 懵 忘 了 啦，

ni44 si31 mɔ44 tθiŋ35 ɗɯk4 kuɯ44 lai53.

一 时 莫 醒 得 过 来。

162. 给雨淋了个浑身湿透。

hɛ44 vu44 lim53 ɗau44 a44 sip4 nuŋ53 sip4 pha31 liu44.

□给 雨 淋 到 一 湿 □全 湿 □透 了。

163. 给我一本书，给他三本书。

hɛ44 ŋɔ44 a44ɓun44 sɿ35， hɛ44 kɛ31 tθam34 ɓun31 sɿ35.

□给 我 一 本 书， □给 佢 三 本 书。

164. 这里没有书，书在那里。

ki44 lɯi53 mɯ35 ɹəu31 sɿ35， sɿ35 tshɔi31 na44 lɯi44.

□这里 没 有 书， 书 在 那 里。

165. 叫他快来找我。

tshai35 kɛ31 khuai44 nit5 lɯi53 khim44 ŋɔ44.

□叫 佢 快 □点 来 寻 我。

166. 赶快把他请来。

khuai44nit5tɵiŋ44kɛ31lɯi53.

快 □点 请 佢 来。

167. 我写了条子请病假。

ŋɔ44tɵiɯ44liu44a44phin53tɵiŋ31kha44thiau23, hui44tɵin31tɵiŋ44kia53.

我 写 了 一 片 请 假 条， 去 □ 请 假。

168. 我上街买了份报纸看。

ŋɔ44sɔŋ31kai35hui44mai44a44fɯn55ɓau55tsi31lɯi44hɔn35.

我 上 街 去 买 一 份 报 纸 来 看。

169. 我笑着躲开了他。

ŋɔ44tɵiu4ɔ31thau35sin44hui44.

我 笑 □着 逃 身 去。

170. 我抬起头笑了一下。

ŋɔ44laŋ53thau53khɯi44tɵiu44a44ha31.

我 □抬 头 去 笑 一 下。

171. 我就是坐着不动，看你能把我怎么着。

ŋɔ44ɗɯt4ɗak4mɔ31thuŋ31, hɔn35nɯi44iɔŋ53iɕiŋ31tu44ŋɔ44.

我 □坐 得 莫 动， 看 你 样 样 做 我。

172. 她照顾病人很细心。

kɛ31tsau35ku35phiŋ31nin53tɵiaŋ31taŋ31ɹeu44tɵim35.

佢 照 顾 病 人 相 当 有 心。

173. 他接过苹果就咬了一口。

kɛ31tɵip4pɔ44phiŋ53kuɯ31tɵɯ44ŋa44a44khau44.

佢 接 □了 苹 果 就 咬 一 口。

174. 他的一番话使在场的所有人都流了眼泪。

kɛ31kɔŋ44kɔm44 nit5va31,

佢 讲 咁 □点 话，

tθɿ31tshɔi31tshɑŋ44tɔk4 tɵɔ53ɹeu31ɗɯi44nin53 ɗuŋ35 man53man31lui31.

使 在 场 □着 所 有 的 人 □都 满 满 泪。

175. 我们请他唱了一首歌。

ŋɯn53 tθiŋ31kɛ31tshiɯŋ31liu44a44thiu53kɔ35.
恩我们 请 佢 唱 了 一 条 歌。

176. 我有几个亲戚在外地做工。

ŋɔ44ɹəu44kɯi44kɔ44a44thu31tshɔi31uai35ɗi35tu31kuŋ35.
我 有 几 个阿肚 在 外 地 做 工。

177. 他整天都陪着我说话。

kɛ31a44nit5ɗau44ɔm55ɗuŋ35phei23ɔ31ŋɔ44kɔŋ44va31.
佢 一 日 到 暗 □都 陪 □着我 讲 话。

178. 我骂他是个大笨蛋，他居然不恼火。

ŋɔ44nau31kɛ31a44kɔ44 ɓɯn35mit2，kɛ31ɗuŋ35 mɔ31nau31nu35.
我 闹 佢 一 个 笨 物， 佢 □都 莫 恼 怒。

179. 他把钱一扔，二话不说，转身就走。

kɛ31ɓui44tθin53tshɔi31khɯi55,
他 □把 钱 扔 去,

məu44kaŋ44muɯ53ɗɯi44, nau44min31tθiu31heŋ53liu44.
冇 讲 么 底,扭 面 就 行 了。

180. 我该不该来呢？

ŋɔ44kɯi35məu31kɯi35lɯi53ni55？
我 该 冇 该 来 呢？

181. 你来也行，不来也行。

nɯi44lɯi53 ɹɛ31tu44ɗak4, mɔ31lɯi53ɹɛ31tu44ɗak4.
你 来 也 做 得,莫 来 也 做 得。

182. 要我说，你就不应该来。

ŋan35ŋɔ44kɔŋ44, nɯi44mɔ55iŋ44kɯi44lɯi53.
按 我 讲, 你 莫 应 该 来。

183. 你能不能来？

nɯi44a44lɯi53ɗak4məu35？
你 啊 来 得 冇？

184. 看看吧，现在说不准。

hɔn35hɔn35ɗɔk4, si31kim35mɔ53thiŋ44ɔ31.
看 看 着, 时 今 莫 定 噢。

185. 能来就来，不能来就不来。

lɯi53ɗak5vu31lɯi53, mɔ31lɯi53ɗak46u31mɔ31lɯi53.

来　得　□给　来，　莫　来　得□就莫　来。

186. 你打算不打算去？

nɯi44kak4hui31mɔ31kak4hui35？

你　□想去　莫　□想去？

nɯi44ta44tθun44hui44məu35？

你　打　算　去　冇？

187. 去呀！谁说我不打算去？

hui35a31！sun44 kɔŋ44ŋɔ44mɔ31kak4hui55？

去　啊，□谁　讲　我　莫　□想去？

188. 他一个人敢去吗？

kɛ31a44kɔ44nin53ɔk4ɗam31hui44ma35？

佢　一　个　人　恶　胆　去　吗？

189. 敢！那有什么不敢的？

ɔ31，ɹəu35mɯt4ɗɯi44mɔ31ɗam31？

□敢，有　么　的　莫　胆？

190. 他到底愿不愿意说？

kɛ31ɗau35ɗi31ian44məu31ian44kɔŋ44？

佢　到　底　愿　冇　愿　讲？

191. 谁知道他愿意不愿意说？

sun44sik4kɛ31ian35məu31ian35kɔŋ44.

□想识佢　愿　冇　愿　讲。

192. 愿意说得说，不愿意说也得说。

ian35kɔŋ44tsiu44kɔŋ44, məu31ian35kɔŋ44ɗuŋ35iau44kɔŋ44.

愿　讲　就　讲，冇　愿　讲　□也要　讲。

193. 反正我得让他说，不说不行。

iɔŋ53iɔŋ31ɗəu35iu31kɛ31kɔŋ44, mɔ31kɔŋ44mɔ31tu55ɗak4.

样　样　都　要　佢　讲，莫　讲　莫　做　得。

194. 还有没有饭吃？

iəu44tsuk4hau31məu35？

有　　粥　　好　　冇？

195. 有，刚吃呢。

iəu44, laŋ44laŋ44 hit4 liu55.

有，　□刚　□刚　喫　了。

196. 没有了，谁叫你不早来！

məu35iəu44la31, sun53kiau35nɯi44mɔ31lɯi53tθin44na44nit5.

冇　有　了，□谁　叫　你　莫　来　前　那　□点。

197. 你去过北京吗？我没去过。

nɯi44hui44ɓɯk5kiŋ44kɯ44məu35? ŋɔ44mɔ55hui44kɯ44.

你　去　北　京　过　冇？我　莫　去　过。

198. 我十几年前去过，可没怎么玩，都没印象了。

ŋɔ44sip2liŋ55nin44hui44kɯ44, tshi44si31məu35iəu31mɯt4ɗɯi44 hau44 liɔ35,

我　十　零　年　去　过，只　是　冇　冇　么　的　好　瞭，

mɔ35mɯt4ɗɯi44ɹin53tθiaŋ35.

莫　么　的　印　象。

199. 这件事他知道不知道？

kɔ44kin31sʅ31kɛ31sin44mɔ31sin44ni55?

个　件　事　佢　审　莫　审　呢？

200. 这件事他肯定知道。

kɔ44khin31sʅ31kɛ31thiŋ44thiŋ44sik4.

个　件　事　佢　定　定　识。

201. 据我了解，他好像不知道。

ki35ŋɔ44liau31kai31, kɛ44hau44tθiaŋ35mɔ55sik4.

据　我　了　解，　佢　好　像　　莫　识。

202. 这些字你认得不认得？

kɔ44ni55tθɯi31nɯi44sik4mɔ31sik4?

个　呢　字　你　识　莫　识？

203. 我一个大字也不认得。

ŋua35kɔ44ɓut4ɗuŋ44a44sin35.

我　个　不　懂　一　身。

204. 只有这个字我不认得，其他字都认得。

kua44kɔ44tɵɯi31ŋɔ44mɔ55sik4, khi31tha44ɖɯi44tɵɯi31ŋɔ44sik4.
□只有 个 字 我 莫 识, 其 他 的 字 我 识。

205. 你还记得不记得我了？

nɯi44kɯi44ɖak4ŋɔ44hɔ31məu35？
你 记 得 我 □ 冇？

206. 记得，怎么能不记得！

kɯi35, iəu44mɔ31kɯi44ɖak4！
记， 冇 莫 记 得！

207. 我忘了，一点都不记得了。

ŋɔ44mɔŋ35ni44kə44la31, a44nit5ɖuŋ44 kɯi31məu31tshiɯk2la31.
我 忘 □ 个 啦， 一 □ □都 记 冇 着 啦。

208. 你在前边走，我在后边走。

nɯi44heŋ53kuɯ44tɵin53, ŋɔ44heŋ55va53 hau31.
你 行 过 前，我 行 □在 后。

209. 我告诉他了，你不用再说了。

ŋɔ44va35kɛ31thiŋ35ɔi44lɔ44, nɯi44mɔ31tɵai35kɔŋ44lɔ44.
我 话 佢 听 噢 喽， 你 莫 再 讲 喽。

210. 这个大，那个小，你看哪个好？

kɔ44kɔ44thai31, na44kɔ44tɵai44, nɯi44hɔn35sin45kɔ44hau44？
个 个 大， 那 个 细， 你 看 甚 个 好？

211. 这个比那个好。

a. kɔ44kɔ44hau44kuɯ44na44kɔ44.
个 个 好 过 那 个。

b. kɔ44kɔ44ɓi31na44kɔ44hau44.
个 个 比 那 个 好。

212. 那个没有这个好，差多了。

na44kɔ44mɔ35ɹəu31kɔ44kɔ44hau44, tsha35ɖɔ35la31.
那 个 莫 冇 个 个 好， 差 多 了。

213. 要我说这两个都好。

ŋan35ŋɔ44kɔŋ44kɔ44liaŋ44kɔ44ɖuŋ35 hau44.
按 我 讲 个 两 个 □都 好。

214. 其实这个比那个好多了。

khi31sik5，kɔ44kɔ44ɓi31na44kɔ44hau44ɗɔ35la31.

其 实，个 个 比 那 个 好 多 啦。

215. 今天的天气没有昨天好。

kim35nit4ɗɯi44thian44khi35，mɔ35ɹəu44taŋ44nit4ɗɯi44hau44.

今 日 的 天 气，莫 有 当 日 的 好。

216. 昨天的天气比今天好多了。

taŋ44nit4ɗɯi44thian44khi35ɓi31kim44nit4ɗɯi44hau44ɗɔ35la31.

当 日 的 天 气 比 今 日 的 好 多 啦。

217. 明天的天气肯定比今天好。

miŋ53kiŋ44ɗɯi44thian44khi35khɯn31ɗiŋ35ɓi31kim44nit4ɗɯi44hau44.

明 庚 的 天 气 肯 定 比 今 日 的 好。

218. 那个房子没有这个房子好。

na44kan35uk4mɔ35ɹəu31kɔ44kan35uk4hau44.

那 间 屋 莫 有 个 间 屋 好。

219. 这些房子不如那些房子好。

kɔ44ni55uk4mɔ44ɹəu44na44ni55uk4hau44.

个 呢 屋 莫 有 那 呢 屋 好。

220. 这个有那个大没有？

kɔ44kɔ44ɹəu44na44kɔ44thai31məu35？

个 个 有 那 个 大 冇？

221. 这个跟那个一般大。

kɔ44kɔ44iu55na53kɔ44liu44liu44ɗuŋ55kuŋ31thai31.

个 个 要 那 个 □ □一样 都 共 大。

222. 这个比那个小了一点点儿，不怎么看得出来。

kɔ44kɔ44ɓi31na44kɔ44ɗa31a44nit5nit5，mɔ35mɯt4ɗɯ31hɔn35ɗak4tshɯt4.

个 个 比 那 个 大 一 呢 呢，莫 么 的 看 得 出。

223. 这个大，那个小，两个不一般大。

kɔ44kɔ44thai31，na44kɔ44tθai44，liaŋ44kɔ44mɔ35thuŋ53phɔn31thai31.

个 个 大，那 个 细， 两 个 莫 同 伴 大。

224. 这个跟那个大小一样，分不出来。

kɔ44kɔ44iu55na44kɔ44thai31tθai35thuŋ53phɔn31，fɯn44məu55tshɯt4.

个　个　要　那　个　大　细　同　伴，　　分　冇　出。

225. 这个人比那个人高。

a. kɔ44nin53kau35kuɯ44na44kɔ44nin53.

　个　人　高　过　那　个　人。

b. kɔ44nin53ɓi31na44kɔ44nin53kau35.

　个　人　比　那　个　人　高。

226. 是高一点儿，可是没有那个人胖。

si31kau35a44nit5，si44məu44ɹəu31na44kɔ44nin53fɯi53.

是　高　一　呢，是　冇　有　那　个　人　肥。

227. 他们一般高，我看不出谁高谁矮。

kuk2phiŋ53phiŋ53kau35，

□他们　平　平　　　高，

ŋɔ44mɔ53hɔn44ɗak4tshɯt4sun44　kau35sun44ɗai35.

我　莫　看　得　出　□谁　高　□谁　低。

228. 胖的好还是瘦的好？

fɯi53ɗɯi44hau44a44si31sau44ɗɯi44hau44？

肥　的　好　啊是　瘦　的　好？

229. 瘦的比胖的好。

a. sau44ɗɯi44hau44kuɯ44fɯi53ɗɯi44.

　瘦　的　好　过　肥　的。

b. sau44ɗɯi44ɓi31fɯi53ɗɯi44hau44.

　瘦　的　比　肥　的　　好。

230. 瘦的胖的都不好，不瘦不胖最好。

sau44ɗɯi44fɯi53ɗɯi44ɗuŋ35　mɔ31hau44，

瘦　的　肥　的　□都　莫　好，

mɔ31sau44mɔ31fɯi53tθɯi35hau44.

莫　瘦　莫　肥　最　好。

231. 这个东西没有那个东西好用。

kɔ44mit2mɔ35ɹuɛɹ44na44kɔ44mit2hau44ɹioŋ53.

个　物　莫　有　那　个　物　好　用。

232. 这两种颜色一样吗？

kɔ44liaŋ44tsuŋ44tθɯk4a44iɔŋ31mi53?

个　两　种　色　一　样　咪?

233. 不一样，一种色淡，一种色浓。

mɔ35a44iɔŋ31, a44tsuŋ31tθɯk4phɔ44, a44tsuŋ31tθɯk4sim35.

莫　一样，一　种　色 □浅, 一　种　色　深。

234. 这种颜色比那种颜色淡多了，你都看不出来？

kɔ44tθuŋ31tθɯk46i31na44uŋ31tθɯk4phɔ44 ɗɔ35ma31,

这　种　色　比　那　种　色 □淡 多 嘛,

nɯi44ɗuŋ35 hɔn35mɔ31tshɯt4?

你 □都　看　莫　出?

235. 你看看现在，现在的日子比过去强多了。

nɯi44hɔn44hɔn35si31kim35,

你　看　看　时　今,

si31kim35ɗɯi44tθɯŋ44hɔt56i31nuŋ53si53hau44ɗɔ35la31.

时　今　的　生　活　比　曩　时　好　多　啦。

236. 以后的日子比现在更好。

ɹi31həu35ɗɯi44suŋ44hɔt4, 6i44si31kim35kɯŋ44hau44.

以　后　的　生　活, 比　时　今　更　好。

237. 好好干吧，这日子一天比一天好。

hau44hau44tu44a44, kɔ44tθuŋ35hɔt4a44nit4ɗiam31nit4hau44.

好　好　做　啊, 个　生　活 一 日　甜　日　好。

238. 这些年的生活一年比一年好，越来越好。

kɔ44kɯi44nin55lɯi53ɗɯi44suŋ44hɔt5,

个　几　年　来　的　生　活,

a44nin536ɯi44a44nin53hau44.

一　年　比　一　年　好。

a44lu31lɯi33a44lu31hau44.

一　路　来　一　路　好。

239. 咱兄弟俩比一比谁跑得快。

ŋɯn44 liaŋ31suk46ɛk46ɯi44a446ɯi44,

恩我们 两 叔 伯 比 一 比,
hɔn35sun44 ɗit4ɗak4khuai44.
看　□谁 □跑得　快。

240. 我比不上你，你跑得比我快。
ŋɔ44ɓɯi44mɔ55sɔŋ31nɯi44, nɯi44ɗit4ɗak4ɓɯi44ŋɔ44khuai55.
我　比　莫　上　你,　　你 □跑得　比　我　　快。

241. 他跑得比我还快，一个比一个跑得快。
kɛ31ɗit4ɗak4ɓɯi44ŋɔ44kɯŋ35khuai44ɔ31.
佢 □跑得 比　我　更　　快　　噢。
a44kɔ44ɓɯi44a44kɔ44ɗit4ɗak4khuai55.
一 个　比　一　个　□跑得　快。

242. 他比我吃得多，干得也多。
kɛ31ɓɯi44ŋɔ44hit4ɗɔ35, tu44ɗuŋ53ɗɔ35.
佢 比　我　喫　多,　做　□也 多。

243. 他干起活来，比谁都快。
kɛ31tu31khɯi44kuŋ35, ɓɯi44sun44 ɗuŋ55khuai44.
佢 做 起　　工,　比　□谁 □都　快。

244. 说了一遍，又说一遍，不知说了多少遍。
kɔŋ44a44tθɯn53liu44, ɹəu44a44tθɯn53,
讲　一　□次 了,　又　一□次,
mɔ44sik4kɔŋ44liu44kɯi44ɗɔ35tθɯn53.
莫 识 讲 了 几 多 □次。

245. 我嘴笨，可是怎么也说不过他。
ŋɔ44kɔ44khau31tsin35khiau31,
我 个 口 真 □笨,
iɔŋ53iɔŋ31kɔŋ44ɗuŋ55kɔŋ44ɓu44kɯɯ44kɛ31.
样　样　讲　□都 讲　不　过　佢。

246. 他走得越来越快，我都跟不上了。
kɛ31heŋ53a44lu31lɯi53a44lu31khuai44, ŋɔ44mɔ35ut4ɗau55khi31.
佢　行　一　路　来　一　路　快,　　我　莫 □赶 到　起。

247. 越走越快，越说越快。

a44lu31heŋ44a44lu31khuai55, a44lu31kɔŋ44a44lu31khuai55.
一 路 行 一 路 快， 一 路 讲 一 路 快。

248. 慢慢说，一句一句地说。

man31man31kɔŋ44, a44ku31a44ku31kɔŋ44.
慢 慢 讲， 一 句 一 句 讲。

第八章

付马话话语材料

本章涉及谚语、歌谣、曲艺、故事等话语材料,俗语的概况在导论里已经有所介绍,本章不再介绍。付马话并没有发展出曲艺类的口传文化形式,因此,本章只列举歌谣和故事,分两节来记录。

第一节 歌谣

付马话的歌谣在老人中一般还有传唱,发音人蒙叔也会唱一些,下面的这些歌谣他们都能随口唱下来。

这里选的歌谣都是付马村小学的退休教师吉呈明老师吟唱的,从 2016 年到 2019 年,先后记录了近十首歌谣,他在每一首歌谣的开始,都有两句提示性的开场白,具体如下:

我现在唱付马歌。
ŋɔ44 kim35 tshiɯŋ31 fu35 ma44 kɔ35.
我　今　唱　付　马　歌。

一　四句歌
四句歌是一个由四句组成的短歌,这里选两首。
1. 天上星
天上的星星有亮也有暗,
thin35 sɔŋ31 ŋa31 ɗɯi44 tθiŋ44 iəu44 kuɔŋ44 a44 muŋ31,
天　上　阿　底　星　有　光　阿　朦,
世间的人啊有穷也有富;

si31kan35ɗɯi44nin53a44iəu44khuŋ53a44 iəu44fu31；
世　间　的　人　啊有　穷　阿　有　富；
树头啊都有分高低，
səu31thau3a44ɗuŋ44iəu44fɯn44kau35ɗɯi44，
树　头　啊　□都有分　　高　低，
孤单的我呀无家可归。
ku44ɗan44ɗɯi44ŋɯn31nəu3144mau31ka35tsu31.
孤　单　底　恩　□还　冇　家　住。
说明：这是一首诉说式的歌，讲了一个无家可归的孤儿的悲叹。
2. 道光啊老
道光年间的老人讲：
ɗau31kuɔŋ44a31lau31，ɗau31kuɔŋ44a31lau31：
道　光　啊　老，　道　光　啊　老：
正月里下雨一年都会好，
tsiɯ31ŋɯt4ɗɯi44lɔ31vu44nin53ɗuŋ31a31hau44，
正　月　的　落　雨　年　□都啊　好，
蟋蟀啊不钻蟹也不造，
lau31kau31a44mau31tsui44a31hai31mau31a31tθau35，
□□蟋蟀啊　冇　钻　　啊蟹　冇　耶　造，
大水漫过稻田禾苗都好。
thap4sui44ɹɤ31viet23viet23vɔ53hau44hau44.
踏　水　呀　□□漫过　禾　好　好。

二　六句歌

六句歌是一个由六个短句组成的短歌，这里选两首。

1. 兄弟情谊
老大老二老三和老四，
ki31luŋ44a44ki31ŋɯi31ki31tθam35a44tθɯi31，
己隆　啊　己二　　己三　　啊　四，
你们什么事情到这里，
nɯn53ɯn44ni44mak4sɿ31ɗau35ki44a44lɯi44，

恁　　　呢　乜时　到　个　啊里,
你们有什么事情要讲给我听,
nɯn53ɯn44na44mak4sɿ31kɔŋ44ŋɛ44ɹɛ31thiŋ35,
恁　　啊　乜事　　讲　我　呀　听,
让我慢慢搬椅子给你,
lau31ŋɯn44nɛ44man44man44nəu31lau31ua35ɯi44,
□让我　啊　慢慢　　□才□让　挪　椅,
请你们慢慢来坐下,
tθiŋ44nɯn44na44man44man31man44nɛ44ɗɯt4ɗi35lɔ31,
请　你们　呐　慢慢　　啊　坐　　落,
用情陪伴到永远。
iu55tθiŋ23ɗai31phɔn31phui35thuŋ44ŋa44mɯi44.
要　情　待　伴　　配　通　啊尾。

2. 惜友

慢慢就来合一起,
tθai31tθai31ɹa44ɓu44lɯi53kap26iɯ44tθa35tshiɯ31,
细细　　啊　□就来　合　一伙,
就连衣服都一起穿,
sam35ɗuŋ44ŋɛ31iu44lɯi53kuŋ31phɔn31na31tsiɯk2,
衫　□都 哎　　要　来　共　伴　呐　着,
现在要与伙伴分手,
si23kim35ma44ɗaŋ44tshaŋ44fɯn35nɛ44ɹi31phɔn31,
时今　　啊 当　　常　分　哎　与　伴,
走五步啊歇十步,
u44phu31a31ɗan44khɯi44sip2phu31a31hiɯt4,
五　步　啊　单　开　　十　步　啊　歇,
迈开五步啊又徘徊十步,
u44phu31a31ɗan44khɯi44sip2phu31a31niak4,
五　步　啊　单　开　　十　步　啊　□碎步,
徘徊了多久已经不记得。
niak4ɗau31a31mak2sɿ53hau31muŋ44a44ki31dak4.

□碎步走到啊 乜 时候　□不能啊 记得。

三　情歌

情歌是每个方言的歌谣中都会有的，这里选一首付马话的情歌，主要是表达对忠贞爱情的向往。

十二条心挂着你

hit4liu44a44vun55hun35ɗau35ki44ia44lai53,

喫　了　啊　晚　昏　到　这　里　来，

sip4ŋɔi31ia44thiu53sim35kua31tshiɔk2a44nɯi44.

十　二　呀条　心　挂着　啊你。

san35tshəu31a44sui44tshəu31tθiŋ53tsiu31a44tshəu31,

山　在　啊　水　在　情　还　啊　在，

san35sui44ie44məu35thun31tθiŋ53məu35a44vɯn53,

山　水　呰　不　断　情　不　啊完，

san35sui44ia44məu35thun31tθiŋ53məu35ia44hi35。

山　水　呀　不　断　情　不　呀虚。

ɹioŋ31ŋɔ44ni44liaŋ53miŋ53fu31tshəu31ŋɔ44sim35,

用　我　咿　两　名　写　在　我　心，

ioŋ31ŋɔ44na31liaŋ44miŋ53fu31kɔ44ɓa44thoŋ53,

用　我　呐　两　名　写　个　合　同，

ɗaŋ35thin35ni44kaŋ44kuɯ31məu31fan44ne31ku44。

当　天　讲　过　不　会　呐　改。

nɯi44ɹu53ia55huaŋ55nɔ55nɯi44tθɯi44nun31,

你　如　呀　谎　我　你　死　恁，

nɯi44ni44ɹi53man31ŋ55nɯi44məu35a44tθoŋ35.

你　呢　如　忘　我　你　不　啊　忠。

四　反映社会生态的歌谣

在过去，每个社会聚落都会有较为明显的社会分层和两极分化的情况，会有一些处于社会、社区底层的受苦受难的人，其中孤儿是一个较为普遍的存在，这里举一首描写孤儿心声的歌谣。

悲苦孤儿的倾诉

到了过年啦衣服都烂了，
niŋ53 ɗau31 a31 lu31 tsiɯk2 sam35 li44 lan31 liu31,
年　到　阿　□　着　衫　□　烂　了，
不知道衣服烂了怎么办。
m31 tsi44 sam35 ɹia44 lan31 liu31 a44 ɹiɔŋ44 a31 tθɔ31.
唔　知　衫　呀　烂了　阿样　阿　做。
从小就没有爹也没有娘，
tθai31 tθai31 a44 mau31 ɗɛ35 a31 ɹueɹ1 mau31 ɯi44,
细　细　啊　冇　爹　□也　冇　娓，
风来吹呀雨来淋，
fɯŋ35 ɹəu31 lɯi53 tshui44 a31 vu44 lɯi53 a44 lim53,
风　又　来　吹　啊　雨　来　啊　淋，
慢慢想来我这身子板，
man31 man31 na44 kak4 lɯi53 ŋɯn44 it4 ɹia44 sin44,
慢　慢　呐　□想来　恩　一　啊身，
有爹生来啊没娘养，
ɹəu44 ɗɛ35 a31 sɯŋ35 lɯi53 a31 mau31 ɯi31 ɹiɔŋ44,
有　爹　啊生　来　啊冇　娓　养，
与别人同年又同辈，
iu44 nəu31 thuŋ53 niŋ53 nɛ31 iu31 thuŋ53 a44 ɓan31,
要　□别人　同年　呐　又　同　啊　伴，
为什么命和别人不同？
miŋ31 ɹiɔ44 ɹia31 ɹiɔŋ31 nəu31 m31 thuŋ53 a31 nin53?
命　吤　呀　样　□就　唔　同　啊　人？
我的命为什么这么苦？
miŋ31 ŋɛ4431 ɹiɔŋ31 nəu31 a44 sɯŋ44 kɔ31 a44 tshəu44?
命　哎　样　□就　　生　个　啊　丑？
小小年纪爹娘就分手了。
tθai31 tθai31 ɹia44 ɗɛ35 ɯi31 ɓu44 fɯŋ35 na31 səu44.
细　细　吤　爹　娓　□就分　呐　手。

亲娘啊快来帮帮我吧！
ɯi31ȵiɔ44ai44ȵia31li44nam44nɯi44iu44a31nɯi44！
娭 吆 哎 □来□牵男尾 要 啊 你！
不要让我再受世间的欺负。
m35tshəu44si35kan44na31tshəu44thiu31a31khɯi31.
唔 □受 世 间 那 抽 条 啊 气。
一夜到天明也不能歇，
a44ȵiɯ35ȵia44ɗau31kuɔŋ35nan53tshəu31a31hit4，
阿 夜 呀 到 光 难 □让啊 歇，
亲娘啊你是听到还是没有听到？
ɯi31ȵiɔ44ɯi31nɯi44thiŋ44a44ȵi44si31məu31？
娭 呀 娭 你 听 啊 □还是 冇？

第二节 故事

根据语言保护项目的要求，故事应包括规定的《牛郎织女》，另有自选的短篇故事若干，这样本章就涵盖了《中国语言资源调查手册·汉语方言》第二编·调查表·伍"话语"，"口头文化"的内容。(参见该书第177—188页)

1. 牛郎和织女

从前有个小伙子从小没有爹娘，
tθoŋ35tθin53ȵiəu31kɔ44tθiau35huɯ44ɓan35
从 前 有 个 小 伙 伴
tθai44sai44sʅ53hau31tsiu31məu35ɗɛ35ɯi31，
在 细 时 候 就 冇 爹 娭，

小伙子叫牛郎，家里有头老牛。
tθau35huɯ44ɓan35tsiu31si35niu35laŋ44，
小 伙 伴 就 是 牛 郎，
kɛ31lau35uk4thau53iəu44kɔ44lau31nau35。
佢 老 屋 头 有 个 老 牛。

小伙子和牛郎相依为命，

kɔ44tθiau35huɯ44ɓan35kɔ31niu35laŋ44
个　小　伙　伴，　个　牛　郎
tsiu53a44iəu31kɔ44lau31niu35tθiaŋ35i44ui35min35，
就　啊　有　个　老　牛　相　依　为　命。
老牛相帮牛郎成一个家。
kɔ44lau31nau44tθiaŋ44ɓaŋ44kɔ44niu35laŋ44tshiŋ35kia44。
个　老　牛　想　帮　个　牛　郎　成家。
一日，个老牛托个梦给个小伙伴讲，
ia44nit2，kɔ44lau31niu35
一天，个　老　牛
thɔ44kɔ31moŋ31kɯ31kɔ31tθiau35huɯ44ɓan35kaŋ44，
托　个　梦　给　个　小　伙　伴　讲，
仙女要到湖里洗澡。
tθin44ni35iau35ɗau35hu35li35si35tsau35.
仙　女　要　到　湖　里洗澡。
让牛郎找个机会拿一件衣服回家，
ɗui31kɛ31kaŋ44kɛ31tθim53kɔ44ki44hui35thau35a44thiu44sam35hui35，
对　佢　讲　佢　寻　个　机　会　讨　一　条　衫　去，
拿一件衣服回家，织女就会上门追究责任。
thau35a44thiu53sam35kui44，
讨　一　条　衫　归，
kuɯ44hau31kɛ31tsiu31ɗiŋ44mɯn35tsui44tsiu44tse31ɹin35.
过　后　佢　就　登　门　追　究　责　任。
牛郎可以趁这个机会和织女成家，
niu35laŋ44tsiu31seŋ35tse44kɔ44ki44hui31tsiu53tsheŋ35lɔ31kɔ44kia44，
牛　郎　就　趁　这　个　机　会　就　成　了　个　家，
三年以后，
tθam35nin53i31hau31，
三　年　以　后
他们生了两个小孩，一男一女。
kuk2seŋ35lɔ31liaŋ44kɔ44nam44mɯi44，a44kɔ44ni53，a44kɔ44nɯi44。

□他们生了两个男尾，一个儿，一个女。
玉皇大帝知道后就把织女收回天上，
hou31lai35ȵi31huaŋ35ɗa31ɗi44sik4lɔ31，
后来玉皇大帝识了，
tsiu31ɓui44kɔ31tθin44ni35siu35ɗau35khoŋ44tsoŋ44，
就畀个仙女收到空中，
小孩哭着找妈妈。
na31mɯi44kɔ31kɔ31nam44mɯi44tsau35kuk4kɔ31ɯi31。
男尾，个个男尾找□他们的个娭。
最后老牛折下头上的角变成了两个篮子，
tθɛi31hau31lau35niu35tsiu31kaŋ44au31lɔ31liaŋ35kɔ31kɔk4ɓian44tshiŋ44liaŋ35kɔ44lam53，
最后老牛就拗了两个角变成两个篮，
背着两个小孩飞到天上。
ɓui44kɔ44liaŋ35kɔ44nam44mɯi44faŋ44ȵi31lam35nɯi31，fɯi35ɗau35khoŋ44tsoŋ44。
背个两个男尾放入篮内，飞到空中。
皇母娘娘知道后非常生气，
huaŋ35mu35niaŋ35niaŋ35sik4lɔ31fei44tshaŋ53tθeŋ35khi35，
皇母娘娘识了非常生气，
用头上的钗划出一条银河将牛郎织女分开。
tsiu31kɛ31thau53sɔŋ31ɗi31kɔk4hua31lɔ31in35tshut4a44thiu53tθin44，
就□（用）头上的角划了引出一条阿条线，
a44thiu53nin35hɔ53tθin44ɓui44niu35laŋ44tsi44ni31fɯn44khɯi44。
一条银河线畀牛郎织女分开。
但是喜鹊非常同情他们，
ɗan31si35ki31uat4fei44tshaŋ35thoŋ44tθiŋ35kuk2，
但是□□(喜鹊)非常同情□他们，
帮他们搭了一座桥。
iu35ɓaŋ35kuk2iu31kuk2ɗap4tsheŋ44a44thiu53khiau35。

又　帮　□_{他们}要　□_{他们}搭　成　一　条　　桥。
每年七月初七，牛郎织女趁这个机会，
mɯi31nin53tθit4ŋɯt4tshɔ44tθit4niu35laŋ44tsi44ni35seŋ35kɔ44ki44hui35
每　年　七　月　初　七　牛　郎　织　女　趁　个　机会
过桥来相会。
kuɯ44khiau35kuɯ44hɔ53，iu35niu35laŋ44tsi44ni35ɗat2ɗau31thuan-44ɹin23ɗi31ki44hui31。
过　桥　过　河，要　牛　郎　织　女　达到　团　圆　的　机会。

（讲述者：吉呈明）

2. 风俗习惯的故事

下面是蒙叔用付马话讲的付马村风俗的一些情况。

按照传统习惯来讲，
ŋan35tsau35tshuan35thoŋ44tθit4kuan44lai35kaŋ44，
按　照　传　统　习　惯　来　讲，

我们村一年有八个节。
ŋɯn35tθun35lai35kaŋ44it4nin53si35ɓat4tθit4。
□_{我们}村　　来讲　一　年　是　八　节。

最有特色的两个节，
in44vɛi35tθɛi35iu44thɯk2tθɯk4ɗi44liaŋ44kɔ44tθit4，
因　为　最　有　特　色　底　两　个　节，

第一个节就是元宵节。
thai31it2kɔ44tθit4tsiu31si31ɹin53tθiau44tθit4。
第　一　个　节　就　是　元宵节。

元宵节主要是同宗兄弟聚在一起
ɹin53tθiau44tθit4ni31tsɿ31iau35tsiu31si35ɗi53tsoŋ44hoŋ44ɗi35tθi31-tθai35it4khi35lai35
元　宵　节　呢　主　要　就　是　嫡宗　兄　弟　聚　在　一起来

一起喝酒拜神，敲锣打鼓地游村。
it4phɔŋ35hit4tθueɯi44vup2ʑɛ35，
一　伴　　喫　酒　□_{拜}爹，
ɗa44lɔ44ɗa44ku44hui35iu35tθun35。

打 锣 打 鼓 去 游 村。
抬着神一起去庙里汇合。
ɛ44，hui35iu44tθun35lɯi31ɗi44miau35，
呃， 去 要 村 里 底 庙，
ɛ44，kɔ44kɔ44ɗɛ35hui31hɔ53。
呃， 个 个 爹 汇 和。
这个讲起来就是，
kɔ44tsiu31si35kuan44ɹi53lai35kaŋ44tsiu31si35，
个 就 是 关 于 来 讲 就 是，
这时，男女老少也会参加。
iu31tθi44tθun44tsiu31si35fɯn35məu44niɯn53、tshuɯ35niɯn53、
要 时 村 就 是 分 某 人男孩子， □ 人女孩子
大大小小、老老少少（都）参加。
thai35thai31tθai44tθai44、lau44lau31nɯn31nɯn31tθan44tθia44。
大 大 小 小、老 老 嫩 嫩 参 加。
但正式的是男的参加，
si53iu44ŋan44tθiŋ44si35lai35kaŋ44
是 要 按 正 式 来 讲
tsiu31si35nam44niɯn53lɯi23tθan44kia35，
就 是 男 人 来 参 加
这是第一个节。
kɔ44si35thai31it2kɔ44tθit4。
个 是 第 一 个 节。
第二个节呢就是主要是清明节，
thai31ŋɔi31kɔ44tθit4ni44tsiu31si35tsi31iu35si35tθiŋ35miŋ53tθit4，
第 二 个 节 呢 就 是 主 要 是 清明节，
清明节是扫墓为主，扫墓也叫铲坟。
tθiŋ35miŋ35tθit4si35tθau35mu31vɛi53tsi31，
清 明 节 是 扫 墓 为 主，
tθau35mu31tsiu31kaŋ44tshan35fun53。
扫 墓 就 讲 铲 坟。

上坟就是上自家的坟,
tshan35fɯn53tsiu31si35tshan35tθu31ka35ɗi44fɯn53,
铲　坟　　就　是　铲　　自家　　底　坟,
有小族坟,大族坟,有宗族祖坟,
iu35tθiau35tθu23fɯn53, ɗa31tθu35fɯn53, iu35si35tθu35fɯn53,
有　小　族　坟,　　大族　坟,　有　氏　祖　　坟,
那么上坟呢,就是小组个人都参加。
na31mə44tshan35fun53ni44,
那　么　铲　　坟　呢,
tsiu31si35tθiau35tθu35kɔ44nɯn53duŋ35iu35。
就　是　小　　组　个　人　　□都　要。

叔伯不论大小都要回村,
lau31suk46ɛk4, tθɯ35suk46ɛk4tθɯi44, suk46ɛk4duŋ35lai35iu35 lai35kuɯ44tθun35,
老　叔　伯,细　叔　伯　仔,　叔　伯　□都　来　要　来　过　村,
同姓的都要参加。
thuŋ53kɔ44tθiŋ44tθau31lai35duŋ35lai35tθan35kia44。
同　个　姓　　□　来　□都　来　参　加。
对个人就不用太费功夫,
ɗui44kɔ44nɯn53tsui31məu35lɔ31koŋ44mɔ31ɗui35ha35,
对　个　人　　□就　冇　落　工　莫　对　下,
专门纪念老一辈,或者是上一辈的人。
tsuan44mɯn35ki35niam31lau35it46ɛ35,
专　门　纪　念　老　一　辈,
ɛ44, kɔ44si35sɔŋ356ɛ35ɗi44niɯn53lɔ31。
呃,　个　是　上　辈　底　人　咯。
这两个节比较有特色。
ɛ44, na44mə31kɔ44liaŋ44tθit46i31kiau35iu35thɯk4tθɯk2。
呃,　那　么　个　两　节　比较　　有　特　色。

(2016年9月30日于付马,发音人:蒙业明)

3. 北风跟太阳

ɓak4fuŋ35iu44nit4thau53
北风　　要　日头

有一回,

jəu44a44tɵɯn53,

有　一　阵,

北风跟太阳在那儿争论

ɓak4fuŋ35 iu44nit4thau53tshɔi44na44lɯi44au44phɔn31
北　风　要　日头　在　那里　　拗伴

谁的本事大。

sun53ɗɯi44ɓɯn44sɿ44thai31
□谁的　　本　事　大。

争来争去就是分不出高低来。

au44lɯi53au44hui55tsiu44fɯn35mɔ31tshɯt4kau44ɗɯi44lɯi53.
拗　来　拗　去　就　分　莫　出　高　低　来。

这时候路上来了个走道儿的,

kɔ31sɿ53hau44lu31sɔŋ31jəu44kɔ44kuɯ44lu44nin53lɯi53lə,
个　时　候　路　上　有　个　过　路　人　来　了,

他身上穿着件厚大衣。

kɛ31sin35sɔŋ31tshiɯk2a44thiu53hau31thai31san35.
佢　身　上　着　　一　条　厚　大　衫。

他们俩就说好了,

kuk2liaŋ44kɔ44tsiu53kɔŋ44hau31la31,
个　两　个　就　讲　好　啦,

谁能先叫这个走道儿的脱下他的厚大衣,

sun53kuɯ31tɵin53ham44kɔ44kuɯ44lu31nin53
□谁　过　前　喊　个　过　　路　人

kai44lɔ31thai31hau31sam35,
解　喽　大　厚　衫,

就算谁的本事大。

sun53tɵun44ɓɯn44sɿ31thai31.

□谁 算 本事 大。
北风就使劲儿地刮起来了，
ɓak4fuŋ35tsiu31a44lu31lɯi53a44lu31thai31,
北风　　就 阿路 来 一 路 大，
不过它越是刮得厉害，
mɔ44kuɯ44hai31kuət4li44hai35,
莫 过　□越 刮 厉 害，
那个走道儿的把大衣裹得越紧。
sin44kɔ44kuɯ44lu31nin53ɓui44sam35ɓau35ɗɯi44keŋ55kin44.
身 个 过 路 人 界 衫 包　　得 更 紧。
后来北风没法儿了，只好就算了。
hau44lɯi53ɓak4fuŋ44mɔ55fat4la44tsi44hau44liu44la31.
后　来 北 风 莫 法 啦 只 好　了 了。
过了一会儿，太阳出来了。
kuɯ44liu44a44tθun53nit4thau53tshɯt4lɯi53la44
过 了 一 阵 日 头 出 来　 啦。
它火辣辣地一晒，
kɛ31tsiu31tshau31thai31siu44,
佢 就 照　 大　 烧，
那个走道儿的
na44kɔ44kuɯ44lu31nin53
马上就把那件厚大衣脱下来了。
ma31sɔŋ35tsiu44ɓui55na44thiu53thai31hau44sam35kai44tshɯt4lɯi53.
马 上 就 把 那 条 大 厚 衫 解 出 来。
这下儿北风只好承认，
kɔ31sŋ53hau31ɓak4fuŋ44tsi31hau31tshiŋ31ɹin35,
个 时 候 北 风 只 好 承 认
它们俩当中还是太阳的本事大。
kuk2liaŋ31ɗaŋ44tsuŋ44huan31si35nit4thau53ɓɯn44sŋ55thai31.
□他们两 当 中 还 是 日 头　 本 事 大。

4. 当地近些年来的发展建设情况

付马村位于四更镇东南部，全村共有三百余户，两千余口人，地处水利工程的下游。由于长期农田缺水灌溉，农作物因受旱而导致常年半收甚至颗粒无收，此处还存在着群众饮水困难。照明用电因电压过低而远远不足所需，村内道路高低起伏，凹凸不平。车辆进不去，人行也十分费劲。因此不少老百姓不得不外出打工挣钱来养家糊口。2013年付马村的种种困难，得到了市委市政府的高度重视，市委书记吉明江，市组织部部长何光英，分别作了调研，对村总体改造建设方案作了全面具体的安排，全盘工作分为两个阶段八个建设项目，四年时间完成第一阶段，从2013至2015年，由市委指派四更镇党委村书记欧理利任住村书记负责，第一，重点抓农田水利改造工程，第二，架设高压电线，第三，解决群众饮水，第四，开通邻村公路，第五，新建诊所。第二阶段，从2015至2016年，由市商务局指派得力干部，符执辉同志任住村书记负责，主要负责：第一，铺设水泥村道，第二，改造两委办公用地，第三，架设路灯。

在上级党委和政府的大力扶持下，在住村书记和村两委干部的共同努力下，各项建设改造项目如期完成。一条崭新的硬化水渠贯穿整个付马村的田园。自来水拉进各家各户，办公用两幢大楼建成，内设灯光球场，舞台，健身器材，还种植了景观树、铺设彩砖。进出村内十分方便，路灯分布全村并达至六公里付马路口。现在生产用水丰富，群众饮水不愁，照明用电充足；群众看病有诊所，青年打球有球场，群众跳舞有舞台。健身活动有器械，如今的付马村已被东方市列入市级美丽村庄。

上面是故事的梗概，下面是蒙叔用付马话叙述的记录。

现在讲一下我们村的变化

si31kim35, kɔŋ44a44kɔŋ44ŋɯn55tθun35ɗɛi44ɓian55hua35
时　今，　讲一讲　　恩　　村　的　变　化。

我们村位于四更镇的东边，

ŋɯn44ɗi55nɛi31tθun35, sʅ31vɛi44ɹi31sʅ55kɯŋ44tsin35ɗɔŋ31ɓu35,
恩　呢　那村，　是　位　于　四　更　镇　东　部，全村人口有 2000 多人。
tɕian31tθɯn55ɹin31khəu31, ŋɯi31phiŋ44tshin31nin53。
全　　村　　人　　口，　　　两　平　千　人。

一直以来，我们村都属于灌溉的下游地区。
li55lai23,
历　来，
ŋɯn44tθun35sʅ55sok5ɹi23kɔ44tsim31kuan55khi44ɖɛi44hia55ɹəu23,
恩　村　是　属　于　个　□　灌　区　的　下　游，

用水成了大问题。
ɹoŋ55sui44sʅ55tɕiaŋ35taŋ44khu44nau44。
用　水　是　相　当　苦　恼。

由于农业生产
ɹəu23ɹi31tu44lɛ55tθɯ44tshan31
由　于　□□农业　生　产

没有水来满足灌溉的需要，
məu55ɹəu31sui31muan31tθok5kuan35kai35
冇　有　水　满　足　灌　溉。

所以，好多村民只能去其他地方谋生。
tθɔ31ɹi31,
所　以，
hɔ44ɖɔ35tθɯn44min23ɖoŋ55tshɯt5khi23tha44ɖi55faŋ44məu31sɯŋ44
好　多　村　民　都　出　其　他　地　方　谋　生。

到了 2001 年，
ɖau55liu44ɯ55liŋ31liŋ31ɹit5nian23,
到　了　二　零　零　一　年，

镇党委派了一位副书记来,
tsin55vɛi31pai31liu44a44kɔ44fu55sʅ44ki35lɯi31,
镇　委　派　了　一　个　副　书　记　来,

兼任我们村的书记。
kiam35ɹin35ŋɯn44tθɯn35ɖɛi31sʅ44ki35。
兼　任　恩　村　　的　书　记。

(这个书记) 上任以后,
kiam44ɹin55ɹi31həu35,
兼　任　　以　后,

新年又增加了一项地土改造的工程,
tθin35nin31ɹəu55thai31ɹi44fɯn55ɖɔ44liu55a35haŋ35
新　年　又大　一份　多了一项
ɖɛi35thɯi31ɖɛiɜ44ɛ44kai31tθau35
地　土　的　呃改造,

是农田水利改造的工程。
si31noŋ53thian23sui32ɹi35kai31tθau35koŋ44tshiŋ44。
是农　田　水　利　改　造　工　程。

做了农田水利改造工程以后,
tθɔ55liu44noŋ53thian23sui32ɹi35kai31tθau35koŋ44tshiŋ44ɹi31həu,
做　了农　田　水　利　改　造　工　程　以　后,

水源已丰富,满足农田灌溉的基本用水
sui32ɹian23ɹi31fɯŋ44fu35,
水　源　已丰　富,
man31tθok56ɛk4tθiŋ55ɖɛi44tsi44ɯn31ɹioŋ31sui44,

满　足　百姓庄稼　的　基　本　用　水。

大致来说，
thai31ŋɯi53lai53kɔŋ44,
大　□　来　讲，

我们英大村人的电，长期以来都不够用，
eŋ44ɗa31tθɯn35nɯn53ʤei44ɗian35,
英　大　村　□我的　电，
tshaŋ31khi31lɯi53məu55kəu31lioŋ31
长　期　来　冇　够　用，

最后还是通过南方电网，
tθɛi55həu35, huan31sʅ31thoŋ44kuɯ55nan31fɔŋ44ɗian55vɔŋ31,
最　后，还　是　通　过　南　方　电　网，

重新架设了一条高压线，
tsoŋ31tθin44kia44sɛ55liu44a44thiu53kau44ɻia44tθian35,
从　新　架　设　了　一　条　高　压　线，

（现在）我们村已经拥有2个变压器。
ŋɯn44tθɯn35ɻi31kiŋ44ɻoɻ44ɻuei44ɻiaŋ31kɔ44ɓian55ɻai44khi35。
恩　村　已　经　拥　有　两　个　变　压　器。

第三来说，（就）是通村公路。
thai31tθam35lɯi53kɔŋ, sʅ31, thoŋ44tθɯn44koŋ44lu35。
第　三　来　讲，是，通　村　公　路。

我们村在镇党委的领导下，
na44mə44ŋɯn55tθɯn35lɯi53kɔŋ44, tθai55tsin55ɗaŋ31vɛi31ɗɛi44
liŋ31ɗau31hia35,

那么恩村来讲，在镇党委的领导下，

在 2012 年建了一条联村公路，
ɹi31ɯ55liŋ31ɹiau55ɯ55nian23kian55liu44a31thiu53lian31tθɯn44
于 二 零 幺 二 年 建 了 一 条 联 村
koŋ44lu35
公 路，

到了 2013 年，
ɗau55liu44ɯ55liŋ23ɹiau44tθam44nian23,
到 了 二 零 幺 三 年，

家家户户又吃上了自来水。
ɹəu55ka55ka55hu55hu35hit4liu31tθɻ44lɯi31sui31。
又 家 家 户 户 喫 了 自 来 水。

所以，那个书记，
tθɯɯ31ɹi31, kua44kɔ44tθai35si44ki35lɯi44koŋ44,
所 以， 那 个 在 书 记 来 讲，

为我们村做了相当多的工作，
vɛi55ŋɯn55tθɯn35tθɔ31liu44tθiaŋ44ɗaŋ44ɗɔ44ɗɛi44koŋ44tsuɯ55,
为 恩 村 做 了 相 当 多 的 工 作，

但是美中不足，
ɗan35si31, mɛi31tsoŋ44ɓut5tθok5,
但 是， 美 中 不 足，

村里的村道仍然没有人管，
tθɯn35thau53ɗɛi44tθɯn44ɗau35ɹiŋ31ɹiɑn31muən44nɯn53kuan31,
村 头 的 村 道 仍 然 冇 有 人 管，

没有人过问。
məu44ɹueɹ31nɯn53kuɯ55vɯn35
冇　有　人　　过　　问。

（村里）把情况反映上去，
ɓui44tθiŋ31khuaŋ35fan31ɹiŋ35saŋ31hui55，
把　　情　况　　反　　映　　上　去，

市政府市委都对我们村的（情况）高度重视，
si55tsiŋ35fu31si55vɛi31ɗəu44ɗui55
市　政　府　市　委　都　对
ŋɯn44tθɯn35ɗɛi44kau44ɗu35tsoŋ55si35，
恩　村　的　　高　度　重　视，

市委书记亲自挂帅，
si55vɛi31si44ki35tθin44tsi35kua55suai35，
市　委　书　记　亲　　自　　挂　帅，

组织部部长来蹲点，
tθu31tsi44ɓu55ɓu55tsiaŋ31lɯi53tθɯn44ɗiam31，
组　织　部　部　长　　来　蹲　　点，

商业局派来了干部
saŋ31vu55ki35phai55lɔ31lɯi53kan55ɓu35
商　务　局　派　落　来　干　部

担任我们村的基层书记，
ɗan44ɹin31ŋɯn44tθɯn35ɗɛi44ki44tθɯŋ53si44ki35，
担　任　恩　村　　的　　基　层　书　记，

在市、镇（政府）的正确领导下，我们村的两委，
tθai55si55, tsin35tsiŋ55khɔk5liŋ31ɗau31hia35,
在　市、镇　正　确　领　导　下，
ŋɯn55tθɯn35ɗɛi44liaŋ31vɛi31,
恩　村　的　两　委，

把我们村的全部情况，
ɓui44ŋɯn55tθɯn35ɗɛi44tθian31mian35,
把　恩　村　的　全　面，

做了一个全面系统的规划、设计。
tθɔ55liu44a44kɔ44tθian31mian35hi55thoŋ31ɗɛi44kui31hua35, kian55sɯk4
做　了　一　个　全　面系统的　规　划、建　设。

（所用的）资金从省里和市里拨来，
tθŋ44kim44, tθoŋ23si55ɓɯɯ35lɯi53, tθoŋ23siŋ44ɓɯɯ35lɯi53,
资　金，　从　市　拨　来，　　从　省　拨　来，

已经拨了几百万元。
ɹi31kiŋ44ɓɯɯ35liu44kɯi44ɓɛk4van31ŋan53。
已经　拨　了　几　百　万　银。

我们村现在有有了一个舞台，
ŋɯn55tθɯn35si31kim35ɹioŋ55ɹuɛɹ,ɗɯɯɹ,ɹuɛɹ,ɹuɛɹ31vu31thai23,
恩　村　时　今　拥　有　灯，有　舞　台，

有篮球场、有健身器材、有医疗卫生所；
ɹəu31lam31kəu31tshaŋ35,
有　篮　球　场，
ɹəu31kian55sin44khi35,ɹuɛɹ,ɹi31ɹi31liao31vɛi55sɯŋ44tθɔ31;

有 健 身 器， 有 医 疗 卫 生 所；

又拥有两栋高大的办公大楼。
ɹəu55ɹioŋ44ɹuɯt44ŋoɹi55ŋuerɬliaŋ31ɗoŋ55kau44ɓa35ɗɛi44ɓan55koŋ44ɗa55ləu23。
有 拥 有 两 栋 高 大 的 办 公 大 楼。

办公大楼的前面全都铺了彩砖。
ɓan55koŋ44ɗa55ləu23ɗɛi44tθian31mian55
办 公 大 楼 的 前 面
ɹit5lut5tθian31ɓu35phu55tθsai31tsuan44。
一 律 全 部 铺 彩 砖。

村里的公路通到了家家户户，现在也有路灯了。
kia44kia44hu55hu35, ɹəu44tθuɯn44ɗau35ɗau35,
家 家 户 户， 有 村 道 到，
si31kim35, fat5tsiam31ɗau55lu55ɗɯŋ44。
时 今， 发 展 到 路 灯。

具体来讲，（从村里）到四更的主干公路还有六公里。
ŋɯt4niɯt4lɯi53kɔŋ35, lok5koŋ44li31,
□ □具体 来 讲， 六 公 里，
ɹəu44tθɿ55kɯŋ44ɗɛi44tsɿ31kan55koŋ44lu35。
由 四 更 的 主 干 公 路。

公路好了，路灯又好又亮，
koŋ35lu35hau44liu44, lu55ɗɯŋ35hau44, lu55ɗɯŋ35kuɔŋ35,
公 路 好 了， 路 灯 好， 路 灯 光，

白天、晚上都有照明。
thoŋ44hiau44ɓɔŋ44ɹuer31kuɔŋ35。

通　宵　□都　有　光。

现在老百姓的生活有了很大的提高。
si31kim35ɓɛk4siŋ31nɯn53, sɯŋ44hɔk5ɺəu31hau44thi31kau44
时　今　百　姓　人，　　生　活　有　好　提　高。

年轻人，要会打球，有球场；
hau31sɯŋ35nɯn53, a44hui44ɗa44khiu23, ɺəu44khiu31tshiaŋ23;
后　生　人，　要　会　打　球，　　有　球　场；

老人们要跳舞，（也）有舞台；
lau44thai31nɯn53nau44thau35məu44, ɺəu44vu31thai23;
老　大　人　□要　跳　舞，　　有　舞　台；

老百姓有病了，（就去）有（村里的）诊所；
ɓɛk4tθiŋ55ɺəu44phiŋ31, ɺəu44tsim31tθ31;
百　姓　　有　病，　　有　诊　所；

群众如要健身、锻炼，（也）有健身器材，
khin31tsoŋ35ɗu44ɺəu44kian55sin35,
群　众　□如要　健　身，
ɗuan35lian35, ɺəu44kian35sin44khi35,
锻　炼，　有　健　身　器，

样样齐全。
ɺiaŋ55ɺiaŋ55tθi31tθian23。
样　样　齐　全。

目前下拨的建设经费，
mu55tθian31lɯi53kɔŋ44,
目　前　来　讲，

si31kim35, ɓuɯ44lɔ31lɯi53ʥei44ŋan53,
时　今，　拨　　落　来　的　　银，

已经用完了，
ɹi31kiŋ31tθɔ55liau44la44,
已　经　做　了　啦，

还要拨 200 万元呢，
saŋ31ɻəu44liaŋ44bɛk4van31ŋan53nəu31,
尚　有　两　百　万　银　哦，

（村里）决定今年把环村公路修好，
kim44nin53, kiɯt5ɗiŋ35ɓui44huan31tθɯn35koŋ44lu35tθɔ31hau44,
今　年，　决　定　把　环　村　　公　路　做　好，

（也要）把六公里的候车亭建好，
lok5koŋ44li31ɗei44həu55tshɯ44thiŋ23tθɔ31hau44,
六　公　里　的　候　车　亭　　做　好，

（也要把村）东边的那座桥修好，
ɗoŋ35thau53ɗei44kɔ44khiau23tθɔ31hau44,
东　头　的　个　桥　　做　好，

此外（还要）把我们村的公路路面拓宽。
ɯ44tθiɯ31, ɓui44ŋɯn55tθɯn35ʥei44koŋ44lu35khuaŋ55ɗau35
而　且，　畀　恩　村　的　公　路　扩　到
kɔ44lu31mian31
个　路　面。

这就是我们村的两委在上级部门的领导下，
kɔ44tθiu55si31ŋɯn55tθɯn35ʥei44liaŋ31vei31ɻəu44saŋ55ki31ʥei44

liŋ31ɗau31hia35

个　就　是　恩　村　的　两　委　有　上　级　的　领
导　下，

所取得的成绩。
tθɔ31tshi31ɕk3ɗɛi44tsiŋ31tsik5。
所　　取　　得　　的　　成　　绩。

(2016年9月30日于付马，讲述者：蒙业明)

5. 个人创业故事

这是蒙叔讲述的个人经历。蒙叔的个人经历清晰地反映了近60年来付马的巨大变化，这里只是记录了他叙述的大致经过，他的叙述中设计了整个村庄经历的变化，既有当代中国的共性，也有付马村的特殊地理、社会条件。我们先用普通话概括内容梗概。

下面是蒙叔讲的改革开放初期到21世纪初期的个人的经历。

现将我在公爱农场合股种植杧果的那段经历谈一谈，那年是1993年下半年。也就是我父亲身患重病那段时间，我一起干活的急忙回来找我一个男生，说他与投资老板合股开垦了一百多株杧果种植基地，由于生活所迫，决定退股，能希望我接着。当时我就同他前往实地察看，觉得地理位置很好。第一，交通很方便；第二，附近靠近市场；第三，土地肥沃。就决定接手来做。但困难是地形高低不平，还有水库滴水不存。所开的荒地已杂草丛生，居住的地方十分拥挤，五户人，只有三间小屋。一间只有顶四面空空的厨房，最为重要的是老板给每户每个月才借100元，在这种条件下，我得与老板商谈后作出去留决定。

下面是付马话的记录转写。

现在我把在公爱农场
si31kim35, ŋɔ44tθiaŋ44ŋɔ44tθai55koŋ44ai55noŋ31tshaŋ31
时　今，　我　将　我　在　公　爱　农　场

种植十亩水果的经历讲一讲。
tsoŋ55tsip5mok5ku31sip3mu44kiŋ44kuɯ53kiaŋ44a44kiaŋ44。

种　植　木　果　十　亩　经　过　讲 阿 讲。

一九九三年年底，
it5kiu31kiu31tθam35nian23nian31ɗi31,
一 九 九 三　　　年 年　 底，

我大姐的儿子从公爱农场
ŋɯn53thai31tsɛ44ɗɛi44nam44mui44toŋ23koŋ44ŋai55noŋ31tshaŋ23
恩　大　姐 的　　男　尾　从　公　爱　农　场

急急慌慌回来找我，
tθit4tθit4vui31lai31khim55ŋɔ44
急　急　回　来　寻　我，

我说什么原因回来找我，
ŋɔ44koŋ44ɹin35mɯ31ɗɛi44ɹian31ɹin35ɹip4ok4tθim53ŋɔ44
我　讲　因　么　的　　原　因　入 屋 寻　我，

他说，他和一位老板合股
kɛ44koŋ35, kɛ31ɹuer55lau31ɓan31hap5ku31,
佢　讲，　 佢　有　老　板　合　股

开发了一百多亩的水果基地，
khai44huaŋ44liu44a44ɓɛk4liŋ53mu31ɗɛi44mok5ku31ki44ɗi35,
开　荒　了　一　百　零　亩　的　　木　果　基　地，

由于生活所迫，
ɹəu44ɹi31tθɯŋ44hɔt5tθɔ31ɓik5,
由　于　生　活　所　逼，

加上孔老板的押金零钱一直没有还，

kia44sɔŋ35khoŋ44lau31ɓan31ɗɛi44ŋɯi31kim35liŋ53ŋan53mau44ɹuər31tshaŋ31huan31,
加 上 孔 老 板 的 押 金 零 银 冇 有 偿 还，

后续的贷款办不下来，
mɔ55ɓan44fat4ɗɯi55la44tshin31lɔ44lɯi53,
莫 办 法 贷 了 钱 落 来，

求我给他想想办法。
ɹau44khiu23ŋɔ44so31ut5kia44phi35kɛ31。
要 求 我 □□ 家 界 佢。

（面对）当时的情况，我很犹豫。
ɗaŋ44si23lai53kɔŋ44, ŋɔ44si55tθiaŋ44ɗaŋ44ɹuɹi35。
当 时 来 讲， 我 是 相 当 犹 豫。

去好呢还是不去好（决定不了），
所以我一拖再拖。
hui55hau44a44si55mau31hui55hau44,
去 好 阿 是 冇 去 好，
tθɔ31ɹi31ŋɔ44it5thɯ44tθai55thɯ44。
所 以 我 一 拖 再 拖。

但是他的情况，总是经常回来借钱，
ɗan55si35kɛ44lɯi53kɔŋ44ni55,
但 是 佢 来 讲 呢，
tθiu44si31kiŋ44sɔŋ23tθiɯ31tθian31hui44lɯi53,
就 是 经 常 借 钱 回 来，

最后他又来了，

hok5tsɛ44tsoŋ44ɹi55nu31lɯi53,
或者　　终　于　□就来，

让我赶紧上去，不然麻烦就大了。
thai35ŋɔ31kin55khuai35soŋ31hui55,
□让 我　尽　快　上　　去，
məu44si55ma31fan23thai31la44
冇　是　麻　烦　大　了。

最后呢，我就说，
tθɯi55həu35ni55, ŋɔ44tθiu55kɔŋ44,
最　后　呢，　我　就　讲，

我说要让我上去，我总要征求我爸的同意，
ŋɔ44kɔŋ44a44ŋɔ44soŋ31hui55,
我　讲　要　我　上　去，
ŋɔ44ɗoŋ55ɹau55tsiŋ44khiu23ŋɯn53lau31ɗiɯ44ɗei44thoŋ31ɹi35,
我　□都　要　征　求　恩　老　爹　的　同　意，

我才能去。
ŋɔ44na31hui55dak4。
我　□才去　得。

因为我爸爸现在身患重病，
ɹin44vɛi53ŋɔ44lau44ɓɯ35si31kim35sin44huan35tshoŋ55ɓiŋ35
因　为　我　老　爹　时　今　身　患　　重　病，

我估计他不久于人世，
ŋɔ44ku44ki35kɛ44mau55ɹueɹ44kɯi44kəu44
我　估　计　佢　冇　有　几　久
tθiu55li31khai44ɹin31si35,

就 离 开 人 世，

我要帮他，也是好心。（父亲是会同意的）
ŋɔ44ɹau35ɗɯi44kɛ, ɗi44na53ɗi55hau53tθim44。
我 要 的 佢， □□□也是 好 心。

安排好了我的事情以后，
ɗau55liu44thui35ŋɯi44ɹi31həu35,
到 了 □ 我 以后，

安排好了之后，我就上到那个水果基地。
ŋɔ44ɗau55sin44ŋɯt4,
我 到 □□,
ŋɔ44tθiu55sɔŋ31ŋo44na55kɔ55mok5ku31kɯi44ɗi35。
我 就 上 □到 那 个 木 果 基 地。

当时生活非常非常艰难。
ɗaŋ44si44sɯŋ44hui53kin44, tθiaŋ31ɗaŋ31kin44。
当 时 生 活 紧， 相 当 紧。

（还有）两个鱼塘，
liaŋ44kɔ55ɹi31thaŋ23,
两 个 鱼 塘，

没有办法接手，
mɔ55ɹiəu44ɓan31fɯt4tθit5tθueu31,
莫 有 办 法 接 手，

（因为）原来承包基地就必须三包。
ɹian31lai23khai44huaŋ44tθiɯ55ɗɛi44tθam44ɓau44。
原 来 开 荒 就 得 三 包。

办完了（手续）就找了一些果苗来，
liu44ɓu31ɹau55a44li55mok5ku31miau23lɯ44lɯi44,
了　□ɪ　要　一　些　木　果　苗　了　来，

那么我上去后各项工作都要做，
na55mɯ44ŋɔ44sɔŋ31hui55,
那　么　我　上　去，
ɹiɔŋ55ɹiɔŋ31cn31khai44tsan44nɔ31kɔŋ44tθct5ŋɯt4tsit5ni55,
样　样　□ɪ　开　展　□　工　作　□　□　呢,

当时我就经常来回奔波。
ɗaŋ44si23, ŋɔ44ɗuŋ55kɛlun35lɯi53lun35hui53。
当　时，我　□都　□就□　来　□　去徘徊。

因为那里交通和自然条件比较好，
ɹin44vɛi31kɔ44lu31tθɿ35ian31thiau23kian55ɗuŋ44ɓi44kiau31hau44,
因　为　个　路　自　然　条　件　都　比　较　好，

第一，交通方便；
thai31it5, kiau44thoŋ44faŋ44ɓian35
第　一，交　通　方　便；

第二，离农场近；
thai31ŋɯi31, fu55kin35noŋ31tshaŋ
第　二，附　近　农　场离农场近；

第三，那里的土地比较肥沃；
thai31tθam35, kɔ44thɯi31ɓi31kiau55fɯi53
第　三，个　地　比　较　肥；

第四，已经通了电灯，有照明。
thai31tθɯi35lai44kɔŋ44ni55, ɗian55ɗɯŋ44ɹi31kiŋ44hiŋ35ɹi31hui35, ɹəu44tsau55miŋ23。

第 四 来 讲 呢, 电 灯 已 经 □□ 去, 有 照 明。

这里的自然条件确实比较好。
kɔ44si31tθɻ55ɹiai31thiau31kian35ɓi44kiau55hau44。
个 是 自 然 条 件 比 较 好。

因为当时我们接手这个基地较晚,
ɹin35ɗaŋ44si23ŋɯn53hui55ɓtɯt5ɗɯ44lɯ44ɓit5ɗaŋ53ɹian23tshi31,
因 当 时, 恩 去 做 □ 了 □有点 当 然 迟,

看到安排住房问题困难重重。
hɔn35ɗau35kɔ44ɗaŋ35ŋan55ok4si31khun55nan23tshoŋ31tshoŋ31。
看 到 个 当 □ 屋 是 困 难 重 重。

如果你希望劳力足够就得上来一起住,
ni35kan55vɯn53ŋɔ44kuɯ44nɯn53, soŋ31lɯi53kit4tsit5ɗɯt4,
你 想 问 我 够 人, 上 来 □□一起□住,

(现在)这样的房子哪里够住。
kɔ44ok4ɹiɔŋ53ɹiŋɕiɹ45ŋai35na53kɔ44lɔ44。
个 屋 样 样 □□个人, □够来。

现有的宿舍只有十来平米左右,
ŋan44ŋan44ok4, tsi31ɓu55kuɯ35kɔ44sip3lɯi44phiŋ31faŋ44tθɔ31ɹəu55,
啥 啥 屋, 只 不 过 个 十 来 平 方 左 右,

而这十来平米要住两户人家,

na55mɯ44sip2lɯi55phiŋ31fɔŋ44ɹiau55ɹioŋ31nap5liaŋ31hu55nin53,
那 么 十 来 平 方 要 用 □住 两 户 人，

这样怎么住得下？
kɔ44ɹioŋ53tu55ɖei44lɔ31hui55?
这样　做 嘚 落 去？

后来经过反复考虑，（虽然比较艰难）还是决定去。
tθui55həu55lɯi53,
最　后　来,
khau31li55lɯi53khau31li55hui55, huan31si31kiɯt4ɖiŋ35hui55。
考　虑 来 考　虑 去, 还　是 决　定　去。

当时我回来后就征求我爸的意见，
ɖaŋ44si23ŋɔ44hui55lɯi53ɹi31həu35
当 时 我　回 来　以 后
ŋɔ44tθiu55tsiŋ44khiu23ŋɯn53loŋ35kɛ44ɹi55kian35,
我　就 征 求 恩　隆 个　意见,

我爸说："你赶快去吧，
ŋɯn44loŋ35kɔŋ44："ni55kɔŋ55huai44ɖau44hi35,
恩　隆　讲, 你 赶 快　□ 去,
nɯi446u31sɔŋ31kuɯ55ɖau55hi55,
你　□就 上 □□　　去,

你不用管我，
nɯi44moŋ31tsha55ŋɔ44,
你　□不用　□管 我,

大人呢老三上去，
tθai44ɹin31ni55ɹiuɛi44lau31tθam44sɔŋ31hui55,

大　人呢　有　老　三　　上　去，

平常有老二、老四照顾我,
phiŋ55si53hai31ɹiəu31lau31ɯ55ɹiəu44lau31tθɤ35tsau55ku55ŋɔ44,
平　时　还　有　老　二、有 老　四　　照　顾　　我,

这样很方便,我死了你再回来。"
nɛ44kɔ55fɔŋ44ɓian35mui53tθəu44,
那　个　　方　便　　□　□,
tθɔ44dau55ŋɔ44tθɯi44nɯi44tθəu55hui53。"
做　到　我　死　你　　就　回。"

那年过完年十六我就上去了。
ɗaŋ44kuɯ55nin53ɹi31həu,
当　过　年　以　后,
kuɯ55sip2lok2ɹi31həu55, ŋɔ44tθəu55sɔŋ31hui55la31。
过　十　六　以　后, 我　就　上　去　了。

当时我上去之后就要求老板,
sɔŋ55hui55, ɗaŋ44si23ŋɔ44sɔŋ31hui55ni55,
上　去,　当时我　上去呢,
tθiu55si31ɹiau55khiu23lau31ɓan31,
就　是　要　求　老　板,

就是投资老板,来和我见面,
thəu31tθɤ35lau31ɓan31ni454, lɯi31ɹiəu55ŋɯɯŋ53phɯɯŋ55thəu23a31,
投　资　老　板呢,来　有　恩　碰　头　啊,

看看下面的各项工作怎么展开。
hɔn55ɹiɔŋ55ŋɔi31khai33tsian31kɔ44kɔŋ44tθɔ55。
看　样　样　开　展　个 工作。

投资老板就说，我是男生，就让我做组长。
thəu31tɤ44lau31ɓan31mɛ44kɔŋ44, ŋɔ44na55mɯ31ŋɔ44tθiu55tθ55tθu31tsaŋ31。
投　资　老　板　□就 讲, 我(是)男妹 我 就 做　组　长。

当时的工作，
si53kim35mok5tθian31ɗɛi44koŋ44tθk5lɯi53kɔŋ44ni454,
时 今　目　前　的 工　作 来　讲 呢,

第一，主要是照看果苗；第二，挖坑（种树苗）。
thai31it5, tsi31ɹiau55si31kuan31miau23；thai31ŋɯi31, uat4hɯt4。
第　一, 主　要　是 管　苗；第　二,　挖　窟。

照顾树苗和挖坑种苗（的工作）困难很大。
na55mɯ44kuan31miau23ɹuəi44tau4hɯt4,
那　么　管　苗　要 和 挖　窟,
si31khun55nan23tshoŋ31tshoŋ23。
是 困　难　重　重。

两户人家住一间屋，
liaŋ44hu55nin44ɗui44ia31kan55ok4,
两　户　人　□住 一　个　　屋,

实在是太难了。
ai35na44ku44tθiaŋ44ɗaŋ44niɯ35la31。
唉　□□非常 相　　当　□困难啦。

一张床哪里够大人、小孩一起睡，
a44tsoŋ35sɔŋ31,
一　张　床,

ŋu44kuɯ44na53mui44sui31, mu44kuɯ31nin53sui31,
不　够　　□□小孩　睡，不　够　　人　睡，

就睡在床头、床前和地上。
na44sui31lau53vɛn53sui31tshoŋ53tshin53tshi31ɗɛi44。
□就睡　老　尾　睡　床　前　　□还有地（上）。

初来乍到，没有朋友，都是陌生人。
ŋan44ŋan44ha44ləu53, məu55ɹəu44tɵɯi44ɓiŋ55phɯŋ31ɹia31nin53
uat4ɗiɯ44soŋ31。
啱　啱　下　喽，冇　有　□□伙伴　朋　友　人　□□
都　生。

面对各种困难，（虽然）是相当难办。
ɗui55ɹi23kɔ44tsoŋ31khun55nan23,
对　于　各　种　困　难，
si31tθiaŋ44ɗaŋ44lɔk4thai31kɛt5。
是　相　当　　□□□难办。

（经过努力）自然能够克服的了。
tsi55ɹian31nɯŋ31kəu55khɯk5fuk5ɗɯ44la44。
自然　　能　够　克　服　的啦。

最后，我要求老板，我说，
tɵɯi53həu, ŋ44ɹiau55khiu23lau31ɓan31, ŋɔ31kɔŋ44,
最　后，我　要　求　老　板，我　讲，

如果要我们安心工作，
ɹi31kuɯ31iau55tθŋ31ŋɯm53ŋan44tθim44ɗɯ44lui44koŋ44tθɔk5,
如　果　要　□□我们　安　心　的　来工　作，

那么除了每个月一户人给100元以外，
na55mɯ44tshɿ44liu44a44kɔ55ŋɯt4a31hu55nin53ɗɛi44tθɤ44ŋɯt4ɓɛi44a31ɕɛk4ŋan53ɹi31uai35，
那 么 除了 一个月一户人 的 □□那个界 一百 银 以外，

另外要买一台除草的拖拉机，
liŋ55vai35ɹiau55mai44tsiŋ31tshu31ɓu31thɔ44la53ki44，
另外 要 买乘 锄 □草拖拉机，

确保生产所需东西的来回运输。
lau44lau44khɯ44khɯ31
牢 牢 靠 靠 地
ɗɛi31tsəu31vu44tθa44ki31lɯi53ɹun35 tshɯt4hi44。
□把 □ □ □各 种 东西来 运 出 去。

我们的生活用水，每一户供应一两桶，
ŋun53ɗɯ55hɯi55tθɔ31it4kɔ44sui44，mɯi31 a31hu55koŋ44it5liaŋ31thoŋ31，
恩我们 的 □□生活 个 水，每 一户供 一 两 桶，

就从场部运上去。
tθiu53tθoŋ23tshaŋ31ɓu35ɹun55sɔŋ35lɯ44hui55。
就 从 场 部 运 上 了 去。

最后老板同意了我的意见，
tθɯi55həu55koŋ44ni55lau31ɓan31thoŋ31ɹi55ŋɔ44ɗɛi44ɹi55kian35，
最 后 □□这个 老 板 同 意 我 的 意 见，

我说这样就可以安心做了。
ŋɔ44koŋ44ki55ȶɕi31ɗi44kɔ31ɹi31ŋan44tθim44tθu55lə44la44

我　讲　　己　样　底　可　以　安　心　做　了　啦。

结果我们的重点工作就可以做了。
kit4kuɯ44tshɯt4lə44lɯi44,
结　果　　出　了　　来,
tθoŋ31koŋ35tθɔ55liu44, tsoŋ55ɗiam31tθɔ55liu44。
总　共　做　了,　　重　点　做　了。

就是管理幼苗和挖坑。
phɛi31ɹuer55miau31ɹuer55uat4hɯt4。
培　幼　苗　又　挖　窟。
那年四月份,我老爹就过世了。
uat4ɯt5ɗau55tθɻ55ɹiɯt5fun35,
□□□那年　四　月　份,
ŋɯn53lau53ɗɛ35tθiu55kuɯ55si35。
我　老　爹　就　过　世。

我就回老三家为他送丧,办完丧事的第三天
ŋɔ44tθɻ55ɹəu55lau31tθam44ok4lɯi53,
我　只　有　老　三　屋　来,
vɛi31kɛ31tθoŋ53tθaŋ35ɹi31həu35, thai31tθam35nit4
为　佢　送　丧　以　后,　第　三　日

就马上赶回去。
tθiu55ma31soŋ35ɹuer53kan31soŋ31hui55。
就　马　上　又　赶　上　去。

回去后我就找老板商量,
kan31soŋ31hui44ŋɔ31kɔŋ55, ɹəu44lau31ɓan31kɔŋ44,
赶　上　去　我　讲,　有　老　板　讲,

为了争取今年七月份果树种植好，
vɛi55 liu44 tɵɯŋ44 tshi31 kim44 nian31 tɵit5 ɹɯt5 fɯn35
为　了　争　取　今　年　七　月　份
ɓui44 mok5 kuɯ31 tɵai35 lɔ44 hui55，
畀　木　果　栽　落　去，

那么就一要定增加资金和人工。
na55 mə44 ɓit5 ɗiŋ31 ɹau55 tɵit4 ŋan44 ɗit5 kɔ44 ɗi55 koŋ44。
那　么　必　定　要　借　银　借　个　底　工。

按照单纯考虑人做的工呢，
ŋan55 tsau55 ɗan44 tshun23 khau44 li3 kɔ44 kɔ44 nin53 niɯ55 ni454，
按　照　单　纯　考　虑　个　个　人　□做　呢，
tɵɔ55 ɗɛi44 koŋ44 ni454，
做　的　工　呢，

实在是没有办法做得了，
van55 van35 mɔ31 ɓan31 fat5 tɵɔ55 ɗak4 liu44，
万　万　莫　办　法　做　得　了，

老板（就）同意处理。
lau31 ɓan31 thoŋ31 ɹi35 tɵip4 səu35。
老　板　同　意　接　手。

（这样一来）我们只负责育苗、挖窟、去土。
ŋɯn53 tsi31 fu55 tɵɯt5 ɹok5 miau23, uat4 hɯt4, hui55 thu。
恩我们只　负责　育苗，　挖窟，去　土。

老板同意了。
lau31 ɓan31 thoŋ31 ɹi35 liu44。
老　板　同　意　了。

老板同意了之后，我就上去了，

lau31ɓan31thoŋ31ɹi35liu44tsŋ44hau44, ŋɔ44sɔŋ31hui55liu44,
老　板　同　意　了　之　后，　我　上　去　了，

刚好在（那个）月的下旬，
kaŋ44hau44tθai44ŋɯt4ɗɛi44hia55sun23,
刚　好　在　　月　的　下　旬，

突然有一场暴雨，哦，整天整天下，
thut5ɹian31ɹəu44a31tshaŋ23ɓau55ɹi31,
突　然　有　一　场　暴　雨，
ɔ44, kɔ44tsiŋ55thian44lɔ53,
哦，　个　整　天　落，

（之前）常常苦于无水，有了这场暴雨，
tθiaŋ44ɗaŋ44khu44sui44ɓə44a44, ɹəu44a31tshaŋ31ɓau55ɹi31,
相　当　苦　水　的　啊，有 阿场　　暴　雨，

两个水库都灌满了水，
liaŋ44kɔ44sui31khu35ɗu44tsɯt4sui31mɔ44liu44,
两　个　水　库　都　出　水　没　了，

就解决了干旱吃水的困难。
tɕiu55kai31tθit5liu44sau44khɯi35hit4sui44kɔ44tsoŋ31khun55nan23。
就　解　决　了　烧　气　吃 水 个　种　困　难。

困难只能是暂时解决的啦。
na55mə31khun53nan23tsi31nɯŋ23tθiam31si31kai31kiət4lu35la44。

那么 困难 只能 暂时 解决 咯 啊。

那么我就不管别的，安心做好果园的工作。
na55mə31ŋɔ44tθiu55ŋan55tθim55ɗu35,
那么 我 就 安 心 □做,
ɗaŋ44si31tθɿ55ŋɯn55mɔ31ku55dak4。
当 时 自 恩 莫 顾 得。

（我当时还）一边劳动，一边去摘菜卖。
a31ɓin35lau31ɗoŋ35, a31ɓin35hui55tθai35tθai44mai31。
一边 劳 动， 一 边 去 摘 菜 卖。

又买东西回来，来维持生活。
hut5tsiɯ44ɓɔk5mai44, lɛ44vɛi31khi31tθɯŋ44hɔt5。
或 者 □买， 来 维 继 生 活。

整整（在果园）管了三年，
tsiŋ31tsiŋ31kuan44liu44tθam35nin53,
整 整 管 了 三 年,

三年以后呢，木果就开花了。
tθam35nin53ɹi31hau35liu55,
三 年 以 后 了,
kok5kuɯ31si31thai31it4tθɯŋ53tθiu55khɯi35hua35。
木 果 是 在 一 层 就 开 花。

（果树）开花后，老板吩咐，（只）留少部分挂果，
khɯi35hua35, tθiu55si31lau31ɓan31kɔŋ44,
开 花， 就 是 老 板 讲,
liu23sau31ɓu55fɯn31kua55kuɯ31,
留 少 部 分 挂 果,

就是让那些挂花的水果长大。
tθiu55si31ɓui44kɔ44kua55hua35mok5kuɯ31tθɯŋ44tsaŋ31。
　就　是　畀　个　挂　花　木　果　　增　长。

指望来年收成让现在（干活的这些）人有收益。
tsi31vaŋ35lai31nian23moŋ31vaŋ35
　指　望　来　年　梦　望
si31kim44ɗɛi44ɹɯn31tsɜ55kɔ44li55ik5。
　时　今　的　人　这　个　利　益。

那么到了97年呢，
na55mə55 ɗau55lə44kəu31tθit4nian23ni55,
　那　么　到　了　九　七　年　呢，

水果有了收成，收入了几千元。
səu44mok5kuɯ31ɹəu44səu44tshɯŋ231lə44,
　收　木　果　有　收　成　了，
səu44ɹəu44kɯi44tθin35ŋan53。
　收　有　几　千　银。

这几千元呢，也都不够成本。
kɔ44kɯi44tθin35ŋan53ni55,
　个　几　千　银　呢，
ɹia31ɗoŋ35mɔ31kəu55vat4tshiŋ31ɓɯn31ŋan53。
　也　□都　莫　够　□赚　成　本　　银。

到了一九九八年整个，
ɗau55liu44it5kəu31kəu31ɓat5nian23,
　到　了　一　九　九　八　年，

果树就整个开花结果了，
mok5ku31ni53, tθiu55tsiŋ31kə44khai44hua55kit5kuɯ31la31,
木　果　呢，　就　整　个　开　　花　结果　啦，

而且产量多，价钱卖得好，
ɯ31tθiɯ31, sian35ɗak4tθiaŋɗaŋ4435ɗɔ,
而　且，　□产量　得　相　当　多，
kia55tθian23a44mai44ɗak4hau44,
价　　钱　也　卖　得　好，

光我家一个人就收入四万多元。
ɗan44sun23ŋɔ44tθɿ31ka44a31kɔ31nin53
单　纯　我　自家　一　个　人
nəu55səu44tθɯi44van31liŋ31ŋan53。
□就　收　四　万　零　银。

那么四万多元钱就有了结余，
na55mə31tθɯi55van31liŋ53ŋan53ni45, ɹəu44ŋan53ɗɛi44sin35,
那　么　四　万　多　元　呢，　有　银　得　剩，

（有了这些钱）孩子们都能上学了。
nam44mɯi44ɗoŋ55ɹau55soŋ31thaŋ23。
男　尾　□都　要　上　堂。

原本希望我的孩子都能够上到中学，
ɓɛ31si44moŋ53ŋɔ31nam44mɯi44
本　希　望　我　男　尾
si31kəu55ɗu23si44ɗu23ɗau53tsoŋ44thaŋ23,
是　够　读　书　　到　中　堂，

（但是）担心经济条件所限，没有办法。

ɗaŋ44tθim35, kiŋ31ki55sɔ316ik5mau55ɹəu31ŋan53, mɔ356an55fat4。
担　　心，经 济 所 逼 冇 有 银，莫 办 法。

（现在）到了年龄就可以去上学了。
tɕɔ31ɹi44, ɗau55kəu55nian53ɹiŋ23tθiu31fɔŋ55hui55。
所 以，到　够 年 龄 就 放 去。

去公爱农场的学校上学是要走路去的。
koŋ44ŋai55noŋ31tshaŋ23ɗi44hɔk5hiau55sɔŋ31thaŋ31,
公 爱 农 场　底 学 校 上 堂，
ɛ31, tθəu31lu55sɔŋ31thaŋ31。
呃，走　路 上 堂。

到有了钱的时候，
ɗau55ɹiau55ŋan53ɗɛi44si55ni454,
到 要 银 的 时 呢，

还有一个问题需要解决。
tθiu55si31tsha35it5kɔ55vɯn55thi23kai44kiɯt5。
就 是 差 一 个 问 题 解 决。

主要是解决住房问题。
tsi31ɹiau55si31kai31kiɯt5tsi55fɔŋ23vɯn55thi23。
主 要 是 解 决 住 房 问 题。

原来的三间房，三个屋子，
ɹian31lai23ɗɛi44tθam55ŋan44faŋ23, tθam55ŋan53ok4,
原 来 的 三 眼 房，三　眼 屋，

只适合两个人住。
tθɯ44sik3hɯp3liaŋ44kɔ55nin53tθɯt3。

只 适 合 两 个 人 □住。

最后三家人呢，
tθɯi55həu55tθam35kia44ni55, tθam35kia44ɹin53ni53,
最   后   三   家   呢，   三   家   人   呢，

就分别各自出钱盖房子。
tθiu31fən44biɯt5 tshɯt4ʥɛi44tθu44ok5。
就   分   别   出   的   做   屋。

老板规定做十三平方米的（屋子），
lau31ban31kui44ɖiŋ35tθu55sip2tθam35phiŋ31faŋ44,
老   板   规   定   做   十   三   平   方，

每一个人多补助几百元，
mɯi44a44kɔ55nin53ɓu31ʤɔ35kɯi446ɛk4ŋan53,
每   一   个   人   补   多   几   百   银，

你住大的（房子），你就负责多（出钱），
nɯi44tθu55thai31, nɯi44tθiu31fu55tθɯk5ʥɔ35,
你   住   大，   你   就   负   责   多，

你住小，你就负责少。
nɯi44tθu55tθai31, nɯi44tθiu31fu55tθɯk5siu44a31。
你   住   细，   你   就   负   责   少   啊。

所以，在这个问题上呢，
tθɔ44ɹi44, tθai55kɔ55tsoŋ31vɯn53thi23saŋ55ni53,
所   以，   在   个   种   问   题   上   呢，

就有麻烦了。

tθiu31a31vɯn53thi31lə44ni31。
就　□是问　题　了呢。

我觉得相当苦恼（因为我家人口多，需要的面积大），虽然也勉强可以负担。
ŋɔ44khɯk5ɖak4,
我　觉　得,
tθiaŋ44ɖaŋ44khu31nau44si44huan55 tshɯt4lɯi44ɖɛi44。
相　当　苦　恼，　是　还　出　来　的。

经济收入可观，我相当高兴，
kiŋ44tθi35səu31ɹi35khɔ31kuan44, ŋɔ44tθiaŋ44ɖaŋ44han35hi44。
经　济　收　入　可　观，　我　相　当　欢　喜。

果树种植成功以后，
mok5ku31tshiŋ31koŋ35ɹi31həu35,
木　果　成　功　以　后，

水果有了收成以后，
mok5ku31ɹəu44səu44tshiŋ23ɹi31həu35,
木　果　有　收　成　以　后，

住房解决了，就买了电视机，
su44ɓan53thəu35liu44, phei55tsip4liu44ɖian55si55ki44,
□住宿办　妥　了，　配　置　了　电　视　机,

（还）安装了电话。
phei55tsip4liu44ɖian55hua35。
配　置　了　电　话。

（收入）到一九九九年又翻了一番，

ɗau31liu44it5kəu31kəu3kəu31nian23, kɯŋ55kia44fan44a44fan35,
到　了　一　九　九　九　年，　更　加　翻　一　番，

木果收益更加大。
mok5kuɯ31səu31ik5kɯŋ55kia44thai31
木　果　收　益　更　加　大。

直到19-9-，呃，二零年，
tsip5ɗau55it5kəu31, ɛ44, ɯ55liŋ31 nian23,
直　到　一　九，呃，二　零　年，

木果的收成就逐渐下降，
mok5kuɯ31ɗɛi44səu44tshiŋ23nəu31tsok5kiam55hia35kiaŋ35,
木　果　的　收　成　□就　逐　渐　下　降，

当时我已经想到了，我就回来盖房子。
ɗaŋ44si23ŋɔ44ɹəu44ua53ɗau55lə44,
当　时　我　有　□想　到　了，
ŋɔ44tθiu55hui55lɯi53tθu55ok4
我　就　回　来　做　屋。

(为了经营果园)整整八年时间没回来过年。
tsiŋ31tsiŋ31ɓat4nin53si31kan44mɔ55hui53lɯi53kuɯ55nin53。
整　整　八　年　时　间　冇　回　来　过　年。

后来水果的行情不好了，
tθɯi55həu55, mok5kuɯ31haŋ31tshiŋ23mɔ53hau44,
最　后，　木　果　行　情　冇　好，

(我就把)这个果园卖了，
ɓɛi44kɔ55mok5kuɯ31mai31kuɯ53hui55,

界 个 木果　 卖 过 去，

几万元就转让了，
an23ɹi53ɹiɔŋ31kɯi44van31ŋan53tsuan31ɹaŋ44ɹəu44ɕi̠,
还 一 样 几 万 银 转 让 有，

呃，经营水果的经过就是这样，
ɛ31，tθu55mok5ku31ʤi44kiŋ44kuɯ35tθiu55ki44ɹɔŋ。
呃， 做 木果　 的 经过 就　 几这样。

参考文献

（明）宁波天一阁藏：《正德琼台志》。
（清）康熙十一年创修，四十四年续修，民国十八年重修：《感恩县志·舆地》。
（清）李有益纂修：《昌化县志》，光绪二十三年。
昌梅香：《吉安赣方言语音研究》，暨南大学，博士学位论文，2008年。
陈昌仪：《赣方言概要》，江西教育出版社1991年版。
陈铭枢：《海南岛志》，1930年。
丁邦新：《儋州村话》，中研院史语所单刊甲种之八十四，1986年。
符昌忠：《海南村话》，华南理工大学出版社1996年版。
黄雪贞：《梅县方言词典（李荣主编）》，江苏教育出版社1998年版。
李蓝：《文白异读的形成模式与北京话的文白异读》，《中国社会科学》2013年第9期。
李荣等：《现代汉语方言大词典》（综合本），江苏教育出版社2002年版。
李荣等：《中国语言地图集》，香港朗文出版有限公司1987年版。
李如龙、张双庆主编：《客赣方言调查报告》，厦门大学出版社1992年版。
刘纶鑫：《客赣方言比较研究》，中国社会科学出版社1999年版。
刘新中：《海南闽语的语音研究》，中国社会科学出版社2006年版。
刘新中、区靖：《海南东方市四更镇付马话同音字汇》，《方言》2010年第1期。
罗常培：《厦门音系》，科学出版社1956年版。
邵宜：《论赣方言的音韵特征》，暨南大学，博士学位论文，1994年。

石锋：《北京话单字音声调的统计分析》，《中国语文》2006年第1期。

孙宜志：《江西赣方言语音研究》，语文出版社2007年版。

王福堂：《文白异读和层次区分》，《语言研究》2009年第1期。

谢留文：《于都方言词典（李荣主编）》，江苏教育出版社1998年版。

熊子瑜：《普通话语流中的声调音高特征分析》，《第八届中国语音学学术会议暨庆贺吴宗济先生百岁华诞语音科学前沿问题国际研讨会论文集》，2008年4月18日。

熊子瑜：《语音库建设与分析教程》，西安交通大学出版社2017年版。

熊子瑜、胡方：《拉萨话的调形分类和推导》，《第九届中国语音学学术会议论文集》，2010年5月28日。

詹伯慧主编：《广东粤方言概要》，暨南大学出版社2002年版。

詹伯慧主编：《汉语方言及方言调查》，湖北教育出版社2001年版。

张嶲、邢定纶、赵以谦纂修，郭沫若校点：《崖州志》，广东人民出版社1962年版。

后　　记

　　从事方言学习、研究已经超过30年，1985年开始写本科毕业论文，当时的题目是"陕西省长安县杨万方音调查报告"，那时候就开始主要关注方言语音现象，至于词汇、语法很少涉及。能够借着语保项目的支持、督促，完整地描写一种方言，对于一个从事方言研究的人来说是一个非常有意义的历练。通过付马话的多次、反复的描写、整理、归纳，发现了很多问题，也弥补了自己在方言描写、记录中的不足，使我们这些年过半百的方言学者真正经历了方言研究的全过程。

　　这些年来主要精力都集中在用实验的方法系统研究某个点的语音，也逐渐解决了一些过去只是凭着耳朵难以解决的问题，这里最大的收获就是我们能够将侧重于耳听的方言语音分析、描写，提升到了语图和数据的系统展示和分析，这是因为我们赶上了一个科技迅猛发展的时代。通过语图和数据分析，我们能够将语音问题进行定性加定量的研究，这对于一个方言的语音研究来说是非常有帮助的。但是，语言研究不同于工程技术等科技领域对于语言的应用式研究。语言研究中的语音分析着眼于人们在学习、使用语言时遇到的各种问题和规律，因此对于纷繁的语言现象是要进行选择和分类的，我们就是选取那些特征性的语音现象进行分析、描写、归纳和总结。

　　所谓特征性的语音现象也是服务于方言描写中语音的分类和描写。声音的分析描写，我们的着眼点就是"自然音类"中各种的语音特征。

　　付马话的研究涉及很多方面。首先，我们做得较为充分的是共时层面的语音分析，对于历时的对比分析还有很多未涉及。其次，我们较为系统地调查、分析了付马话的词汇，通过词汇的记录和分析，可以观察

作者和两位老年男发音人

付马社会、生活、文化的方方面面。语法的研究还是停留在描写和记录上，今后还有很多值得深入研究的专题。语料我们记录的有老中青不同时段的材料，这里只选择了一些与本次调查密切相关的语料，对于很多涉及当地生活状态和历史演变的问题，今后还应该继续深入进行。

我们所面对的这个付马话无论是从方言本身还是从语言接触、语言演化、语言生态等方面都有重要的意义。在付马话的周围影响较大的首先是哥隆话，我们通过符昌忠教授的《海南村话》一书，将语音、词汇等与付马话做了对比分析，这两个不同的语言，在音系结构、词汇等方面都有极为深入的融合，我们从声母系统就可以清楚地看到。（见下表）

付马	ɓ	ph	m	f	v	tθ	d	th	n	l	ts	tsh	s	z	ŋ	k	kh	h	g	ø	
村话	b	ph	m	f	v	tθ	d	th	n	l	ts	tsh	s	z	ŋ	k	kh	h	g		ʔ
临高	b		m	f	v		d	th	n	l	ts	tsh	s		ŋ	k	kh	x	h	g	j	ʔ
迈话	ʔb	ph	m		v		ʔd	th	n	l	tʃ	tʃh	x	ʒ		k	kh	h		ø		ʔ

由上表可知，临高和迈话都没有像付马话和村话（哥隆话）这样高度重合的声母系统，目前看到的这些，只能算是一个初步的描写，有很多问题有待于今后进一步的调查、研究，方言志只是这个方言非常表面

的一部分，进一步的发掘还需要更多语料的记录和整理，希望不久的将来会有更多的第一手的付马话以及海南西部各语言和方言的语料问世。

作者用鼻流计采集哥隆话的语音信号

  在技术上我们得到了阿姆斯特丹大学大卫·魏宁克博士和中国社科院熊子瑜研究员的帮助。在元音、声调的数据提取方面，都是利用大卫写的脚本，在 praat 中进行，这使得我们的声学分析有了一个方便的分析工具。声调大数据集中、系统分析处理等技术问题得到了熊子瑜等诸多先生的帮助，熊老师利用假期为我们解决了很多数据提取和脚本运行方面的问题，笔者在此对他们表示深深的谢意。

  书中的语音描写先后经过几次集中的校对和修订，也得到了很多指导和帮助。这里首先是中国语言资源保护工程项目的专家张振兴、曹志耘、黄晓东、徐睿渊等的指导，其次是我的多位学生，林冠、吴艳芬、梁嘉莹、李旭、陈沛莹、林远洋、陈颖文、邹易、余俐伶等，还有南京大学博士生林明康等，先后几次一起去海南东方进行田野调查以及承担书稿的部分校对工作。此外还有梁凡等同学帮我们摄像。所以说，这本书还是一个团队合作的成果。

  书中还有很多问题，这是作者本人投入不够、水平有限所致，希望各位方家批评指正。

特别要感谢中国社会科学出版社张林老师以及其他几位编辑老师的认真、耐心、专业的编校指导,这在很大程度上保证了本书记录描写的一致性和统一性,提升了本书的质量。